华北平原典型城际铁路安全施工技术

张林 潘琼 陈鹏 高美奔 ◎ 著

西南交通大学出版社
·成都·

图书在版编目（CIP）数据

华北平原典型城际铁路安全施工技术 / 张林等著.
成都：西南交通大学出版社，2024.6. -- ISBN 978-7
-5643-9895-8

Ⅰ．U239.5

中国国家版本馆CIP数据核字第202408DS88号

Huabei Pingyuan Dianxing Chengji Tielu Anquan Shigong Jishu
华北平原典型城际铁路安全施工技术

张林　潘琼　陈鹏　高美奔　著

责 任 编 辑	姜锡伟
封 面 设 计	原谋书装
出 版 发 行	西南交通大学出版社 （四川省成都市金牛区二环路北一段111号 西南交通大学创新大厦21楼）
营销部电话	028-87600564　028-87600533
邮 政 编 码	610031
网　　　址	http://www.xnjdcbs.com
印　　　刷	成都蜀通印务有限责任公司
成 品 尺 寸	185 mm×260 mm
印　　　张	18.25
字　　　数	422千
版　　　次	2024年6月第1版
印　　　次	2024年6月第1次
书　　　号	ISBN 978-7-5643-9895-8
定　　　价	78.00元

图书如有印装质量问题　本社负责退换
版权所有　盗版必究　举报电话：028-87600562

前言
PREFACE

随着国家铁路网骨干通道的逐步贯通和区域性路网的逐级加密，大规模、高强度的国铁干线建设将进入历史性的平稳发展阶段。铁路运输从过去的瓶颈制约逐渐演变为适应性发展。未来国家铁路系统将面临更为严峻的挑战，为公共服务提供可靠基础设施支持的同时，也要提升运营效率与效益，国铁主干线的建设规模正呈下降趋势，轨道交通建设进入"强网补链"发展阶段。城际铁路是国家铁路网在重点城镇化地区和城市群交通网中的有机构成，是实现各层次轨道交通互联互通功能的重要载体。

本书依托京安城际铁路实际施工，系统总结了华北平原典型城际铁路的施工技术，展示了项目施工期间应对一系列突发事件的应急准备工作，主要包括应急预案准备、应急机制准备、应急设备及物资准备、应急队伍准备等方面的内容，做到了施工与应急的有机结合，更加符合安全施工的要求，体现了发展和安全的有机融合。本书的出版将为类似城际铁路的施工提供有益参考，相关安全应急措施可有效降低施工风险、提高施工效率、保障施工进度，具有较高的实用价值，可为华北平原地区类似工程提供借鉴和参考。

为了强化本书的系统性和实用性，本书内容由三大部分构成。第一部分为施工组织安排（第1章~第4章），介绍工程施工研究现状、京安城际铁路工程概况、工程施工安全风险评估和施工组织安排；第二部分为工程施工技术（第5章~第8章），介绍路基工程、桥梁工程、隧道工程和无砟道床的施工技术，遵照现行设计规范和施工规范编写；第三部分为工程施工管理（第9章~第10章），介绍工程施工中的信息化建设、信息化管理措施以及工程施工期间应对一系列突发事件的应急准备工作等。

本书具体编写分工为：张林编写第1~6章，潘琼编写第7章，陈鹏编写第8章，高美奔编写第9章，许丰收编写第10章。

本书部分内容为 2023 年教育部人文社会科学研究项目（23YJCZH051）阶段性研究成果。

本书在编写过程中，得到了有关院校和工程施工单位、管理部门的大力支持和帮助，在此谨表谢意。

由于近年来我国城际铁路建设飞速发展，工程施工与管理的新技术、新方法不断涌现，本书的编写仅是对城际铁路安全施工技术的初步总结，难免存在误漏、不当或不尽之处，敬请同行专家和使用本书的单位及个人提出宝贵意见。

在此感谢参考文献的作者们以及本书每一位读者，如果你们在阅读过程中发现任何不妥或需要改进之处，恳请有关同行及读者批评指正，以便笔者及时修订、更正和完善。联系邮箱：83458777@qq.com。

2024 年 4 月

目 录
CONTENTS

第1章 绪 论 ⋯⋯⋯⋯⋯⋯⋯⋯⋯⋯⋯⋯⋯⋯⋯⋯⋯⋯⋯⋯⋯⋯⋯⋯⋯⋯⋯⋯ 001
  1.1 研究背景及意义 ⋯⋯⋯⋯⋯⋯⋯⋯⋯⋯⋯⋯⋯⋯⋯⋯⋯⋯⋯⋯⋯⋯ 001
  1.2 隧道施工现状分析 ⋯⋯⋯⋯⋯⋯⋯⋯⋯⋯⋯⋯⋯⋯⋯⋯⋯⋯⋯⋯⋯ 002
  1.3 桥梁施工现状分析 ⋯⋯⋯⋯⋯⋯⋯⋯⋯⋯⋯⋯⋯⋯⋯⋯⋯⋯⋯⋯⋯ 007
  1.4 无砟轨道施工现状分析 ⋯⋯⋯⋯⋯⋯⋯⋯⋯⋯⋯⋯⋯⋯⋯⋯⋯⋯⋯ 012
  1.5 路基施工现状分析 ⋯⋯⋯⋯⋯⋯⋯⋯⋯⋯⋯⋯⋯⋯⋯⋯⋯⋯⋯⋯⋯ 014
  1.6 华北平原城际铁路施工技术难点 ⋯⋯⋯⋯⋯⋯⋯⋯⋯⋯⋯⋯⋯⋯⋯ 021
  1.7 京安城际铁路施工技术难点 ⋯⋯⋯⋯⋯⋯⋯⋯⋯⋯⋯⋯⋯⋯⋯⋯⋯ 023
  参考文献 ⋯⋯⋯⋯⋯⋯⋯⋯⋯⋯⋯⋯⋯⋯⋯⋯⋯⋯⋯⋯⋯⋯⋯⋯⋯⋯ 024

第2章 工程概况 ⋯⋯⋯⋯⋯⋯⋯⋯⋯⋯⋯⋯⋯⋯⋯⋯⋯⋯⋯⋯⋯⋯⋯⋯ 026
  2.1 工程简介 ⋯⋯⋯⋯⋯⋯⋯⋯⋯⋯⋯⋯⋯⋯⋯⋯⋯⋯⋯⋯⋯⋯⋯⋯ 026
  2.2 工程地质条件 ⋯⋯⋯⋯⋯⋯⋯⋯⋯⋯⋯⋯⋯⋯⋯⋯⋯⋯⋯⋯⋯⋯⋯ 029
  2.3 设计简介 ⋯⋯⋯⋯⋯⋯⋯⋯⋯⋯⋯⋯⋯⋯⋯⋯⋯⋯⋯⋯⋯⋯⋯⋯ 032
  参考文献 ⋯⋯⋯⋯⋯⋯⋯⋯⋯⋯⋯⋯⋯⋯⋯⋯⋯⋯⋯⋯⋯⋯⋯⋯⋯⋯ 032

第3章 工程施工安全风险评估 ⋯⋯⋯⋯⋯⋯⋯⋯⋯⋯⋯⋯⋯⋯⋯⋯⋯ 033
  3.1 风险评估基本概念 ⋯⋯⋯⋯⋯⋯⋯⋯⋯⋯⋯⋯⋯⋯⋯⋯⋯⋯⋯⋯⋯ 033
  3.2 施工风险评估阶段 ⋯⋯⋯⋯⋯⋯⋯⋯⋯⋯⋯⋯⋯⋯⋯⋯⋯⋯⋯⋯⋯ 033
  3.3 风险评估流程 ⋯⋯⋯⋯⋯⋯⋯⋯⋯⋯⋯⋯⋯⋯⋯⋯⋯⋯⋯⋯⋯⋯⋯ 034
  3.4 风险评估方法 ⋯⋯⋯⋯⋯⋯⋯⋯⋯⋯⋯⋯⋯⋯⋯⋯⋯⋯⋯⋯⋯⋯⋯ 035
  3.5 工程风险评估等级 ⋯⋯⋯⋯⋯⋯⋯⋯⋯⋯⋯⋯⋯⋯⋯⋯⋯⋯⋯⋯⋯ 037
  3.6 城际铁路施工风险评估内容 ⋯⋯⋯⋯⋯⋯⋯⋯⋯⋯⋯⋯⋯⋯⋯⋯⋯ 038
  参考文献 ⋯⋯⋯⋯⋯⋯⋯⋯⋯⋯⋯⋯⋯⋯⋯⋯⋯⋯⋯⋯⋯⋯⋯⋯⋯⋯ 042

第4章 施工组织安排 ⋯⋯⋯⋯⋯⋯⋯⋯⋯⋯⋯⋯⋯⋯⋯⋯⋯⋯⋯⋯⋯ 043
  4.1 施工总体目标 ⋯⋯⋯⋯⋯⋯⋯⋯⋯⋯⋯⋯⋯⋯⋯⋯⋯⋯⋯⋯⋯⋯⋯ 043
  4.2 施工组织机构 ⋯⋯⋯⋯⋯⋯⋯⋯⋯⋯⋯⋯⋯⋯⋯⋯⋯⋯⋯⋯⋯⋯⋯ 044

4.3 施工组织措施···049
4.4 总体施工工期···051
4.5 施工准备和建设协调方案··054
4.6 工程接口及配合···056
4.7 临时工程、过渡工程及取弃土场设置方案·························059
参考文献··063

第5章 路基工程施工技术···064

5.1 路基施工组织方案···064
5.2 路基工程施工方法···065
5.3 路基排水工程施工···073
5.4 路基相关设施施工···078
5.5 路基防护与加固工程··083
参考文献··093

第6章 桥梁工程施工技术···094

6.1 桥梁施工组织方案···094
6.2 桥梁工程施工方法···097
6.3 桥梁支座及附属设施··110
6.4 跨线连续梁合龙段施工技术··114
参考文献··126

第7章 隧道工程施工技术···128

7.1 隧道施工组织方案···128
7.2 铁路隧道开挖方法···133
7.3 铁路隧道明挖段施工方法···143
7.4 铁路隧道暗挖段施工方法···161
参考文献··177

第8章 无砟道床施工技术···180

8.1 无砟道床施工组织方案··180
8.2 无砟轨道施工条件评估··185
8.3 双块式无砟道床施工方法及工艺·····································185
8.4 无砟道床施工技术保障措施··203
参考文献··204

第9章 工程施工信息化管理 …… 206
9.1 信息化建设目标及思路 …… 206
9.2 信息化建设实施方案 …… 209
9.3 信息化管理措施 …… 214
参考文献 …… 217

第10章 施工组织保障措施 …… 218
10.1 质量管理措施 …… 218
10.2 安全生产保障措施 …… 230
10.3 工期保证措施 …… 253
10.4 环境保护措施 …… 260
10.5 冬期施工保证措施 …… 262
10.6 雨季施工保证措施 …… 266
10.7 突发事件应急准备措施 …… 269
参考文献 …… 283

第1章 绪 论

1.1 研究背景及意义

近年来,我国经济社会快速发展,城镇化进程不断加快,以区域资源共享、产业分工合作为主要目的的区域经济一体化、城镇一体化趋势逐渐加强,进而在一些地理环境条件优越的地区形成了工业化和城化水平较高、城镇密集且相互联系密切的城市群[1]。随着城市群、都市圈的形成和发展,城市空间结构的重构,为满足人们出行的便捷性和差异性需求,需要构建多层次、融合一体的交通体系,实现城市间互联互通,区域之间、城市之间快速通达目的,城际铁路应运而生。

华北平原,是中国政治、经济、文化、交通中心之一,也是中国人口最多的平原。它地势平坦,河湖众多,交通便利,经济发达。华北平原及其邻近地区拥有丰富的煤、铁、石油等资源,煤炭、电力、石油、化工、钢铁、纺织、食品等工业在中国占有重要地位,有开滦、峰峰、徐州、淮南、淮北等大型煤矿。

华北平原通过以北京为中心的铁路、公路、航空等交通网络与中国各地沟通。平原城镇密布,除京、津两市外,人口在 100 万以上的大城市有 20 多座[2]。华北平原粮食、棉花的产量已分别占中国总产量的 18.4%和 40%,油料作物在中国也占很大比重[2]。然而在这种地理环境条件优越地区形成的工业化和城镇化水平较高、城镇密集且相互联系密切的城市群间修建城际铁路,其施工将面临巨大的困难和挑战[1]。本书依托工程——京安城际铁路对改善华北平原客流运输、促进其经济发展具有重要的作用。

京安城际铁路线路起自廊坊东站以东京冀省界处,经廊坊市广阳区、北京市大兴区,终至北京新机场以南京冀省界,线路全长 39.339 km,是联系雄安新区、大兴机场和北京城区最便捷、高效的重大交通基础设施[3]。沿线工程具有环境复杂,周边建筑物密集,工程专业种类多,拆迁、迁改难度大,组织协调要求高等特点。项目施工场地狭小,施工对交通的干扰大,施工组织难度大;且项目地处京津冀地区,施工中严禁乱弃乱挖,对文明施工、环境保护要求高。本书依托京安城际铁路实际施工,系统总结华北平原典型城际铁路的施工技术。

党的二十大报告指出:要坚持安全第一、预防为主,建立大安全大应急框架,提高防灾减灾救灾和重大突发公共事件处置保障能力。城际铁路施工条件复杂,安全风险日益凸显,应急工作面临严峻挑战。本书总结了项目施工期间应对一系列突发事件的应急准备工作,主要包括应急预案准备、应急机制准备、应急设备及物资准备、应急队伍准备等方面的内容,做到了施工与应急的有机结合,更加符合安全施工的要求,体现了发展和安全的有机融合。

1.2 隧道施工现状分析

随着我国交通建设事业的快速发展,各种立交工程越来越多,规模越来越大,近接问题也越来越突出。特别是高速铁路隧道下穿高速公路,存在交角越来越小、隧道埋深越来越浅的情况。又由于隧道断面大、施工工期长,影响高速公路范围大、时间长,安全风险极高。在高速铁路下穿高速公路时,特别是当高速铁路隧道以小交角、超浅埋下穿高速公路时,为保证高速公路的行车安全,高速公路管理部门的要求越来越高,导致隧道布置越来越困难。目前,隧道浅埋下穿高速公路主要有两种施工方法,一是浅埋暗挖法,一是明挖法[4]。

浅埋暗挖法是在超前支护保护下,分部开挖掌子面围岩,然后及时施作初期支护,初期支护封闭后再施作二次衬砌。浅埋暗挖法的优点是不需封闭上部道路;缺点是隧道施工空间狭小,分部开挖施工工序烦琐,临时支护拆除时地表沉降控制困难,且存在塌方风险,隧道施工及道路交通安全风险都很高[4]。

明挖法是在无支护或支护体系保护下开挖基坑,然后在基坑内施作隧道主体结构。明挖法的优点是施工速度较快,安全度较高;缺点是不适用于埋深较大地段,且占用道路时间长,管线及道路需迁改[4]。

1.2.1 土压力理论的研究现状

基坑支护设计采用极限平衡原理、弹性地基梁、有限单元法。土压力直接作用在围护结构上,是设计荷载的主要组成部分。支护结构承受来自土体的土压力,限制土体的变形。支护结构的设计往往会运用到两大经典土压力理论:朗肯土压力和库仑土压力。许多学者在两大经典土力学的基础上做出了相应的改进[4]。陈文胜等[4]指出库仑土压力的土楔体和挡土墙之间的作用力,并非一定要达到剪切极限状态,因此不能确定土压力的作用方向,但土压力的作用方向必须在其允许的角度范围之内,据此他们修正原主动土压力为作用方向角度允许变化范围内主动土压力的最大值,被动土压力为作用方向角度允许变化范围内被动土压力的最小值。林庆涛等[5]建立了考虑土拱效应的空间土压力计算模型,划分计算区域,可以计算挡土墙各部分的主动土压力。金亚兵等[6]提出了建立在库仑土压力理论基础之上的简化计算方法——叠加法,推导并给出了非黏性土和黏性土在不同坡率和地面分布荷载条件下主动土压力系数和土压力的计算公式,并提出了临界宽度的概念和土条土压力折减系数的计算公式。赵均海等[7]针对非饱和土库仑主动土压力,基于非饱和土双应力状态变量抗剪强度统一解,合理考虑中间主应力效应,建立了非饱和土库仑主动土压力统一解。应宏伟等[8]建立了无黏性土中狭窄基坑刚性挡墙的有限元分析模型,研究了挡墙相对平移时不同宽度土体被动滑裂面的分布规律,推导了被动极限状态下滑裂面倾角及被动土压力系数的解析公式,得到了被动土压力分布、土压力合力作用点高度的理论公式。

1.2.2 明挖隧道基坑设计模型的研究现状

国际隧道协会认为,目前采用的地下结构设计方法可以归纳为以下 4 种设计模型:荷载结构模型、地层结构模型、经验类比模型、连续介质模型[9]。李兴国等[9]利用 ANSYS 采用荷载结构法分析浅埋明挖隧道各部位的受力特点，并计算了隧道各部分的裂缝宽度。目前，我国的隧道规范采用的设计模型主要为荷载结构模型，同时使用地层结构模型进行验算。

1.2.3 明挖隧道支护结构设计方法的研究现状

明挖隧道支护设计常用的方法有极限平衡法、地基反力法和有限单元法。

极限平衡法主要是通过土体之间的力和支护结构的力达到相互平衡来进行设计。极限平衡法采用荷载结构模型，具有结构受力清晰、思路简单、实用的特点。

考虑了围护结构与侧向地层相互变形，采用等效刚度的土弹簧模拟地层对围护结构变形的约束作用的设计方法称为地基反力法。根据地基反力假设的不同，考虑结构与土层之间共同作用的程度不同，地基反力法可分为极限地基反力法、弹性地基反力法和复合地基反力法。张磊等[10]基于地基反力法提出了考虑极限土反力和地基反力系数一般形式的桩身变形和内力计算方法，通过对土为塑性和弹性状态对应的桩段分别求解，得到了桩身响应的解析解和半解析解，并用 Fortran 语言编制了计算程序，计算分析后结果表明：桩的位移和弯矩均随荷载的增加而大幅度增大；桩顶的约束条件对位移和弯矩沿桩身的分布影响很大；当桩长超过临界值时，继续增加桩长对桩的响应影响极小，且临界桩长基本不受荷载和桩顶约束条件的影响；桩的最大位移和最大弯矩随桩周土的物理力学性质的改善而明显减小；最大位移随桩的抗弯刚度的增加而减小，而最大弯矩受抗弯刚度的影响很小；通过比较，计算值与现场试验的实测值吻合较好。邓子胜[11]为了考虑深基坑支护设计支护结构-土的非线性共同作用，将地基土的水平基床系数视为深度和围护墙位移的非线性函数，建立了作用于围护墙上的土压力增量计算模型，再根据弹性地基梁的挠曲微分方程，推导出了考虑非线性共同作用的弹性地基梁的挠曲微分方程，并在分析深基坑开挖与回筑全过程中各工况支护结构的受力与变形特征的基础上，给出了非线性共同作用弹性地基反力法的计算模型与求解方法。

有限元分析是基坑数值模拟的常用手段，也是现在研究主要依靠的工具。胡纯等[12]指出现在地铁车站主体结构较普遍地采用弹性地基上的框架模型进行设计，计算结果与实际情况存在差异，他们通过建立明挖车站三维有限元模型，结合地铁车站施工过程中地基土质变化及主体结构刚度的变化对主体结构内力及基础底板反力分布产生的影响，利用考虑土体非线性情况下的有限元分析结果，按照合力相等、分布形状近似的原则简化底板反力，计算得出了更接近于实际内力分布的主体结构内力。

1.2.4 基坑稳定性分析的研究现状

定量分析和定性分析是基坑稳定分析的两个方向，根据分析因素的确定性又可以分为确定性分析和不确定性分析。常见的方法主要有极限平衡法、塑性极限法、数值分析法、可靠度法、模糊数学法、极限平衡法与有限元耦合分析法。

极限平衡法主要通过条分土体分析各土条间的受力情况得到基坑的稳定性分析。条分法是1916年由瑞典人彼德森提出的，其中被广泛采用的包括瑞典圆弧法、简化Bishop法、Janbu法、Spencer法、Morgenstern-Prince法、Fredlund-Krahn法等。对于简化条分法，瑞典圆弧法完全忽略了土条间的相互作用，人为假定滑移面，理论与实际情况相差悬殊，其计算结果与其他方法也相差较大，已不太适用；简化Bishop法忽略了土条间的剪力存在，但是满足了整体力矩和竖向力的平衡，其迭代求解简单，圆弧滑动面的计算结果较好，在工程上应用依然较多。孙君实[13]将条分法的数学模型归结为：在边界条件和模糊约束条件下，寻求基本方程组隐式描述泛函的最小模糊解集。朱大勇等[14]指出简化Bishop法公式为"严格条分法"中没有出现条间剪力的情况，但不意味着条间剪力实际为0，而是其某种组合式为0，简化Bishop法实质上已自行满足严格平衡条件。

塑性极限分析法的理论基础是塑性位势理论。Drucker和Prager于1952年最早提出了塑性极限分析考虑理想塑性的应力-应变关系，利用塑性极限分析法研究边坡的稳定性时，不研究边坡变形的全过程，而是假设土体为刚塑性体，即当边坡中的应力小于屈服应力时，土体就像刚体一样不变形；而当应力达到屈服应力时，土体就像理想塑性体那样产生塑性流动，坡体的局部或全部进入塑性状态，边坡就丧失了稳定性。边坡的稳定分析主要建立在上、下限定理的基础上。下限定理：在所有与静力容许的应力场相对应的荷载中，极限荷载最大。上限定理：在所有与机动容许的速度场相对小。因此，塑性极限分析法的关键是构造静力容许的应力场和机动容许的速度场。

条分法无法分析稳定破坏的发生和发展过程，忽略了土体变形对土体稳定产生的影响，在理论上存在不足。目前，基坑稳定性数值分析方法主要为有限元法，随着计算技术和软件技术的发展，极大地推动了计算机数值模拟的发展。有限元法可以借助计算机的强大计算能力，同时考虑多方面因素，在短时间内完成计算，并可以直观显示结果。在当前基坑工程支护设计中，传统的条分法仍是评价土体稳定的主要方法，有限元法多作为验证条分法计算结果的辅助性方法。

1.2.5 明挖隧道基坑变形控制的研究现状

周国庆[15]以明挖隧道建筑过程中混凝土施工裂缝的发生原因以及应对措施为切入点，分析了明挖隧道的混凝土施工裂缝特点、发生原因以及应对方法等，对明挖隧道混凝土施工裂缝控制做了相应的研究以及详细的分析。

汪洋等[16]以某明挖隧道深基坑的组合支撑轴力、地表沉降、墙体水平位移、水土压力等施工监测数据为依据，探讨了组合支撑轴力、地表沉降、墙体水平位移等的变化规律。

赖金星等[17]通过对福州市某隧道工程中一段深基坑工程的地表沉降、邻近建筑物沉降、土层水平位移、支撑轴力和基坑水位的监测，对因基坑开挖而引起的变形与结构受力等规律进行分析，并且研究了水位变化导致的变形特性。分析监测数据表明：基坑的水位变化随开挖时间的渐变过程经拟合后近似二次抛物线型；周边建筑物沉降随开挖时间的递增而增大，增长速度前期慢后期快，最终趋于稳定。

1.2.6 矿山法施工工艺及其应用

1. 矿山法施工工艺

地铁区间隧道矿山法施工主要应用于覆土浅、地质条件差的岩石地层。其主要特点是变形快，特别是初期增长快，自稳能力差，极易引起地表下沉甚至坍塌，且区间隧道沿线往往地下管线及建筑物密集，施工难度极大。矿山法是以超前加固、处理中硬岩地层为前提，采用喷射混凝土、锚杆等复合衬砌为基本支护结构的暗挖施工方法。它以对围岩的监控量测为主要技术手段指导设计与施工，并形成良好的反馈机制，以此来控制地表沉降，保证施工安全。矿山法基本施工流程如图 1-1 所示。

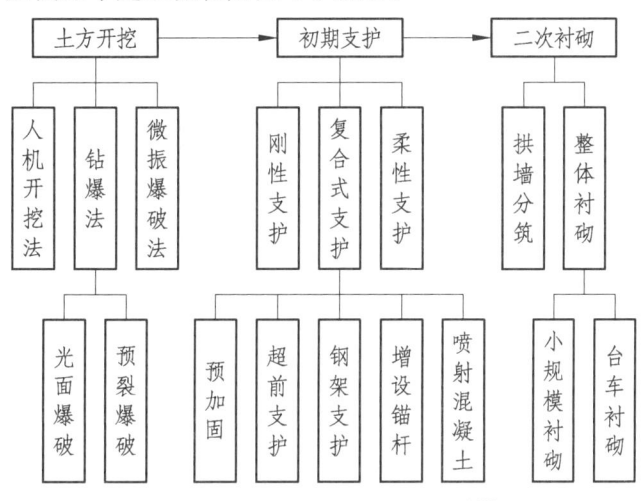

图 1-1 矿山法施工基本流程[18]

2. 矿山法的应用

矿山法最早因矿石开采而得名，主要施工方式是"钻爆开挖"+"钢木支撑"，这种施工方法大多都需要钻眼爆破，故又称为钻爆法。目前，矿山法在地铁区间隧道施工中的使用比较普遍，施工经验已比较成熟，采用矿山法进行地铁施工时，工程投资小，对地面干扰也相对较小，能够避免明挖法施工的房屋拆迁、交通改道，减少对沿线居民日常生活和出行的影响，并且对地质的适应性强、地表沉降量小，适用于硬、软岩地下工程。在渡线、联络线、折返线等结构复杂的隧道断面工程中，矿山法具有其他工法无法比拟的优越性，并且矿山法施工为地铁暗挖技术奠定了基础。我国的地铁工作者运用矿山法施工原理修建了大量地铁工程，特别是在中硬岩地层中，不仅利用锚杆和喷射混凝土，还利用地层注浆、格栅、管棚等手段相互配合使用，创新了许多技术，使我国在中硬岩地层中的地铁施工技术进入世界先进行列，并总结出了"管超前、严注浆、短开挖、强支护、快封闭、勤量测"的方针原则，应用于地铁区间隧道施工中，在我国地铁隧道工程中发挥了重要作用[18]。

1.2.7 矿山法施工隧道开挖方法

矿山法施工隧道常用的掘进方式有钻眼爆破掘进、掘进机掘进、人工掘进 3 种方式，一般山岭隧道最常用的是钻眼爆破掘进。在地铁隧道施工过程中，围岩自稳性不同，为保证围岩稳定或减少对围岩的扰动，通常会选择合适的开挖方法。这些开挖方法按照开挖断面分布情形可分为全断面开挖方法、台阶开挖方法、分部开挖方法[18]，具体见表1-1、表1-2。

表1-1 主要隧道开挖方法[18]

序号	名称	施工特点
1	全断面开挖法	按设计开挖断面一次开挖形成，然后修建衬砌的施工方法，对围岩扰动少，有利于围岩稳定
2	台阶法	一般将设计断面分为上半断面和下半断面两次开挖成型
3	环形开挖预留核心土法	上部断面以弧形导坑领先，然后开挖下半部两侧，最后开挖中部核心土的分部开挖法
4	双侧壁导坑法	先开挖隧道两侧导坑，及时施作导坑四周初期支护及临时支护，必要时施作边墙衬砌，然后根据地质条件、断面大小，对剩余部分采用两台阶或三台阶开挖的施工方法
5	中洞法	适用于双连拱隧道，采用先施作隧道中墙混凝土，后开挖两侧的施工方法
6	中隔壁法（CD法）	将隧道分为左右两大部分开挖，先在隧道一侧采用台阶法自上而下分层开挖，待该侧初期支护完成且达到一定强度后，再分层开挖隧道的另一侧
7	交叉中隔壁法（CRD法）	除满足中隔壁法的要求外，尚应设置临时仰拱，步步成环，自上而下，交叉进行；中隔壁及交叉临时支护，在灌注二次衬砌时，应逐段拆除

表1-2 主要隧道开挖方法特点对比

施工方法	适用条件	沉降	工期	造价
全断面法	地层好，跨度≤8 m	一般	最短	低
台阶法	地层较差，跨度≤12 m	一般	短	低
环形开挖预留核心土法	地层差，跨度≤12 m	一般	短	低
双侧壁导坑法	小跨度，可扩成大跨	大	长	高
中洞法	小跨度，可扩成大跨	小	长	较高
中隔壁法（CD法）	地层差，跨度≤18 m	较大	较短	偏高
交叉中隔壁法（CRD法）	地层差，跨度≤20 m	较小	长	高

1.2.8 矿山法施工的特点

目前，国内城市地铁区间隧道主要采用明挖法、盾构法和矿山法。城市地铁隧道施工所用矿山法，又称为浅埋矿山法，是借鉴新奥法的理论，针对中国的具体工程条件开发出来的一整套完善的地铁隧道修建理论和操作方法。与新奥法的不同之处在于，它适合于城市地区松散土介质围岩，隧道埋深小于等于隧道直径，可以在很小的地表沉降下修筑隧道。它的突出优势在于不影响城市交通，无污染、无噪声，而且适合于各种尺寸和断面形式的隧道洞口[19]。各工法特点见表1-3[20]。

表1-3 各工法特点比较[20]

方法	明（盖）挖法	盾构法	矿山法
地质	各种地层均可	各种地层均可	有水地层需特殊处理
占用场地	占用街道路面较大	占用街道路面较小	不占用街道路面
断面变化	适用于不同断面	不适用于不同断面	适用于不同断面
深度	浅	需要一定深度	需要深度比盾构小
防水	较易	较难	有一定难度
地面沉降	小	较小	较小
交通影响	影响很大	竖井影响大	影响不大
地下管线	需拆迁和防护	不需拆迁和防护	不需拆迁和防护
振动噪声	大	小	小
地面拆迁	大	较大	小
水处理	降水、疏干	堵、降水结合	堵、降或堵排结合
进度	拆迁干扰大，总工期较短	前期工程复杂，总工期正常	开工快，总工期正常
造价	大	中	小

1.3 桥梁施工现状分析

1.3.1 高铁桥梁发展现状

在世界各国高铁线路中，桥梁工程占整个线路土建工程的比重普遍较大，对整个工程进度、成本及质量的控制产生着重要影响，因此高速铁路的桥梁工程成为高速铁路建设中的重要控制因素。表1-4、表1-5分别详细列举了国内外主要高铁线路桥梁里程占线路总里程的比例。

表1-4 国外高铁线路里程信息

国家	高铁名称	高铁起止点	线路总里程/km	桥梁里程/km	桥梁所占线路比例/%
意大利	罗马—那不勒斯高速铁路	罗马—那不勒斯	194	37.7	19.4
德国	汉诺威—维尔茨堡高速铁路	汉诺威—维尔茨堡	327	41.1	12.6
法国	里昂—瓦朗斯高速铁路（东南线延长线）	里昂—瓦朗斯	121	39.3	32.5
日本	东北—上越新干线	东京—八户	593	344.5	58.1
韩国	首尔—釜山高速铁路	首尔—釜山	412	111.8	27.1

表 1-5 国内高铁线路桥梁里程占比数据

高铁线路名称	线路总里程/km	桥梁总里程/km	桥梁所占线路比例/%
京津城际	115.2	100.2	87.0
郑西客专	486.9	283.4	58.2
武广客专	968.2	465.3	48.1
京沪高速	1 318	1 060.9	80.5
广珠城际	142.3	134.2	94.3
哈大客专	903.9	663.3	73.4
台湾高铁（台北—高雄）	350	257.1	73.4

根据高速铁路桥梁跨越障碍物的不同，一般将其归为三大类：跨越沟谷的桥梁、跨越河流的桥梁和一般平地高架桥梁。预应力混凝土桥梁结构同其他类型的桥梁结构相比，具有结构刚度大、日常养护工作量少、建造成本相对较低、列车通过时噪声小、结构变形受温度变化影响较小等优点，因此，桥梁结构在高速铁路线路设计中被大量采用。除此之外，高速铁路轨道结构越来越多地采用无砟轨道，使得线路对沉降变形的要求越来越严格，采用桥梁结构，相比路基更容易控制沉降变形。各个国家或地区根据各自经济、技术水平，并结合高速铁路对桥梁要求的特点，分别选用了不同形式的桥梁结构类型。在此，本节综述了主要国家或地区高速铁路中采用的具有代表性的高铁桥梁类型[21]。

1. 意大利

意大利罗马—佛罗伦萨高速铁路，于1992年5月底全线通车，桥梁线路中一般采用25 m跨径的双线简支箱梁，在梁厂采用先张法预制，然后使用架桥机沿线架设。在跨越较大障碍物时采用预应力混凝土连续梁结构，一般跨径不会超过70 m，通常采用悬灌法施工建造[21]。

2. 日　本

日本新建的高速铁路一般采用无砟轨道结构，其中北陆新干线和长崎线大量采用了钢筋混凝土连续刚架的桥梁形式，常用跨径为12 m、10 m和8 m，该类高架桥线路长度占桥梁总长度的70%以上，施工方法通常为就地现浇施工。跨径在40 m及以下的桥型，主要采用预制预应力混凝土T梁的结构形式，吊车架设，由混凝土将4片T梁浇筑连接成整孔简支梁结构。除此之外，根据具体情况，日本高速铁路还有少量的斜拉桥、钢桥以及组合结构等形式的桥梁[21]。

3. 德　国

德国早期修建的高速铁路在跨越沟谷时采用标准跨径的预应力混凝土简支箱梁和预应力混凝土连续梁，简支梁的跨径为56 m和44 m两种。由于56 m跨径简支箱梁挠度过大，德国在后期修建的高速铁路桥梁中都采用了44 m跨径预应力混凝土简支箱梁。施工方法上根据不同的现场条件分别采用顶推法、移动模架法和膺架法[21]。

4. 韩　　国

韩国的首尔—釜山高速铁路，线路总长为412.1 km，桥梁线路占总线路的27.1%，主梁为箱形结构，大部分的桥梁采用先简支后连续的施工方法，跨径一般为 2×40 m 和 3×25 m[21]。

5. 中　　国

我国高速铁路线路中桥梁占比大，特大桥多。其设计速度在300 km/h 及以上的高速铁路中，轨道结构形式采用了无砟轨道[20]。在桥梁结构形式方面，我国高速铁路一般采用预应力混凝土简支箱梁和预应力混凝土连续箱梁结构形式。简支箱梁被我国的高速铁路大量采用，其线路长度占桥梁线路长度的90%左右，简支梁跨径一般为32 m，在调整跨度时采用24 m跨径。由于简支箱梁的数量多、规格单一，特别适合在梁厂预制，由运梁车运输，架桥机整孔架设。除此之外，在特殊地段还选用了移动模架和膺架法施工。连续梁桥由于其具有结构刚度大、跨越能力强等特点，在高速铁路线路跨越河流、高速公路、既有线铁路等较大障碍物时常被设计选用，施工方法多采用挂篮悬臂施工法，少量条件较好处采用膺架法施工[21]。我国高速铁路线路中常见的连续箱梁结构形式见表1-6。

表1-6　我国高铁线路中常用预应力混凝土连续箱梁形式

桥型	跨度/m	施工方法
预应力混凝土连续箱梁	32 + 48 + 32	一般采用悬臂法灌注，部分采用膺架法
	40 + 56 + 40	
	40 + 60 + 40	
	40 + 64 + 40	
	48 + 80 + 48	
	60 + 100 + 60	
	80 + 128 + 80	

我国台湾地区在2007年年初修建开通台湾高铁，线路总长为350 km，桥梁线路占线路总长的73.4%，桥梁结构形式通常采用预应力混凝土简支箱梁，跨径为30 m、35 m[21]。

1.3.2　高铁连续梁悬臂施工法控制研究现状

高铁预应力混凝土连续箱梁主梁采用悬臂法施工时，主要经历3个过程：主梁悬臂浇筑施工、主梁合龙时结构体系装换、桥面二期恒载铺设。主梁在这一系列的施工过程中，每个节段的内力和位移都要经过复杂的变化。虽然工程师可以通过现有理论和技术将桥梁结构每个部位的内力和位移在每个工况下的状态模拟计算出来，但是由于材料性能的离散性及不可控性，诸如混凝土原材性能、钢材性能、混凝土收缩徐变、施工临时荷载以及主梁截面尺寸误差等，工程实际参数与理论计算参数存在偏差，导致计算结果与实际施工结果出现偏差。除此之外，操作人员在施工中存在的测量误差、模板安装误差、预应力钢束控制误差等情况，将造成桥梁结构在施工中实际状态与设计状态存在偏差，这些偏差都要在施工过程中及时纠正，否则会随着节段的增加，产生更大的偏差，超过设计和规范的容许误差，使桥梁结构内力和位移处于不可控状态。因此，在高铁连续梁悬臂施工开始前和过程中，为了保证主梁结构内力和位移等状态满足设计规范的要求，并保证施工过程安全，需要对连续梁悬臂施工进行监测和控制[21]。

桥梁施工监控的发展历史相对较短，而现代工程控制理论的建立和发展也只有四十几年的历史。日本在大跨度桥梁的施工监测与控制方面创造了一套世界领先的理论，并长期成功地指导施工。1980 年，日本开始在日夜野大桥的施工中建立监测与控制系统，该系统的运作模式为：首先，在桥梁结构中建立内力和位移的测试系统，并通过计算机进行数据采集；然后，将采集的数据传输到控制计算中心，工程师对原始数据进行处理；最后，将处理结果反馈给施工现场来指导桥梁下一步的施工。该系统在日夜野大桥的建设中发挥了重要作用，为大桥的成功建设提供了保证，并在此后的桥梁建设中得到了推广和发展。1989 年 9 月建成通车的横滨海湾大桥全长 860 m，为斜拉结构，在该桥的建设中，日本工程师建立了自动检测控制系统，这一系统的成功应用，不但提高了施工的精准性和安全性，还加快了工程施工进度，因此，该系统为横滨海湾大桥的成功建设发挥了决定性作用[21]。

除了日本在桥梁施工监控方面的技术比较先进之外，美国及欧洲等国家都已将桥梁施工监控发展成一套比较成熟的系统[21]，在大量的大跨度桥梁建设中成功实践。目前，这些国家建立了计算机自动检测、分析和调整的智能化监控系统，慢慢替代了早期的人工测量、分析和调整的施工监控方法。另外，这些发达国家已经将大跨度桥梁运营阶段的健康监测纳入桥梁日常维护管理之中，并已发展得较为成熟[21]。

相比国外现代化大跨度桥梁施工监控的发展，国内在该方面的起步较为滞后，但在近二三十年内得到了迅速发展，桥梁施工领域在现代桥梁施工控制技术研究领域起步相对较晚，但发展速度较快。特别是在 20 世纪 80 年代以后，依托计算机技术的发展，大跨度结构桥梁的施工监控技术水平取得了巨大的进步[21]。

20 世纪 80 年代初在上海建设的柳港大桥，跨度为（85 + 200 + 85）m，引入了现代施工监控的基本原理，特别是采用了卡尔曼滤波法优化主梁挠度与索力，成功地对全桥施工进行了控制。柳港斜拉桥在建设过程中引入现代施工监控的成功案例，推动了国内桥梁界工程师们对大跨度结构施工监控的深入全面研究，并使国内桥梁领域的施工监控系统日趋完善。随后在 1991 年 11 月自行设计、建造完成了上海南浦大桥，该桥为双塔双索面叠合梁斜拉桥，主梁跨度结构为（40.5 + 76.5 + 94.5 + 423 + 94.5 + 76.5 + 40.5）m。工程师在该桥的施工中成功应用了施工控制系统：首先，通过有限元软件对全桥施工过程进行仿真模拟，同时增加了混凝土收缩徐变等影响因素，计算出每个阶段的理论控制参数；其次，利用理论参数进行施工控制，并对每个节段的施工成果进行测试，将实测数据与设计参数进行对比，优化下一阶段的施工参数；最后，利用优化的施工参数指导下一阶段的施工。该监控系统的应用，在上海南浦大桥的成功建造中起到了决定性作用[21]。

在桥梁施工控制理论方面，国内大跨度结构施工监控采用的理论主要有 4 种：卡尔曼滤波法、最小二乘法、灰色理论和模糊理论。其中，最小二乘法和卡尔曼滤波法的应用最广。

近二三十年来，我国在大跨度结构施工监控方面，虽然得到了长足发展，但是与西方国家相比依然存在着较大的差距，主要表现在以下几个方面：监控理论的创新性研究、软件的精细化研发、控制方法的智能化改进以及监控体系的规范化建设[21]。在我国桥梁施工监控的市场上，还没有建立精细化、专业化的监控规范制度，没有统一的监控方法和软件。因此，在未来的桥梁施工监控领域，对上述问题的解决与改进将是迫在眉睫的任务。

1.3.3 高铁连续梁施工优点

连续刚构桥是较为常见的一种大跨径连续桥梁，这种桥梁的突出优点在于桥墩和梁体固结，在受力方面能够发挥连续桥梁的优势，上下部结构同时受力，有效地减小了墩顶的负弯矩。此外，连续刚构桥还兼具 T 型刚构桥的特点，结构受力合理，抗震性和抗扭性都有突出的特点。但是连续刚构桥是多次超静定结构，当温度发生变化或是混凝土出现收缩时，都会使桥梁中产生附加的内力，影响桥梁的稳定性[21]。

1.3.4 高铁连续梁——悬臂施工

悬臂施工技术在大跨径连续桥梁的施工中应用广泛，混凝土从墩顶逐段延伸直至合龙。在施工过程中，首先需要控制主梁悬臂施工的预拱度，主线的线形是悬臂施工中需要重点关注的参数，而预拱度直接影响着已完成的节段是否与后续的节段合龙，所以在施工时预拱度是一个重要的控制参数，预拱度受立模标高的影响，需要根据实际情况来调整立模标高，同时在立模时需要尽可能避免温度变化给施工带来的影响，选择温度变化幅度小的时段施工[21]。

在悬臂施工时，预应力钢束的张拉也是一个重要的环节，预应力的张拉直接影响着大跨径连续桥梁的预拱度和预应力，若预应力张拉出现偏差，将会导致主梁承载力不满足设计要求或两侧的应力不对称的情况。因此，完好的张拉设备、合理对称张拉，才能避免预应力的损失，保证预应力在设计范围内。在张拉时，油泵的速度是两端张拉的关键，因此需对油泵的速度进行合理有效的控制。在施工时，预应力的张拉还应尽量在合适温度下进行，过高或过低的温度都会使预应力产生一定的损失[21]。

1.3.5 高铁连续梁——顶推施工

顶推施工技术，顾名思义，就是沿着桥梁的纵轴方向，在桥台的后方设置施工场地，分节段浇筑梁体。在施工时，首先在桥台后面桥轴线的引道或是引桥上布设预制场，若采用多点顶推的施工方法，就需要在桥的两端布设预制场，且保证两端同时开始施工。预制场的布设对梁底板和腹顶板都有一定的要求，其长度必须满足规范中的要求，在预制场地布设好后方能开始顶推装置的布设。在施工时，需设置横向导向装置，以对梁体的中心线加以控制。还可以通过设置临时墩或者导梁来对悬臂弯矩进行有效的控制[21]。

顶推方式的选择对顶推法应用的效果起着重要作用，选择合理的顶推方式，是施工质量的重要保障。常用的顶推方法有以下几种：

（1）单点及多点顶推，这种方法即在桥梁的一端或桥台的后方对预制梁采用顶推施工，保障预制梁能够稳定就位。

（2）多点逐步顶推，这种方法是采用6个千斤顶对预制梁体同时顶推，在顶推时不会一次顶推到位，而是每一次都设定一个顶推的距离，有计划地、逐步地将预制梁体推到计划的位置。

（3）逐段顶推，这种方法是把将要安装的预制梁体分成几个部分，每次只浇筑其中的一个部分，在浇筑完一部分之后，再使用千斤顶把每一部分分别顶推到安装跨中[21]。

1.4 无砟轨道施工现状分析

1.4.1 无砟轨道简介

无砟轨道是以混凝土或沥青混合料等取代散粒道砟道床而组成的轨道结构形式。与有砟轨道相比，其具有如下显著优点：轨道稳定性好，轨道几何形位能持久保持，线路养护维修工作量显著减少；耐久性好，服务期长；平顺性及刚度均匀性好；其结构高度低，自重轻，可减轻桥梁二期恒载、降低隧道净空，从而降低工程总造价；道床整洁美观，无高速运行下的道砟飞溅现象。有砟轨道的特点是铺设、改建方便，造价低，且可通过维修来保持轨道的几何状态，但随着列车运行速度的不断提高，道砟粉化及道床累积变形的速率随之加快，必须通过轨道结构强化及频繁的养护维修工作来满足高速铁路对线路的高平顺性、稳定性的要求。自20世纪60年代开始，世界各国铁路相继开展了各类无砟轨道结构的系统研究，并得到了不同程度的发展，而一些国家如日本、德国已把无砟轨道作为高速铁路的主要结构形式全面推广应用，并取得了显著的社会和经济效益[22]。

1.4.2 板式无砟轨道

板式无砟轨道是用双向预应力混凝土轨道板及CA砂浆（乳化沥青水泥砂浆）代替传统有砟轨道的轨枕和道砟的一种新型轨道形式，由板下混凝土底座、CA砂浆垫层、轨道板、长钢轨以及扣件等几部分组成。板式无砟轨道分为普通型和减振型。

在我国，中铁三局集团、铁道部专业设计院、铁道部科学研究院联合研制开发的板式无砟轨道科研项目于1999年通过了技术鉴定，其各项技术指标都达到了要求，并在秦沈客运专线双河特大桥上得到推广应用，为我国高速铁路轨道形式的发展起到了很大的促进作用。

1.4.3 双块式无砟轨道

双块式无砟轨道先预制好双块式轨枕，然后在现场通过浇筑混凝土一次性把轨枕埋入混凝土道床内，混凝土道床板与轨枕就成为一个整体。常见的双块式无砟轨道有旭普林型无砟轨道和雷达型（Rheda）无砟轨道两种形式。无轨道结构形式中双块式无砟轨道在实际中铺设较多，并且施工和设计的水平都已经发展得比较成熟[23]。

在铺设方面，我国双块式无砟轨道在遂渝铁路进行了试铺。已经完工的武广客运专线铺设的Ⅰ型无砟轨道结构是由中铁第四勘察设计院根据德国提供的雷达2000技术转让资料，结合中国的实际情况和各种规范而研制的；而遂渝铁路双块式无砟轨道则是结合国内的相关前期研究成果、设计及施工技术水平、原材料等主要性能指标，进行试铺的[23]。

1.4.4 国外桥上无砟轨道应用介绍

1. 日本新干线桥上板式无砟轨道

早在 20 世纪 60 年代中期,日本就开展了无砟轨道试验研究工作。日本板式轨道的应用是从隧道、桥梁上开始的,新干线建设伊始就确定采用板式无砟轨道结构,相应的高架结构一般采用短跨度(8 m、12 m 等)的连续刚构,对于预应力混凝土桥梁,则要求张拉完毕至桥上无砟轨道底座的时间间隔较长(一般要求在半年以上),因此,梁体徐变上拱对桥上无砟轨道的状态影响很小。另外,铺设板式无砟轨道对墩台沉降也提出了严格的要求[24]。

目前,日本定型的桥上轨道板有普通 A 型、框架型轨道板及特殊减振区段用的防振 G 型轨道板等,构成了适用于各种不同使用范围的轨道板系列,并在山阳、东北、上越、北陆和九州新干线的桥梁上广泛应用[24]。

最初的轨道板为普通钢筋混凝土结构,应用于东北、上越新干线的寒冷地区。后来日本又研制出双向预应力结构的轨道板,以防止混凝土裂纹的发生与冻胀扩展;为节省板式轨道的成本,日本在标准 A 型轨道板的基础上,研制出框架式轨道板和防振型轨道板,并在温暖地区推广应用[24]。

2. 德国桥上无砟轨道

德国对无砟轨道的研究与推广应用最开始主要针对土质路基和隧道区段,以后逐步扩大到预应力混凝土桥上。截至 1997 年,德国共铺设无砟轨道达 190 km,其中桥上无砟轨道 16 km,其结构形式以雷达型为主。该结构在使用过程中不断优化,从最初的雷达普通型发展到现在的雷达 2000 型。桥梁上雷达 2000 型上部结构与路基上基本相同,主要差别是,由于要保持混凝土承载层与桥面混凝土板的横向稳定,两者纵向之间的接触面设计成凸凹结构,桥梁上的雷达 2000 型可以使二期恒载大大降低。另外,德国在桥上还设计出旭普林式无砟轨道结构和博格板式无砟轨道结构。

3. 其他类型的桥上无砟轨道

PACT 型无砟轨道为就地灌注的钢筋混凝土道床,钢轨直接与道床相联结,轨底与混凝土道床之间设连续带状橡胶垫板,钢轨为连续支承。英国自 1969 年开始研究和试铺,到 1973 年正式推广,并在西班牙、南非、加拿大和荷兰等国家重载和高速线的桥、隧结构中应用,铺设总长度约 80 km。

1.4.5 中国桥上无砟轨道应用介绍

国内对无砟轨道的研究始于 20 世纪 60 年代,与国外的研究几乎同时起步。初期曾在桥梁上试铺过无砟轨道结构,在京九线九江长江大桥引桥上采用,长度约 7 km。在此后 20 多年期间,我国在无砟轨道的结构设计、施工方法、轨道基础的技术要求以及基础下沉等伤损的整治等方面积累了宝贵的经验,并吸取了有益的教训,为近年来无砟轨道新技术的发展打下了基础。

20 世纪 90 年代中期，在铁道部科技司无砟轨道系列科研项目的推动下，由科研、设计、施工以及院校多部门的线路、桥梁、隧道等专业的科研人员组成的新型无砟轨道结构研究群体，对新型无砟轨道结构设计参数、动力学仿真计算分析、室内实尺模型试验、无砟轨道部件技术条件以及设计、施工技术条件、施工细则和验收标准、现场铺设、动力测试和长期观测等方面开展了一系列的综合研究。尽管与国外高速铁路无砟轨道的研究相比，我国无砟轨道的研究起步较晚，但通过我国科技人员的努力，在无砟轨道结构的理论和实践方面均取得了长足的进步。

文献[25，26]提出了高速铁路无砟轨道的选型原则及适用于桥梁结构上的 3 种无砟轨道形式（长枕埋入式、板式和弹性支承块式）。在此研究基础上，文献[27]又完成了对 3 种结构形式无砟轨道（长枕埋入式、弹性支承块式、板式轨道）的初步设计、室内实尺模型铺设及各项性能试验，初步提出了高架桥上无砟轨道的施工方案、高速铁路无砟轨道桥梁徐变上拱的限值与控制措施，建立了桥上无砟轨道车线桥耦合模型并进行了仿真计算，还分析了高速铁路高架桥上无砟轨道的动力特性与车辆走行性能。

1999 年，在秦沈线上，我国选定了国外高速铁路上应用较成熟的两种无砟轨道结构形式在 3 座特大桥桥上进行了试铺。其中，沙河特大桥试铺了长枕埋入式无砟轨道，狗河特大桥和双河特大桥上试铺了板式无砟轨道。

《秦沈客运专线桥上无砟轨道设计技术条件》对与无砟轨道相关的桥梁设计提出了如下主要技术要求：

（1）跨度为 24 m 的预应力混凝土双线整孔箱梁梁高采用 2 200 mm。跨度为 32 m 的预应力混凝土单线整孔箱梁梁高采用 2 800 mm。

（2）预应力混凝土梁自无砟轨道结构施工之日起产生的残余徐变上拱度不大于 10 mm。

（3）无砟轨道结构施工应不早于箱梁张拉完毕后 60 d。

（4）无砟轨道底座施工完成后，墩台沉降量不得超过 20 mm。

（5）桥面应设置预埋连接钢筋。

作为新型轨道结构发展的一个必要环节，为掌握桥上无砟轨道在高速运行条件下的结构受力、变形情况与振动特性，评估两种无砟轨道结构的动力性能，2000 年，铁道部科技司与铁道部工程管理中心立项开展秦沈客运专线桥上无砟轨道综合试验，并在项目的试验大纲中，选定线路平纵断面、桥梁结构形式相近的桥上有砟轨道试验工点（石河二号特大桥、跨兴闾公路特大桥）进行对比测试。

1.5 路基施工现状分析

1.5.1 路基研究现状分析

高速铁路对轨道的平顺性有更高的要求，铁路路基的基本作用为承担上部列车和轨道结构等荷载，在铁路线路工程中是一个重要的承受荷载的结构体。同时，在线路工程中，不稳定及薄弱的环节也是路基，路基几何的不平顺会诱发其上部轨道结构的不平顺，从而导致病害的发生。因此，对铁路路基而言，它应满足变形小、稳定性好、耐久性良好的要求，才能保证列车运行的安全与舒适。对于采用有砟轨道的普通铁路而言，可通过维修维护来确保轨道结构的线形和稳定性，因此对路基和地基的要求以稳定性为主；而对于采用无砟轨道的高速铁路而言，沉降变形及其各种处理措施成为给工程带来主要难题的控制因素，所以高速铁路设计中所要考虑的主控因素是路基沉降变形问题。

从 1964 年以来，国外的高速铁路技术发展非常快速，日本、法国的高速铁路以其安全、快速、准点的业绩为全球所瞩目。最先开始研究的有日本的新干线技术、德国的市内快速 ICE 和法国的 TVG。世界上第一条高速铁路——东海道新干线在日本建成，自从以 210 km/h 的速度投入运营以来，技术经济优势就迅速在高速铁路中显现出来，同时在客运市场中展示出了崭新的姿态。高速铁路拥有强大的生命力和吸引力，在多次更新换代以后，技术上取得了新突破，不但带动了交通运输行业的革新，还给传统铁路注入了新的活力。高速铁路的业绩深受世人瞩目，独具特色的 TGV 高速列车技术在法国快速发展起来。德国、意大利、西班牙等都在日、法之后相继修建了高速铁路。20 世纪 90 年代中期，修建高速铁路的热潮在世界经济繁华地区掀起来了，不仅西欧各国开始筹划联网，而且北美、东欧、大洋洲及东亚的一些国家和我国的台湾地区等也正积极推进高速铁路项目。

在日本、法国、德国等国家，无砟轨道应用在高速铁路上的情况最为广泛。法国认为路基的技术状态是保证轨道稳定性的重要因素。高速铁路线下工程（尤其是设计为无砟轨道的高速铁路）必须按"工后零沉降"建设来保证高速行车的安全性和舒适性。从国外高速铁路无砟轨道铺设的经验来看，路基完成全部沉降的 50% 以上需要在完成填筑一年以上。日本对控制路基沉降的认识是一个发展的过程。日本在修建高速铁路的初期，拟定的工后总沉降为 10 cm，年沉降量为 3 cm。因此路基主体工程（路基本体完成填筑）后需静置或者施加预压荷载一年以上，待沉降自然完成后方才可以铺设无砟轨道，才能够确保高速行车的安全性和舒适性，保证开通运营后的工后沉降满足相关要求和标准，保证路基在建设期间沉降稳定[28]。

普通铁路路基与高速铁路路基存在着很大的差异，高速铁路对施工机械设备、施工组织设计、质量标准及检测评价体系等方面有严格要求，以此来满足对高速铁路路基高强度、低变形、刚度均匀且耐久性强的特点，从而实现上部轨道结构的长期高平顺性。从德、法等国家的高速铁路设计研究应用成果来看德、法对路基沉降控制目标是不均匀沉降为零，强调控制路基的不均匀沉降。德国对沉降控制更为严格：要求差异沉降为零。结合德国的经验，我国通常为了消除工后沉降的影响而采用加大对软土地基的处理力度的方式，而德国的高速铁路为了达到工后沉降为零的目的，德国高速铁路的施工工期可能达一年。我国秦沈客运专线为确保在规定工期内路堤的施工质量，在路基施工过程中采用动态控制方法，制定了用于指导路基填筑施工的控制标准[28]。动态控制和指导软基路堤填筑的标准通过路堤断面的控制高度和针对不同的软弱地基特性，分析其所承担的上部荷载，并与相似的填方路基段的沉降发展变化过程进行对比分析，推算出工后沉降量及对应的沉降速率值、路堤各阶段是否满足稳定性要求，由上述数据来推导确定上部结构的施工时间。无砟轨道结构严格要求下部基础的沉降和差异沉降。国外资料显示，无砟轨道的差异沉降控制高于有砟轨道。而地质勘察手段、计算与预测方法、沉降观测精度、养护维修标准和维修周期、轨道结构形式及扣件调整范围等都是沉降的控制标准，因此，在设计施工中应首先通过勘探查明拟采用无砟轨道的线路下的地质情况并采用有针对性的地基处理措施，并对路基施工质量予以严格控制，为确保能满足无砟轨道技术要求的沉降变形控制，地基应以较高置换率的复合地基为主[28]。

在高速铁路中，需要人工填筑的部分是基床及其下部的填土，填筑时，要选用满足一定工程性质的填料，一般而言，品质优良的填料是首选，它的优点是不仅能降低工后沉降量，还能有足够的安全储备以满足路基稳定的要求，而且病害的产生率会大大降低。实践表明，级配良好、优质的粗颗粒对降低路基后期的沉降有很大的帮助，因此在选择填料时，条件允许的情况下，应尽量选择好的。之前，对改良土的实践和理论研究大都建立在实验室或是试验阶段，自 2005 年开工建设新一轮客运专线以来，改良土才被大范围、大量地用于铁路路基填筑。随着改良土种类的不断增多，掺和料的种类也越来越向多样化方向发展，在多种组合和多种条件下，已基本弄清改良土的应用原理，且其在实际应用中发挥着指导作用。

早在 1997 年，为了给可能上马的京沪高铁提供必要的技术支持，铁道部组织了填料改良研究方面的科研项目，国内有关科研工作者对铁路改良土静力学、动力学、施工工艺、施工技术、设计标准等展开了大量的研究，取得了大量成果。

在高速铁路路基填筑过程中，由于路基填筑对填料的要求在不断提高，导致满足其填筑要求的优质填料很匮乏。所以，对不符合路基填筑要求的填料经过改良其组成填料以满足填筑的要求，这是解决优质填料匮乏的重要手段。之后经过学者们多年的尝试和不断地研究，现在这种改良技术也日趋成熟。

在我国的铁路中，按照填料的适用条件和性质，分为 A、B、C、D、E 五类，优良填料是 A、B 类，可以使用的是 C 类填料，然而，严禁使用或是不得使用的是 D、E 类。先前，我国和法、德、日三国在铁路方面做的少量强化基床试验看来，用于高速铁路中的优良填料一般当数下面的几大类：碎石、级配砂砾石、各种结合料的改良土和级配矿物颗粒材料等。在欧洲的铁路基床中，使用最为普遍的材料是级配砂砾石，其组成满足密级配的要求，含量中有一部分黏土，其塑性指数很高，主要发挥着黏结并且填充空隙的作用，经过压实，其成型密实，主要依靠细粒土的黏结性和集料之间的摩擦性能来满足强度的要求。经验得出，只要混合料有较好的级配并且其材料质量较高，在控制好细粒土塑性指数和含水量的同时，将其搅拌均匀，并在最佳含水量附近碾压密实，满足压实度的要求，就会具有较好的水稳定性和较高的强度。在我国公路部门，级配砂砾石被广泛适用并且经验较为丰富，适合于目前的施工水平，因此是基床表层理当首选的材料。

改良土的室内试验以及试验段力学特性是改良土最重要的性质。经过多年的研究分析将土体的变形分为稳定型和破坏型。很多研究分析了在列车重复荷载作用下改良土的特性，比如弹性变形、累计塑性变形等，进一步验证了这种改良土能够作为基床底层的填料。

近几年我国对软土地基的研究发展迅速。张刚通过分析水泥搅拌法地基加固机理，提出了相应的考虑群桩效应的计算方法[29]。张皖湘采用静荷载试验分析了单桩及多桩复合地基的特性，研究了垂直荷载下桩的受力特点[30]。董亮等为探索高速铁路下薄弱地基的加固方式，对比研究了5种软土地基处理方式[25]。朱军等基于Biot固结理论，研究了复合地基的沉降变形规律，得出了提高置换率、增加桩长等措施可以减少沉降，复合地基的沉降变形随时间逐渐增大[26]。郑刚[27]研究了基础、垫层、桩之间的荷载传递规律，得出了水泥搅拌桩存在临界桩长，且随着桩土模量比的提高，相应的有效桩长会增大的结论。

我国的高速铁路是从1999年建设秦沈客运专线开始起步的，自此高速铁路在我国却得到了快速迅猛的发展，在之前的10多年里，我国完成了国际上需要60年才能完成的高铁发展历程。目前为止，全世界运营速度最高并且规模最大的高速铁路网在我国，运营里程7 431 km。这是到2010年10月底由运营速度在200 km/h以上的铁路所创造的成果，预计到2020年我国的新建高速铁路将达到1.3万公里，运营里程将达到11万公里以上。

随着2003年10月12日秦沈客运专线开通运营我国正式迈入高铁时代。秦沈客运专线全长达到404 km，速度达到200 km/h，它是我国第一条自己研究、设计、施工完成的铁路客运专线，因此也成为我国高速铁路史上的里程碑事件。我国受到2008年全球金融危机的影响，党中央为了刺激经济，拉动内需，决定投资2万亿来建设我国的高速铁路，正是由于这个决定我国高速铁路进入了发展机遇期。394.3 km/h的世界高铁最高运营速度是由国产CRH3"和谐号"动车组在2008年6月24日所创造的奇迹；京津城际高速列车在2008年8月1日正式通车运营；武广客运专线是一次性建成的运营速度最高并且里程最长的线路，其正式运营是在2009年12月26日；郑西高速铁路国产CRH3"和谐号"在试运行期间的最高时速达到了394.2 km/h，并于2010年2月6日正式开通运营；沪宁高速铁路速度达到300 km/h，并于2010年7月1日正式开通运营；京沪高速铁路全长1 381 km设计速度达到350 km/h，并于2011年开通运营；另外，全长248.962 km的宁杭城际铁路于2011年年底前开通运营。

因此为了达到高速列车安全性和舒适性的要求，目前基本采用无砟轨道的形式。为保证线路的整体平顺性，减少线下工程超限变形对上部列车高速运营所可能产生的不利影响，应在设计、施工及运营中采取必要措施以减少和控制工后沉降及变形问题。原铁道部先后对武广、遂渝、郑西及石武等高速铁路客运专线，通过实际试验，系统地研究了无砟轨道技术。在设计之初，对软土地段路基采取了强化的地基处理等措施，减小路基填筑施工中的沉降，并对部分路段采取堆载预压处理，在施工组织设计中应留出足够的预压沉降时间使路基完成主要沉降并采取相应的路基沉降监测措施，在典型地段、薄弱位置开展路基沉降观测工作，监测控制线下结构的变形，这是控制路基工后沉降有效的方法。当然，实现控制工后沉降的重要方面还包括路基填筑材料、施工参数的科学选用和管理及填筑工艺。由于扣件的调整量非常有限，而轨道的几何形状的恢复只能通过调整扣件来实现，所以严格限制线下工程的沉降量成为必然的手段。工程完工时的工后沉降可以根据路基沉降预测结果来确定。

铺设无砟轨道需要满足预测的路基工后沉降值在扣件调整系统的高低调整量（一般为15 mm）范围内。线路竖曲线圆顺和钢轨扣件调整对路基的工后沉降以及各断面之间、路基与相邻桥隧之间的不均匀沉降有要求，轨道结构对差异沉降也有要求。

现阶段无砟轨道沉降在国内高速铁路的评估工作通过对现场实践经验和总结,不少学者与工程技术人员参与探讨了对铁路客运专线沉降变形观测与评估的方法。陈善雄等[31]通过对武广高速铁路施工前后的大量研究,开发了"高速铁路沉降变形观测数据管理与分析预测集成系统",并通过科研项目"沉降变形分析评估指标与判定标准的合理控制"开展了深入研究。张献周等[32]依托现场评估实践,为了减少工作人员劳动强度,以确保外业数据采集质量,提高工作效率为中心,按照原铁道部相关工程技术规范,研制了适应我国铁路建设及管理部门使用的"高速铁路沉降观测评估预测系统"。

1.5.2 软土路基施工方法

国内外软土路基的处理方法有很多,主要包括强夯法、砂垫层法、抛石挤淤法、深层搅拌法及排水固结法等等。

1. 强夯法

强夯法是反复将重锤(一般为 10~40 t)提到高处使其自由落下(一般落距为 10~40 m)夯击地基,从而使地基强度提高、压缩性降低的方法,是法国梅那(Menard)技术公司 1969 年首创的一种地基加固方法,亦称动力固结法。由于该法具有适用范围广、设备简单、施工方便、节约三材、工期短、费用低等优点,在国外已获得了广泛的应用。20 世纪 70 年代后期,我国在天津、河北及山西等地试用了这种方法,效果不错,随即在全国推广开来;80 年代中期,我国采用强夯法处理填海地基获得成功,并在沿海地区进行了推广应用,取得了较好的经济效益和社会效益。

2. 砂垫层法

砂垫层法是在软土地基顶面铺砂垫层(具体厚度视路堤高度、软土层厚度及压缩性而定,太厚施工困难,太薄效果差)作为持力层的地基加固方法。这样既提高了地基强度,又分散了压力,减小了变形量,同时也可作为软土层固结所需要的上部排水层,以加速沉降的发展,缩短固结的过程。该方法适用于处理厚度在 3 m 以内的软弱、透水性强的黏性土及淤泥土地基。由于该法施工简便、快捷,质量易控制而且十分可靠,十几年来,在砂石料充足的西北地区,尤其是在建筑物基础处理中得到了广泛的应用。

3. 抛石挤淤法

抛石挤淤为强迫换土的一种形式,采用粒径不小于 30 cm 的片石,从路堤中部向两侧抛投,从而使泥沼或软土挤出,待抛石露出水面后应用小石块填塞垫平,用重型压路机压实。它的加固机理是在软黏土中抛入较大的片石、块石强行挤出软黏土并占据其位置,以此来提高土体的稳定性。抛石挤淤法主要有散式挤淤法和整式挤淤法,现在烟台地区主要采用散式挤淤法。该法一般适用于厚为 3~4 m 的软土层和常年积水且不易抽干的湖、塘、河流等积水洼地,以及表层无硬壳、软土的液性指数大的情况;具有工艺简单、施工方便、加固效果明显、经济效益显著等特点,同时具有较高的地基承载力和较小的变形;特别是在软弱的地面上或是表面存在大量积水无法排出时,这种方法比较可靠,但是要求石料丰富并且运距较短。抛石挤淤法是工程中进行软土地基加强处理常采用的方法。

4. 深层搅拌法

深层搅拌法加固软土技术是利用水泥或石灰作为固化剂,通过特制的深层搅拌机械,在地基深部就地将软土和固化剂强力拌和,使软土硬结而提高地基强度的方法,具有加固效果好、加固方式灵活、适用面广、施工速度快、加固后可以立即承受荷载、施工不受气候影响、可以充分利用原位软土等优点,无挖弃软土问题,施工过程无振动、无噪声、无地面隆起、不排污、不污染环境,对相邻建筑物不产生有害的影响等,尤其适用于 20 m 深度范围内无理想持力层的软土地基。深层搅拌法是相对于浅层搅拌法而言的,浅层搅拌法主要用于路基、冻胀土和边坡稳定的处理。深层搅拌分水泥系深层搅拌和石灰系深层搅拌。此法自 1971 年在瑞典首次应用以来,在欧、美、日等软土地基施工中得到了广泛应用。1979 年,该法由铁道部第四勘测设计院引进,并于 1984 年 7 月成功应用于广东铁路涵底软基加固,1985 年 4 月通过铁道部技术鉴定后,逐步得到推广应用。该法在我国应用已有 20 余年的历史,积累了丰富的设计、施工与检测经验,尤其是以水泥为固化剂、通过水泥与土颗粒间一系列物理化学作用形成的水泥粉喷桩应用最为广泛。粉喷桩复合地基是一种新型的地基加固处理技术,它利用特殊的搅拌机械,在钻孔过程中,将粉状的水泥喷入地下充分搅拌混合,与周围土体发生一系列物理化学反应,凝固、硬结形成粉喷桩柱状固化体,桩体与周围土体共同作用,相互影响,起到加固地基的作用,成为粉喷桩复合地基。

5. 排水固结法

排水固结法要解决的主要问题是土体排水。该法先在软基中设置排水系统(如埋设排水板或设置砂井),利用地基排水固结的特性,通过逐级施加路堤填筑荷载使地基土体排水固结,从而改善物理力学性能,达到增强土体强度、提高地基承载力的目的。若采用大于路堤及工作荷载的预压荷载进行超载预压,可进一步减少工后沉降,并可减小次固结沉降。插排水板加载固结法是排水固结法的一种,在现阶段的软基处理中也有较广泛的应用[33]。该方法主要适用于工期要求宽松的软黏土、淤泥和淤泥质土等地基。其主要的检测指标为沉降量。

1.5.3 软土路基施工技术要点

1. 施工前

为促使软土路基施工技术顺利实施,施工前,应做好充分的施工准备工作,安排专人深入施工现场实地进行勘察,掌握第一手工程信息资料,为施工方案制订、施工组织设计说明编制提供科学依据。通过技术勘察,充分了解施工地段水文地质情况,评估软土路基发生不均匀沉降风险,进而制定有针对性的处理对策,确保解决软土路基变形、沉降等问题;同时,计算软土路基路段荷载情况,进而合理选择施工工艺技术、施工材料等,做好充分的施工准备工作。

2. 施工过程控制

为顺利推动施工进度，促使施工进度计划高效落实，应制定完善的软土路基施工技术管理制度，明确人员的分工，将具体的责任意识落实到个人，规范施工人员技术实施行为，并加强施工技术监督，切实落实施工任务，科学指导施工。同时，严格控制施工中桩基设置，确保提高路面的承载压力；并且严格控制排水板距离和深度，施工人员深度解读施工设计，避免二次返工或是停工，确保工程在预定的工期内完工。在排水垫层施工中，要结合具体的施工情况优化施工作业。当地基表层承载力较好时，可采用机械分堆摊铺法进行；当承载力水平不满足要求时，则采取顺序推进摊铺法施工。若是软土地基表面很软，要预先改善地基表面的持力条件，确保为后续施工提供便利。竖向排水施工时，严格控制施工误差，确保连续施工。同时，在砂井施工过程中，施工人员要严格把控振动幅度，将预先准备好的套管打入预定的深度，放入孔内后，经由漏斗将干砂装入砂袋中，待砂袋装满后，将导管缓慢地拔出来。在进行水泥搅拌桩施工过程中，施工人员要明确了解水泥搅拌桩的特点，做好施工控制，如垂直度控制，将垂直线球控制在刻度范围内，并在每根桩打桩前和钻进前反复检查，确保在打桩过程中，控制好垂直度，发现偏移情况，及时纠偏。

3. 施工材料控制

为促使软土路基施工技术精准实施，严格基于源头把控施工材料质量，包括水泥、粗细集料等，深入材料供应商实地进行考察，确认材料质量无误后，与材料供应商建立长期合作关系，在保证材料质量的同时实现对材料成本的把控，将工程项目总成本控制在合理范围内。待材料入场前，再次检查材料质量，检查材料品牌、规格、型号等，避免影响搅拌桩等软土路基施工技术的实施效果。

4. 桩位控制

在桩位质量控制方面，预先做好清晰化的标记，确保测量精准，将测量误差控制在合理范围内，将搅拌头对准竹签的误差控制在 ±1 cm。若是在钻进过程中，出现卡管问题，要放慢钻进速度，将钻头提出并做相应的改进；待钻进位置很浅时，先疏松土层，后开展钻进作业。在提升钻杆过程中，出现卡钻情况时，立即停止喷浆作业，处理后再继续喷浆。喷浆前，预先检查灰浆泵运行情况，避免喷浆过程中出现异常情况。在喷浆过程中，出现喷嘴堵塞情况时，及时检查灰浆泵是否发生故障，并进行处理。当喷浆不流畅时，采取反复开关阀门的方法进行处理。若是遇到电机跳闸、下沉困难等特殊情况，则将电压调高，并挖出障碍物。若是灰浆泵有磨损或是出现漏浆情况，应立即重新标定投料量和灰浆泵的输浆量。另外，需要严格把控灰浆浓度，若是灰浆浓度不适宜，会造成钻头或是混合土旋转，影响钻进质量，针对上述情况，可通过调整钻头叶片的角度加以改进。在供浆期间，施工作业人员要保证供浆连续性，确保搅拌均匀。为防止发生断桩或是出现缺浆的情况，将搅拌机下沉至停浆面下 0.5 m，能够恢复正常供浆状态后，再进行喷浆。

5. 硬壳层下为淤泥质土时的处理要点

若路基土体为软黏土或是粉砂土，需要采取强夯置换法进行干预，目的在于提高路基整体的承载力水平，最大限度地控制沉降。针对黏性土软土路基，首选水泥搅拌法，借助搅拌机进行搅拌，结合实际需求打造圆柱状或是格栅状的土墙体，进而形成复合地基，最终提高地基的承载力水平，将不均匀沉降程度控制到最小。若软土中的黏粒含量在10%以内，则采用振冲密实法进行处理，通过重新排列砂颗粒的方法，将空隙缩小。同时，也可以使用振冲器进行加固，挤密砂层，进而提高地基承载力水平，将沉降控制到最小。若软土路基中的土质为杂填土、泥炭土等，则可以采用加载预压法进行处理，主要是将砂垫层置换在路基中，最大限度地缩小土体固结排水距离。

1.6 华北平原城际铁路施工技术难点

华北地区地势平坦，地表水资源较为匮乏，水资源利用主要来源于地下水开采。随着近年来经济的迅速发展，对水资源的需求也日益加大，华北平原地区已成为世界上超采地下水最严重的地区之一，也是地面沉降漏斗最大、沉降覆盖面积最大的地区，而且地面沉降呈现加剧的趋势。中国地质科学院水环所完成的"华北平原地下水可持续利用能力"项目的研究成果显示，华北平原浅层地下水超采区每年超采26.4亿立方米，深层地下水超采区每年超采12.4亿立方米，已无开采潜力。历经近50年的地下水开采和超采，华北平原地下水位普遍下降，形成多个地下水降落漏斗，由冀枣衡漏斗、沧州漏斗和德州漏斗组成的"华北平原环渤海复合大漏斗"，面积已达7.2万平方千米。地下水的过度开采不仅会导致咸淡水界面下移、海水入侵，而且对高速铁路的建设和运营也会产生不利影响。

1.6.1 区域沉降的成因

区域地面沉降的原因包括自然因素和人为因素。前者包括构造活动、地震活动、软弱土层的自重压密固结、海平面上升等；后者主要指的是地下水、地下油气资源的过量开采和大规模的工程建设等。

1. 区域构造

新构造活动是控制构造沉降的根本因素。根据现有资料来看，影响华北地区构造沉降的原因大致为以下几点：一是早第三纪以来的伸展裂陷活动造成的地堑和半地堑差异沉降；二是晚第三纪—第四纪华北地堑盆地的总体背景性沉降；三是控制性活动断裂引起的沉降活动。

2. 人为因素

华北地区由于构造因素引起的地面沉降，速率仅为 1~2 mm/a。另外，地下水、地下油气资源的过量开采和大规模的工程建设也会引起地面沉降，其中，地下水严重超采是华北地区地面沉降的最主要原因。

1.6.2 抽水所致沉降的机理分析

分析由水位变化引起的地面沉降主要有两种方法：一是有效应力原理，主要用于解释含水层在抽水过程中压实引起的沉降；二是水动力固结理论，主要用于解释抽水以后的残余压实引起的沉降。

有效应力原理，其计算公式见式（1-1）。

$$\sigma = \sigma' + \mu \tag{1-1}$$

其中：σ 表示上覆荷载产生的总应力（kPa）；σ' 表示有效应力，即含水层骨架所承受的应力（kPa）；μ 表示孔隙水压力（kPa）。

根据有效应力原理，上覆土层和水的重力由有效应力和孔隙水压力共同承担。在抽水之后，由于总应力不变，而孔隙水压力降低，有效应力必然增大。有效应力增大必然导致颗粒骨架所受压力的增加，由于土体颗粒的压缩率与孔隙压缩量相比可以忽略，所以土层被压缩在微观上表现为土体颗粒之间孔隙的压缩。在抽水过程中，由于透水层的渗透系数比弱透水层要大，因而水位下降也快；抽水完成后，由于两种含水层之间水位高度不同，存在水位差，表现出由弱透水层向透水层的渗透，弱透水层中的压实作用并没有停止，地面沉降会继续发展。实际上，孔隙水压恢复后，压缩的土层将发生反弹，而黏性土渗透固结过程非常缓慢，具有蠕变性。黏性土变形主要以塑性变形为主，一旦发生固结，大部分沉降量无法恢复，加之沉降又有明显的滞后现象，分析起来相当复杂。因此，人为因素，尤其是深层地下水超量开采是导致地面沉降的主要原因。

1.6.3 高铁沿线区域沉降研究现状及对策分析

对于华北平原这样的区域性沉降地区，各沉降监测单位在监测手段、时间、精度等方面都存在差异，数据难以形成有效的序列，处理起来相对比较困难；另外，由于各个机构在监测数据上没有实现完全共享，进一步增加了形成区域沉降现状图的难度。再者，对于区域沉降的研究大多都停留在沉降机理及监测等方面，对于如何进行有效的处理还存在不少空白，加之对于地下水开采的管理牵扯多方面的利益，难以形成有效的管理体系，成为区域沉降研究的又一道阻碍。结合本段高铁的实际情况，我们需要进一步搜集北京、河北等地近年来的沉降资料以及地下水位变化资料，参照区域沉降图，从宏观上分析高铁沿线的沉降情况；另外，对于高铁沿线地下水渗流场的变化情况以及降落漏斗的范围，需要咨询有关部门，建立相应的数学模型，预测今后地下水位的变化情况，从而达到预测地面沉降的目的。华北地区的许多地下水漏斗已经连成一片，形成了区域性地面沉降。区域性地面沉降会导致线路坡度发生变化，同时对桥梁、路基和轨道平顺性产生一定影响。为了避免沉降对高速铁路的不利影响，通常采取以下几种手段来进行控制：合理选线、采取合理的线路坡度及适宜的工程措施以及控制地下水的开采[34]。

1.7 京安城际铁路施工技术难点

1.7.1 技术标准高,施工难度大

新建城际铁路联络线一期工程地处北京市大兴区和河北省廊坊市。本标段桥梁工程多次跨越既有高等级公路,采用大跨连续梁跨越,施工难度大,技术含量高;隧道工程下穿已运营京台高速公路,采用暗挖法施工,下穿位置位于高速公路过渡段路基水泥粉煤灰碎石桩(CFG桩)加固区段,需截桩处理,如何保证剩余桩基完整性难度较大,沉降控制要求高,施工风险大;明挖隧道埋深较深,基坑开挖风险高,施工难度大;隧道和部分桥梁采用CRTS I 型双块式无砟道床,技术标准要求高。施工过程中应加强对上述工程的技术、安全管控。

1.7.2 线路周边环境复杂,拆迁、迁改难度大

工程地处河北省廊坊市及北京市大兴区交汇区,线路主要经过城市区域,其中廊坊市境内三电迁改工作量大,大兴区新航城区域规划均为整体搬迁,涉及的难点拆迁工程多,征地拆迁难度大、接口部门成倍增加,协调工作量巨大,直接制约总工期目标的实现。必须采取有效措施,加强人力物力投入,保证拆迁任务按期完成,为后续施工有序开展创造条件。应根据架梁工期安排,重点突破控制性工程用地,确保控制性工程按期开工,一般工程采取先易后难、关键节点重点突破等措施有序推进征拆工作。

1.7.3 区域沉降较严重,沉降观测及监控要求高

工程经过华北平原地面沉降区域,途经北京大兴地下水下降漏斗的影响范围,线位穿越大兴礼贤—榆垡沉降漏斗,累计沉降量 500～1 200 mm,地面沉降目前处于快速发展时期,在未来一段时期内,沉降面积和沉降速率有进一步加大的趋势。施工中应采取加密控制点、定期复测水准控制点高程、加强沉降观测及标段间联测等有效措施,严格控制线路周边打井取水及施工期施工降水,减小区域沉降对工程的影响。

1.7.4 工程专业种类多,施工方法多,组织协调要求高

城际铁路施工包括路基、桥梁、隧道、无砟道床、房屋及站后工程配合等内容,涉及连续梁悬灌和支架现浇、隧道暗挖和围护明挖等不同的施工方法,需要统筹考虑各工程专业间配合以及站前和站后工程的衔接,组织好各种施工方法的技术措施和资源配置,协调好线下和线上工程之间的施工衔接关系,确保施工过程协调有序、优质高效。

1.7.5 地处污染防治重点区域,环境保护要求高

工程地处京津冀地区,需要严格落实水土保持、扬尘治理、大气污染治理等各项环保措施,施工营地及料场应尽量远离水源地,防止生活污水及堆料由于雨淋产生污水渗透进入地下。沿线经过大量主城区及村庄人口密集区域,需严格控制噪声污染及光污染。

参考文献

[1] 蒋团标,曾鹏. 北部湾(广西)经济区崛起的中心城市群战略[J]. 贺州学院学报,2007(1):1-6;10.

[2] 张筱琳. 索契冬奥后华北冰雪产业发展的 SWOT 分析[C]//北京大学. 体育社会学与社会变革中的挑战——2014 年世界体育社会学大会暨中国体育社会科学年会论文集. 昆明:云南师范大学,2014:3.

[3] 国务院国有资产监督管理委员会新闻中心. 北京大兴国际机场竣工凝结多家央企智慧力量[EB/OL]. (2019-06-30)[2024-3-15].http://www.sasac.gov.cn/n2588025/n2588124/c11618540/content.html.

[4] 陈文胜,李苗苗,张永杰,等. 对库仑土压力理论的若干修正[J]. 岩土力学,2013,34(7):1832-1846.

[5] 林庆涛,朱建明,康瑶. 考虑土拱效应的挡土墙空间土压力研究[J]. 岩石力学与工程学报,2015,34(9):1918-1927.

[6] 金亚兵,刘吉波. 相邻基坑土条土压力计算方法探讨[J]. 岩土力学,2009,30(12):3759-3764.

[7] 赵均海,梁文彪,张常光,等. 非饱和土库仑主动土压力统一解[J]. 岩土力学,2013,34(3):609-614.

[8] 应宏伟,郑贝贝,谢新宇. 狭窄基坑平动模式刚性挡墙被动土压力分析[J]. 岩土力学,2011,32(12):3755-3762.

[9] 李兴国,陈立强,赵东寅. 基于 ANSYS 荷载结构法的浅埋明挖隧道受力分析[J]. 采矿技术,2008,8(3):37-39.

[10] 张磊,龚晓南,俞建霖. 水平荷载单桩计算的非线性地基反力法研究[J]. 岩土工程学报,2011,33(2):309-314.

[11] 邓子胜. 深基坑支护结构-土非线性共同作用弹性地基反力法[J]. 土木工程学报,2006,39(4):68-72.

[12] 胡纯,李大庆. 明挖法地铁车站地基反力分析[J]. 武汉大学学报(工学版),2013,46(2):208-211.

[13] 孙君实. 条分法的数值分析[J]. 岩土工程学报,1984,6(2):1-12.

[14] 朱大勇,邓建辉,台佳佳. 简化 Bishop 法严格性的论证[J]. 岩石力学与工程学报,2007,26(3):455-458.

[15] 周国庆. 明挖隧道混凝土施工裂缝控制措施[J]. 工程技术(文摘版),2015,(9).

[16] 汪洋,朱万旭,邵炼. 某明挖隧道深基坑施工监测与分析[J]. 特种结构,2015,32(1):55-59.

[17] 赖金星,田冲冲,邱军领,等. 明挖隧道深基坑受力与变形的现场测试分析[J]. 勘察科学技术,2015,4:1-6.

[18] 刘胜聪. 明挖隧道基坑施工稳定性研究[D]. 重庆交通大学.2017.

- [19] 马永航. 论述目前国内外地铁施工的方法[J]. 广东建材, 2013.29（1）: 63-65.
- [20] 杨素钦. 城市电力隧道施工关键技术研究[D]. 郑州大学, 2016.
- [21] 郝宝峰. 桥梁工程中大跨径连续梁施工技术分析及应用[J]. 山西建筑, 2018, 44(26): 169-170.
- [22] 孙宏林, 尤昌龙, 陈占. 客运专线土质路基地段铺设无砟轨道调研及分析[J]. 铁道标准设计, 2005, （5）: 1-5.
- [23] 屈文杰. 铁路客运专线无砟轨道施工技术及经济比较研究[D]. 长沙: 中南大学, 2010.
- [24] 万家. 高速列车—无砟轨道—桥梁耦合系统动力学性能仿真研究[D]. 北京: 铁道部科学研究院, 2006.
- [25] 董亮, 叶阳升. 高速铁路软土地基处理方法对比试验[J]. 岩土力学, 2006, 27（10）: 1856-1860.
- [26] 朱军, 潘治凡. 水泥搅拌桩复合地基沉降变形分析[J]. 中国市政工程, 2006(4):95-97.
- [27] 郑刚. 水泥搅拌桩有限元-无穷远耦合分析[J]. 天津大学学报, 2000（6）: 711-715.
- [28] 王博文. 采用填料改良及地基处理的高速铁路路基施工技术研究[D]. 石家庄铁道大学, 2017.
- [29] 张刚. 水泥搅拌桩复合地基沉降量计算[J]. 土工基础, 2010（4）: 67-70.
- [30] 张皖湘. 水泥搅拌桩复合地基在垂直荷载作用下桩与土地受力特性分析[J]. 工程建设, 2010（6）: 523-525.
- [31] 陈善雄, 宋剑, 周全能等. 高速铁路沉降变形观测评估理论与实践[M]. 北京: 中国铁道出版社, 2010.
- [32] 张献周, 莫春, 马下平. 高速铁路沉降观测评估预测系统设计与实现[J]. 铁道勘察.2010（5）: 1-4.
- [33] 于飞. 烟台滨海公路软土路基施工[D]. 长春: 吉林大学, 2012.
- [34] 邓帅, 马涛. 华北平原区域沉降分析及对高速铁路的影响[J]. 铁道勘察, 2013, 39（2）: 39-42.

第 2 章 工程概况

2.1 工程简介

2.1.1 线路概况

新建京安城际铁路联络线一期工程起自廊坊东站以东京冀省界处，经廊坊市广阳区、北京市大兴区，终至北京新机场以南京冀省界，线路全长 39.339 km，共设 4 座车站，分别为廊坊东站、空港新区站、新航城站和新机场站，预留北京新机场南航站楼设站条件，在廊坊境内设动车运用所 1 座。其中，为配合北京新机场及相关工程建设，DK40 + 300 ~ DK46 + 115 段共计 5 815 m 站前工程及 DK42 + 038 ~ DK46 + 115 段共计 4 077 m 站后及轨道工程已开工建设。

新建城际铁路联络线一期工程站前 CJLLXZQ-4 标正线范围：DK25 + 097 ~ DK35 + 770，线路长度 10.67 km；动车走行线左线范围：改 DZDK25 + 690 ~ DZDK29 + 207.73；动车走行线右线范围：改 DYDK25 + 690 ~ DZDK29 + 207.73，动车走行线长度 3.938 km。4 标段线路走向及位置如图 2-1 所示。

图 2-1 标段线路走向及位置图

2.1.2 主要工程内容和数量

本标段主要工程内容：桥梁 6 座/9 027.1 m，其中特大桥 4 座/8 916.54 m（新航城特大桥、动车走行左线特大桥、动车走行右线特大桥、动车走行双线特大桥），框架桥 2 座/110.56 m（李纪营框构小桥、规划港万路框构中桥）；隧道 1 座/3 070 m（榆安 1 号隧道，其中暗挖段 140 m，明挖段 2 930 m）；涵洞 2 座，分别为 1-6 m 和 1-6 m + 2-6 m + 1-6 m 框架涵；区间正线路基699.56 m，站场正线路基1 924.93 m（空港新区车站1座）；无砟道床6.896 km。主要工程量见表2-1。

表2-1 主要工程数量

工程内容			单位	数量
拆迁及征地费用	改移道路	土路	m²	1 633
		混凝土路面	m²	11 029
	砍伐及挖根		项	1
	改河（沟渠）		项	1
	既有建筑物拆除后的垃圾清运		项	1
	河槽护砌		圬工方	8 577.41
	土地征用		hm²	16.8
	通信线路拆迁		项	1
	电力线路拆迁		处	74
	大临用地		项	1
路基	区间路基土石方	土方	m³	74 689
		填改良土	m³	34 439
		级配碎石（砂砾石）	m³	8 460
	站场土石方	土方	m³	310 346
		填改良土	m³	410 947
		级配碎石（砂砾石）	m³	59 038
	区间附属工程	土钉	m	7 281
		U形槽	圬工方	11 666
		基底填砂石料垫层	m³	8 695.7
		螺杆桩	m	53 646
		碎石桩	m	10 890
		夯实及碾压	m²	5 055.9
		播草籽	m²	113 982.3
		栽植乔木	千株	0.64
		栽植灌木	千株	194.59
		土工合成材料	m²	32 610.5
		路基地段电缆槽	km	2.68
		接触网支柱基础	个	16
		线路防护栅栏	单侧公里	16.61

027

续表

工程内容			单位	数量
路基	站场附属工程	钢筋混凝土挡土墙	圬工方	1 254
		基底填砂石料垫层	m³	54 957.2
		螺杆桩	m	30 942
		碎石桩	m	550 600
		播草籽	m²	33 037
		栽植灌木	千株	304.82
		土工合成材料	m²	263 745.9
		站场内综合电缆槽和电缆井	km	3.9
		接触网支柱基础	个	166
桥涵	桥梁	一般双线特大桥	延长米/座	5 452.43/2
		一般单线特大桥	延长米/座	3 464.09/2
		框架桥	顶平米	2 176.63
	涵洞	框架涵	横延米	220.38
隧道及明洞	隧道	$L>4$ km 的隧道	延长米/座	3 070/1
轨道	桥梁地段	无砟道床	铺轨公里	0.44
	隧道地段	无砟道床	铺轨公里	8.83
通信、信号、信息及灾害监测	信号	综合接地	项	1
房屋	生产房屋	给水排水房屋	m²	78
	房屋附属工程	土石方	m³	4 000
		挡土墙及护坡 浆砌石	圬工方	300
		挡土墙及护坡 混凝土	圬工方	517.27
		道路及硬化面	m²	820
		围墙	m	100
其他运营生产设备及建筑物	站场	旅客站台墙	m	1 850
		地道	m²	767.45
		隧道口雨棚	m²	5 878
		综合管沟	m	900
		围墙	m	3 780
		混凝土路面道路	m²	6 150
		泥结碎石路面	m²	1 870
		排水沟	延长米	3 084

续表

工程内容			单位	数量
其他运营生产设备及建筑物	其他建筑及设备	路基声屏障	m²	768.36
		桥上声屏障	m²	1 717.45
大型临时设施和过渡工程	大型临时设施	汽车运输便道	项	1
		临时供电	项	1
		临时场站	处	2
		填料集中加工站	处	1
		混凝土集中拌和站	处	1

2.1.3 控制工程及重难点工程

根据本标段地质情况和施工设计图纸，本标段控制工程为新航城特大桥跨越密涿高速公路（72+128+72）m 连续梁及 CRTS I 型双块式无砟道床，重、难点工程为新航城特大桥、动车走行线左线特大桥和动车走行线右线特大桥连续梁以及榆安 1 号隧道暗挖和围护明挖。

2.2 工程地质条件

2.2.1 地形地貌

本标段线路所属地区位于华北平原北部，为冲积平原，地形平坦开阔，地面高程 15～40 m，地势由西北向东南缓倾，如图 2-2 所示。

图 2-2 地形地貌

2.2.2 气象特征

本标段沿线经过地区属于暖温带亚湿润大陆性季风气候，四季变化明显，春季干旱多风，冷暖多变；夏季气温高、湿度大、雨水集中；秋季天高气爽；冬季寒冷干燥、少雨雪。降雨量多集中在 6~8 月份，约占全年的 70%；大风多集中在 3、4 月份。按照对铁路工程影响，气候分区为温暖地区[1]。沿线经过主要地区的气象要素见表 2-2。沿线土壤最大冻结深度 0.8 m。

表 2-2 本标段沿线主要地区气象资料

项目	北京大兴区 1981—2010 年	廊坊 1971—1980 年
历年极端最高气温/°C	41.4	40.1
历年极端最低气温/°C	−20	−10.6
历年平均气温/°C	12.5	11.5
历年最冷月平均气温/°C	−3.7	−4.7
历年平均降水量/mm	519.5	591.5
历年平均蒸发量/mm	1 628.6	1 810.7
历年平均相对湿度/%	59.2	—
最大积雪深度/cm	60	27
累年平均风速/(m/s)	1.82	3.1
累年最大风速/(m/s)	21.3 NW	20.0 NW

2.2.3 地层岩性

线路沿线为厚层第四系松散堆积层所覆盖，勘探深度范围内所揭示地层为第四系全新统（Q_4）、上更新统（Q_3）冲积地层。分段简述如下：第四系全新统冲积层（Q_4^{al}），岩性以黏性土为主，夹粉土、粉砂、细砂，总厚度约 20 m；公路、城镇和堤坝表覆第四系全新统人工堆积层（Q_4^{ml}）；第四系上更新统冲积层（Q_3^{al}），岩性以黏性土为主，夹粉土、粉砂、细砂，总厚度大于 30 m。

2.2.4 地质构造

区域大地构造位于中朝准地台华北断拗冀中台陷，线位经过固安盆地北缘断裂。燕山运动是中朝准地台的主要造山运动，它使得前寒武纪形成的大型东西向构造带，再次受到强烈的断裂褶皱，产生了大量北北东—北东向断裂带。自第三纪以来的构造运动主要继承了老的构造运动，产生了山区和平原的分化，北北东—北东向断裂重新复活。在定兴—石家庄深断裂以东逐渐下沉，以西山区上升，形成当今地形的雏形。第四纪时华北平原仍然继续下沉，接受了大量的松散堆积物。

区域性大断裂为固安—昌黎隐伏大断裂。该断裂位于燕山山前平原区，全线隐伏，西起固安，向东经廊坊、宝坻、倴城、昌黎，再东入渤海。线位经过区域，晚第三纪以来持续下沉，上部沉积了巨厚层的第三、第四纪松散沉积物，断裂属隐伏断裂，对工程无影响。

2.2.5 水文地质特征

本项目沿线属海河流域、大清河水系，跨越的河流水量不大，水流缓慢，水量随季节变化大。

沿线地下水为第四系孔隙潜水，赋存于第四系松散堆积层中，局部具承压性，其中砂类土层中水量丰富。沿线地下水埋深变化较大，水位埋深 7.4~22.2 m（高程 1.63~16.95 m），水位季节性变幅 3~5 m，主要含水层为砂类土、粉细砂，由大气降水及地表水渗透补给[2]，排泄以蒸发、向深层承压水渗透和人工开采为主。

地表水、地下水只有少部分对处于化学环境及氯盐环境中的铁路混凝土结构具侵蚀性，环境作用等级为 H1、L1。

2.2.6 不良地质

该区域主要面临的地质挑战难题为区域性地面沉降，由于北京大兴地区受地下水位下降影响较明显，而铁路规划路线正穿越该地区，特别是大兴礼贤—榆垡地区，已出现 500~1 200 mm 的累计地面沉降，就沉降趋势而言，该区域的地面沉降正处于快速发展阶段，预计在未来一段时间内，沉降范围与速度将进一步增加[2]。

2.2.7 特殊岩土

本线特殊土以素填土、填筑土、软土、松软土为主。

1. 素填土

素填土为灰褐色、黄褐色，软塑，主要成分为黏性土及粉土，层厚 1.5~3.0 m。

2. 填筑土

填筑土为杂色、灰黄色、褐灰色，密实，潮湿，主要成分为黏性土及碎石块，埋深约 1.0~5.0 m，主要分布于线路跨越的公路路堤附近。

3. 软土、松软土

软土局部分布于机场隧道段，埋深 10~14 m，厚度 1.5~3 m，为淤泥质粉质黏土。松软土沿线广泛分布，主要为粉质黏土、黏土、粉土，松软层埋深一般为 1.6~11.9 m，厚度一般为 0.7~2.5 m。路基基底欠稳固，路基工程应结合软土、松软土的埋藏深度、厚度、物理力学性质以及路堤填筑高度等对松软土采取固结排水、复合地基等方法处理，桥梁工程宜采用桩基础。

2.2.8 地震动参数

根据《中国地震动参数区划图》(GB 18306—2015)，沿线地震动参数划分如下：Ⅱ类场地条件下基本地震动峰值加速度分区值为 0.20g（8 度），Ⅱ类场地条件下基本地震动加速度反应谱特征周期分区值为 0.40 s（现铁路抗震规范二区）。沿线场地类别均为Ⅲ类场地。

2.3 设计简介

新建城际铁路联络线一期工程是一项重要的基础设施建设项目，旨在加强京津冀地区的交通联系，优化区域交通网络布局。该工程起自河北省廊坊市，途经北京市大兴区，最终抵达北京新机场，全长约 39.339 km。工程线路规划合理，共设置 4 座车站，分别为廊坊东站、空港新区站、新航城站和新机场站，并预留北京新机场南航站楼设站条件，为未来发展留有余地。同时，在廊坊境内还将新建一座空港新区动车运用所，为列车运行提供支持。该工程的建设将进一步完善京津冀地区的轨道交通网络，提高区域内部的交通效率，促进人员流动和经济发展。未来沿线地区的居民和旅客都将从这一便捷的交通联系中获益。整个工程充分体现了京津冀协同发展的理念，对于推动区域一体化进程具有重要意义。

采用的技术标准见表 2-3。

表 2-3 本标段主要技术标准

序号	项目	标准
1	铁路等级	城际铁路
2	正线数目	双线
3	设计速度	200 km/h
4	最小曲线半径	一般 2 200 m、困难 2 000 m
5	正线线间距	4.2 m
6	最大坡度	一般地段 20‰，困难地段 30‰
7	动车组编组辆数	城际列车 8 辆，部分跨线列车 16 辆
8	到发线有效长	400 m，部分 650 m
9	列车运行控制方式	CTCS-2
10	调度指挥系统	集中调度
11	最小行车间隔	3 min

参考文献

[1] 朱旭，吴剑华. 京雄城际铁路绿色工地标准化建设实践[J]. 铁路节能环保与安全卫生，2021，11（5）：6-9；15.

[2] 葛小勇. 大直径三重管高压旋喷桩在铁路深基坑中的应用[J]. 居舍，2021（32）：93-95；98.

第 3 章　工程施工安全风险评估

本章对工程风险评估的基础理论进行剖析，分析了工程施工有关风险的基本概念，划分了工程施工风险的评估阶段，阐明了每一个阶段的特征和对工程风险评价的意义，同时阐述了风险评估流程、评估阶段、方法以及风险评估等级，最后指出了城际铁路施工风险应该评估的内容。

3.1　风险评估基本概念

工程施工安全风险评估中涉及多种关于风险的基本概念，这些概念属于抽象的个体，它们适用于多种评估对象。对于工程施工安全风险评估，这些基本概念拥有独立的意思。表 3-1 统计了 9 种有关风险的基本概念及其解释[1]。

表 3-1　有关风险的基本概念及其解释[1]

名称	英文名称	基本概念解释
风险	Risk	工程施工和运营期间发生人员伤亡、环境破坏、财产损失、工程经济损失等潜在的不利事件的概率（P）和后果（C）的集合，表达式为：$R=f(P, C)$
损失	Loss	工程建设和运营中任何潜在的或外在的负面影响或不利后果，包括人员伤亡、经济损失和环境影响等
风险事件	Hazard	工程中发生的人员伤亡、环境破坏、财产损失、工程经济损失等偶然性事件，也称风险事故
风险源	Risk source	可能导致风险事件发生的因素
风险辨识	Risk identification	对存在于工程项目中的风险因素和风险事件进行确认和分类
风险估测	Risk estimation	在风险辨识的基础上，通过收集的资料进行分析，运用定性或定量的方法，估计和预测风险发生的概率和损失程度
风险评价	Risk evaluation	根据制定的工程安全风险分级划分和接受准则，对工程进行安全风险等级确定、危害性评定
风险控制	Risk control	为降低工程风险损失所采取的处置对策、技术方案或措施等
安全风险	Security Risk	施工安全事故或意外出现的可能性以及产生严重后果的组合

3.2　施工风险评估阶段

随着工程所处设计、施工和运营不同阶段，其风险因素、风险的发生概率、损失以及对整个工程风险的权重都在不断变化,这决定了风险评估的重点是不断变化的。因此,风险评估是一个动态的过程,根据工程所处的阶段不同主要分为设计阶段、施工阶段、运营阶段。

3.2.1 设计阶段安全风险评估

设计阶段的安全风险评估,是在工程基础资料和设计资料齐全的情况下,基于隧道工程的客观条件和主观设计措施,从技术角度出发,评估各种不确定因素对后续施工和运营造成的不利影响,避免由于"先天不足"而导致"后天堪忧"[2]。

3.2.2 施工阶段安全风险评估

从施工质量、施工安全、施工进度、施工工艺、施工保障措施和施工其他管理等角度考虑施工实施过程中可能出现的各种事故,并分析可能造成的运营养护影响,避免由于技术上的疏忽或管理上的不慎而导致工程项目的质量、安全等目标出现过大偏差。

3.2.3 运营阶段安全风险评估

从运营过程中外部环境的复杂性、变动性及主体结构对环境的适应能力的有限性,分析运营失效的可能性及其损失,以便及时采取措施保证工程的安全[3]。

3.3 风险评估流程

铁路建设工程风险等级以单位工程为基础,分专业进行评价。大、中桥一般以一座桥作为一项单位工程,小桥涵一般按段落或标段划分单位工程。区间路基、隧道工程、高路堑边坡一般按段落或标段划分单位工程。

铁路工程由于具有建设周期长、投资规模大、质量要求高、施工过程复杂等特点,一般其风险事故发生概率高。风险评价的主要任务就是将风险造成的损失降低到风险管理者可接受的程度[4]。风险评估基本流程如图3-1所示。

图3-1 风险评估基本流程

1. 风险辨识

作为风险评价工作的前提和基础,施工风险评价的首要工作是进行风险识别。所谓风险识别,就是寻找导致损失的原因,分析损失发生的可能性大小。施工风险识别的主要内容就是收集施工风险事故损失原因的资料、分析资料、确定风险源等。施工风险识别需明确施工期间影响施工安全的不确定性因素有哪些,各不确定性因素的重要程度、风险致因、风险造成的严重程度及风险识别的方法有哪些等问题。风险识别一般包括两个阶段:

（1）风险识别阶段：在铁路工程项目的风险识别阶段，项目团队需要识别出所有可能影响工程进度、成本、质量和安全的风险因素。这一阶段通常涉及多种技术和方法，如头脑风暴、德尔菲法、检查表、专家访谈等。此阶段的关键是尽可能全面地识别出所有潜在的风险，包括但不限于设计风险、施工风险、环境风险、政策和法规风险、市场风险等。

（2）风险分析阶段：在风险识别之后，下一步是对这些风险进行更详细的分析。其中包括对每个风险的可能性和影响进行评估，以确定哪些风险是关键风险，需要优先管理和应对。风险分析可以是定性的也可以是定量的，常用的工具包括风险矩阵、敏感性分析、蒙特卡洛模拟等。风险分析的结果将帮助项目团队制定有效的风险应对策略和计划。

2. 风险估计

对影响新建铁路施工的风险因素识别出来后，需要进行风险估计。施工风险估计应做好分析风险发生概率及损失程度的衡量工作，项目管理者通过对所衡量的数据信息进行风险评价，为系统风险评价提供科学依据。

3. 风险评价

风险评价是指在风险估计的基础上，采用合适的风险评价模型，对风险概率与风险后果等因素进行综合考虑，确定风险等级与可接受程度的过程。风险评价的目的是确定风险是否需要处理和处理的程度，以便采取相应的风险控制措施。

4. 风险应对

风险应对是指根据风险评价结果，制定合理、有效的风险应对策略，降低施工风险，保障施工安全，减小各方面的损失与危害。风险决策是指决策者通过全面、综合的考虑，对工程建设方案和风险应对策略做出抉择[4]。

为便于风险管理，各阶段风险评估可分为总体风险评估和专项风险评估两个层次。首先对所有桥梁单位工程、路基单位工程、隧道单位工程、高路堑单位工程分别进行总体风险评估，初步确定其总体风险等级；其次对总体风险等级达到高度和极高的单位工程应进行专项风险评估。

3.4 风险评估方法

3.4.1 风险评估方法介绍

目前，工程中常用的风险评价方法主要分为定性风险评价方法、定量分析方法和定性与定量相结合这三大类[4]。

1. 专家调查法（Expert Investigation）

专家调查法是通过征集专家意见来判断风险的分析方法。该方法主要是由调查者拟定调查表，按照既定程序，以函件的方式分别向专家组成员进行征询，而专家组成员又以匿名的方式（函件）提交意见。经过几次反复征询和反馈，专家组成员的意见逐步趋于集中，最后获得具有很高准确率的集体判断结果[5]。

2. 核对表法（Checklist）

核对表法是通过风险清单找出风险因素，并以表格形式记录的一种方法。该方法能消除或降低忽视某些风险因素的可能性，是风险辨识的一种有效和可靠方法。由于在项目实施过程中风险因素会发生改变，采用该方法时应定期检查风险清单的内容是否齐全[6]。

3. 模糊评判法（Fuzzy Evaluation）

模糊评判法是考虑事物的模糊性以及风险事件的不确定性[2]，利用模糊数学建立起定性及定量之间的对应关系，再结合数学上的模糊推理判别方法，得出较为客观、准确的风险评价结果的一种方法[2]。

4. 故障树法（Fault Tree）

故障树分析法是用专门的事件、逻辑门和转移符号建立起来的一种倒立树状逻辑因果图，用来描述各类风险事件之间的因果关系。建立故障树时通常是利用由果及因的原则，根据风险的结果找出造成此风险的原因，进而得出各风险因素之间的关系，通过上述逻辑符号连接，得出该风险事件的风险故障树模型，以此模型为基础，运用数学上的逻辑计算得出风险概率及损失后果，从而完成对风险的评价[2]。

5. 层次分析法（Analytic Hierarchy Process）

层次分析法的基本思路是：风险评估者将风险划分为若干层次或若干因素，在同一层次因素间进行两两比较计算，得到各因素间的相对重要性指标；进而求得各因素的风险权重，为风险管理者做抉择时提供依据。层次分析法将复杂的问题简单化，采用两两比较的形式也能提高评价的准确度；其评估过程具有较强的逻辑性，体现了定性和定量分析相结合的思想。该方法简单易懂，能让风险决策者直接参与，模式化的过程还有助于提高风险决策的一致性。

然而此方法也有一定的不足之处。第一，评估过程中需要专家进行打分，在很大程度上依赖于专家经验，主观性较大。第二，对于层次复杂的模型，采用层次分析法会增大计算量，当各因素之间的相关性较大时可能会造成评估失误[2]。

6. 风险指数法（Risk Indices）

风险指数是对风险的半定量测评，是利用顺序尺度的记分法得出的估算值。风险指数可以用来对使用相似准则的一系列风险进行比较，尽管可以获得量化的结果，但风险指数本质上还是对风险进行分级和比较的定性方法，使用数字完全是为了便于操作[2]。风险指数可作为一种范围划定工具用于各种类型的风险，以根据风险水平划分风险。这可以确定哪些风险需要更深层次的分析以及可能进行定量评估。在指标分类的基础上，提出评估指标，建立风险评估指标体系表。

3.4.2 风险评估方法选择原则

1. 综合性原则

运用多种方法,从多个角度对新建铁路下穿既有高速铁路桥梁工程进行风险评价,充分考虑工程在项目决策阶段、设计阶段、施工阶段和运营阶段遇到的各种不利情况。

2. 针对性原则

针对风险评价要达到的预期目标,以研究对象的特点和实际情况为依据进行风险评价,做到具体问题具体分析。

3. 科学性原则

科学合理的评价方法对新建铁路下穿既有高速铁路桥梁工程的风险评价至关重要,只有这样才能得到较为科学合理的结果。

4. 系统性原则

新建铁路下穿既有高速铁路桥梁工程风险评价以其风险源辨识的好坏为基础。风险评价结果的好坏一定程度上由风险辨识的准确性、科学性来决定。为保证风险辨识结果的准确性,管理者应严格按照发展规律,从全局角度出发,对风险进行系统的调查分析[4]。

3.5 工程风险评估等级

3.5.1 风险等级

根据安全风险事故发生的概率和损失等级,将安全风险等级分为Ⅰ级(低度)、Ⅱ级(中度)、Ⅲ级(高度)、Ⅳ级(极高)四级,见表3-2[4]。

表3-2 风险等级标准[4]

概率等级		损失等级				
		轻微的	较大的	严重的	很严重的	灾难性的
		1	2	3	4	5
几乎不可能发生	1	Ⅰ级	Ⅰ级	Ⅱ级	Ⅱ级	Ⅲ级
难以发生	2	Ⅰ级	Ⅱ级	Ⅱ级	Ⅲ级	Ⅲ级
偶然发生	3	Ⅱ级	Ⅱ级	Ⅲ级	Ⅲ级	Ⅳ级
可能发生	4	Ⅱ级	Ⅲ级	Ⅲ级	Ⅳ级	Ⅳ级
频繁发生	5	Ⅲ级	Ⅲ级	Ⅳ级	Ⅳ级	Ⅳ级

3.5.2 风险接受准则及处理措施

工程施工风险接受准则与采取的风险处理措施，见表3-3[7]。

表3-3 风险接受准则[7]

风险等级	接受准则	处理措施
Ⅰ级（低度风险）	可忽略	当前措施有效，不必采取额外技术和管理方面的预防措施
Ⅱ级（中度风险）	可接受	工程有进一步实施预防措施以提升安全性的必要
Ⅲ级（高度风险）	有条件接受	必须实施削减风险的应对措施，并需要准备应急计划
Ⅳ级（极高风险）	不可接受	必须采取有效措施，将风险等级降低到Ⅲ级及Ⅲ级以下水平，如果应对措施的代价超出业主的承受能力，则更换方案或放弃项目

3.6 城际铁路施工风险评估内容

根据城际铁路工程施工特点，结合《铁路建设工程风险管理技术规范》（Q/CR 9006—2014）和《铁路隧道工程风险管理技术规范》（Q/CR 9247—2016）等，城际铁路施工风险评估的对象主要包括路基工程、桥梁工程、隧道工程，各对象具体的评估内容或评估指标体系如下：

3.6.1 铁路路基工程风险评估指标体系

《铁路路基工程风险管理技术规范》（Q/CR 9245—2020）规定，根据路基工程的建设条件、结构特点和施工方法等孕险环境与致险因子，建立风险评估指标体系，评估路基工程整体风险，估测其初始风险等级[7]。施工阶段的总体风险评估指标体系见表3-4。

表3-4 铁路路基工程施工阶段总体风险评估指标体系

风险类别	路基工点条件	计分标准	计分说明	风险指数
不良地质（C_1）	滑坡、危岩落石、崩塌、岩堆地段路基	0~5	应结合勘察资料综合判定	
	易发泥石流地段路基	0~5		
	采空区及人为坑洞地段路基	0~5		
	岩溶地区路基	0~5		
	区域性沉降地区路基	0~5		
	岩质路堑边坡顺层	0~5		
	雪害、雪崩地段路基	0~5		
	风沙地区路基	0~5		
	活动断裂带路基	0~5		
	地震设防烈度Ⅶ度及以上地区路基	0~5		

续表

风险类别	路基工点条件	计分标准	计分说明	风险指数
特殊岩土（C_2）	软土地段路基	0~5	特殊性岩土主要包括湿陷性黄土、软土、冻土、膨胀性岩土等	
	多年或季节性冻土地段路基	0~5		
	湿陷性黄土地段路基	0~5		
	膨胀岩土地段路基	0~5		
	花岗岩风化残积土地段路基	0~5		
	盐渍土、盐岩地段路基	0~5		
	填土场地路基	0~5		
高填、深挖、陡（斜）坡（C_3）	高路堤	0~5	应结合勘察资料综合判定	
	深路堑	0~5		
	陡坡路堤	0~5		
	斜坡软土路基	0~5		
特殊路基、取弃土工程(C_4)	斜坡炭质泥页岩路基	0~5	应结合勘察资料综合判定	
	取弃土工程	0~5		
特殊条件（C_5） 水文地质	顺河顺沟地段路基	0~5	暂按水深 5 m 及以上为深水区	
	浸水路基、地下水路堑	0~5		
气象	大风影响地区路基	0~5	应结合施工工艺特征综合判定	
受限	并行或下穿既有公路、铁路以及其他交通工程路基	0~5	应结合施工工艺特征综合判定	
	邻近既有建（构）筑物及环境敏感区	0~5		
其他（C_6）	路基与其他专业接口工程	0~5	应结合施工工艺特征综合判定	
	应用新技术、新材料、新设备、新工艺的路基工程	0~5		
	其他需重点管理的路基	0~5		
单位工程总体风险指数 $R = \sum C_1 \sim C_6$，$C_i = \max(C_{i1}, C_{i2}, \cdots, C_{ij})$				

3.6.2 铁路桥梁工程风险评估指标体系

《铁路桥梁工程风险管理技术规范》（Q/CR 9246—2020）规定，根据桥梁工程的建设条件、结构特点和施工方法等孕险环境与致险因子，建立风险评估指标体系，评估桥梁工程整体风险，估测其初始风险等级。施工阶段的总体风险评估指标体系见表3-5[7]。

表 3-5　铁路桥梁工程施工阶段总体风险评估指标体系[7]

风险类别	风险因素分类		计分标准	计分说明	风险指数
自然风险	气象条件（C_1）	极端气象事件多发区域（极端高低温、强风、强雨雪、雷电等）	4~6	应结合施工工艺特征综合判定	
		气象条件一般，可能影响施工安全，但不显著	2~3		
		气象条件良好，基本不影响施工安全	0~1		
	地形条件（C_2）	峡谷、山间盆地、山口等险要区域	4~6	应结合勘察资料综合判定	
		一般山岭区	2~3		
		平原、微丘区	0~1		
	环境条件（C_3）	线路穿越环境敏感区，对施工要求严格	4~6	应结合勘察资料、环境影响评估报告综合判定	
		线路邻近环境敏感区	2~3		
		桥梁不在环境敏感区，需要考虑桥梁建设对环境的影响	0~1		
	水文条件（C_4）	大江、大河，跨海深水区	4~6	暂按水深 5 m 及以上为深水区	
		大中型水库、海湾浅水区	2~3		
		一般河道，小型水库	0~1		
	通航条件（C_5）	内河通航等级Ⅰ级~Ⅲ级，海轮 1 万吨以上	4~6	综合考虑码头、船闸、锚地的影响	
		内河通航等级Ⅳ级~Ⅵ级，海轮 1 万吨及以下	2~3		
		内河通航等级Ⅶ级及等外	0~1		
	立交条件（C_6）	与高速铁路交叉或邻近	4~6	跨线桥应综合考虑交叉线路的交通量状况	
		与普通铁路、高速公路、城市快速路交叉或邻近	2~3		
		一般公（道）路	0~1		
	场地条件（C_7）	邻近铁路营业线	4~6	按照重要性和风险损失的影响程度判定	
		邻近重要建（构）筑物、管线	2~3		
		一般场地	0~1		
地质风险	地质条件（C_8）	不良地质灾害多发区域（包括岩溶、滑坡、泥石流、崩塌、水库坍岸、区域沉降及人类工程活动形成的不良地质等）	4~6	特殊性岩土主要包括湿陷性黄土、软土、冻土、膨胀性岩土等	
		存在不良地质灾害，但不频发；或存在特殊性岩土，影响施工安全及进度	2~3		
		地质条件较好，基本不影响施工安全	0~1		
技术风险	建设规模（C_9）	单孔跨径 L_k（或总长 L）超过或达到国内外同类桥型最大单孔跨径 L_k（或总长 L）	6~8	应结合各地工程建设经验及水平，综合判定，其中拱桥应按高限取值	
		$L_k>150$ m 或 $L>1\,000$ m	3~5		
		$100\text{ m}\leqslant L\leqslant 1\,000\text{ m}$ 或 $40\text{ m}\leqslant L_k\leqslant 150\text{ m}$	1~2		
		$L<100$ m 或 $L_k<40$ m	0~1		

续表

风险类别	风险因素分类		计分标准	计分说明	风险指数
技术风险	高墩及深基坑（C_{10}）	墩身高度大于70 m，基坑深度大于10 m	4~6	深基坑应结合地质条件及邻近建筑物或营业线的情况综合判定	
		墩高30~70 m，基坑深度7 m~10 m	2~3		
		墩高小于30 m，基坑深度小于7 m	0~1		
	专业接口（C_{11}）	专业接口复杂	2~3	结合专业接口的多少及复杂程度判定	
		专业接口较少	0~1		
	施工工艺条件（C_{12}）	新技术、新工艺、新材料、新设备国内首次应用	4~6	结合特殊桥梁结构在国内外的施工情况判定	
		施工工艺较成熟，国内有相关应用的复杂结构施工	2~3		
		施工工艺成熟，常用桥梁结构施工	0~1		
社会风险	社会稳定条件（C_{13}）	宗教信仰和社会习俗等对桥梁施工有重大影响	4~6	调查并征求地方政府意见	
		所在地文化、生活方式、社会习俗等可能影响施工	2~3		
		一般地区	0~1		
单位工程总体风险指数（$R = \sum C_1 \sim C_{13}$）					

3.6.3 铁路隧道工程风险评估指标体系

隧道工程施工安全总体风险评估主要考虑隧道地质条件、建设规模、气候与地形条件等评估指标。参照《铁路隧道工程风险管理技术规范》（Q/CR 9247—2016）要求，结合隧道工程实际情况，隧道工程总体风险评估指标体系可参见表3-6。

表3-6 铁路隧道工程总体风险评估指标体系

评估指标		分类	分值	说明
地质 $G=(a+b+c)$	围岩情况 a	1. Ⅴ、Ⅵ围岩长度占隧道长度70%以上	3~4	根据设计文件和施工实际情况确定
		2. Ⅴ、Ⅵ围岩长度占隧道长度40%以上、70%以下	2	
		3. Ⅴ、Ⅵ围岩长度占隧道长度20%以上、40%以下	1	
		4. Ⅴ、Ⅵ围岩长度占隧道长度20%以下	0	
	瓦斯含量 b	1. 隧道洞身穿越瓦斯地层	2~3	
		2. 隧道洞身附近可能存在瓦斯地层	1	
		3. 隧道施工区域不会出现瓦斯	0	
	富水情况 c	1. 隧道全程存在可能发生涌水突泥的地质	2~3	
		2. 有部分可能发生涌水突泥的地质	1	
		3. 无涌水突泥的地质	0	

续表

评估指标	分类	分值	说明
开挖断面 A	1. 特大断面（单洞四车道隧道）	4	
	2. 大断面（单洞三车道隧道）	3	
	3. 中断面（单洞双车道隧道）	2	
	4. 小断面（单洞单车道隧道）	1	
隧道全长 L	1. 特长（3 000 m 以上）	4	
	2. 长（大于 1 000 m，小于 3 000 m）	3	
	3. 中（大于 500 m，小于 1 000 m）	2	
	4. 短（小于 500 m）	1	
洞口形式 S	1. 竖井	3	
	2. 斜井	2	
	3. 水平洞	1	
洞口特征 C	1. 隧道进口施工困难	2	从施工便道难易、地形特点等考虑
	2. 隧道进口施工较容易	1	

隧道工程施工安全总体风险大小计算公式为：

$$R = G(A + L + S + C)$$

式中：G 为隧道工程地质情况所赋分值；A 为隧道工程开挖断面所赋分值；L 为隧道工程全长所赋分值；S 为隧道工程洞口形式所赋分值；C 为隧道工程洞口特征所赋分值。

参考文献

[1] 黄启迪. 铁路隧道风险管理与评估[D]. 北京：北京交通大学，2011.

[2] 谢涛. 铁路建设工程风险评估与管理研究[D]. 成都：西南交通大学，2014.

[3] 张喜刚. 西部地区公路桥隧工程风险评估研究[R]. 北京：中交公路规划设计院有限公司，2011-03-22.

[4] 吕晓楠. 新建铁路下穿既有高速铁路桥梁施工风险评价研究[D]. 成都：西南交通大学，2018.

[5] 杨天潼.《永久性残损评定指南（第六版）》基础概念评介[J]. 证据科学，2014，22（1）：64-80.

[6] 陈敬戈. 松潘牟尼沟黄土滑坡风险评估与防范研究[D]. 成都：西南交通大学，2016.

[7] 黎立新，何智勇. 高速公路山区桥梁选型及安全风险评估[J]. 公路，2011（7）：145-148.

第4章 施工组织安排

4.1 施工总体目标

总体施工组织以系统理论为指导，以铁路建设"四个标准化"为抓手，以标准化管理为主线，以打造精品工程、安全工程为目标，全面落实"安全、质量、工期、投资、环保水保、稳定六位一体"的管理要求[1]，确保高标准、高质量、按期完成城际铁路联络线一期工程的建设任务。

4.1.1 质量目标

工程实体质量必须符合国家、国家铁路局、国家铁路集团有限公司（以下简称国铁集团）、京津冀城际铁路投资有限公司有关标准、规定及设计文件要求。其施工过程或实体工程质量必须满足以下要求：

（1）检验批、分项、分部工程施工质量检验合格率100%，单位工程一次验收合格率100%。杜绝工程质量特别重大事故[1]，遏制工程质量重大事故和较大事故，减少工程质量一般事故。

（2）主体工程质量零缺陷，其中桥梁混凝土结构使用寿命不低于100年。

（3）开通速度达到设计速度的目标值。

（4）设计资料、施工资料、竣工文件做到真实、规范、完整、整洁、系统，实现一次验收交接合格。

（5）结构物沉降评估达标，桥梁收缩徐变达标，锁定轨温达标，联调联试达标，施工工序达标。

4.1.2 安全目标

（1）杜绝生产安全特别重大事故和重大事故，遏制生产安全较大事故，减少生产安全一般事故。

（2）开展安全培训和相关知识普及，提高施工人员对安全意识的理解和认识；同时明确每个岗位安全责任，成立专门的安全管理部门或岗位，负责对施工现场的安全管理与监督。

（3）高风险工点安全专项方案未批准不得开工，既有线施工方案未经批准、各种手续未履行不得开工。

4.1.3 工期目标

本项目总体计划工期：48个月，计划开工日期为2019年1月1日，计划竣工开通日期2022年12月31日。

本标段土建计划工期：26个月，计划开工日期为2019年3月15日，计划完工日期为2021年5月29日，其中计划桥梁节点完工日期为2020年8月22日。

4.1.4 环保、水保目标

符合国家、国铁集团及地方有关环保、水保的要求，在施工过程中严格按照国家有关部委批复的环保、水保方案实施，确保工程所处的环境不受污染。

4.1.5 文明施工目标

健全管理体制，加强职工教育，进行功能分区，做到现场整洁、物料清楚。开展创建文明工地活动，使施工现场的管理水平规范化、制度化、科学化。

4.1.6 投资控制目标

工程招投标后的总费用不突破鉴修概算总额，竣工决算总费用控制在批复总投资范围内。

4.1.7 职业健康安全目标

注重职工的职业健康，保证文明施工，加强劳动保护，杜绝职业病发生；加强卫生监控，确保无大的疫情，无传染病流行。

4.1.8 文物保护目标

严格贯彻《中华人民共和国文物保护法》的有关精神，积极与地方文物保护部门签订文物保护实施协议，严格遵守保护程序，制定可靠保护预案，全力配合文物主管部门对施工现场发现的文物进行抢救和保护，确保文物不被损坏、不遭流失，安然无恙。

4.2 施工组织机构

4.2.1 施工组织管理机构

为了加强建设项目管理，控制建设投资，确保工程建设工期、质量、安全，保护生态环境，全面实现建设目标，针对本标段工程的特点，经过全面考察，抽调具有丰富的国内铁路干线施工经验、专业技术能力强、综合素质高的工程技术和管理人员参与项目管理。

现场施工实施机构采用局直属项目管理模式，不设置工区。项目经理部设项目经理1人、书记1人、安全总监1人、项目副经理2人、项目总工程师1人，设置环保部、安全部、综合办、财务部、计划合同部、工程部、质量部、测量班、物资设备部、实验部共8部1办1班。施工作业队按"四化"要求组建作业队，配备队长、技术负责人、技术员、质量员、安全员、试验员、材料员、领工员、工班长等人选[1]。本标段共设9个专业化作业队、1座填料集中加工站、1座混凝土集中加工站来承担本项目的施工任务，施工时各个作业队根据任务及工程进度情况可以在各工区间进行调整。项目实施组织机构如图4-1所示。

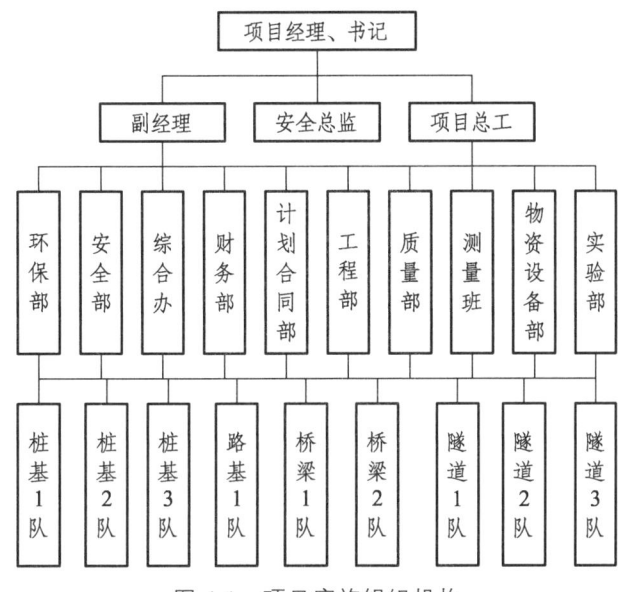

图 4-1 项目实施组织机构

4.2.2 各部门职责及管理制度

项目经理部及职能部门的管理职责见表4-1。

表 4-1 项目经理部及各职能部门管理职责

序号	岗位部门	管理职责
一	项目经理	项目经理作为项目管理的第一责任人，在公司授权下，全面负责本项目管理与建设的指挥工作；代表公司履行工程承包合同，落实铁路建设"六位一体"要求，保障工期，承担质量、安全和环保等责任；实现公司下达的项目建设年度和总体管理目标，完成投资，控制成本，维护企业信誉；执行重要合同和文件签发、大宗物资和大型设备购租控制、计价拨款和财务报销审批、重要资源和资本的调度使用、薪酬奖惩的实施、组织机构和管理保证体系的建设等；推进施工管理"四个标准化"工作，统领信誉评价；主持召开项目经理办公会议；协调内外主要关系，顺畅施工环境，抓好二、三次经营；坚持民主决策和民主管理，参与做好党群工作，充分调动项目人员的积极性，发挥整体功能

续表

序号	岗位部门	管理职责
二	项目党工委书记	在上级党委领导下，主持项目党支部的日常工作，负责项目部的思想政治工作，参与讨论、研究、决定项目部的重大决策；贯彻落实党的路线、方针、政策和国家法律、法规以及上级的指示、决议，带领党支部成员围绕项目中心任务开展工作，充分发挥党员的先锋模范作用。负责本项目部党内统计和党费收缴工作；严格执行党内各项规定，积极做好党员发展工作，全面落实思想政治工作责任制，对职工进行形势任务、安全质量和企业精神教育，紧紧围绕生产经营、安全质量和分配中出现的各种思想问题，做好理顺情绪、协调关系、稳定队伍的工作；宣传企业精神，倡导企业文化，塑造企业形象，积极抓好文明创建，全面促进和谐；加强党风廉政建设，开展经常性的党性、党风、党纪教育，监督党员严格遵守廉洁自律各项规定，自觉抵制不良倾向和各种消极腐败现象，坚决同各种违法犯罪行为作斗争；领导、支持项目部工会和团支部开展工作，发挥其在项目部的作用；活跃职工文化生活，开展岗位练兵和技术培训，培养"四有"职工队伍；根据领导班子分工，负责与业主、监理、当地政府及相关部门的沟通、协调工作，确保工程顺利进行
三	项目副经理	协助项目经理承担项目管理和工程建设全面工作,主持日常行政和技术管理工作；主抓施工现场生产，执行铁路建设"四个标准化"要求；负责组织重难点工程施工组织方案的制订和监督实施；负责落实项目安全、质量、进度、成本控制和技术创新等管理目标，组织创优规划，执行保障体系，监管实施情况；负责组织施工现场安全、质量和进度等工作检查、情况通报、监督整治和落实奖惩措施；协助承担物资设备、验工计价和财务等规范管理工作；协调内外关系，组织实施二次经营工作；完成项目经理授权的其他工作。协助项目经理全面、全过程完成本标段内工程的质量管理工作，具体主抓标段内工程的质量管理，确定本标段质量要求
四	项目总工程师	项目总工程师在项目经理领导下对项目施工质量、技术、进度、计量测试和重难点攻关全面负责；负责重难点工程方案的科研立项和实施工作，以科技进步促安全、保质量、稳产值、提效益；负责组织重难点工程施工方案的制定、优化、审核和实施；承担工程技术、质量和安全工作；协助贯彻执行国家现行有关技术规范、规程、标准；参与制定技术开发、技术管理、测量办法并监督执行；参与编制、审核实施性施工组织设计；参与组织质量、环境和职业健康安全管理体系的有效运行
五	项目安全总监	主管安全工作的安全总监是项目部安全生产工作的主管负责人，在项目经理的领导下，对安全工作负直接领导责任；负责组织编制项目部的安全技术措施、劳动保护措施，保证在技术上切实可行；组织开展安全技术研究工作，积极采用先进技术和安全防护装置，组织并落实重大事故隐患的整改方案，并负责组织解决；组织制定项目部安全工作目标计划，部署并督促安全工作计划的实施；领导项目部安全环保部的工作，并落实项目部下属单位安全监督机构的建立健全和人员配备；组织岗位生产技术培训工作，组织制定所建项目的分部分项工程、关键工序、重要部位的安全技术措施；组织制定大型设备的安装、拆除安全技术措施方案；主持本工程项目的安全技术交底工作，并督促执行；参加本单位安全生产检查和专业性检查，督促好安全技术交底工作；经常对生产操作人员进行安全生产操作技术知识教育；组织开展"重大危险源监控"管理工作，定期对监控效果进行分析，针对存在的问题及时采取应对措施并督促落实；检查安全技术措施方案的事实情况，解决施工过程中遇到的安全技术问题；发现事故隐患，及时提出纠正、预防措施；参加一般设备事故、重伤事故、轻伤事故、严重未遂事故的调查处理工作，负责分析、查明事故安全技术方面的原因，做出安全技术方面的鉴定，制定有效措施，防止事故重复发生

第4章 施工组织安排

续表

序号	岗位部门	管理职责
六	项目经理部各职能部门职责	
1	工程部	负责本项目的工程技术管理工作；组织制定项目工程技术管理办法和作业指导书；负责组织工程施工图纸审核、现场施工技术调查、总体施工组织设计方案和编制开工报告等工作；负责组织技术交底、技术总结、工程验交、编制竣工文件等工作；负责施工过程监控和指导，解决施工技术难题；负责工程量审核工作；负责组织测量管理工作；承担工程变更设计工作；负责组织推广应用"四新"技术，开发新成果；负责管段内的工程技术指导工作；负责检查管段内的施工工序的技术交底及执行情况，参与图纸审核工作、参与实施性施工组织设计编制工作；负责管段内技术资料的管理，协调作业队技术人员做好施工日志、检验批等竣工资料，并参与竣工文件的编制工作；负责建立管段内工程进度台账、工程量台账、变更设计台账、特殊过程控制记录台账等；负责收集、整理管段内工程变更资料；参与管段内工程的验收工作；配合综合部进行征地拆迁工作
2	安全、环保部	贯彻国家、行业、地方和企业有关安全、环境保护等法规、规范和要求，负责本工程安全生产、环保水保和文明施工工作；组织制定管理制度，建立组织，实施例会制度，完善基础资料；参与重难点工程的施工方案编制，并督促落实；负责组织开展生产安全、环保水保、文明施工教育培训工作；负责施工现场安全防范措施、安全操作规程、持证上岗作业、文明施工、环境保护等工作的检查落实，检查无边界；负责对施工安全隐患、不安全因素、不环保行为和不文明施工等进行处置，有权要求限期整改，有权开具罚单，有权对严重危及人身和设备物资安全的施工行为进行停工制止，有权提出整改措施；负责组织制订事故应急预案，完善抢险组织、物资设备保证、医疗救急、日常演练等控制和处置体系；负责组织专项措施费的可控开支和有效使用
3	质量部	贯彻国家、行业、地方和企业有关质量施工等法规、规范和要求，负责项目质量施工的工作安排及业务指导；规划项目质量管理方针、目标，组织开展贯标工作，制定质量保证措施；积极开展质量控制（QC）小组活动；负责贯彻执行有关标准、技术规范、安全规程，制定并落实质量施工管理方面的制度和办法；负责组织质量教育和培训；负责组织检查在建工程质量施工情况，针对工程质量存在的问题，提出纠正、整改和预防措施；负责对中心试验室、工地试验室等质量基础工作的指导；组织开展专项质量评定等工作；完善质量保障和处置体系
4	计划合同部	执行上级有关法规、政策和要求，领导本部门开展计价、统计、合同管理等全面工作；负责工作制度和管理办法的制定；负责计划工作，编制年度、季度、月度施工计划，并对计划完成情况进行考核分析；负责统计工作，对本项目的统计工作进行检查与落实；负责合同管理工作，组织、监督劳务合同的签订、修订和评审及作业队的管理工作；负责对上、对下验工计价工作，牵头组织对上、对下计价与结算；承担二次经营相关工作；组织做好项目评估及成本分析工作；负责企业内部定额的测定，对各工序的工、料、机消耗的考核

续表

序号	岗位部门	管理职责
5	财务部	执行国家、地方和企业财经纪律和税收政策，负责财务管理工作，指导会计、出纳业务工作；负责财务管理制度建设，执行国家和上级的各项法规和制度，制定本项目财务管理办法；负责组织会计核算工作，定期开展经济活动分析；负责审核管理费用开支计划和资金使用计划；对管理费用开支情况进行分析；负责项目的资金筹集，推进资金集中管理和有效使用；负责项目会计基础工作达标建设、明晰责任、执行标准，坚持自查和互查；负责组织财务预算的编制和执行，收集、分析和上报全面预算执行情况；参与项目评估及重大经济合同的论证、起草、谈判和签订工作，并对各类经济合同进行检查监督；负责推进项目财务管理、经济活动的合规性建设，接受审计机关、税务机关和上级财务部门的检查；负责税收管理工作，认真研究税收政策，进行税收筹划；负责与开户银行对接、业务洽谈、服务跟踪、监督检查等金融往来工作
6	物资设备部	贯彻执行上级有关物资设备管理方针、政策、法规和集团公司质量体系标准，负责领导物资设备的购租和监督管理工作；负责制定并监督实施物资设备管理制度；负责汇总、编制和上报所需材料的年、季、月物资需用计划、采购计划、供应计划；负责组织市场调查，对所涉材料质量进行跟踪，对供方进行评价；负责组织和实施大宗物资招标采购工作；负责指导和监督物资、设备的管理与使用，严格执行有关安全和文明施工规定；负责物资设备管理使用的成本核算，建立发料红线制度，组织开展节能挖潜，建立节奖超罚制度，减少损失浪费，提高经济效益；负责对物资设备管理人员的培训和指导工作，促进施工现场物资设备管理规范化
7	实验部	贯彻执行国家、行业、客运专线有关检测、计量认证工作的标准、规范、规程、方法及各项规章制度，并结合本项目部情况制定补充细则；负责试验原始记录数据的整理和保管，并及时出具试验报告，对混凝土、原材料进行统计分析，定期向监理和主管部门上报试验资料；根据需要参与施工调查，了解原材料、外加剂、外掺料产地、质量、产量；参加工程质量检查与评定和质量事故的调查分析，负责工程质量的检测，为工程质量鉴定提供依据；负责编制本部门试验设备的购置计划，并按规定进行采购；负责本部门试验设备的使用、维修、报废等日常管理工作；就试验室建设及管理向经理部提出意见及建议；根据施工需要及时进行有关试验工作，组织试验人员交流经验，学习新工艺、新技术；组织有关试验成果的推广和应用工作；在职责范围内，确保本项目部质量体系的有效运行
8	综合办	执行上级政策和要求，为领导、项目部做好服务，主持办公室工作；负责会务筹办，包括经理办公会、党工委会议和其他综合性会议；领导后勤管理工作，协助采购等工作；承担项目文化建设和文明施工工作；负责考勤工作，对项目部人员请休假进行登记统计；负责驻地日常管理、综合服务、对外协调工作；负责车辆调度和后勤管理工作；负责完成领导交办事宜及项目部没有明确职责的一切工作；负责征地拆迁工作的对上对下整体协调工作

4.2.3 施工任务安排及队伍安排

根据本标段工程特点进行施工队伍安排。任务划分及主要施工队伍安排计划见表4-2。

表 4-2 任务划分及主要施工队伍安排计划

序号	施工队伍	劳动力/人	任务划分
1	临建架子一队	150	负责本标段拌和站、钢加工场、施工便道等建设工作
2	路基架子一队	220	负责本标段空港新城站及区间路基土石方、改移道路工程、U形槽及路基附属工程施工
3	桩基架子一队	20	负责本标段新航城特大桥、动车走行线左线特大桥、动车走行线右线特大桥及动车走行线特大桥所有桩基、框架桥、涵洞及空港新城站旅客通道施工
4	桩基架子二队	30	负责本标段榆安1号隧道围护结构灌注桩施工
5	桩基架子三队	20	负责本标段榆安1号隧道围护结构水泥搅拌桩施工
6	桩基架子四队	20	负责本标段空港新城站及区间路基软基处理施工
7	桥涵架子一队	240	负责本标段新航城特大桥所有承台、墩身及现浇梁、连续梁施工
8	桥涵架子二队	220	负责本标段动车走行线左线特大桥、动车走行线右线特大桥及动车走行线特大桥所有承台、墩身及现浇梁、连续梁施工
9	隧道架子一队	200	负责本标段榆安1号隧道明挖段大里程施工
10	隧道架子二队	280	负责本标段榆安1号隧道下穿段施工
11	隧道架子三队	200	负责本标段榆安1号隧道明挖段小里程施工
12	钢加工架子一队	70	负责本标段榆安1号隧道钢结构加工及运输
13	无砟轨道作业队	260	负责本标段范围内无砟道床铺设及轨道精调施工
14	钢加工架子二队	40	负责本标段桥梁钢结构加工及运输
15	文明施工作业队	60	负责本标段全线文明施工、环境保护施工
16	混凝土集中拌和站	45	负责本标段混凝土生产、运输和管理
17	填料集中加工站	30	负责本标段填料集中加工站填料供应
	合计	2 105	

4.3 施工组织措施

4.3.1 施工准备阶段组织措施

建立精干高效的现场指挥机构，组织曾经参加过路基、桥涵、隧道、三电迁改等工程施工的主要技术力量和设备，安排专业化队伍施工。

根据施工组织迅速组织人员和机械设备上场，全面展开征地拆迁工作，以先期开工工点征地拆迁为工作重点，严格按照图纸所示，清理工地范围内妨碍施工的各种构筑物、障碍物，为临时工程和主体工程施工创造条件。修建施工运输便道等临时工程，做好各项施工准备，迅速展开施工。施工队伍和机械设备进场施工做到"三快"——进场快、安家快、掀起施工生产高潮快，确保总工期目标的实现[2]。

通过各种宣传方式，积极宣传新建城际铁路联络线一期工程铁路施工的深远意义，使当地民众知晓，从而赢得社会的理解、关注与支持。自觉遵守与维护当地政府的有关条例、规定，规范行为、遵章守纪。同有关行政单位保持较密切的联系，维护当地群众的利益，确保工程顺利完成。

4.3.2 施工阶段组织措施

1．劳动力组织

（1）按照工程特点和工期目标要求，合理组织劳动力按期进场施工。

（2）确保施工高峰期的劳动力数量和技术能力，满足施工工期需求。

（3）劳动力合理组织，挖掘最大施工潜能，充分发挥主观能动性。

（4）根据季节特点，采取组织经济措施，确保农忙季节劳动力满足需要。

2．材料组织

（1）材料供应站的库容量将满足施工高峰期供应需要量，其中袋装水泥达到1个月、钢材等物资达到3个月的储备量，散装水泥按照需用量设立散装罐。进场（入库）物资分类存放，上盖下垫，堆码整齐，标识清楚，干净卫生，达到发包人规定要求。

（2）对构成工程主体的各类物资，按照国家标准《质量管理体系要求》（GB/T 19001—2016），严格物资的采购程序，从质量、价格、运距、供应能力、企业信誉和售后服务等方面选择合格供应商，解决好对供方的管理问题，与中标供应商签订供货合同，组织供应。

（3）到站物资按照有关技术标准和合同规定进行外观检查和数量验收，索取质量证明书等相关资料。所有进场物资全部取样检测，经现场监理工程师和技术试验部门检验合格后再投入使用，保证材料质量第一，杜绝不合格的物资进入工地。

（4）对新材料和紧缺的材料提前组织供货，针对本线运输线路比较单一的局面，应加大供应商的协调和保证能力的调查，发现异常，及时采取应急措施，以适应市场变化。

（5）施工现场设置中型的材料储备场地和储存仓库，以备材料供应紧张时的应急之需。

3．机械组织

（1）采用大型、高效、配套、性能优良的设备，以施工机械化作业线保障施工快速化，以保证工期。建立混凝土机械化作业生产线，按设计图混凝土量及运距均衡设置混凝土拌和站，实现桩基、墩台和现浇梁混凝土工厂化生产。建立由自动计量拌和站、输送车、输送泵组成的混凝土机械化作业线；建立隧道机械开挖、装运、支护、防水衬砌、辅助、地质预报机械化作业线，实现工厂化作业；建立由挖掘机、自卸汽车、推土机、平地机、振动压路机、长螺旋钻等组成路基机械化作业生产线；建立由钻机、汽车吊、厂制定型模板、悬灌挂篮、混凝土输送泵、挖掘机、自卸汽车组成桥梁机械化作业生产线。

（2）配备专业设备维修人员，备足易损配件，在工地设配件库，建立机修车间，加强对设备的维修和保养，确保设备始终处于完好状态。保障水、电供应，架设必要临时电力线，并配备足够的运输车辆、通风、排水及备用发电设备，确保工程施工的连续性。

（3）做好设备的选型和配件供应工作，设备选型力求实用、高效、耐用、易修，型号宜少不宜杂，以便于统一管理，设一定数量的备用设备，防止待机误工，在施工中备足易损件，做到随坏随修。

（4）充分发挥机械施工高效率的特点，做到施工、保养统筹兼顾，关键控制性工程采用大型机械设备，以缩短节点工期。

4. 其他组织

（1）为确保按计划完成工程，并实现各个阶段的工期目标以实施性的施工组织设计为基础，采用科学的施工组织方法，创建信息管理系统，加强计划的执行力，设定明确的阶段性工期目标。通过网络计划技术进行动态管理，及时调整各分项工程的进度安排和生产资源配置，以达到高效均衡的生产。

（2）建立工程管理信息系统，全面收集工程测量、工程地质、施工调度、施工进度、生产要素、工序质量控制和施工安全等方面的信息，综合分析、判定施工运行状态，针对存在的问题，采取有效措施，实现施工过程有序，处于可控状态。

（3）强化管理，加强考核，加大奖惩力度，落实各项目标和岗位责任制。

（4）积极推行"四新"成果的应用，采用先进设备，以科学的管理和技术手段加快施工进度。

（5）路基附属工程与主体工程同等重视，在施工安排上均衡同步跟进，做到路基成型一段，防护、排水工程紧跟一段。

（6）重点控制工程在前期业主提供电源未到位的阶段，配备发电机作为自备电源，满足外部未完善和电源停电时施工用电需求，保证重点工程施工的连续性。

（7）定期召开施工调度例会，强化施工调度指挥与协调工作，超前布局谋策，强化监控落实，及时解决问题，避免搁置延误；重点项目或工序采取垂直管理，减少中间环节，提高决策速度和工作效率。

4.3.3 施工验收阶段组织措施

单位工程完成后，本标段自行组织检查、评定，符合验收标准后，向建设单位提交验收申请。为确保验交一次成功，主要做好以下几点：

（1）对附属工程的有关预留、预埋项目按设计要求一次施作到位。

（2）高度重视并搞好与站前、站后专业的配合工作，及时准确提供后续工程所需资料和数据。

4.4 总体施工工期

4.4.1 总工期目标

本标段计划工期：48个月，计划开工日期为2019年1月1日，计划完工日期为2022年12月31日，其中计划土建完工日期为2021年5月29日。

4.4.2 阶段工期目标

本工程阶段工期目标见表4-3，项目实施过程中各工期节点以业主批复时间为准。

表 4-3 阶段工期目标

计划工期/月	计划开工日期	计划桥梁完成日期	计划隧道完成日期	计划土建完工日期
48	2019-1-1	2020-8-22	2020-12-22	2021-5-29

4.4.3 主要工程项目施工进度安排

本标段主要工程项目施工进度安排见表4-4。

表 4-4 本标段主要工程项目施工进度安排

序号	工程名称	工期/d	开始时间	完成时间
一	施工准备及临建工程	73	2019年1月1日	2019年3月14日
二	路基工程	470	2019年5月15日	2020年8月26日
三	桥涵工程	527	2019年3月15日	2020年8月22日
四	隧道工程	649	2019年3月15日	2020年12月22日
五	空港新区站	470	2019年5月21日	2020年11月11日

4.4.4 进度指标

本项目路基工程、桥涵工程、隧道工程相关施工进度如下：
（1）路基工程主要进度指标见表4-5。

表 4-5 路基工程施工进度指标

序号	机械名称	单机日产量	单机月产量（每月按25 d计算）
1	挖掘机	800 m^3/d	20 000 m^3
2	自卸车	180 m^3/d	4 500 m^3
3	装载机	1 500 m^3/d	37 500 m^3
4	压路机	800 m^3/d	20 000 m^3
5	平地机	2 000 m^3/d	50 000 m^3
6	路基土石方（每个作业面）		50 000 m^3/月

(2)桥涵工程进度指标见表4-6~表4-9。

表4-6 桥梁基础施工进度指标

项目	类别		单位	进度指标
基础	明挖	陆地≤4 m	m³/月	1 100~1 300
		陆地>4 m		700~800
		水中		500~600
	钻孔桩	土	m/d	12.5~21.0
		砂砾石		6.5~11.0
		软石		3.5~6.0
		卵石		2.5~4.5
		次坚石		2.0~3.5
		坚石		1.0~2.0
	承台	有防护	d/个	10~20
		无防护		7~10
		有转体		40~60

表4-7 墩台身施工进度指标表

项目	类别		进度指标/(月/墩)
墩台身	双线	实体墩墩高≤30 m	0.4
		实体墩墩高>30 m	1.0
		空心墩墩高≤30 m	1.0
		空心墩墩高30~70 m	2.0

表4-8 桥梁连续梁悬臂浇筑进度指标

工程项目			单位	进度指标
悬浇连续梁	0号段	主跨≤100 m	d/次	45
	合龙段		d/块	45
	其他梁段			12
	转体施工(含准备工作)		d/次	15

表4-9 支架现浇箱梁进度指标

工程项目	进度指标/(d/孔)
支架法现浇箱梁	45~60

（3）本标段隧道工程综合进度指标见表4-10。

表4-10 隧道施工综合进度指标

项目	围护桩	开挖	底板	边墙及顶板	回填	备注
隧道工程	旋挖钻3~5根/d	15 m/月	60 m/月	72 m/月	150 m/月	

4.5 施工准备和建设协调方案

4.5.1 施工备料

1. 物资准备及供应计划

（1）钢材、水泥、外加剂等大宗物资：做好市场调查，严格依照国家相关法规、京津冀铁投和京安公司物资管理办法规定组织做好采购工作，严格进场管理，做好试验检验，确保投入工程实体使用的物资质量合格；积极配合大宗物资联合采购牵头单位相关工作，及时完成公开招标采购，签订正式采购合同，确保供应。

（2）地材准备：充分调研，做好策划，与砂石料供应单位签订供应合同，提前备料，保证工程进度需要。在施工布局阶段，合理规划砂石料场的容量。在施工高峰期，做好砂石料等地材的储备工作，以保证施工所需。

（3）路基填料准备：路基填筑地段，按照设计土石方调配方案进行施工调度，利用方填筑、回填土、改良土分类安排，确保挖填方平衡使用，减少二次倒运。

2. 大型施工设备

根据本标段各分项工程施工进度计划，计算施工设备种类及数量，提前做好各工点所需施工设备的租赁、采购、安装调试和进场等工作。

4.5.2 协调方案

1. 与业主的配合与协调

加强与业主的联系，密切配合，理解、贯彻业主意图，满足合同要求。工程施工期间，坚决服从业主统一协调和有关指令。

（1）进场后尽快与建设单位取得联系，熟悉业主管理部门人员和工作权限，项目部各部室迅速与建设单位对口部门建立工作关系，展开施工前期准备。

（2）根据合同要求，积极配合业主做好沿线的拆迁工作，根据工程实际情况，核定拆迁范围、数量，制订拆迁方案，做到合法、合理，尽量少征租土地，降低拆迁费用。拆迁完成具备工作面后，及时组织施工。

（3）对业主提出的书面、口头要求和指令负责解决落实并做好记录，并将处理结果及时反馈给业主。

（4）对需要建设单位协助解决的问题以书面形式提出，确保工程正常运行。

（5）对工程接口界面，服从业主的统一协调并认真执行接口工作的有关指令。

（6）积极参加业主牵头的科研项目，如混凝土结构抗裂、抗渗研究，防水新材料和新工艺的试验研究，疏干施工效果研究等。

2. 与监理单位的配合与协调

（1）加强同监理单位的配合，对于保证工程质量有着重要作用。项目部各业务部门及工区技术部门作为同监理联系单位，主动征求其意见，最大限度地满足监理的要求。

（2）尽快与监理部门取得联系，尽早将施工计划方案报监理部门，争取早日批复，尽快开工。

（3）服从监理工程师的统一指挥，以大局为重，在监理工程师的统一协调和指挥下，实现与相邻承包商的密切配合，确保顺利完成工程项目的施工。

（4）及时与监理沟通施工下步安排，服从监理指令，无条件支持监理正常工作。

（5）在施工过程中，严格按照经业主及监理工程师批准的施工组织设计进行质量管理，在班组"自检、互检、交接检"和质量技术部门专检的基础上，接受监理的验收和检查，并按照监理要求予以整改。

3. 与设计单位的配合与协调

加强同设计单位的配合，充分理解设计意图，严格执行设计文件。

（1）根据工程进展，邀请设计人员现场指导工作；制订重大方案，邀请设计单位予以指导或会诊；对于监控量测信息，及时与设计沟通，便于及时调整设计，保证工程安全、质量。

（2）进场后组织有关技术人员认真学习设计文件，充分领会设计意图，并将图纸中不清楚的地方以书面形式提交设计单位，积极组织技术人员参加技术交底会，确保设计意图在施工中顺利贯彻。

（3）与设计单位加强联系，积极协助设计单位做好施工中的信息反馈工作，为优化设计提供原始资料，确保工程质量与工程安全。

（4）当现场施工情况与设计情况不符时，及时向设计单位提出变更申请，以确保工程的顺利进行。

4. 与北京市、廊坊市有关部门的配合与协调

与北京市、廊坊市各级政府各职能部门加强联系和沟通，积极邀请各职能部门指导，做好建（构）筑物、管线保护、交通疏导、环境及文物保护以及其他施工协调工作。

（1）施工前与当地交通管理部门取得联系，将现场交通情况了解清楚，按照城市交通规则制订施工交通导流方案，并报有关部门审批，取得交管部门同意后共同进行交通疏导。

（2）与当地市政部门及部队单位取得联系，共同调查、商讨管线、房屋改移事宜，并做好绿地、景观及文物的调查和保护工作。

（3）与当地银行、税务部门、民政部门、公安部门联系，尽快办理信贷、税务和人员暂住证、临时户口等事宜，为项目部作业队尽早进场施工做好准备。

5. 与当地居民协调措施

（1）了解当地居民分布情况、风俗民情等，制定切实可行的管理措施和规章制度。

（2）教育广大职工尊重当地的生活习惯、风俗、惯例，在施工过程中搞好与当地居民的团结，减少扰民，为工程建设创造良好的施工环境，以便工程顺利进行。

（3）采用围挡、厂棚式、设隔声板等措施，施工及生活污水先处理再排放，以尽量减少对周围居民生活的干扰，一旦产生影响，及时和周围居民沟通，并尽可能采取措施解决。

（4）发扬"干一方工程，交一方朋友，树一座丰碑"的优良传统，树立企业良好形象。

4.6 工程接口及配合

4.6.1 接口工程施工方案

接口管理框架见图 4-2。

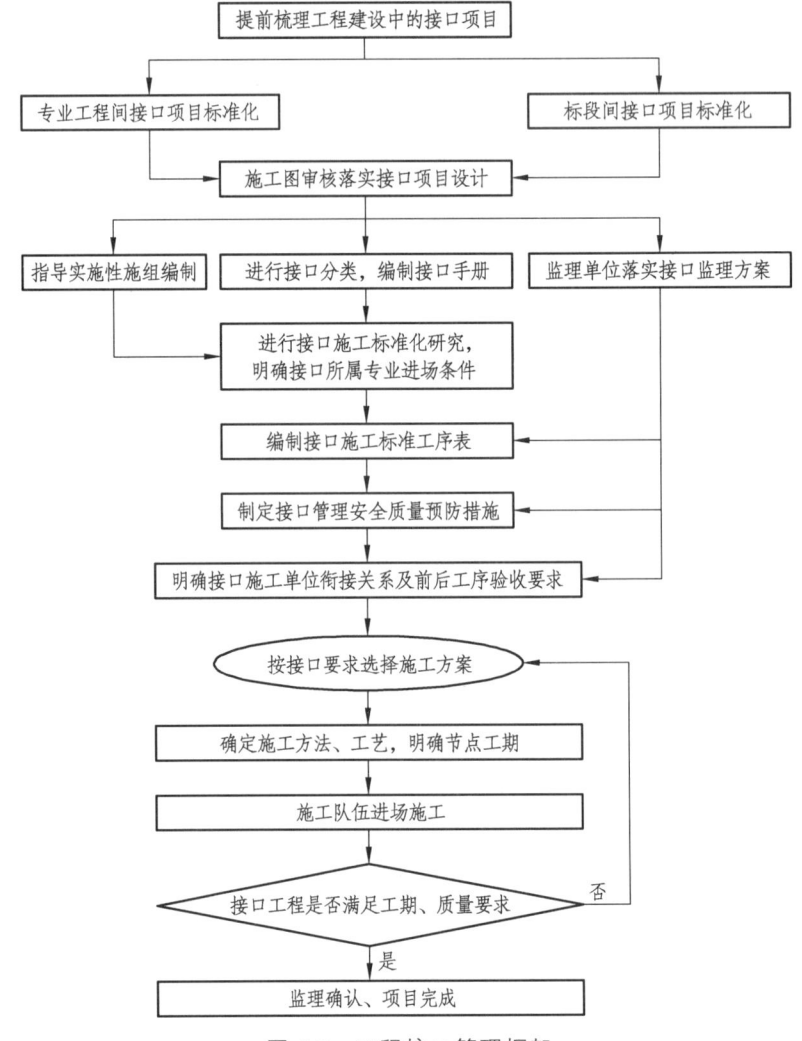

图 4-2 工程接口管理框架

4.6.2 接口工作管理机构

项目经理部成立接口管理工作领导小组,由项目部总工程师担任组长,各作业队技术负责人及质量部部长为工作小组成员,各作业队成立对应的接口工作管理小组,并将作业队技术负责人列入小组成员之中。

两级接口管理工作小组下设办公室,由两级质量部负责办公室的日常工作,质量部部长兼任办公室主任,设一名工程师专职负责接口管理工作。各作业技术负责人为对接口管理负责人,各专业工程师为兼职接口管理人员。

1. 接口管理工作办公室职责

组织制定接口管理工作的实施细则、工作程序、作业流程、工作计划、接口清单等;监控并跟踪接口状态,督促接口相关方落实接口管理工作计划,对延误计划进度的接口工作提出补救方案和处理意见;统一管理涉及接口的日常事务,并将重大问题上报工区及项目部领导和接口管理工作小组协调解决;统一管理、汇总接口的描述表格、会议记录、处理日志以及相关资料、图纸、报告等文件;统计、汇总接口问题处理情况,按月度、季度、年度分别向相关领导提报接口管理工作报告[3]。

2. 接口管理工作原则

接口管理责任人主动关心决定的事项是否涉及接口。若事项与其他专业、组织等相关,主动按照接口管理工作程序提出接口申请。

接口管理责任人在接口处理过程中,前一工序方必须为后一工序方负责,不得无视或拒绝后一工序方的接口要求,从而影响系统的完整性[3]。

4.6.3 专业接口内容

统筹考虑各工程专业间配合以及站前和站后工程的衔接,协调好线下和线上工程之间的施工衔接关系,按时提交后续工程需要的工作面,后续单位进场前,成立由项目经理任组长的工作面移交领导小组,重点检查工程质量状况,预埋管线、预埋件位置和数量等是否满足设计要求;后续单位进场后,由项目经理组织有关人员参加工作面移交小组,并请监理、业主等单位相关人员到场,现场检查工程质量状况。主要检查工作有:

(1)路基的高程、宽度、线路中桩、路基面排水坡度等。
(2)桥梁工程墩柱位置、墩间跨度、垫石的高程、预留锚栓孔的位置等。
(3)路基上预铺道砟的宽度、厚度及道砟质量。
(4)施工中,加强与有关单位的协调,保证接口合理、施工有序、质量可控。

站前站后专业接口关系和专业接口内容见表4-11。

表 4-11 站前站后接口关系

接口项目	专业工程	接口项目技术条件及进场条件要求
征地拆迁	征地拆迁	① 影响工程施工的迁改及征地项目应一并完成，包括站房、中继站、通信基站、直放站、铁塔用地、箱式机房用地、牵引变电所亭、电力配电所、箱式变电所等工程在内； ② 防止二次征地
室外电缆敷设（通信、信号、信息、电力、电力牵引供电）	路基	① 桥、隧、路基地段，同一区间的电缆槽及衔接部分的过渡槽道应同步贯通，盖板同步到位； ② 室外桥、隧、路基地段，经过手孔、水沟、边坡到设备房电缆井的电缆槽、管道应贯通，并在路基、护坡形成前完成； ③ 电线按规定规格、位置预埋，路基填挖、桥梁架设、隧道二衬及水沟电缆槽施工结束； ④ 桥、隧（路）及区间和车站的接合部要考虑光缆过渡路径和弯曲半径
	桥梁	① 箱梁电缆引下的锯齿孔、箱梁和桥墩上预留的电缆槽用爬架滑道齐全，易于查找； ② 桥梁电缆上桥预留电缆桥架和过轨管线按设计要求施工完毕，预埋、预留件经站后监理和施工单位确认
	隧道	隧道口处电力电缆槽与通信信号电缆槽必须隔开
过轨管线（通信、信号、电力）	路基桥梁隧道	① 路基填挖施工结束，站后专业预埋过轨管线按站后专业需求施工完毕，并经站前站后的监理和施工单位共同签字验收； ② 室外过轨管道及手孔（井）在路基形成前完成，并预留钢丝保持管道畅通； ③ 桥梁电缆上桥预留电缆桥架和过轨管线按设计要求施工完毕，预埋、预留件经站后监理和施工单位确认
综合接地（通信、信号、信息、电力、电力牵引供电、声屏障）	路基	① 接地端子与电缆槽同步形成； ② 室外桥面、路基、隧道地段通信、信号设备用综合接地端子，预留在电缆槽壁上，并有明显标识； ③ 中继站基础、接地网综合接地端子，应预留在基础侧壁上； ④ 基站、直放站接接地网综合接地端子； ⑤ 路基填挖施工结束，站后专业预埋过轨管线按站后专业需求施工完毕，并经站前站后的监理和施工单位共同签字验收； ⑥ 桥梁电缆上桥预留电缆桥架和过轨管线按设计要求施工完毕，预埋、预留件经站后监理和施工单位确认
	桥梁	同上
	隧道	同上
接触网支柱\通信漏缆辅助杆基础（通信、电力牵引供电）	路基	① 接触网基础、通信辅助杆基础按设计位置、规格与路基施工同步完成，并按照设计要求全部验收完毕； ② 应提供路基地段预埋沟槽管线施工资料和交桩，并合理安排路基和接触网交叉施工； ③ 施工应制订占轨计划并报建设单位或运营部门协调后确认
	桥梁	同上

续表

接口项目	专业工程	接口项目技术条件及进场条件要求
预留锚栓 （通信、信号、电力牵引供电）	桥梁	① 预留锚栓、滑道按设计位置、规格与路基施工同步完成，按照设计要求全部验收完毕； ② 箱梁电缆引下的锯齿孔、箱梁和桥墩上预留的电缆槽用爬架滑道齐全，易于查找
隧道内通信用房（通信）	隧道	隧道内通信基站、直放站用房已按设计要求预留沟槽，防盗门已安装，内饰完工
箱盒安装 （信号）	路基	① 路基地段箱盒安装条件：路基或桥面平面高度已确定； ② 桥隧地段箱盒安装条件：桥梁防护墙或隧道电缆槽施工完毕； ③ 调谐区设备及标志牌测量安装条件：线路里程标已确定，接触网杆已安装； ④ 防护墙、电缆槽达到规定强度
	桥梁	同上
	隧道	同上
声屏障	路基	① 桥梁遮板按照设计要求安装完毕，并经业主组织站前施工单位、站前监理和站后监理、施工单位确认； ② 路基填筑结束，支柱及框架已按设计要求完成，并经业主组织站前施工单位、站前监理和站后监理、施工单位确认。
	桥梁	
接触网施工 （电力牵引供电）	路基	接触网预留基础、拉线基础在站后进场施工前，应按照设计要求全部验收完毕，并确保正确，应提供路基地段预埋沟槽管线施工资料和交桩，并合理安排路基和接触网交叉施工
	桥梁	
	隧道	

4.7 临时工程、过渡工程及取弃土场设置方案

4.7.1 设计原则

（1）认真贯彻国家土地政策，尽量减少土地占用量，尤其是少占耕地，有条件的要充分考虑永临结合，有效利用预留工程、铁路货场、站坪、维修基地及站前广场等。

（2）充分利用既有建筑物和设备或新建线路的建筑物和设施，并考虑方便运营，减少对运营的干扰。大型临时工程设计方案应经过技术经济比较后确定。

（3）满足建设项目总工期的要求，并与施工组织设计统筹考虑。

（4）高度重视环境保护、水土保持、文物保护、节约能源和用地，要满足项目总工期、施工组织设计等要求，并与城市建设总体规划相协调。同时应加强地质勘探工作，将大型临时工程设置在地质条件较好的地段。

（5）要优化大临设施布局，在保证满足工程进度需要的前提下，严格控制规模、标准和投资。

（6）不具备永临结合条件，需要征用临时用地的，必须对临时用地进行复垦，临时用地的复垦按宜农则农、宜建则建的原则进行设计。

（7）铁路大型临时工程在场地布置方面，在满足工艺流程设计合理条件下，遵循生产区和生活区既相互分开，又有机联系的原则布局。生产区按工艺流程分区划块，要求结构紧凑，占地面积较少，同时又便于流水作业生产，容易实现现代化生活管理，并有足够的施工作业和活动空间。

4.7.2 设置方案

1. 汽车运输便道

（1）临时施工便道设置原则。

① 重点土石方工程考虑贯通便道，贯通便道沿路基两侧征地范围内设置，以减少租地；隧道工程及通往大临工程的便道考虑引入。

② 永久工程和临时工程结合。

贯通便道尽量沿路基两侧征地范围内设置，以减少租地。

（2）临时施工便道标准。

汽车运输便道设置标准：桥梁、路基段路面宽度 4 m，路基宽度 5 m；隧道段路面宽度 9 m，路基宽度 10 m，每隔 200 m 设长 30 m 的错车道。路基由 0.35 m 厚建筑垃圾 + 0.15 m 厚碎石组成，单向设 2%排水坡，坡脚纵向设 0.2 m×0.3 m 排水土沟，临空面设安全警示标志，路堤段便道内边线为路堤侧沟外边线，路堑段便道内边线为路堑天沟外边线，桥梁段便道内边线为离承台边线 3 m 处，错车道在桥孔范围内。桥梁、路基设计标准及施工便道设置横断面如图 4-3 所示。

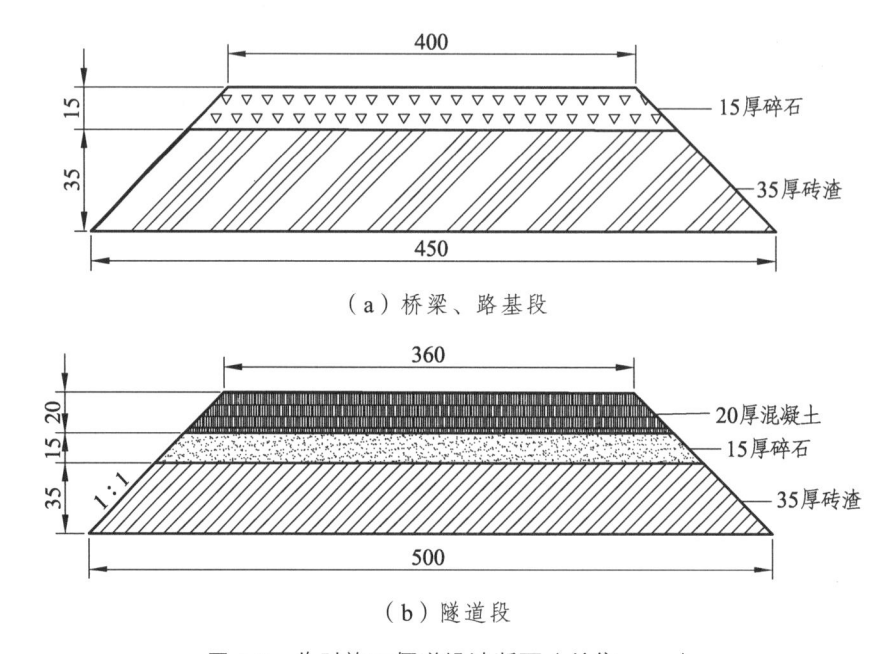

（a）桥梁、路基段

（b）隧道段

图 4-3 临时施工便道设计断面（单位：cm）

2. 混凝土集中拌和站

根据本标段构筑物的分布情况，共设置 1 座混凝土集中拌和站，前期拌和站建成前申请使用监理单位及建设单位检验合格的商品混凝土供应规划首开工点榆安 1 号隧道围护结构灌注桩，拌和站详细设置情况见表 4-12。

表 4-12 混凝土拌和站配置

序号	拌和站名称	生产能力	拌和站位置	规模/hm²	供应主要构筑物情况	供应范围 起点里程	供应范围 终点里程
1	1 号拌和站	3×180 m³/h	DK31+320 线右 20 m	2.8	新建城际铁路联络线一期工程站前四标段所有主体结构	DK25+097	DK35+770

3. 施工供水

（1）一般要求。

施工临时供水，是为了满足施工期间生产、生活、消防以及铁路运输用水的需要。临时供水规模根据水源、用水量、工程分布等情况确定。

饮用河水、山溪水时，色度、浑浊度、悬浮物、臭味、细菌总数等主要指标不超过生活饮用水卫生标准规定的指标。

饮用地下水时，有害矿物质的含量指标不超过生活饮用水卫生标准规定的指标。

饮用城市自来水时，各项指标不超过生活饮用水卫生标准规定的指标。

（2）取水方式。

本标段施工用水根据现场实际情况采用自来水与既有机井结合的方案。优先考虑接引自来水。

（3）临时管道布置原则。

确保供水安全，尽量做到线路短、土石方工程量少、造价低、不占或少占农田。敷设管道前，测量中心线、标高。临时管道的管材，根据工程特征、用水要求及管材供应等，采用安装简易、拆迁倒用方便的。

（4）水井设置原则。

当使用地面水源有困难时，拟设浅井。

4. 施工供电

（1）设置原则。

① 优先采用公用电网电源，困难时采用柴油发电机组等其他电源。

② 大型临时电力工程采用永临结合方案时，按永久工程技术标准设计。

③ 临时电力线路宜采用架空线路，困难地段可采用电缆线路。

（2）设置方案。

综合考虑沿线用电设备数量及功率，本标段共设置变压器 14 台，详细布置见表 4-13。

表 4-13 T接点及变压器配置统计

序号	里程	所在地理位置	变压器容量	使用工点	备注
1	DK34+500	内官庄村南	2×630 kV·A	榆安1号隧道	
2	DK32+600	田家营村北	2×630 kV·A	1号钢筋加工场及驻地	
3	DK31+400	潘村西北侧与北京交界处	630 kV·A + 200 kV·A	3×180 m² 混凝土搅拌站及中心试验室	
4	DK30+300	潘村正北	200 kV·A	新航城特大桥连续梁及墩台身	
5	DK28+100	石何营村东北侧动走线范围内	2×500 kV·A	2号钢筋加工场、桥梁墩台身及连续梁	
6	DK25+700	艾家务村北站场内	315 kV·A	站场路基及土料加工场	
合计			4 865 kV·A		

5. 临时通信

施工临时通信利用靠近点的既有通信运营商的通信资源。传输线路通过架空或直埋等方式，采用有线传输，将数据信号接入办公地点。

6. 生产、生活房屋

项目经理部设在廊坊市广阳区万庄镇 DK24+000 小里程（租用万庄镇内正运营宾馆），作业队沿线就近布置，住房全部采用自建方式解决。遵循方便生产、便于管理的原则，生产用房靠近各工点布置。生活房屋采用便于安拆、利于环保的彩钢瓦活动板房。

生活区统一规划、集中布置，营区周围采用铁丝网或波纹板设围护，并涂明显色彩。

生活区垃圾集中堆放，定期用垃圾车运往指定处理点处理；生活污水排入污水收集容器处理并运到指定地点排放。

7. 取弃土场

取弃土场本着就近设置、运距经济合理原则，本标段共设取土场、弃土场各 4 处，弃土场设置详见表 4-14。

表 4-14 弃土场设置一览

序号	取/弃土场	里程	左右侧	距离/m
1	弃土场	DK29+250	左	30
2		DK29+750	左	10

8. 污水处理设施

本标段施工产生的固体废料由汽车运至指定地点处理。路基弃方运至指定的弃土场，严禁随意堆放。

在隧道口设临时污水处理池，钻孔桩施工设泥浆沉淀池，在各生活区设废水处理池，工程施工产生的废水、污水及生活污水经过净化处理达标后排放。严禁随意排放含有污染物质或可见悬浮物质的水。

9. 消防设施

（1）施工现场的平面布局应当明确划分工人作业区、材料堆放区、仓库区及临时办公区、生活区设置的距离，并符合防火安全要求。

（2）施工现场的施工道路作消防通道，平时保证畅通宽度不小于 3.5 m，以保证临警时消防车能够停靠施救。

（3）生活区内搭设的宿舍楼相互之间的防火间距不得小于 5.0 m；每幢宿舍楼两端各设 1 座扶梯（以每间房间至疏散楼梯的距离不超过 15 m 要求确定）。每个楼层按要求安装 2 只水斗及相应下水管道。

（4）工地生活区、宿舍楼、食堂按每 100 m² 配置两具灭火级别不低于 3A 的灭火器（每 50 m² 设一只消防箱）；油漆间、易燃易爆危险品库（木工间、氧气间、乙炔间等）、配电间按每 30 m² 配置两具灭火级别不低于 4B 的灭火器。

（5）地面作业人员在动用明火作业前，应当清除明火点周围的可燃物品，落实监护人员和监护措施，并配备必要的灭火器具。

（6）施工现场宿舍禁止随处吸烟或卧床吸烟，烟蒂应当丢入有水的烟缸内；易燃易爆危险品仓库、可燃材料堆场、废品集中站及施工作业区等处应设置醒目的禁烟、禁火标志。

（7）定期检查消防设施、器材，保证消防器材、安全标志完好有效。

10. 中心试验室

严格按照相关规定建立健全各种制度。各种设备满足完成合同工程所需的试验和检测要求。检测设备经相应的计量部门或检测机构检定合格并通过有关质量监督站的资质认证，在使用中定期进行校正。

中心试验室能承担各项与工程质量控制有关的检测、试验，承担对拟采用的材料进行标准试验及混合料配合比试验等有关的试验。委派具有实践经验的专职技术人员做试验工作，并负责设备维护、检修等工作。中心试验室的试验结果按有关规定报监理工程师批准。

参考文献

[1] 付耀辉.YG 铁路专用线建设项目进度管理研究[D]. 沈阳：东北大学，2018.

[2] 陈君. 跨广河高速公路特大桥项目质量管理与控制研究[D]. 阜新：辽宁工程技术大学，2020.

[3] 吕继涛. 铁路客运专线建设接口工程管理[J]. 铁路技术创新，2010（1）：92-94.

第 5 章 路基工程施工技术

华北冲积平原，地势开阔，地形平缓，地面起伏较小，多辟为耕地。本工程路基工程段以填方通过，路堤中心最大填高为 7.88 m，路堤最大边坡高 8.12 m。

DK32+322.00～DK32+700.00 段 U 形槽路基位于榆安 1 号隧道入口处，线路以挖方通过冲积平原。U 形槽的最大挖深为 9.59 m。

DK25+097.71～DK27+022.64 段空港新区站路基，位于廊坊特大桥和新航城特大桥之间，线路以填方通过冲积平原。线路中心最大填高约 11.57 m，路堤边坡最大高度约 11.89 m。

5.1 路基施工组织方案

5.1.1 施工准备

施工准备包括项目部及作业队人员进场，设备及物资进场，临时设施建设及布置，包括进场道路、项目部及作业队驻地、混凝土拌和站、水电引入、其他生产设施建设等内容，由迁改临建作业队和路基作业队负责实施。

5.1.2 施工安排

路基施工以总体目标为指导原则，合理安排，确保总目标顺利实现。

根据总体安排，本标段路基土石方施工部署 1 个作业队施工，分两个作业面进行。作业队每个施工作业面配备挖掘机 3 台、推土机 1 台、装载机 1 台、自卸汽车 8 台、压路机 1 台、平地机 1 台，按照每作业面 4.5～5 万米^3/月土石方量安排工期进度。

（1）按照架梁顺序，优先安排空港新城车站路基的施工，优先安排桥台、涵洞基础和地基加固工程的施工，为路基本体填筑创造条件和争取时间。

（2）利用隧道弃渣填筑路堤的段落，与隧道同时安排施工；邻近洞口段，为形成或扩大洞口施工场地，优先安排施工。

（3）建立路基工程施工地质核查、试验检测、路基沉降监测、路堑高边坡变形监测的信息系统，实现"监测—分析—调整"的信息化和动态化管理。

5.1.3 施工顺序

总体施工顺序：设计供图→施工准备（含技术交底、现场核对）→清表（U 形槽段挖方）和地基处理→U形槽挡土墙施工→基床下路基和基床底层填筑（含预埋管埋设）→基床表层级配碎石→路基相关工程（接触网基础、电缆沟槽、线路防护栅栏）施工→整理验收。

1. 路堤地段施工顺序

征地拆迁完毕后进场施工→对地面以上高压线、地面以下既有管线等进行复查→复检地表水、地下水→复合地基加固→施作排水沟→复合地基检测→分层填筑路堤、铺设土工合成材料并埋设沉降观测设备→填筑至基床底层顶面时开槽埋设贯通地线及横向过轨管道，曲线地段埋设横向盲管→填筑基床表层→路堤边坡防护→切割护肩级配碎石后安装电缆槽、施作接触网基础→沉降观测及评估→曲线地段切割基床表层设置超高→轨道结构施工→路基面防排水施工。

2. U形槽区段施工顺序

征地拆迁完毕后进场施工→对地面以上高压线、地面以下既有管线等进行复查→复检地表水、地下水→施作截排水沟→自上而下分层开挖并施作坡面护坡→开挖基床土→U形槽基底整平及基底处理→U形槽底板绑扎钢筋→U形槽底板支模板→U形槽底板浇筑混凝土→U形槽边墙绑扎钢筋→U形槽边墙支模→U形槽边墙浇筑混凝土→U形槽附属施工。

路基施工需根据工程特点和工期目标，合理确定作业面数量，采用大型机械化配套设备并辅以小型配套机具，分段平行流水组织。

5.1.4 土石方调配

（1）路基填料根据土工试验资料及填料类别进行分类调配。

（2）取弃土用地尽量避免占用农田，严禁在江河、水库、涵洞上游弃渣。

（3）土质达到Ⅰ级铁路路基填料要求地段，土石方调配尽量做到移挖作填，线路与站场、隧道专业相互协调互调余缺，合理利用土石方，尽量避免平跨既有线的土石方调配。

（4）土石方数量集中地段，按机械施工考虑；土石方数量较小地段，采用人力施工为主、小型机械为辅的作业方式。

（5）填方量较大的地段，采用远运土方案，借方原则上就近取土。

5.2 路基工程施工方法

5.2.1 路基地基处理

为防止运营期产生较大沉降，改善仰拱内力分布，同时为满足基坑抗倾覆稳定性、增加基坑内侧被动土压力，采用三重管高压旋喷桩进行基底满堂或裙边加固。加固段落为：DK32+700～DK32+920 进行裙边加固，墙角处 2.65 m 宽×3 m 深。加固方案：基底加固采用 ϕ850 mm@600 mm 三重管高压旋喷桩，沿隧道纵向通长布置，旋喷桩水泥掺量不小于 450 kg/m³，加固体无侧限单轴抗压强度不小于 2 MPa。围护桩采取灌注桩排桩施工，桩间未咬合，存在间隙，因此在围护桩背后需要采用 ϕ850 mm@600 mm 三轴搅拌水泥桩作为止水帷幕。

DK32+000.44~DK32+322.00段路基基底采用螺杆桩处理，桩径0.4 m，DK32+000.44~DK32+050.00段桩间距1.8 m，DK32+050.00~DK32+322.00段桩间距2.0 m，正方形布置，桩顶设置C35素混凝土圆台型桩帽，桩帽顶部设置0.5 m厚的碎石垫层，中间夹铺一层土工格室。

DK32+322.00~DK32+700.00段基础底部采用螺杆桩处理。桩间距2.0 m，桩径0.4 m，正方形布置，不设桩帽，桩顶设0.4 m级配碎石垫层。

DK25+097.71~DK25+150.00、DK26+963.11~DK27+022.64段正线路基基底采用螺杆桩处理，桩长18 m，桩径0.4 m，桩间距2.0 m，桩顶设置C35素混凝土圆台型桩帽，桩帽顶部设置0.5 m厚的碎石垫层，中间夹铺一层土工格室。DK25+628.00~DK25+752.00段侧挡墙以下基底采用螺杆桩处理，桩长15 m，桩径0.4 m，桩间距1.6 m，正方形布置，不设桩帽，顶部设置0.4 m厚的碎石垫层。DK25+150.00~DK26+939.11段正线路基基底及DK26+963.11~DK27+022.64段正线以外动车走形线基底采用碎石桩处理。桩径0.5 m，桩间距1.3 m，其中DK25+280.00~DK26+200.00段正线以外路基基底采用碎石桩处理，桩径0.5 m，桩间距1.5 m，正方形布置，顶部设置0.5 m厚的碎石垫层，中间夹铺一层土工格室。

1. 一般基底处理

施工前应先清除基底范围表层植被、腐殖土及耕植土，挖除树根，一般基底处理严格按照相关施工规范及施工图纸要求施工。需要用于复耕的耕植表土则运至待复耕地点，弃方则运至指定弃土场；清表后对暴露地表进行碾压夯实，并将路基用地范围内的坑穴填平夯实，清表后原地面压实度按设计文件标准执行，设计无规定时则按相应的路基或路床同等压实度标准执行。

2. 特殊地基处理

对于螺杆桩、碎石桩等特殊基底处理施工应尽量安排在旱季。如需在雨季施工，应准备充足的填料及覆盖物，加强填筑的排水坡并加快施工进度；被雨淋湿的已填筑土及时进行表面铲除，经晾晒、检验合格后再进行下一步施工。低温季节施工对填料进行严格检验，满足规范要求后再使用。

地基处理碎石桩施工如图5-1所示。

图5-1 地基处理碎石桩施工

5.2.2 路基填筑施工

1. 基床底层及以下路堤填筑

路基本体全面开工前,试验段先行。通过试验段的施工,检验施工工艺的适用性,验证室内试验成果;确定试验填筑路堤的最佳含水量和最大干密度的标准值;确定压路机具的选择和组合、碾压方式、遍数及碾压速度;确定路堤填筑的松铺系数。

路基本体填筑,按试验结果确定的施工参数指标分层碾压填筑。为不干扰路堤施工和节约时间,基床底层试验段选在基床下的路堤最先完成的路段,当路堤本体全部完工获取试验成果后,迅速转入基床底层施工,保持施工的连续性。路基基床底层采用改良土掺水泥按"三阶段、四区段、八流程"方法填筑施工。分层填筑厚度 30 cm。用装载机装车,自卸汽车运输,使用推土机初平,平地机精平,重型振动压路机和冲击式压路机碾压密实。为保证边坡压实质量,一般填筑时路基两侧各加宽 50 cm。采用平板荷载仪测定地基系数(K_{30})值,灌砂法、核子密度仪检测压实系数 K、空隙率 n,静态变形模量测试仪测定变形模量 E_{v2},动态变形模量测试仪测定 E_{vd}。

综合接地、过轨连通管道敷设:与路基同步施工,当路基填筑到综合接地贯通地线、过轨连通管道的敷设标高后,开挖出管沟,然后敷设完成综合接地贯通地线的电缆、接续、分支接头、防护、测试工作或敷设好过轨连通管道后,再回填中粗砂并压实。

本标段基床底层以下路堤采用改良土掺水泥填筑。

(1)施工工艺流程如图 5-2 所示。

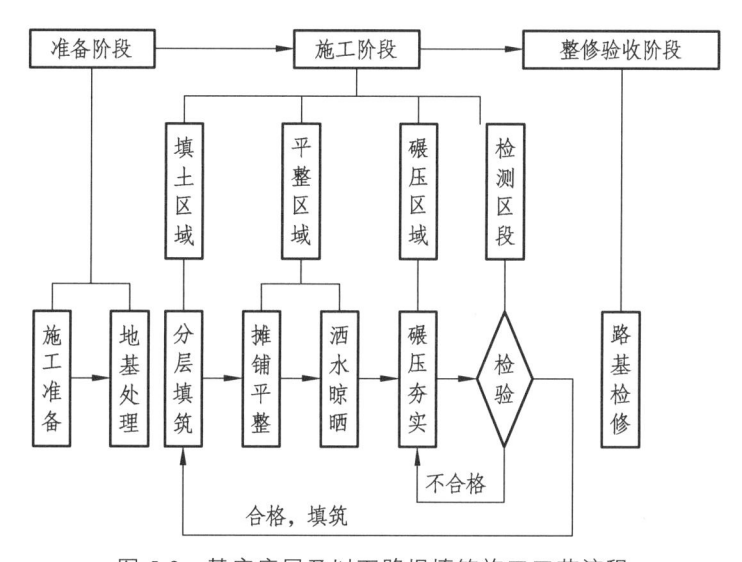

图 5-2 基床底层及以下路堤填筑施工工艺流程

地质资料核查:在填筑前对路基基底的地质情况进行必要的补勘,以核查地质资料,确保不因地质原因而造成路基产生较大的变形。

路基填筑压实工艺试验：

根据现场实际，在路基范围内选择1~2段宽度为路基宽度与超填宽度之和、长200~300 m的试验场地，按不同种类的填料选用不同压实机械进行填筑压实工艺试验，找出机型、厚度、碾压遍数与设计规定指标间的规律曲线，以确定其工艺参数和施工方法。

每个区段的长度根据使用机械的能力、台数确定。为了保证机械有足够的安全作业场地，每区段长度一般应在200 m以上或以构造物为界。各区段或流程内只能进行该段和流程的作业，严禁几种作业交叉进行。

（2）工艺要点与技术措施。

① 路堤填筑前清除基底表层植被及腐殖土，挖除树根，做好临时排水设施。对无须作地基特殊处理的一般路基的基底，当为土质地层时，按设计要求挖除表层土，再分层填料，当为砂类土、砾卵石（碎石）类土地层时，先清表，再将原地整平碾压密实。

② 原地面坡度陡于1:5时，应自上而下挖台阶。沿线路横向挖台阶宽度、高度满足设计要求，沿线路纵向挖台阶宽度不应小于2 m。

③ 测出基底处理后的原地面标高，依照设计资料精确测放路基边线及线路中心线，打桩标示；直线地段每20 m一个桩，曲线地段每10 m一个桩，并在桩上作出虚铺厚度的标记。

④ 路基填筑采用横断面全宽一次分层填筑、纵向水平分层压实方法。当原地面高低不平时，先从低处分层填筑，并由两边向中心填筑。

⑤ 不同组别的碎石土填料分别填筑，每一水平层的全宽采用同一组别的填料填筑，每种填料累计总厚度不小于50 cm。对于不同种类的填料，遵循有利于层间土层的渗透反滤的原则施工，其粒径符合$D_{15}<4d_{85}$。

⑥ 按工艺试验确定的合理摊铺层厚，进行分层上土，虚铺厚度控制采用"方格网法"和"挂线法"，填筑时路基两侧各加宽50 cm以上，以保证边坡压实质量。

⑦ 使用推土机初平，再用平地机精平。摊铺整平过程中尤其注意防止填料离析，使每一摊铺层填料中的粗细料摊铺均匀、层面平整。

⑧ 按工艺试验确定的施工工艺及碾压遍数，用自重20 t的振动压路机按先两边后中间（曲线地段先曲线内侧后曲线外侧）、先慢后快的原则进行碾压。各区段交接处互相重叠压实，纵向搭接长度不小于2 m，纵向行与行之间的轮迹重叠不小于40 cm，上下两层填筑接头错开不小于3 m。碾压过程中如发现有凹凸不平现象，采用人工配合及时补平，使碾压好的路面平整度符合要求。沉降板观测管周围采用冲击夯夯实。

⑨ 松软土地段在路基填筑过程中，每天测量地基沉降及边桩侧向位移，指导控制填土速率。

⑩ 填至基床底面、基床表层底面标高后，及时恢复中线，进行水平标高测量，检查路基宽度。按照设计结构尺寸进行路面整修后，达到路面平整目的，横向排水坡符合设计要求。

（3）质量控制与要求。

① 对生产的填料除在生产过程中按规定进行取样检验外，填筑时对运至现场的填料还按每生产10 000 m³抽检一次的频次检验颗粒级配。当发现运至路基填筑现场的填料级配有明显变化时，及时抽样复查，并将检测信息反馈给填料生产场。

② 在每一层的填筑过程中,确认填料颗粒级配的均匀性、铺土厚度、填料表面平整度符合设计及施工工艺参数后,再按工艺试验确定的碾压速率和遍数进行碾压。

③ 基底换填及路堤填筑按表 5-1 的检测频次和压实标准对压实质量进行检测和控制。

表 5-1 基床以下路堤普通填料物理改良土填料压实标准

检验项目	压实标准	
	砂类土及细砾土	碎石类及粗砾土
压实系数 K	≥0.92	≥0.92
地基系数 K_{30}/(MPa/m)	≥110	≥130

2. 基床表层级配碎石填筑

基床表层级配碎石,按"四区段、六流程"施工工艺组织施工,使用摊铺机铺设基床表层级配碎石。填筑前,根据选用的摊铺压实机械,对基床底层进行验收,对不符合标准的基床底层进行修整,使其达到基床底层标准要求。基床表层选不小于 200 m 长的基床表层级配碎石填筑作试验段,并确定填料级配、含水量、摊铺厚度、压路机行走速率和碾压(夯实)遍数等施工工艺参数。

(1)基床表层级配碎石施工工艺流程。

基床表层级配碎石施工工艺流程如图 5-3 所示。

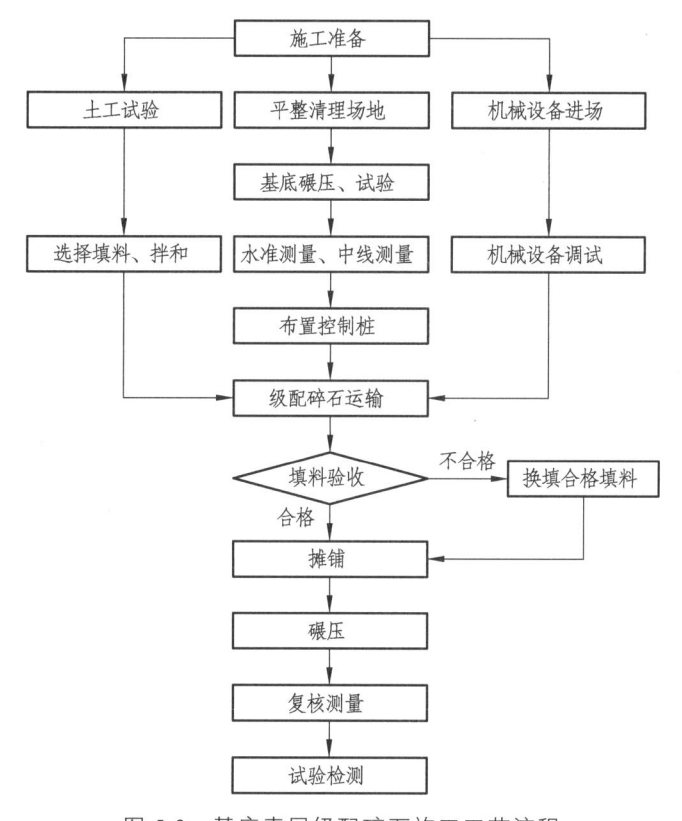

图 5-3 基床表层级配碎石施工工艺流程

（2）工艺要点与技术措施。

① 基床表层填筑前对基床底层的压实质量和几何尺寸进行复查确认。

② 对路堑换填地段，当开挖至换填底面标高时，将开挖表面整理平顺整齐，并按设计做成向两侧的横向排水坡。

③ 依照设计资料精确测放路基边线及线路中心线，打桩标示；直线地段每 10 m 一个桩，曲线地段每 5 m 一个桩，并在桩间挂线标示出填料分层摊铺厚度。

④ 将级配碎石生产场拌和好的级配碎石混合料用自卸汽车尽快运输到现场，防止水分蒸发损失过多。

⑤ 采用摊铺机按工艺试验确定的每层摊铺厚度分层铺摊，根据所在地段级配碎石的总厚度均匀分层，但分层的压实厚度最大不超过 25 cm，最小不低于 15 cm。摊铺前根据测量标线调整好摊铺机左右的控制高度。

⑥ 摊铺时，在摊铺机后面配备人员及时消除粗细集料离析现象。对于粗集料"窝"和粗集料"带"，添加细集料并拌和均匀；对于细集料"窝"，添加粗集料，并拌和均匀。

⑦ 整形后，当表面尚处于湿润状态时立即进行碾压。如表面水分蒸发较多，明显干燥失水，在其表面喷洒适量水分，再进行碾压。

⑧ 直线地段，由两侧路肩开始向路中心碾压；曲线地段，由内侧路肩向外侧路肩进行碾压。碾压时，压路机的碾压行驶速度开始采用慢速，以后几遍逐渐加快，但最大速度不超过 4 km/h。沿线路纵向行与行之间压实重叠不小于 40 cm，各区段交接处，纵向搭接压实长度不小于 2 m。

⑨ 表面修整养护。局部表面不平整，洒水补平并补压，使其外形质量达到设计要求。已施工的基床表层禁止任何车辆通行。

（3）质量控制与要求。

① 对生产的基床表层级配碎石混合料除在混合料生产过程中按规定进行取样检验外，填筑时对运至现场的级配碎石混合料还按每工班不少于一次的频次检验颗粒级配和含水量。当发现运至路基填筑现场的混合料级配或含水量有明显变化时，及时抽样复查，并将检测信息反馈给填料生产拌和站，以对配料比例作相应调整，使生产的级配碎石混合料符合要求。

② 在每一层的填筑过程中，确认级配碎石混合料颗粒级配、含水量的均匀性、铺筑厚度、填层表面平整符合设计及施工工艺参数后，再按工艺试验确定的碾压速率和遍数进行碾压夯实。

③ 基床表层级配碎石填筑压实质量按表 5-2 所列的压实标准和检测频次进行检测和控制。对站场内多线路基或填筑压实质量可疑地段，根据工程质量控制的需要，增加检验的点数。

表 5-2 基床表层级配碎石压实标准

填料	压实标准		
	地基系数 K_{30}/（MPa/m）	动态变形模量 E_{vd}/MPa	压实系数 K
级配碎石	≥190	≥55	≥0.97

路基段成型便道如图 5-4 所示。

图 5-4　路基段成型便道

5.2.3　路基变形观测及沉降控制

1. 变形观测

根据设计方案，负责沉降变形观测元器件的埋设、观测设施的保护以及观测工作；成立相应工作组，专人负责，对沉降观测实施专项管理，确保沉降及变形观测数据有效。从路基开始施工起，严格按照设计方案要求，及时做好观测元器件埋设和系统观测工作，规范观测资料管理。

路基沉降观测，按设计要求准确埋设监测元器件，依据施工的二等水准点和加密水准点建立沉降变形监测网。控制测量的基点在确保稳定的同时定期进行复核，对于测量监测的数据，测量过程严格按照"五定"原则，按照路基沉降观测要求的监测频率及时对观测元器件进行监测，并及时反馈数据进行分析及数据归档。

按设计里程、断面类型埋设沉降、位移观测元器件。在路堤填筑期间，沉降板和位移边桩每天观测 1 次，在各种原因暂时停工期间，前 2 d 每天观测 1 次，以后每 3 d 测试 1 次。在沉降量突变的情况下，每天应观测 2~3 次。填筑施工完成后至铺设有砟轨道期间[1]，第 1~3 个月，每周检测 1 次，第 4~6 个月每两周检测 1 次，6 个月以后每月监测 1 次。雨后等特殊环境应加密监测。有砟轨道铺设后至试运营期间，第 1 个月每 15 d 监测 1 次，第 2~3 个月每月监测 10 次，3 个月后每 3 个月监测 1 次。当发生异常变化时，根据具体监测数据的变化情况，调整监测频度。

路基施工至设计标高后，先持续监测不少于 6 个月时间，根据 6 个月监测的数据，绘制"时间-填土高-沉降量"曲线，按实测沉降推算法或沉降的反演分析法，分析并推算总沉降量、工后沉降值以及后期沉降速率，并初步分析推测最终沉降完成时间，确定铺轨时间[1]。根据分析结果，结合工期要求，验证、调整设计措施使地基处理达到预定的变形控制要求。

沉降观测记录如图 5-5 所示。

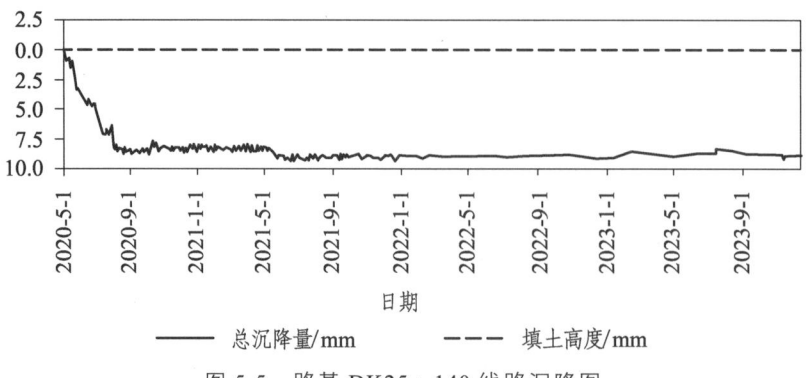

图 5-5　路基 DK25+140 线路沉降图

两处断面地基处理方式为碎石桩，DK25+140 自 2020 年 5 月 1 日起有效期数共 283 期，总沉降量为 8.91 mm；由图 5-5 可见沉降突发于路基土方填筑期间，断面虽总沉降量较大，但在路基土方填筑完成后，沉降曲线已趋于稳定。

2. 沉降控制

工后沉降值，是造成路基沉降变形的主要因素，控制了支承路基的地基的沉降，也就能控制轨下基础的变形。为有效地控制工后沉降量及沉降速率，通过加强日常检测、监测来控制动态施工，分别在软弱土层地段和高填方地段及台尾过渡段设置观测断面，并提出观测控制标准和随施工进程而定的观测频次及观测精度，及时绘制填土-时间-沉降曲线。一方面控制填土速率，保证路基在施工过程中的安全与稳定，避免施工控制不当而产生过大附加沉降。同时，根据沉降观测资料及沉降发展趋势、工期要求等，采取相应的措施，路基质量采用 K_{30} 值和孔隙率双指标控制。

路基沉降管如图 5-6 所示。

图 5-6　路基沉降管

5.3 路基排水工程施工

路基排水设施应及时实施，防止施工期间因地表水及地下水的侵入而造成路基松软或坡面坍塌。排水设施的各种结构和施工参数满足或符合设计要求，当路基单侧或两侧汇水面积较大时，施工中严格按设计截面尺寸施工，严禁随意更改水沟尺寸。排水设施施工前认真核对设计图纸，绘出排水设施的详图，放线施工，并随时检查维护。排水设施施工时做到沟基稳固、沟形整齐、沟坡和沟底平顺、沟渠相连，不能出现断沟和回流现象。排水沟沟底设在原土上，严禁设在未作处理的虚渣、弃土上。

5.3.1 路基排水施工顺序及组织方案

该工程施工要求施工人员按照施工工序严格进行，控制好各道工序的施工质量。排水工程的施工顺序如下：

施工放样→基坑开挖→修整、夯实基底→铺砌沟底→铺砌沟壁→水泥砂浆勾缝→交工验收。

施工前先校核设计排水系统是否完善合理，必要时予以修改或补充并报监理工程师批准。采用工人配合挖机开挖基槽，处理好不良地基，放样挂线，大面整体控制，分层、分段砌筑，分层填筑，夯机夯实墙背填土的施工方法。

在砌筑前石块用水洗净，砌筑第一层时坐浆，如基底为基岩则先将其表面清洗、湿润，所有石块均坐于新拌砂浆之上。砌筑时丁顺相间分层砌筑，每2~3层作为一个工作层，每个工作层大致找平，选用比较整齐的大尺寸石块镶面，竖向交错砌筑，不得在竖向出现通缝。砌筑工作中断后再进行砌筑时，应将砌筑表面加以清扫和湿润，如石块松动或砌缝开裂应将石块提起，将垫层砂浆与砌缝砂浆清扫干净，然后将石块重新铺砌在新砂浆上，在砂浆凝固前将外露缝勾好，勾缝深度不小于20 mm，所有灰缝灌满砂浆。每10~15 m设一道伸缩缝或沉降缝，伸缩缝或沉降缝用沥青麻絮填塞。

5.3.2 路基排水施工要求

1. 边　沟

边沟应按图纸规定施工，边沟和涵洞接合处应与涵洞洞口建筑配合，以便水流通畅进入涵洞。

平曲线处边沟施工时，沟底纵坡应与曲线前后沟底纵坡平顺衔接，不允许曲线内侧有积水或外溢现象发生。曲线外侧边沟应适当加深，其增加值等于超高值。但曲线在坡顶时可不加深边沟。

边沟的加固：土质地段当沟底纵坡大于3%时应采取加固措施；采用浆砌片石铺砌时，砌缝砂浆应饱满，沟身不漏水；沟底抹面时，抹面应平整压光。

边沟施工工艺流程如图5-7所示。

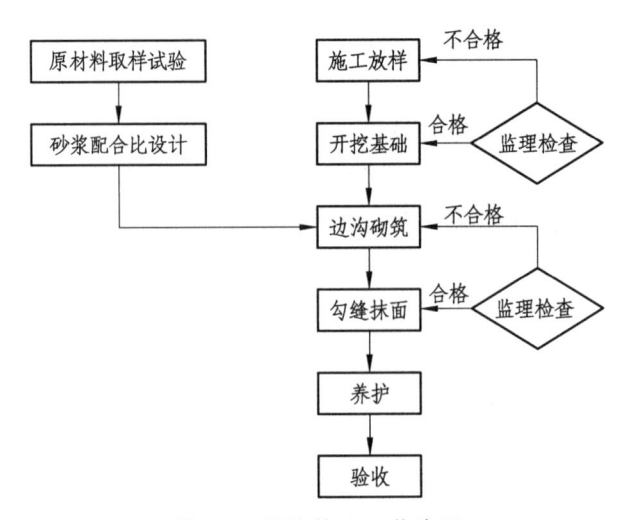

图 5-7 边沟施工工艺流程

2. 排水沟

排水沟的线形要求平顺，尽可能采用直线形，转弯处宜做成弧形，其半径不宜小于 10 m；排水沟长度根据实际需要而定，通常不宜超过 500 m。

排水沟沿路线布设时，应离路基尽可能远一些，距路基坡脚不宜小于 3~4 m。

当排水沟、截水沟、边沟因纵坡过大产生水流速度大于沟底、沟壁土的容许冲刷流速时，应采用边沟表面加固措施。

3. 截水沟

截水沟挖出的土，可在路堑与截水沟之间修成土台并进行夯实，台顶应筑成 2% 倾向截水沟的横坡。路基上方有弃土堆时，截水沟应离开弃土堆坡脚 1~5 m，弃土堆坡脚离开路基挖方坡顶不小于 10 m，弃土堆顶部应设 2% 倾向截水沟的横坡。

截水沟长度超过 500 m 时应选择适当地点设出水口，将水引至山坡侧的自然沟中或桥涵进水口处。截水沟必须有牢靠的出水口，必要时须设置排水沟、跌水或急流槽。截水沟的出水口必须与其他排水设施平顺衔接。

为防止水流下渗和冲刷，截水沟应进行严密的防渗和加固，地质不良地段和土质松软、渗水性较大或裂隙较多的岩石地段，对沟底纵坡较大的截水沟出水口，均应采取加固措施防止渗漏和冲刷沟底及沟壁。

排水沟施工工艺流程如图 5-8 所示。

4. 渗 沟

渗沟断面通常为矩形或梯形，在渗沟的底部和中部用较大碎石（粒径 30~50 mm）填筑，在碎石的两侧和上部，按一定比例分层（层厚约 15 mm），并填较细颗粒的粒料（中砂、粗砂、砾石），做成反滤层，逐层的粒径比例，大致按 4:1 递减。砂石料颗粒小于 0.1 mm 的含量不应大于 5%。或用土工合成材料包裹有孔的硬塑管，管四周填以大于硬塑管孔径的等粒径碎、砾石，组成盲沟。在顶部做封闭层，用双层反铺草皮或其他材料铺成，并在其上夯填厚度不小于 0.5 m 的黏防水层。

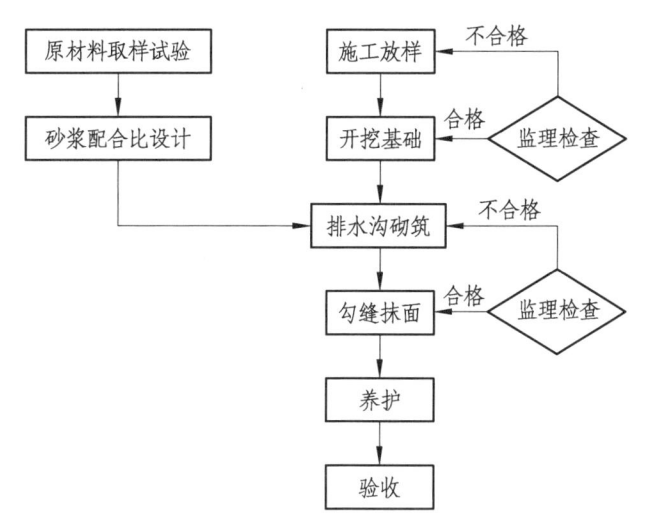

图 5-8 排水沟施工工艺流程

渗沟的埋置深度,应满足渗水材料的顶部(封闭层以下)不得低于原有地下水位的要求。当排除层间水时,渗沟底部应埋于最下面的不透水层上。

当采用土工织物做反滤层时,应先在底部及两侧沟壁铺好就位,并预留顶部覆盖所需的土工织物,拉直平顺紧贴下垫层,所有纵向或横向的搭接缝应交替错开,搭接长度不得小于 300 mm。隔离层的合成纤维土工织物,其最小抗拉强度不应小于 50 Pa。

渗沟的出水口宜设置端墙,端墙下部留出与渗沟排水通道大小一致的排水沟,端墙排水孔底面距排水沟沟底的高度不宜小于 0.2 m,端墙出口的排水沟应进行加固,防止冲刷。

当渗沟开挖深度超过 6 m 时,须选用框架式支撑,在开挖时自上而下随挖随加支撑,施工回填时应自下而上逐步拆除支撑。

5. 急流槽

急流槽采用 M7.5 浆砌片石结构。

急流槽的纵坡应按图纸所示施工,一般不宜超过 1∶1.5,同时应与天然地面坡度相配合。当急流槽较长时,槽底可用几个纵坡,一般是上段较陡,向下逐渐放缓。

当急流槽较长时,应分段砌筑,每段不宜超过 10 m,接头用防水材料填塞,密实无空隙。

急流槽的砌筑应使自然水流与涵洞进、出口之间形成一个过渡段,基础应嵌入地面以下,其底部应按图纸要求砌筑抗滑平台并设置端护墙。

路堤边坡急流槽的修筑,应能为水流入排水沟提供一个顺畅通道。流水进入路堤边坡急流槽的过渡段应连接圆顺。

急流槽施工工艺流程如图 5-9 所示。

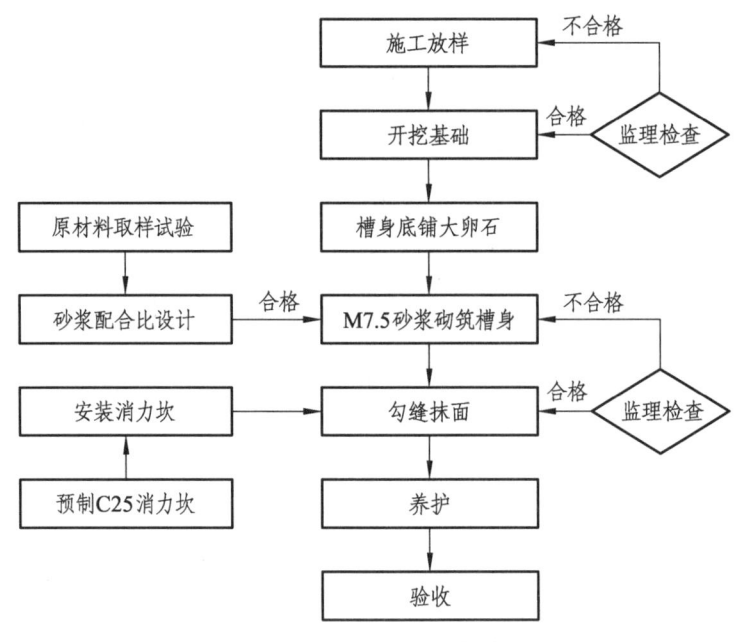

图 5-9 急流槽施工工艺流程

6. 其他要求

边沟、截水沟及其他引、截排水设施的位置、断面尺寸及有关要求，应严格按设计图纸的规定施工。应先做好这类排水设施，其出口应通至桥涵进、出水口处。截水沟不应在地面坑凹处通过，必须通过时，应按路堤填筑要求将凹处填平压实，然后开挖，并防止不均匀沉陷和变形。

路堑和路堤交接处的边沟应徐缓引向路堤两侧的天然沟或排水沟，不得冲刷路堤。路基坡脚附近不得积水。

所有排水沟渠应从下游出口向上游开挖。

排水设施要求纵坡顺适，沟底平整，排水畅通，无冲刷和阻水现象。

各类防渗加固设施要求坚实稳定，表面平整美观。浆砌片石工程砂浆配合比必须符合试验规定，砌体咬扣紧密，嵌缝饱满、密实勾缝平顺无脱落，缝宽大体一致。

在砂浆凝固前应将外露缝勾好，勾缝深度不小于 20 mm。如不能按这样将外露缝勾缝，应在砂浆未凝固前，将砂浆砌缝刮深不小于 20 mm，为以后勾缝作准备。前墙及侧墙高度较高，在以后勾缝过程中，要安装好脚手架，保证工人和构件的安全。

勾好缝或灌好浆的砌体在完工后，视水泥种类及气候情况，在 7～14 d 内加强养护。

5.3.3 U形槽施工

1. 施工程序

U形槽基底整平及基底处理→U形槽底板绑扎钢筋→U形槽底板支模板→U形槽底板浇筑混凝土→U形槽边墙绑扎钢筋→U形槽边墙支模→U形槽边墙浇筑混凝土→U形槽附属施工。

2. 基底和垫层施工

坑开挖至设计标高后，必须核对以下内容：

（1）基底地质情况是否与设计相符，地基承载力是否满足设计要求。

（2）基坑标高、位置、几何尺寸是否与设计相符。

（3）自检合格后，报请监理工程师检查，并请设计单位复核地质情况，合格后再进行下道工序的施工；如果地质情况或基底承载力与设计不相符，要会同监理、设计单位及时确定处理方案。

基底铺 40 cm 碎石垫层，人工进行整平。C20 混凝土垫层浇筑时，应从基坑的一端向另一端连续分层浇筑，带线人工摊平，混凝土采用小型平板振捣器振捣、收平。

3. 钢筋工程

钢筋运输到现场后，核对钢筋型号、直径、数量是否与钢筋放样单相符，并及时进行现场检验，检验合格后方可使用；不合格的做清场处理。钢筋在加工场地加工，现场绑扎成型。钢筋搭接必须满足 30 倍直径搭接长度，钢筋焊接采用双面焊，焊接长度必须满足 5 倍直径，焊缝要饱满，焊渣要敲干净。钢筋绑扎前，要求工地技术主管将钢筋放样要求对施工操作人员进行书面技术交底。由专职质量员进行抽检，对钢筋搭接、节点部位做重点检查，发现问题及时整改。在钢筋绑扎过程中，对复杂的节点部位，要求逐根控制钢筋的穿抽及就位顺序和支模的先后次序，减少返工。

4. 模板工程

模板工程具有数量大、工期短等特点，应采用大块钢模板，局部辅以木模。模板缝用双面橡胶密封条密封，支架采用碗扣式支架和普通钢管支架配合，以方木（10 cm×10 cm）作肋进行施工。

5. 混凝土浇筑工程

根据设计图纸，U 形槽主体结构混凝土是强度等级为 C40 的防水钢筋混凝土，U 形槽底板浇筑时杜绝蜂窝、麻面。

（1）U 形槽底板混凝土施工。

灌注前，将垫层顶面清理、凿毛、冲洗干净，将模板内的杂物和钢筋上的污渍等清除干净，进一步检查模板、加固、支撑、钢筋骨架、预埋构件是否符合要求；在灌注过程中，设专人检查模板、支架等，发现问题及时处理。灌注时混凝土的自由倾落高度不得大于 2 m，以防止对模板冲击过大以及产生离析现象。

混凝土入仓后，采用小型插入式振捣器捣固，受混凝土本身特性的影响，经振捣后的混凝土将比振捣前密实，并向低处流动形成斜面，此时，混凝土的浇筑厚度将大于设计厚度，人工将多余混凝土清除至下道工作面上，然后，再用小型平板振捣器把面上混凝土复振一遍后用木抹收平。

（2）U形槽侧墙混凝土施工。

由于现浇混凝土方量较大，根据现场施工机具配置和劳动力组织，计划U形槽两侧边墙分别浇筑，大里程方向边墙混凝土浇筑至下肋板处，小里程方向边墙混凝土浇筑至下肋板下30 cm处。

根据现场混凝土生产能力和混凝土入仓断面，浇筑混凝土水平分层以0.8 m为宜，最大不应超过1 m。这样可以避免混凝土在浇筑过程中出现施工冷缝。

采用插入式振捣器，其移动间距不大于振捣器作用半径的1.5倍，且插入下层混凝土内的深度宜为5~10 cm。振捣时不得碰撞模板、钢筋和预埋构件。每一振点的振捣持续时间宜为20~30 s，以混凝土不再沉落、不出现气泡、表面呈现浮浆为度。

6. 拆模、养护和防水施工

（1）拆模。

脚手架的拆除作业应按确定的拆除程序进行。在拆除过程中，凡已松开连接的杆配件应及时拆除运走，避免误扶和误靠已松脱连接的杆件。拆下的杆件以安全的方式运出和吊下，严禁向下抛掷。在拆除过程中，应做好配合，协调动作，禁止单人拆除较重杆件等危险性的作业。

必须在混凝土强度达到2.5 MPa，并经监理工程师同意后，方可进行拆模作业。

（2）养护。

混凝土养护采用塑料薄膜覆盖，并不间断洒水养护，始终保持混凝土表面湿润。

（3）防水施工。

伸缩缝内填塞聚苯泡沫板，并在U形封闭结构底板顶面及边墙内侧0.02 m深度内用聚硫密封胶封闭，密封胶内侧埋设一条遇水膨胀止水条，并于伸缩缝中设置中埋式橡胶止水带，缝外侧设置一道外贴式止水带。U形封闭结构外全断面粘贴ECB自粘防水卷材，外侧设水泥砂浆保护层。

5.4 路基相关设施施工

5.4.1 电缆槽施工

电缆槽采用钢筋混凝土预制，路肩A、B组土填筑完成后，挖除路肩电缆槽位置土，施作砂垫层并夯实，然后安装电缆槽预制构件。电缆槽基础采用人工整平，小型冲击夯夯实，然后铺设透水卵石或碎石并压实后，再安装电缆槽。电缆槽与路基竖向接触面间的缝隙按设计采取防水材料填塞处理。电缆槽不能影响路基的稳定和防排水功能。

1. 施工工艺流程

预制电缆槽施工工艺流程如图5-10所示。

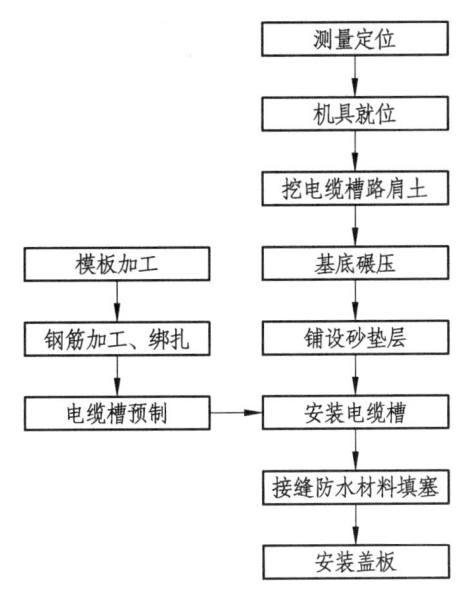

```
         ┌──────────┐
         │ 测量定位 │
         └────┬─────┘
              ↓
         ┌──────────┐
         │ 机具就位 │
         └────┬─────┘
              ↓
         ┌────────────┐
         │ 挖电缆槽路肩土 │
         └────┬───────┘
              ↓
┌──────────┐  ┌──────────┐
│ 模板加工 │  │ 基底碾压 │
└────┬─────┘  └────┬─────┘
     ↓              ↓
┌─────────────┐ ┌──────────┐
│ 钢筋加工、绑扎│ │ 铺设砂垫层│
└────┬────────┘ └────┬─────┘
     ↓                ↓
┌────────────┐   ┌──────────┐
│ 电缆槽预制 │ → │ 安装电缆槽│
└────────────┘   └────┬─────┘
                      ↓
              ┌──────────────────┐
              │ 接缝防水材料填塞 │
              └────────┬─────────┘
                       ↓
                 ┌──────────┐
                 │ 安装盖板 │
                 └──────────┘
```

图 5-10 预制电缆槽施工工艺流程

2．工艺要点

（1）测量定位。

当基床表层填筑完成后，利用全站仪根据设计位置、尺寸每 10 m 为一测点精确测量定位。

（2）路肩土开挖。

路肩土采用人工开挖，挖出的路肩土直接装车运出施工现场。

（3）基底碾压。

开挖完成后，人工配合将电缆槽底部整平，然后采用小型振动压路机碾压密实。

（4）铺设砂垫层。

电缆槽安装前首先在基槽底部铺砂垫层，采用小型冲击夯夯实。

（5）安装电缆槽。

上述工序施工完毕后，安装电缆槽。电缆槽的结构尺寸、构件混凝土强度符合设计要求，不能缺棱掉角。拼装的电缆槽线形保持平顺，注意排水设施的安放。电缆槽与路基衔接处缝隙利用设计的防水材料填塞密实。

（6）勾缝施工。

预制电缆槽安装完成后以 M10 水泥砂浆勾缝。

3．质量控制与要求

（1）电缆槽采用专用切割机械施工，与路基接触面按设计处理。

（2）在路桥、路涵等过渡段设置电缆槽，不同线路形式的电缆槽应平顺连接，弯曲角度符合设计要求。

（3）电缆槽混凝土采用厂拌混凝土，强度符合设计要求。

（4）电缆槽下的透水卵石或碎石垫层含泥量符合规范、设计要求。

（5）施工中观察电缆槽排水孔，保持排水畅通。

（6）预制电缆槽安装平顺，接缝咬合完好，侧面与路基间按设计防水材料填塞缝隙。盖板铺设平稳。每 50 m 抽样检验 3 处。

（7）电缆槽不能影响路基的稳定和防排水功能。

5.4.2 声屏障和接触网支柱基础施工

声屏障和接触网支柱设置于路肩宽度范围以外。声屏障和接触网支柱基础在沉降稳定期间施工，由路基作业队伍负责施工，采用钻机干钻成孔。为防止基坑内积水，成孔后立即浇筑混凝土，确保施工路基的稳固与安全。

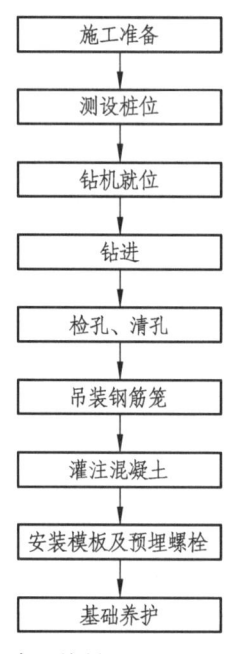

1. 施工工艺流程

声屏障和接触网支柱基础施工工艺流程如图 5-11 所示。

```
施工准备
   ↓
测设桩位
   ↓
钻机就位
   ↓
钻进
   ↓
检孔、清孔
   ↓
吊装钢筋笼
   ↓
灌注混凝土
   ↓
安装模板及预埋螺栓
   ↓
基础养护
```

图 5-11 声屏障和接触网支柱基础施工工艺流程

2. 工艺要点

（1）测量定位：根据设计位置利用全站仪进行精确施工放样，做好护桩。

（2）钻孔：采用钻机成孔施工。

（3）清孔：钻至设计标高后，停止钻进，采用人工将孔底部浮土清理干净。

（4）检孔：检查钻孔桩的孔深、孔径、倾斜度是否符合设计要求。

（5）吊装钢筋笼：运输、起吊、焊接、安装、固定，确保预埋件位置准确。

（6）浇筑混凝土：混凝土采用集中拌和，混凝土罐车运输，人工辅助入仓，振动棒捣固。

3. 质量控制与要求

（1）声屏障及接触网支柱基础按设计要求位置、形状尺寸、深度施工。基坑施工时不破坏路基及防护工程结构，不因其施工而损坏、危及路基的稳固与安全；如有破坏，用混凝土补齐。

（2）接触网拉线基础平面位置符合设计要求，下锚拉线的下锚环方向在支柱基础中心与拉线基础中心连线上。

（3）声屏障及接触网支柱基础混凝土强度符合设计要求。

5.4.3 过轨钢管施工

埋设于路基上的过轨钢管与路基同步施工，根据各过轨钢管设计的埋设高程，在路基填筑压实到高于钢管顶部高度后，人工在路基内挖一条与过轨钢管尺寸相当的横沟，将钢管铺设在沟内，用中粗砂回填管周并夯实。每根过轨钢管均穿两根铁丝，并在钢管两端留一定的余量，以备后续工序施工使用。预埋过轨钢管两端用麻布包裹保护。

过轨钢管施工工艺流程如图 5-12 所示。

1. 工艺要点

（1）通信、信号的连通管道设置在不同的位置，施工前按设计文件规定的位置测量定位。

（2）根据连通管道测定位置截取管道长度，打磨钢管头部，消除毛刺，两端用棉纱堵孔。

（3）根据各连通管道设计的埋设高程，在基床填筑压实到钢管设计高度顶部后，人工在基床内挖一条与钢管尺寸相当的横沟，将钢管铺设在沟内，用中粗砂回填管周、压实。施工不得损坏、危及路基的稳固与安全。

（4）严格控制铺设高程，以保证与电缆槽的预留孔对齐。

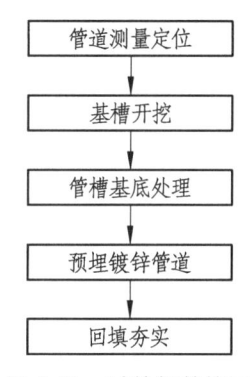

图 5-12 过轨钢管施工工艺流程

2. 质量控制与要求

（1）连通管道的材质、尺寸、管径、埋设根数及埋设位置、方式符合设计要求。

（2）根据设计位置进行测量放样，与路基同步修建完成，不得因其施工而损坏、危及路基的稳固与安全。

5.4.4 线路防护栅栏施工

防护栅栏立柱基础采用人工挖孔埋设，超挖部分采用与立柱同强度等级的混凝土回填；立柱间距符合设计要求，弯曲度不超过设计、规范规定；立柱与隔离栅连接牢固。

1. 工艺流程

线路防护栅栏施工工艺流程如图 5-13 所示。

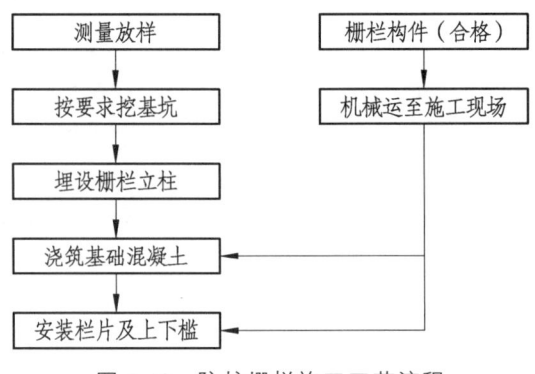

```
测量放样              栅栏构件（合格）
   ↓                      ↓
按要求挖基坑          机械运至施工现场
   ↓                      
埋设栅栏立柱
   ↓
浇筑基础混凝土  ←───────┘
   ↓
安装栏片及上下槛
```

图 5-13　防护栅栏施工工艺流程

2．工艺要点

（1）预制件预制、运输。

在防护栅栏施工前需预制钢筋混凝土防护栅栏。钢筋混凝土防护栅栏出厂时，混凝土强度不低于设计强度的 80%。运输中有保护措施，于其间夹草席、稻草、锯末或其他缓冲防震材料，竖向堆码层数不超过 5 层，高度不超过 600 mm。金属网片及连接构件有有效的包装保护，防止磕碰。钢筋混凝土防护栅栏的栏片竖向放置，其中夹缓冲材料，以防碰伤。

（2）开挖基础。

对于一般土质地段，地基承载力 ≥100 kPa 的基础采用人工开挖。开挖后，坑内要求无明显碎土、杂物等。

（3）埋设立柱并浇筑混凝土。

立柱采用人工埋设，埋设时将立柱放在基坑中间位置，且竖直不得倾斜，然后采用钢管支架固定。浇筑混凝土时由四周均匀放入，浇筑至与地面平齐，采用人工筑捣。待混凝土强度达到设计强度 70% 后再拆除钢管支架。

（4）安装。

① 钢筋混凝土钢丝网隔离栅栏安装。

立柱预埋完成且立柱基础混凝土强度达到 80% 后，安装钢丝，横向钢丝间距 16 cm，竖向钢丝间距 100 cm。

② 金属网片安装。

立柱采用钢筋混凝土预制，现场安装时插入带连接板并封口的方管，并用封水材料填充缝隙。

螺栓采用防盗设计，安装及拆卸使用专门工具，根据不同连接点的厚度，选用不同尺寸的防盗螺栓。连接板与螺栓均采用 HPB300 钢，并镀锌处理。

按相应规范和设计要求进行金属网片的安装施工。

3．质量控制与要求

（1）防护栅栏安装要做到"严、直、齐、美"，线路封闭严实，不留间隙；沿线路方向顺直，不忽远忽近；防护栅栏顶端与下端纵向过渡平滑整齐，不忽高忽低；要求整体效果美观，避免给人零乱感。安装先平整场地，栅栏底部距离地面高度10 cm，不满足时，进行回填处理。

（2）放线遇到建筑物、铁路设备等情况时，采用直角拐弯形式封闭，对建筑物、设备等根据实际情况选择放入防护栅栏以内或以外。

（3）防护栅栏每隔15 m，栅栏设置警示标识。设置警示标识的立柱（门柱）上预制内凹的"禁止入内"字样，采用黑体字形，字高80 mm，内部涂红色油漆。

5.5 路基防护与加固工程

本标段路基边坡防护与加固形式主要有设置土钉、U形槽、土工合成材料，栽植灌木，栽植乔木，播草籽，设置钢筋混凝土挡土墙等。

各种防护设施在地基和边坡稳定后施工。在设置路堤排水设施地段，先做好排水设施，有地下水露头时先做引排处理，再施作防护工程。防护施工前先将坡体表面浮土、石块清刷干净，填补坑凹部分，使坡面大体平整，施工时与土坡面密贴结合，背后不留空隙，施工中加强现场监控。

边坡防护工程紧跟开挖施工，路基成型一段，防护一段；松软土路堤的边坡防护待路基沉降稳定后进行。

5.5.1 浆砌片石护坡

浆砌片石护坡砌筑厚度均匀，砌层片石纵、横向搭叠压缝，间缝塞满[2]，外露面平整，水泥砂浆采用搅拌机搅拌，后背按设计和暂行规定要求回填密实。

1. 工艺流程

浆砌片石护坡施工工艺流程如图5-14所示。

2. 工艺要点与技术措施

（1）按设计位置及规范要求进行测量放样。
（2）清理修整边坡，人工配合机械按设计要求刷坡。
（3）夯实坡面并人工平整。

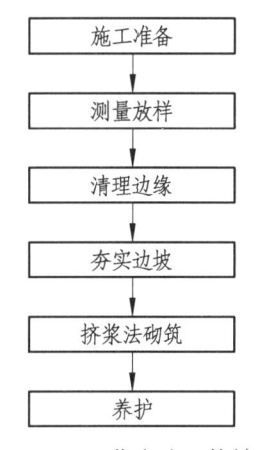

图5-14 浆砌片石护坡施工工艺流程

3. 质量控制与要求

（1）石质色泽均匀、质地坚硬、不易风化、无缝隙，片石厚度不小于15 cm[2]。
（2）石块在砌筑前浇水湿润，表面泥土、水锈清洗干净，片石分层砌筑[2]，各工作层竖缝相互错开，杜绝通缝。
（3）砌体均采用挤浆法施工，勾缝采用平缝压槽法（凹缝），在砂浆初凝后，养护7~14 d，其间避免碰撞、振动和承重。

（4）砌筑基础的第一层砌块时，先将基底表面清洗、湿润，再坐浆砌筑；砌筑上层砌块时，避免振动下层砌块[2]。

（5）所用水泥、砂、片石质量符合《铁路混凝土工程施工技术规程》（Q/CR 9207—2017）的要求，并具有质量合格证，严禁使用受潮、结块、变质的水泥。

5.5.2 路堤土工格室护坡

土工格室运到工地后，分批整齐堆放在料棚（库）内，防止日晒雨淋，保持料棚通风干燥，并逐批检查出厂检验单、产品合格证及材料性能报告单，对其主要物理力学指标抽样检验。

自坡脚至基床表层下，每隔一个设计层间距铺设一层双向土工格室。将下承层表面整平、压实清除表面坚硬凸出物后，按强度高的方向将土工格室铺设在路堤主要受力方向。铺设时，拉紧展平后用竹钉固定，消除褶皱扭曲后与路基面密贴。土工格室需要连接时，采用U形钉连接。土工格室铺设后及时填筑填料，其外缘距边坡保持0.1 m的距离，避免土工格室受阳光直接暴晒时间过长。

填筑第一层填料时采用后卸式汽车沿筋材边缘卸土，并用推土机或前置式装载机摊铺。在土工格室拉紧展平后，填料的摊铺及填筑从两侧开始，平行于路堤中心线向中心对称进行。土工格室上填料用轻型压路机压实，达到压实标准后，再铺设下层土工格室，填筑时为避免土工格室受损伤，运输车辆和碾压机具严禁直接在土工格室上行走作业。

1. 工艺流程

土工格室施工工艺流程如图5-15所示。

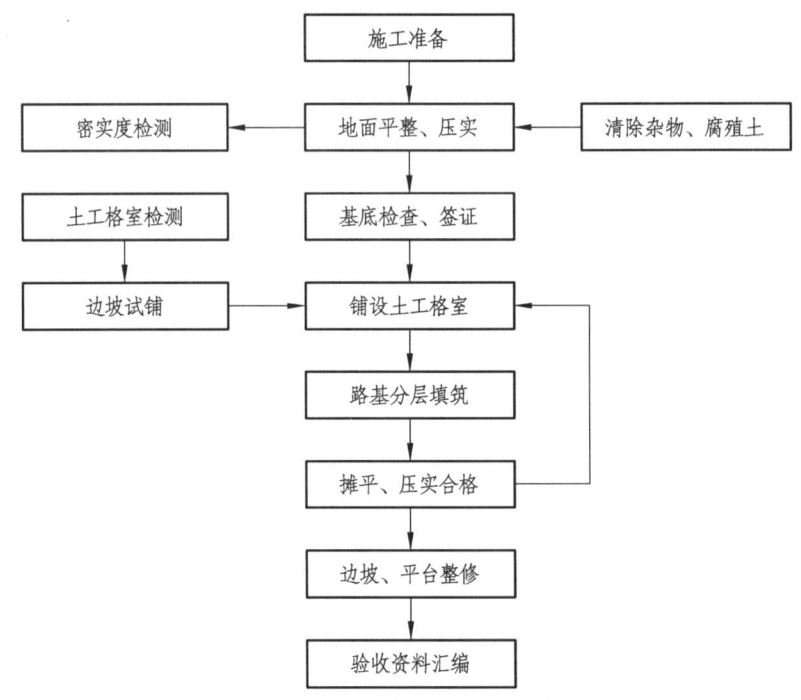

图5-15 土工格室施工工艺流程

2. 工艺要点

（1）施工准备：根据路基横断面图，按照设计、规范要求计算出铺设土工格室的层数，并进行编号，计算每层铺网位置距中心桩距离及标高，以便控制填土厚度。

（2）施工工序：土工格室的铺设作业，是与该段的路堤填筑同步进行的。较普通路基填筑作业，多布置两个施工作业区段：基础处理区和格室铺设区。相应增加格室铺设工序，主要控制：基底整平压实，清除杂物；放线定位；在刮平的底面（或每填层面）上，将格室按设计位置摊开平整，并轻压入土一部分，并随铺随调，保证网格平顺，与边桩平行，为控制填土时格室变形，适当用竹钉或木桩拉紧固定格室；格室的纵向搭接长度不小于 0.3 m，搭接采用高密度聚乙烯绳进行绑扎，扎结点按三角形布设，各层纵向接头严禁在同一断面上；土工格室上填土施工时，严禁任何车辆碾压裸网，自卸车后轮靠网，卸土前先用铁锹铲土适当压网，每层填土完成后，用推土机徐徐摊土压网，避免格室网隆起或褶皱，填土碾压略高于每层填土标高，检查压实度合格后，用推土机适当刮平，然后进行下层铺网填筑；边坡修整格室网严禁外露，有外露的剪掉，并夯平边坡，达到边坡平顺；先将土卸于所铺格室之外，用小型推土机上土，直至碾压厚度。

3. 质量控制与要求

（1）保证格室铺设位置准确，若过于靠近路基中心则达不到边坡补强的目的。

（2）确保搭接长度和绑扎质量。

（3）去除填料中的石块，确保格室铺设平整，与土体结合良好。

（4）施工中注意格室避光保存，太阳暴晒下容易老化。

（5）在铺设土工格室的层面，先用推土机对基面进行整平压实，检测压实度和标高，符合要求后，铺设土工格室。

（6）从起点处打开土工格室卷向终点方向展开，为防止回卷采用钉桩或压土固定，土工格室纵向搭接 0.5 m，横向搭接 0.2 m。搭接部分用尼龙绳或细铁丝连接，横向的边缘用竹钉锚固，间距 50 cm，桩长 30 cm。土工格室表面平整不起拱，连接紧密不错位。

5.5.3 钢筋混凝土挡土墙施工

1. 基坑开挖

用挖掘机开挖基坑，在开挖至基底后找平，并用振动压路机或小型打夯机进行压实。

2. 模板安装

基底处理完成后，进行模板安装，模板采用竹胶板、5 cm×8 cm 方木作肋，钢管支架支撑牢固。

3. 钢筋绑扎

钢筋在加工场集中制作，现场人工绑扎。

4. 混凝土浇筑

混凝土浇筑时,先浇筑底板,预埋墙体的钢筋,并浇筑墙体混凝土高度 50 cm。在底板混凝土强度达到 75% 时,再进行模板的拆除和墙体钢筋的安装。

灌注混凝土前会同技术人员对模板、钢筋骨架、预埋钢筋及保护层厚度等进行检查,并清除杂物后,灌注混凝土,灌注时随时注意检查与校正其位置。采用连续灌注一次灌成的施工方法,斜向分层由一端向另一端循序渐进。

混凝土必须一次灌注完成,中间不得间断。混凝土入模后即开始振捣,每层未振实前不得添加新混凝土。为防止混凝土中石子被钢筋卡住,必须插钎捣实后再进行振捣。边角部位加强人工插捣和机械振捣。插入振捣器的间距一般为 50 cm[3]。

5. 混凝土的养护

混凝土在灌注完毕后 10~12 h,即开始覆盖并浇水;在炎热和有风的天气里,灌注完毕,立即覆盖,并在 2~3 h 后浇水,经常维持一定湿润状态。对于有模板遮挡的混凝土面,应经常浇水润湿模板,使混凝土保持湿润状态。在拆除模板之后,宜用草帘、帆布遮盖,并继续浇水养护。大体积混凝土构件在拆模之后,为避免冷却过快,不直接用冷水浇喷在混凝土表面上。

6. 拆 模

等墙体混凝土强度达到 90% 时进行模板的拆除工作。

5.5.4 绿色防护

本标段绿色防护包括栽植灌木、栽植乔木、播草籽等,严格按照设计图纸和相关规范施工。

播草籽、栽植灌木、栽植乔木施工工艺流程如图 5-16 所示。

施工前对应清刷坡面浮土,填补凹坑,使坡面大致平整,平整完毕且交验合格后,才能播草籽,移植灌木、香根草。

栽植前对灌木、香根草用生根水进行浸泡,再用保水剂进行处理,栽植完毕后压实土壤。

灌木、香根草栽种后,坑中应及时填土压紧,并经常浇水,使坑内保持湿润,一直到灌木、乔木发芽成活为止。

栽种的边坡,在大雨后检查边坡是否完整,如发现有局部坍塌开裂应及时采取补救措施,以防病害扩大。

按设计要求的位置,进行灌木、香根草栽植。栽植采取"一提、二踩、三培土"的方法,栽植深度一般比原土深 3~5 cm。灌木采用穴植、点播及扦插等栽植方式,每株不小于 4 分枝,一穴一株。苗木栽植选择统一栽植或多种品种交替栽植的方式。苗木交替栽植时,应错落,间隔有序,统一美观,切忌杂乱无章,一定距离更换树种。

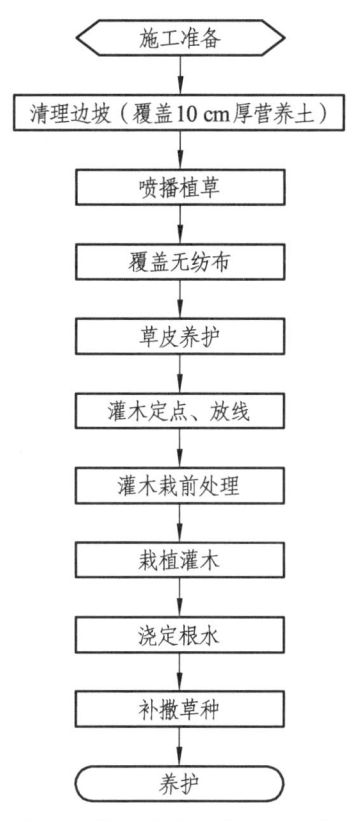

```
施工准备
   ↓
清理边坡(覆盖10 cm厚营养土)
   ↓
喷播植草
   ↓
覆盖无纺布
   ↓
草皮养护
   ↓
灌木定点、放线
   ↓
灌木栽前处理
   ↓
栽植灌木
   ↓
浇定根水
   ↓
补撒草种
   ↓
养护
```

图 5-16 播草籽、栽植灌木、栽植乔木施工工艺流程

植苗前检查栽植穴规格，然后浇铺底水，待水全部渗透后及时覆土，初次浇水应浇透，4~5 d 后再浇第 2 遍水，10 d 以内要浇第 3 遍水，干旱无雨季节增加浇水次数。对死缺苗木，第一年开春进行补植。绿色通道施工完毕，按设计要求进行养护管理，确保植物成活。

对不符合要求的土壤清除后换适合植物生长的种植土，自卸车运土，采用人工配合推土机或挖掘机施工。碎石按照设计要求人工镶嵌。

路基草皮绿化效果如图 5-17 所示。

图 5-17 路基草皮绿化效果

5.5.5 混凝土拱形骨架护坡

1. 工艺流程

混凝土拱形骨架护坡施工工艺流程如图 5-18 所示。

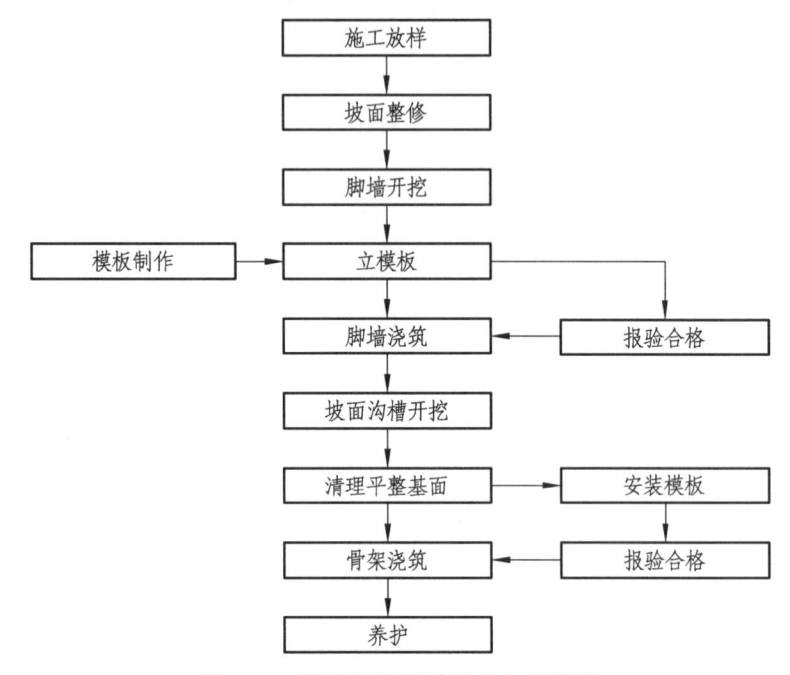

图 5-18 拱形骨架护坡施工工艺流程

2. 操作工艺

（1）施工放样。

以线路中线控制，依据设计图纸段落内护坡道标高与路床顶面高差按照边坡坡率推算坡脚位置，对段落内坡脚位置点设置加桩，放样出边坡尺寸。

（2）坡面挂线修整。

按照边坡坡度、基础高程等数据设置固定的样板挂线，清刷表面松料层及浮料，填补坑凹并拍实使坡面平整，料基的压实度应与同层路基料压实度相同，以免下沉而使骨架产生裂缝，影响骨架的整体稳定性。坡面整修经验收合格后，方可进行下道工序施工。

（3）护脚墙开挖。

拱形骨架脚墙采用人工配合小型机械的方法开挖，开挖时应严格控制好线形，基坑宽度尺寸比设计尺寸宽出约 50 cm，以便留出施工平台，离设计基底高程 20 cm 处采用人工进行清理以免超挖。开挖完成后及时清理基底与钢筋混凝土板虚土并夯实基底。

（4）脚墙立模。

模板采用钢模支设，模板安装后表面光洁、平整。模板安装中要保证接缝紧密，板体顺直。

(5)脚墙浇筑。

脚墙采用 C25 混凝土浇筑,每隔 3~4 个拱设置伸缩缝一道,混凝土浇筑用 70 或 50 型插入式振捣棒,快插慢拔,均匀振捣,浇筑混凝土过程中不得中断。应按 30 cm 左右分层浇筑,按照振捣棒作业范围(一般不超过 50 cm),插入下层混凝土 5~10 cm 分层均匀振捣,不得过振或漏振,表面翻浆无气泡为振捣密实。在浇筑过程中,应有专人检查模板变形情况,控制浇筑速度,发现问题及时纠正。若脚墙基础与脚墙不能同时浇筑,应在基础浇筑完之后在与脚墙接触面处植入钢筋接茬,以保证基础与脚墙连成一个整体。

(6)挂线、开挖沟槽。

待脚墙混凝土强度达到设计要求后,开始开挖拱形骨架基槽。基槽采用人工开挖的方法,应按设计要求在每条骨架的起讫点挂线放样。基槽开挖时应注意几何尺寸位置的准确,开槽深度为垂直于坡面向下 60 cm,对于拱圈弧部分基槽,应选用较小的工具进行开挖,以保证弧形部分自然、平滑。布置拱的位置要求从路肩处向下开始,不足一个完整拱时,路堤坡脚处采用半个拱型或部分拱型补充。

骨架沟槽开挖遇有土工格室时,应采取工具切割的方法,严禁采取挖掘机挖断方式。

(7)安装骨架模板。

骨架沟槽开挖完成后,要根据骨架的形式,做出样板、线架,有关的各部尺寸的骨架模板、变化点的高程要标定在线架与样板上,施工中可经常检查、核对,能较好地控制圬工体的尺寸。

(8)混凝土浇筑。

采用 C25 混凝土直接浇筑,浇筑过程中要挂线施工,安装工人时刻观察所立的样板和线架是否稳固及尺寸是否错位。工人抹面收光要及时,保证混凝土表面光滑整洁。

(9)养护。

施工期间,对已完成的骨架要经常洒水,养护 7~14 d。

(10)沉降缝。

沿线路方向每 3~4 个拱设一道伸缩缝,缝宽 0.02 m,缝宽要上下贯通、整齐垂直,缝内填塞沥青木板,深 0.2 m。拱脚主骨架间下部护脚地面以上约 0.2 m 处设置泄水孔(ϕ = 0.1 m),间距 2 m,孔口包裹无纺土工布(400 g/m^2)。

3. 骨架质量检验标准

骨架质量检验标准见表 5-3。

表 5-3 拱形骨架护坡各部允许偏差、检验数量及检验方法

项次	检查项目	允许偏差	检验数量	检查方法
1	骨架净距	±50 mm	每段护坡抽样检验 6 处(上、中、下部各 2 处)	尺量
2	骨架宽度及边槽高度	≥设计值		尺量
3	骨架厚度及嵌置深度	≥设计值		尺量
4	护肩、镶边及基础厚度、宽度	≥设计值	每段护坡抽样检验 3 组	尺量
5	踏步宽度、厚度	≥设计值	每踏步抽样检验 1 处	尺量
6	坡面平整度	40 mm/3 m	每段护坡抽样检验 3 处	3.0 m 长直尺量测

5.5.6 空心块边坡防护

1. 施工流程

测量放线→边坡修整→护脚墙施工→现浇框架施工(排水槽、镶边)→空心块铺设→交工验收。

2. 测量放样

以线路中线控制,依据设计图纸段落内护坡道标高与路床顶面高差,按照边坡坡率推算坡脚位置,对段落内坡脚位置点设置加桩,放样出边坡尺寸。

3. 边坡修整

基床底层改良土填筑压实完毕并验收合格后,即可进行护坡土方修整,首先按设计要求坡度放线,多余土方用 1 m³ 反铲式挖掘机挖去。在进行机械修坡时,设计坡面以上预留 8 cm 厚的保护层,人工夯实,该保护层在空心块施工前用人工整平。

整坡结束后,保证坡面平整、坚实,坡面整好后,要求无树根、草皮、乱石、裂缝,进行质量自检和复检,并经监理工程师终检合格后,才能进行下一道工序施工。

4. 护脚墙施工

(1)护脚墙开挖。

护坡脚墙采用人工配合小型机械的方法开挖,开挖时应严格控制好线形,基坑宽度尺寸比设计尺寸宽出约 50 cm,以便留出施工平台,离设计基底高程 20 cm 处采用人工清理以免超挖。开挖完成后及时清理基底与钢筋混凝土板虚土并夯实基底。

(2)护脚墙立模。

模板采用钢模支设,模板安装后表面光洁、平整。模板安装中要保证接缝紧密,板体顺直。

于地面以上约 0.2 m 处沿线路方向每隔 2~3 m 预埋泄水孔($\phi = 0.1$ m)一道,靠近模板一端的泄水管应要顶紧模板。

(3)护脚墙浇筑。

护脚墙采用 C25 混凝土浇筑,每隔 10 m 设置伸缩缝一道,混凝土浇筑用 70 或 50 型插入式振捣棒,快插慢拔,均匀振捣,浇筑过程中不得中断。应按 30 cm 左右分层浇筑,按照振捣棒作业范围(一般不超过 50 cm),插入下层混凝土 5~10 cm 分层均匀振捣,不得过振或漏振,表面翻浆无气泡为振捣密实。在浇筑过程中,应有专人检查模板变形情况,控制浇筑速度,发现问题及时纠正。

(4)混凝土养护。

混凝土浇筑完后,应采用土工布覆盖混凝土洒水养生,养护 7~14 d。

5. 现浇框架施工

（1）现浇框架基槽开挖。

待护脚墙混凝土强度达到设计要求后，开始开挖空心块现浇框架（排水槽、镶边）基槽。基槽采用人工开挖的方法，应按设计要求在每条排水槽（每 10 m 一条）的起讫点挂线放样。基槽开挖时应注意几何尺寸位置的准确，开槽深度为垂直于坡面向下 60 cm。当离设计基底 0.1 m 时，应采用人工清理至基底，以免超挖。

（2）现浇框架基槽浇筑。

按图纸设计要求尺寸，开挖好混凝土现浇框架坑槽，支撑好空心块现浇框模板。自检完成后报监理工程师检查合格后，方可进行空心块现浇框架施工。在施工前，应将框架内的泥土杂物清理干净。

（3）混凝土养护。

混凝土浇筑完后，应采用土工布覆盖混凝土洒水养生，养护 7~14 d。

6. 空心块铺设

空心块现浇框架浇筑完成后，将空心块安置在现浇框架内。在安置过程中，一定要注意坡面的平整及夯实情况，避免安置完成后局部出现不均匀沉陷现象。安置过程中注意控制好空心块平面的平整，按设计图纸要求进行空心块的安置，每个空心块要紧密平整地安置在现浇框内。安置时自下而上进行，逐层铺设，空心块与空心块应纵横交错，连成一体，块体间咬扣紧密，错缝无通缝，不得叠砌和浮塞，空心块表面应保持平整、美观。空心块与排水槽连接处空隙采用 C25 混凝土填塞。

安置完成后培土，注意培土过程中土质内不能含带杂物，每个六棱块内需装满土。培土完成后需将多余的土质清除出护坡外，保证护坡清洁、美观。

7. 伸缩缝设置

沿线路方向每 10 m 设置一道伸缩缝，缝宽 0.02 m，缝宽要上下贯通、整齐垂直，缝内填塞沥青木板，深 0.2 m。伸缩缝不应设置在排水槽内。

5.5.7　土钉 + 挂网喷浆防护

U 形槽段在 DK32 + 450.00 ~ DK32 + 700.00 范围的基坑开挖采用土钉 + 挂网喷浆防护，其余段落直接放坡开挖，直接喷射 10 cm 厚 C25 混凝土。

1. 土钉墙施工工艺流程

土钉墙施工工艺流程如图 5-19 所示。

土钉墙施工主要分四步，具体为：

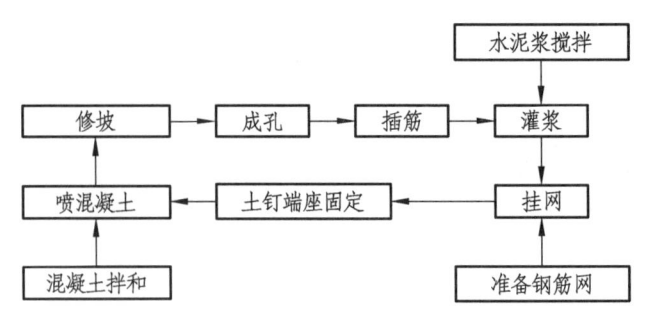

图 5-19 土钉墙施工工艺流程

（1）挖土、修坡。挖土应注意土方的放坡系数，土钉墙的开挖坡度为 1∶1（1∶0.75 放坡段）；修坡的主要目的是将坡面整理平整，并且按照设计修正放坡系数[4]。

（2）成孔、插筋、注浆。使用人工洛阳铲成孔，孔径为 100 mm，竖向间距 1.5 m，孔内注水灰比为 0.5 的水泥净浆或 0.45 的水泥砂浆，强度不低于 20 MPa，水泥使用 P42.5 水泥；插筋为孔内放入钢筋，一般选用 HRB335 直径 22 mm 钢筋，钢筋长度根据设计选取。

（3）挂钢筋网、喷混凝土。钢筋采用直径 8 mm 的 HPB300 钢筋，钢筋网格间距 20 cm；混凝土采用 C25 喷射混凝土，喷射厚度为 100 mm。

（4）进行下步挖土、修坡，重复以上动作，直至基坑槽底。

2. 土钉墙施工工艺要求

土钉墙的施工工艺流程应符合下列规定：

（1）开挖工作面，修整边坡→安设土钉（包括成孔、插钢筋、注浆）→绑扎钢筋网，加强筋、土钉同加强筋焊接、加垫块→喷射第一层混凝土，厚度为 50 mm→喷射第二层混凝土至设计厚度→设置坡顶，坡面和坡脚排水措施。

（2）基坑边坡应分段分层开挖，每次超挖深度不得超过 0.8~1.0 m，边开挖，边人工修整边坡，边喷射混凝土。人工修整坡时，坡面不平整度不大于 20 mm。

（3）喷射混凝土应分段分片依次进行，同一分段内喷射顺序应自下而上，一次喷射厚度为 50 mm。喷射时，喷头与受喷面应垂直，宜保持 0.6~1.0 m 的距离，喷射手应控制好水灰比，保持混凝土表面平整、湿润光泽，无干斑或流淌现象。

（4）喷射混凝土终凝 2 h 后，应进行养护，根据现场实际情况可适当调整。土钉墙面板应在基槽上口处向外翻边 1.0 m。

（5）钢筋上每 2.0 m 设置一个定位器，以确保钢筋在孔内居中，土钉端头预留出坡面 15 cm；常压重力式灌浆，浆体强度不低于 20 MPa，灌浆材料为水泥浆；喷射混凝土中的钢筋网应调直除锈，钢筋与坡面间隙宜大于 20 mm，钢筋网应与土钉和加强筋连接牢固，喷射混凝土时钢筋不晃动。

（6）土钉钢筋使用前应调直、除锈，注浆材料宜用水灰比为 0.5 的水泥净浆或 0.45 的水泥砂浆[5]。

3. 原材料要求与配比

（1）水泥为 P42.5 水泥，应有出厂合格证；砂为细砂、中砂或中粗砂；豆石或石屑粒径小于 15 mm，不能使用含有活性二氧化硅的石料。

（2）根据现场实际情况，对于需要速凝剂的区域，其掺量由试验确定。一般初凝时间不大于 15 min，终凝时间不大于 20 min[6]。

（3）钢筋应有出厂合格证、原材料试验报告。

（4）材料进场后及时送检，并及时报验。

（5）常规 C25 石屑混凝土配比（质量比）为：水泥∶砂∶石 = 1∶2∶2[7]。

参考文献

[1] 赵志刚，左仕，李清. 基于支持向量机与神经网络法的路基沉降预测对比研究[J]. 路基工程，2015（4）：15-19.

[2] 王景甘. 高速公路路基加固及防护工程施工探讨[J]. 科技创新与应用，012（11）：165.

[3] 李娟. 河道内路基边坡处开挖桥梁基坑技术探讨[J]. 山西建筑，2016，42（35）：185-186.

[4] 白世有，孙世妍. 浅谈土钉墙的施工方法[J]. 黑龙江科技信息，2010（6）：244.

[5] 李锐，李玲，李云松. 土钉墙支护技术在中关村西区地下综合管廊及空间开发工程中的研究及应用[J]. 岩土工程界，2004（11）：54-56.

[6] 胡瑞平，王昕. 土钉墙支护技术在某深基坑工程中的应用[J]. 内蒙古科技与经济，2012（3）：101-102.

[7] 刘富强. 土钉墙支护技术在超深基坑工程中的应用[J]. 硅谷，2009（17）：107-108.

第6章 桥梁工程施工技术

工程区域桥梁长度大，基础墩台数量多，特殊梁部跨度大，结构复杂，致使桥梁大跨度连续梁施工工艺复杂，安全风险高。且桥梁多次跨越高速公路、规划市政道路、永北干渠、田营沟等重要节点，施工中需采取防护棚洞、防护桩、钢围堰及施工栈桥等措施，保证施工安全，确保既有公路的正常通车和渠道的运行安全。

桥梁基础主要采用钻孔桩基础；桥墩采用双线圆端形实体墩；桥台采用双线一字形桥台；梁部结构采用简支箱梁、连续梁等。本标段桥梁以新航城特大桥为例对桥梁工程施工技术进行分析。

新航城特大桥始于廊坊市广阳区万庄镇艾家务村西北，向西跨越密涿高速公路后至石何营村北侧转向西北方向，在田家营村东跨过永北干渠及田营沟后收桥，跨越密涿高速公路、规划市政道路、永北干渠、田营沟等重要节点。全桥范围内基本为旱地，地势平坦，局部有取土坑。桥址里程范围为 DK27+022.66～DK32+000.47，中心里程为 DK29+511.57，桥梁全长 4 977.81 m。关键控制性段落为跨密涿（72+128+72）m 连续梁施工。全桥上部结构梁跨共有 143 孔，其中预制梁 141 孔，现浇连续梁 2 联。

6.1 桥梁施工组织方案

6.1.1 总体施工方案

1. 下部工程

新航城特大桥下部结构采用圆端形实体桥墩，桥台采用一字形桥台，基础均采用钻孔桩基础，桩径采用直径 1.0 m、1.25 m、1.5 m、2.0 m。

下部结构按照常规方式施工，根据不同地质条件，合理选用旋挖和冲击钻机；承台、墩台采用大块钢模浇筑成型，制定相应大体积混凝土浇筑措施，严格控制水泥水化热，防止出现裂纹。

2. 上部工程

大跨连续梁采用悬臂浇筑施工，其余标准简支箱梁采用预制架设（由其他标段负责）。基础的施工需考虑邻近道路和管线的影响，跨越沟渠，需减少对渠堤的影响，渠道内采用钢围堰和施工便桥结合的方法。连续梁采用悬臂浇筑法施工，采用菱形桁架式挂篮。0 号块采用从承台上搭设支架现浇的方式，连续梁在墩顶设置临时支座形成墩梁固结，汽车吊配合安装支座、模板。

3. 跨密涿高速段

本桥于 DK27+448.87 处跨越密涿高速公路路基段落，交叉右角约为 144°32′14″。高速公路为双向六车道，立交要求考虑远期预留双向八车道，宽 42 m，高 5.5 m。采用（72+128+72）m 连续梁主跨跨越密涿高速公路，主墩基础靠近高速公路侧进行切角处理，基坑开挖采用钻孔桩防护，减少对路基边坡的破坏。临时占压排水边沟，并进行临时改沟处理，桥墩施工完成后恢复。高速公路路面采用防护棚洞进行防护，纵断面考虑防护棚洞高度及悬臂浇筑施工挂篮高度。

6.1.2 施工部署

全桥下部结构根据梁场架梁线路，依次展开施工，流水作业，进场后首先进行（72+128+72）m 及（48+80+48）m 连续梁等控制点的施工准备工作，争取控制点早日开工。为满足架梁工期，应提前谋划，进场后积极跑办交叉跨越施工手续，尽早开工。

为保证全桥的施工工期，本桥分 3 个区段，由 3 个桥涵作业队承担施工任务。每个区段分多个作业面同时展开，平行、流水作业。

开工后首先复测，建立大桥施工测量控制网，修建便道，修建钢筋加工场，确定混凝土运输线路，贯通便道、栈桥、引道，架设供电线路，铺设供水管道。

简支梁桥跨施工流程：施工准备→办理各项手续→桩基→承台→墩身→预制梁架设（配合）→桥面系。

连续梁施工流程：施工准备→办理各项手续→0 号块施工→挂篮拼装→对称悬浇→现浇边跨段→现浇合龙段→桥面系施工。

6.1.3 施工作业工班安排及任务划分

本桥由 3 个桥涵作业队负责施工，根据各自的施工任务配备以下工班，工班数量根据施工任务量确定，包括：桩基础施工班、承台及墩台施工班、现浇梁施工班、连续梁施工班、钢筋制安工班、设备工班。每个施工班根据任务量配置相应劳力和设备，桩基础、承台及墩台班组间实行等步距流水作业，简支箱梁班组实行平行作业，钢筋加工工班集中供应钢筋，设备工班协调配合施工，作业队及工班任务安排见表 6-1。

表 6-1 任务划分及主要作业队伍安排计划

序号	队伍名称	劳动力/人	任务划分
1	桥涵作业 1 队	150	负责新航城特大桥现浇连续梁及桥梁下部结构的施工
2	桥涵作业 2 队	150	负责动车走行线左线特大桥现浇简支梁及桥梁下部结构的施工
3	桥涵作业 3 队	130	负责动车走行线右线特现浇简支梁及连续梁桥面系的施工

6.1.4 施工进度计划

本桥施工总工期437日历天（不含施工准备），即2019年3月16日开始桩基础施工，2020年5月24日完成所有下部工程、连续梁、简支梁架设（其他标段负责）及桥面系施工。具体施工安排见表6-2。

表6-2 施工进度计划安排

项目名称	施工时间/d	开始时间	结束时间
新航城特大桥（72+128+72 m）连续梁段桩基作业	30	2019年3月15日	2019年4月13日
新航城特大桥（72+128+72 m）连续梁段承台、墩身作业	51	2019年3月31日	2019年5月20日
新航城特大桥（72+128+72 m）连续梁0号块施工	45	2019年5月21日	2019年7月4日
新航城特大桥（72+128+72 m）连续梁标准梁段施工	250	2019年7月5日	2020年3月10日
新航城特大桥（72+128+72 m）连续梁边跨合龙段施工	30	2020年3月11日	2020年4月9日
新航城特大桥（72+128+72 m）连续梁中跨合龙段施工	20	2020年4月10日	2020年5月24日
新航城特大桥（48+80+48 m）连续梁段施工	414	2019年4月4日	2020年5月21日
新航城特大桥一般简支梁段下部结构施工	629	2019年4月4日	2020年12月22日

6.1.5 主要施工设备

投入本桥的主要施工设备包括挂篮设备、千斤顶、汽车吊、混凝土运输车、混凝土输送泵、平板运输车等，详见表6-3。

表6-3 主要施工设备

序号	设备名称	规格型号	产地	数量/（台/套）	能力
1	旋挖钻机	SR25C10	长沙	12	
2	挖掘机	CAT320D	美国	6	
3	汽车吊	QY25	徐州	6	25 t
4	挂篮	菱形	北京	8	
5	发电机组	240GF	江苏	3	
6	混凝土输送泵	HBT60	长沙	6	60 m^3/h

6.2 桥梁工程施工方法

6.2.1 基础施工

1. 冲击钻机施工

冲击钻钻孔施工工艺流程见图 6-1。

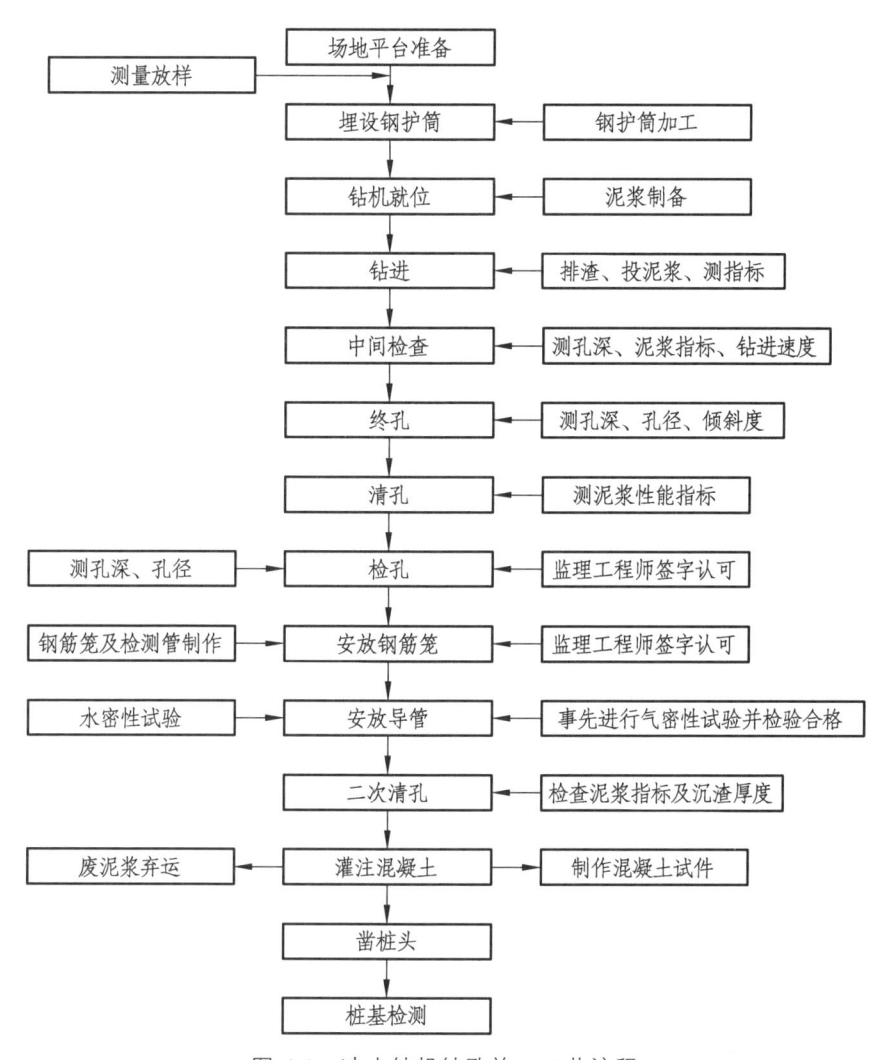

图 6-1 冲击钻机钻孔施工工艺流程

（1）场地平台准备。

在陆地上将施工场地整平，清除杂物，换除软土夯打密实，修建泥浆池；埋设的钢护筒内径比桩径大 40 cm，护筒顶面在旱地或筑岛时高出施工地面 0.5 m。护筒埋置深度符合下列规定：黏性土不小于 1 m，砂类土不小于 2 m。当表层土松软时将护筒埋置到较坚硬密实的土层中至少 0.5 m。岸滩上埋设护筒，坑底整平，护筒中心与钻孔中心位置重合，在护筒四周回填黏土并分层夯实，夯填时防止护筒偏斜；当在浅水处埋设护筒时一般采用围堰筑岛，岛面高出施工水位 2 m 左右，若岛底为淤泥软土则采用长护筒；护筒顶面中心与设计桩位偏差小于 5 cm，倾斜度小于 1%。

（2）泥浆制备。

水上钻孔桩施工直接利用相邻未开钻的钢护筒作为泥浆池，作为泥浆池的钢护筒与正钻孔的护筒用钢管相连。

泥浆循环系统平面布置如图 6-2 所示。

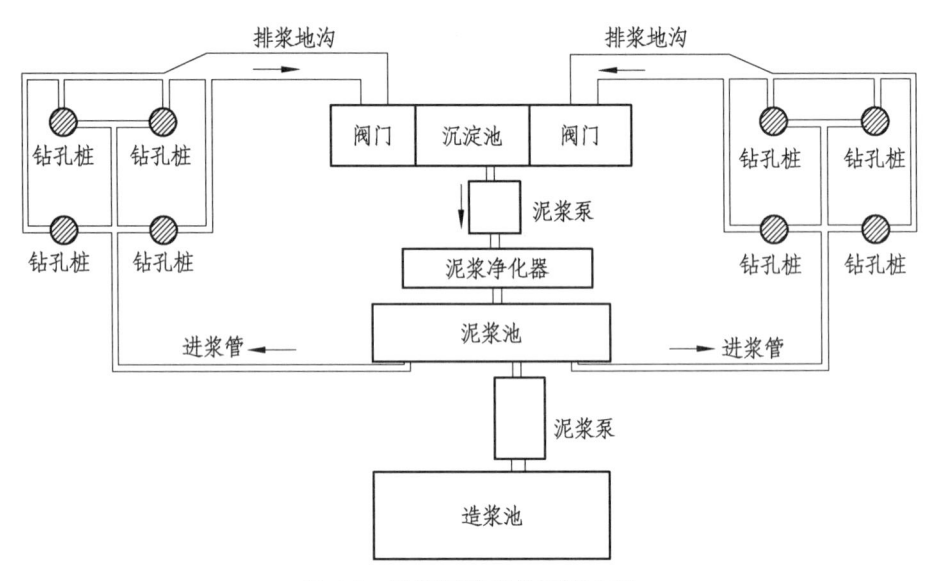

图 6-2 泥浆循环系统平面布置

采用旱地及筑岛法施工时，泥浆池设置在相邻两个墩位之间，每隔一跨设置一个，在两个泥浆池之间设置机械设备、材料临时停放、周转场地（同样设置在两墩位之间）。泥浆池的大小满足相邻两个墩位同时钻孔泥浆需求，位置满足机械设备操作空间要求。

泥浆具体性能指标要符合验标要求。制浆及每班开始工作时，依次检测泥浆的全套指标，以后钻进过程中每隔两小时检测一次进浆口和排浆口处泥浆的比重、黏度、含砂率。

（3）钻进。

钻机就位前，对主要机具及配套设备进行检修后开始安装就位，将钻锤徐徐放入护筒内。钻机底座和顶端保持平稳，防止产生位移和沉陷，钻机的起吊滑轮线、钻锥和桩孔中心三者保持在同一铅垂线上。

采用冲击成孔，泥浆护壁。钻进时，采用小冲程开孔，进入正常钻进状态后，采用 4～5 m 中大冲程，最大冲程不超过 6 m。钻进过程中及时排渣。

每个孔绘制地质剖面图，并针对不同地质调整泥浆指标。钻孔中泥浆比重不大于：砂黏土为 1.3，大漂石、卵石层为 1.4，岩石为 1.2。入孔泥浆黏度一般地层为 16～22 s，松散易坍地层为 19～28 s。

经常注意地层变化,在地层变化处捞取渣样,判断地质类别,并与设计提供的地质剖面图相对照,做好相关记录,及时根据地质条件调整钻进工艺。

钻孔作业连续进行。因特殊情况必须停钻时,将钻锥提至孔外,以防埋钻,并在孔口加护盖,以策安全[1]。

(4)检孔。

钻进中用检孔器检孔。检孔器用钢筋笼做成,其外径等于设计孔径,长度等于孔径的4倍。每钻进4~6 m时检孔一次,当检孔器不能沉到原来钻到的深度或发现吊检孔器的大绳位置偏移护筒中心时,考虑可能发生了弯孔、斜孔或缩孔等情况,如不严重时调整钻机位置继续钻孔;严禁用强插检孔器的方法检孔。成孔后检查孔深、孔径、倾斜度,合格后进入下一道工序[1]。

(5)清孔。

清孔采用抽浆法,利用钻机的泥浆泵持续吸渣5~15 min左右,将孔底钻渣清除干净。当下完钢筋笼和导管后进行二次清孔,使清孔后孔内泥浆指标及孔底沉渣厚度符合设计及规范要求,严禁采用加深钻孔深度方法代替清孔。在清孔排渣时注意保持孔内水头,防止坍塌[1]。

(6)钢筋笼制作、安装。

钢筋笼主筋接头采用双面搭接焊,每一截面上接头数量不超过50%,箍筋与主筋连接全部采用焊接。钢筋笼的材料、加工、接头和安装符合要求。钢筋骨架的保护层厚度由圆形不小于设计强度的细石混凝土垫块或耳朵形钢筋来保证,按竖向每隔2 m设一道,每一道沿圆周设4个,呈梅花形布置。

制好的钢筋笼放在平整、干燥的场地上,存放时,每个加劲筋与地面接触处都垫上等高的方木,每个钢筋笼节段上都挂上标示牌,写明墩号、桩号、节号。在运输过程中避免使钢筋笼变形,必要时采用人工抬运。

钢筋笼采用汽车起重机吊装,并在孔口牢固定位,以免在灌注混凝土过程中发生浮笼现象。当灌注完毕的混凝土开始初凝时,即取消钢筋笼竖向固定装置,使钢筋笼不影响混凝土的收缩,避免钢筋混凝土的黏结力受损失[1]。

(7)安装导管。

导管采用ϕ300 mm钢管,每节2~3 m,配1~2节1~1.5 m的短管。导管吊装前先试拼,并进行水密性试验,试验压力不小于孔底静水压力的1.5倍。导管接口连接牢固,封闭严密,导管接头清洁无杂物,密封胶圈无破损老化,同时检查拼装后的垂直情况与密封性,根据桩孔的深度,确定导管的拼装长度。吊装时导管位于桩孔中央,并在浇筑前进行升降试验。导管组装后轴线偏差不超过桩孔深的0.5%并不大于10 cm。符合要求后,在导管外壁用明显标记自下而上逐节编号并标明尺度[2]。

(8)灌注水下混凝土。

二次清孔完成后,立即浇筑水下混凝土。计算首批封底混凝土数量,使导管下口埋入混凝土不小于1 m深并不大于3 m。足够的冲击能量能够把桩底沉渣尽可能地冲开,是控制桩底沉渣、减少工后沉降的重要环节。

浇筑连续进行,中途停歇时间不超过30 min。混凝土的运输时间和距离尽量缩短,以迅速、不间断为原则，在 3 h 以内完成，防止在运输中产生离析。在整个浇筑过程中，及时提升导管，按规范要求控制导管的埋深。导管提升时保持轴线竖直和位置居中，逐步提升。如导管法兰卡挂在钢筋笼上，则转动导管，使其脱开钢筋骨架后移到钻孔中心。

考虑桩顶含有浮渣，灌注时水下混凝土的浇筑面按高出桩顶设计高程 100 cm 控制，以保证桩顶混凝土的质量[1]。

（9）泥浆清理。

钻孔桩施工中会产生大量废弃的泥浆，为防止对周围环境造成不利影响，这些废弃的泥浆，经处理后运往指定的废弃泥浆堆放场地，并作妥善处理[2]。

（10）品质检测。

桩长超过 40 m 的桩基采用超声波进行检测。每根桩均埋设声测管，声测管采用内径 50 mm、壁厚 3 mm 的钢管。超声波检测完成后，对钢管内空间采取与桩身混凝土同强度等级的水泥砂浆注浆填充。其余桩基采用低应变法进行检测[1]。

2．旋挖钻机施工

旋挖钻机钻孔施工工艺流程如图 6-3 所示。

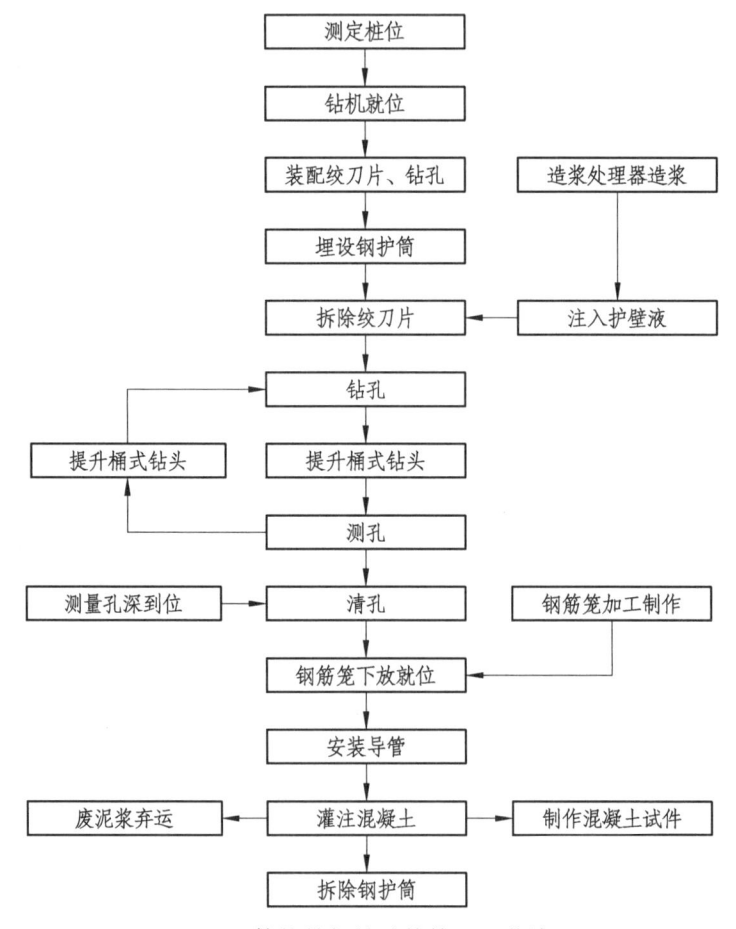

图 6-3 旋挖钻机钻孔桩施工工艺流程

(1)施工准备。

场地准备,包括场地平整、测设桩位、设置桩位、设置护桩(以校核桩位的准确性)。

旋挖钻机由于成孔速度快,为防止停机待料,应做好施工计划,从技术、设备、材料供应方面给予保障[3]。

(2)钻孔。

护筒埋设完毕并注入泥浆后开钻,开钻时,先用低挡慢速钻进,钻至护筒以下1 m后,再调为正常速度。在钻进过程中,根据不同的地质情况选用不同形式的钻头,在土质地层中钻头选用螺旋式土钻或旋挖斗,有水时用旋挖斗掏渣;在次坚石地层中选用螺旋勘岩钻或筒式勘岩钻,在坚石或不均匀石质地层中选用筒式勘岩钻切削钻进。钻进过程中,经常抽取渣样并检查泥浆指标,注意土层变化,以便及时对不同地层调整钻速、钻进压力、泥浆比重。在砂土、软性土等易坍孔的土层中,采用低挡慢速钻进,同时提高孔内水头,加大泥浆比重。钻至设计标高并经岩样判别确认到位后,停止钻进[3]。

(3)清孔。

根据不同地质条件,采用换浆法清孔,用旋挖斗掏渣,同时注入净浆进行泥浆置换。

清孔后及时用测绳测量孔深,用检孔器检测孔径、孔的倾斜度等各项指标。下放钢筋笼及灌注混凝土前重新测量孔深,检查是否有塌孔现象。遇塌孔或沉渣过厚时,及时用旋挖斗进行二次清孔。

(4)钢筋笼的制作和吊装就位、导管的设立、灌注水下混凝土等工艺参见冲击钻机有关工艺要求。

(5)旋挖钻机作业注意事项。

在钻进过程中,及时掌握钻孔深度,根据地质层变化,及时调整钻进压力、钻进速度和适宜的泥浆稠度,以防钻进不利地层时塌孔。

钻进中随时注意地层变化,在地层变化处均留取渣样,判断地质类别,记入记录表中,并与设计院提供的地质剖面图相对照。保存钻渣渣样编号,以便分析备查[4]。

3. 水中钻孔桩施工

本标段水中钻孔桩采用草袋(编织袋)围堰筑岛或搭建施工平台施工的方法。

(1)草袋围堰筑岛施工。

采用草袋围堰施工时,草袋内装填松散黏性土,装填量控制在袋容量的60%左右,袋口用麻线或细铁线缝合。堆码在水中的土袋用带钩子的杆子钩送到位,土袋上下层和内外层相互错缝,堆码密实整齐。必要时由潜水工配合堆码,整理坡脚。草袋围堰上口宽2.5 m,内侧边坡控制在1∶0.5～1∶0.2,外侧边坡控制在1∶1～1∶0.5,黏土心墙宽度控制在1.0 m左右,草袋围堰高度控制在施工水位以上0.8 m。填筑时,自上游开始,至下游合龙。草袋围堰合龙后,向中间填筑透水性砂石土,确保密实。岛面标高高出施工水位0.8 m,平面尺寸满足施工要求。

草袋围堰筑岛完成后,钻机由停在便桥上的汽车吊机起吊并运送至岛上,随后安装就位,进行钻孔灌注以及承台施工。

（2）搭建施工平台施工。

水中桩基础施工先设计水上工作平台，考虑钻孔桩间距及钻机、混凝土罐车、吊车等机械作业范围，确定水上工作平面的尺寸。钢管桩最大间距 535 cm。钢管桩采用 ϕ529 mm 桩，按摩擦桩设计，单桩设计承载力 400 kPa，根据河床地质断面图，钢管桩要沉入硬层。平台的横梁和分配梁为 2I40a 工字钢，工作平台面层为 16 号工字钢和方木相间铺设[5]。

根据平台设计的结构尺寸和每根桩的相对位置，在沉桩施工时用全站仪按每个钢管桩的坐标值放出角桩，作为两根基准桩，然后在基准桩之间拉一条准绳，准绳用 ϕ5 mm 钢丝绳制作。准绳上设置标志，用彩色胶布缠在准绳上确定其余桩位。

振动沉桩时，振动锤夹紧钢管壁，随振动锤振动下沉使钢管桩下沉。桩长不够时，在水上接桩。水上接桩时，采用履带吊起钢管桩与底节钢管桩对中，先焊定位板，再焊接其他焊缝。为了加强钢管桩接口的质量，沿圆弧对称布置焊接 3 块弧形钢板，尺寸长、宽、厚为 150 mm × 100 mm × 8 mm。

沉桩长度控制，以控制室电流达到额定要求，钢管桩不再下沉为止，然后采用水准仪测量，将高出部分割除。

工作平台的铺设，以栈桥为运输通道，用 40 t 履带吊吊安第一层 40 号工字钢并焊接在钢管桩上，再吊安第二层 40 号工字钢，最后间隔铺设 16 号工字钢和方木为平台的面层。

（3）钢护筒下沉。

钢护筒选择在旱季流速较小时下沉。为了确保钢护筒下沉的准确性，利用水上工作平台的型钢和钢管桩作为下沉导向架的受力架，导向架设置为上下两层，上层设在平台上，下层设在平台以下 4 m 处，用 16 号工字钢焊接成井字架，固定于钢管桩上，井字架每边比钢护筒大 5 mm。钢护筒直径比钻孔桩桩径大 20 cm，钢板厚 10 mm，长度分别为 12 m、6 m、4.5 m 三种类型，便于现场吊装和拼焊接长。

钢护筒振动下沉采用振动锤下沉钢护筒，因护筒直径较大，一侧受力易产生偏斜，所以在下沉时，先加工辅助十字形钢架，使钢护筒四周均匀受力下沉，振动锤作用在十字形钢架中心。将加工好的十字形钢架吊装在钢护筒上，安装牢固，然后用振动锤夹住十字形钢架顶部，先预振 1 min，再边振边松吊绳，使钢护筒在自重作用下沉入河床中。钢护筒的沉入深度以振动锤不能再下沉，钢护筒嵌入稳定土层，钻孔时护筒不坍塌为原则。钢护筒顶部标高控制在高出水位 1 m 位置，中心与桩的设计位置偏差不大于 5 cm，斜度偏差不大于 1%。

（4）钻孔桩施工。

在平台上布设钻机进行钻孔，由于水中无法布设泥浆池，利用钢护筒作为泥浆池循环使用进行钻孔，最后将废弃泥浆用船运到指定位置处理。冲击钻在钻进时，开始进尺放慢，待超过钢护筒后，进尺可加大。

6.2.2 承台施工

1. 陆地承台施工

陆地承台施工工艺流程如图 6-4 所示。

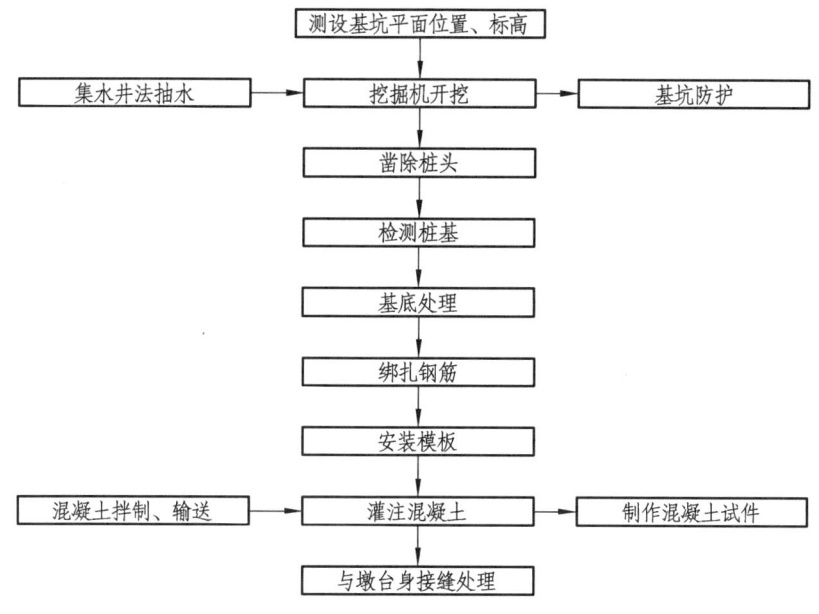

```
                    ┌──────────────────────┐
                    │ 测设基坑平面位置、标高 │
                    └──────────┬───────────┘
                               ↓
┌──────────────┐    ┌──────────────┐    ┌──────────────┐
│ 集水井法抽水 │ → │  挖掘机开挖  │ → │  基坑防护    │
└──────────────┘    └──────┬───────┘    └──────────────┘
                           ↓
                    ┌──────────────┐
                    │  凿除桩头    │
                    └──────┬───────┘
                           ↓
                    ┌──────────────┐
                    │  检测桩基    │
                    └──────┬───────┘
                           ↓
                    ┌──────────────┐
                    │  基底处理    │
                    └──────┬───────┘
                           ↓
                    ┌──────────────┐
                    │  绑扎钢筋    │
                    └──────┬───────┘
                           ↓
                    ┌──────────────┐
                    │  安装模板    │
                    └──────┬───────┘
                           ↓
┌──────────────────┐ ┌──────────────┐ ┌──────────────────┐
│ 混凝土拌制、输送 │→│  灌注混凝土  │→│  制作混凝土试件  │
└──────────────────┘ └──────┬───────┘ └──────────────────┘
                            ↓
                    ┌──────────────────┐
                    │ 与墩台身接缝处理 │
                    └──────────────────┘
```

图 6-4 陆地承台施工工艺流程

（1）承台开挖。

根据本标段的地质、地形、水文等情况，一般陆上承台施工深度 3 m 以内采用 1∶1 坡率放坡开挖，3~6 m 或地下水位较高地段插打钢板桩防护，人工配合机械。承台基坑开挖时如有出水，根据出水量采用适当功率水泵进行抽水。

（2）模板及钢筋。

人工采用风镐凿除桩头，使基桩顶部显露出新鲜混凝土面，基桩伸入承台长度及桩顶主筋锚入承台长度满足设计要求。桩基检测合格后，立模绑扎钢筋。

将承台的主筋与伸入承台的钻孔桩钢筋连接，底面每隔 50 cm 于主筋底交错位置安设混凝土垫块，侧面每隔 80 cm 于主筋外侧交错位置安设混凝土垫块，以保证浇筑混凝土时钢筋保护层厚度。

承台侧模采用组合钢模，模板安装完毕后，在模板内均匀涂刷脱模剂[6]。

（3）混凝土浇筑。

混凝土采用拌和站集中拌和，混凝土输送车运送，泵送入模，插入式振动棒振捣，振捣时，防止触碰模板与钢筋。在混凝土灌注过程中，设专人随时检查模板、支架、钢筋、预埋件和预留孔洞情况，发现问题及时处理。混凝土初凝前，进行混凝土面的提浆、压实、抹光工作，初凝后终凝之前进行二次压光，以提高混凝土抗拉强度，减少收缩量。

待混凝土达到拆模强度后，拆模并及时覆盖塑料薄膜，并浇水养生。经质量验收合格后，回填至原地面标高。

2. 水中承台施工

（1）草袋（编织袋）围堰施工。

桥墩位于水中，浅水区采用编织袋装土围堰筑岛，施工方法同前。

（2）钢板桩防护。

在靠近既有公路、河流时，承台采用垂直开挖，施工前采用钢板桩防护措施。施工防护方案应报有关主管部门批准方可开工。基坑开挖过程中应及时支护，派专人看守，确保既有公路行车安全。基础施工完毕后必须及时回填夯实，以避免对既有路基的不利影响。

钢板桩运到工地后均进行详细检查、丈量、分类、编号，两侧锁口用一块同型号、长2~3 m 的短桩做通过试验，锁口通不过或存在桩身弯曲、扭曲、死弯等缺陷时，均需加以整修。钢板桩采用组桩插打时，需每隔 4~5 m 加一道夹板，夹板在板桩起吊前夹好，插打时逐副拆除，周转使用。组桩及单桩的锁口内均涂以黄油混合物油膏，以减少插打时的摩擦阻力并加强防渗性能。

安装导框：导框安装前先搭设好临时工作平台再打入定位桩。导框在工厂或现场分段制作，在平台上组装，然后固定在定位桩上。

插打：搭设简易脚手架，直接用打桩机或吊机等机械打桩。打桩选用较轻型桩架，一般锤重宜大于桩重，锤击能量要适当。钢板桩打桩前进方向的锁口下端宜用木栓塞住，防止泥沙进入锁口内，影响以后插打。凡带有接头的钢板桩应与无接头的桩错开使用，不得已时其接头水平位置至少应上下错开 2 m[6]。

打设钢板桩时，钢板桩 3 个方向利用绳子进行固定，保证钢板桩的垂直度，施工的操作范围不得侵入行车限界。

（3）钢板桩围堰。

钢板桩围堰的立面示意图如图 6-5、图 6-6。

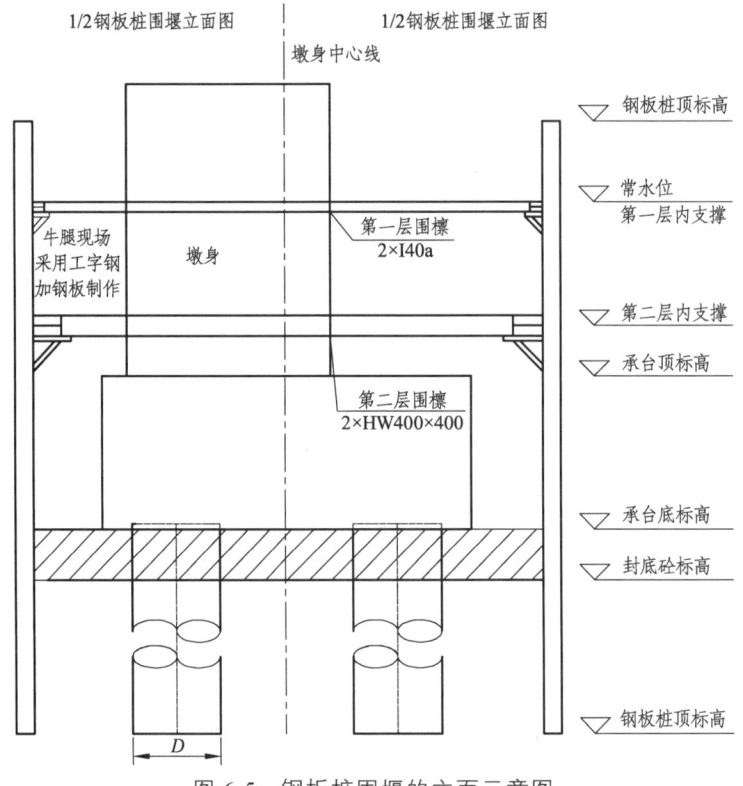

图 6-5 钢板桩围堰的立面示意图

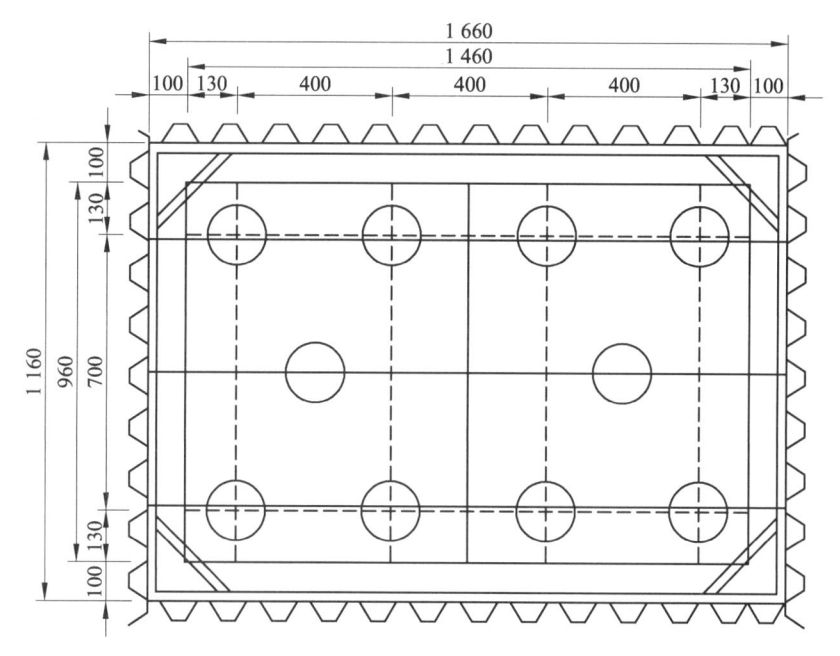

图6-6 钢板桩围堰的平面示意图（单位：cm）

采用钢板桩围护后进行内部淤泥开挖及混凝土浇筑施工，围护范围按单个承台的尺寸来确定，钢板桩桩长按现场实际经计算确定。施工过程中根据设计图纸提供的地质资料对钢板桩设置内支撑数量及封底混凝土的厚度等指标进行计算，以确定设置内支撑的具体数量及封底混凝土厚度。

钢板桩围堰总体施工流程：测量放线→清理钢板桩→设置导桩框架→插打定位钢板桩→插打钢板桩→抽水→设置第1道内支撑→水下吸泥→水下混凝土封底→待混凝土封底强度达到要求→继续抽水→设置第2道内支撑→堵漏→承台和墩身施工→拆除内支撑→拔除钢板桩（设置支撑层数以实际计算为准）[7]。

（4）围堰施工准备。

钢板桩的选用：选用具有良好止水能力的止水钢板桩施工，首先在板桩堆放基地对钢板桩进行分类、整理，选用同种型号的板桩，进行弯曲整形、修正、切割、焊接，整理出施工需要的型号、规格、数量的钢板桩[8]。

钢板桩进场前需要检查整理，发现缺陷随时调整，整理后在运输和堆放时尽量不使其弯曲变形，避免碰撞，尤其不能将连锁口碰坏[9]。

桩打入前将桩尖处的凹槽底口封闭，避免泥土挤入，锁口宜涂以黄油或其他油脂，对锁口变形、锈蚀严重的钢板桩，整修矫正。转角处采用90°的转角桩[9]。

（5）施工放样与定位。

在施打钢板桩前，在顶层内导环上用红线划分桩位，为不使钢板桩在插打和搬运过程中弄错顺序，根据锁口套联情况，将钢板桩分为甲、乙两组，再用红线标出。钢板桩两侧锁口均在插前涂满黄油以减少插打时的摩阻力，同时在不插套的锁口下端打入硬木楔，防止沉入时泥沙堵塞锁口，钢板桩插打时发生跑位现象。夹板在板桩插打过程中逐副拆除[7]。

钢板桩的准备工作完成以后，按插桩顺序堆码。堆码层数最多不超过4层，每层用垫木搁置，垫木高差不得大于10 mm，上、下层垫木中线应在同一垂直线上，允许偏差不得大于20 mm[10]。

施工前钢板桩在栈桥平台上利用现有的钢管桩进行定位，在钢管桩上焊接工字钢，用工字钢来保证打出的钢板桩在一条直线上。在钢管桩露出水面部分刷上警告标志[11]，并焊上槽钢加固，在打桩时作为导向位置及高程控制标志。若钢板桩在软土路基地段，可直接将钢板桩的轮廓线位置放出，按设计放出的位置插打钢板桩。

（6）钢板桩打入总体施工流程。

钢板桩从上游侧围堰中心开始打入第一片钢板桩，然后逐步向两边插打，在下游合龙，最初的一、二块钢板桩的打设位置和方向要确保精度，以起到样板的作用。每完成3 m测量校正1次，确保在同一直线上。每根钢板桩施打完毕后，即与槽钢焊接牢固。根据起吊能力确定逐根插打到稳定的深度，一般为2~3 m，待全部插打完毕后再依次打到设计标高。钢板桩合龙通过精确计算，确定龙口位置，配置相应规格的异型钢板桩，现场实测异型钢板桩的角度和尺寸，根据实际切割焊接异型钢板桩，以确保整个围堰的密封性[11]。

（7）钢板桩打入施工工艺。

① 打桩机在离打桩点约4 m的地点，侧向施工，便于测量人员观察。挂上振动锤，升高，理顺油管及电缆。

② 锤下降，开液压口，拉一根桩至打桩锤下，锁口抹上润滑油，起锤。

③ 待钢板桩尖离开水面30 cm时，停止上升。锤下降，使桩至夹口中，开动液压机，夹紧桩。上升锤与桩，至打桩地点。

④ 对准桩与定位桩的锁口，锤下降，靠锤与桩自重压桩至淤泥以下一定深度不能下降为止。

⑤ 试开打桩锤30 s左右，停止振动，利用锤惯性打桩至坚实土层，开动振动锤打桩下降，控制打桩锤下降的速度，尽可能地使桩保持竖直，以便锁口能顺利咬合，提高止水能力。

⑥ 板桩至设计高度前40 cm时，停止振动，振动锤因惯性继续转动一定时间，打桩至设计高度。

⑦ 松开液压夹口，锤上升，打第二根桩，依此类推至打完所有桩。打桩前一般在锁口内涂以黄油、锯末等混合物，在打完钢板桩后，开始进行钢板桩围堰内的止水处理。

⑧ 施工注意事项。

导向桩打好之后，以槽钢焊接牢固，确保导向桩不晃动，以便打桩时提高精确度。钢板桩起吊后人力将桩插入锁口，动作应缓慢，防止损坏锁口，插入后可稍松吊绳，使桩凭自重滑入。

钢板桩振动插打到小于设计标高40 cm时，小心施工，防止发生超深现象。

封口时，精确计算异型钢板桩的尺寸，确保止水质量[12]。

（8）围堰抽水与支撑。

钢板桩围堰封闭后进行抽水，抽水过程中严格控制抽水速度和抽水高度，并在围堰顶端设置一道安全支撑。

当抽水达到预定的深度后，及时加支撑防护[13]，保证钢板桩全部焊接牢固到导向槽钢上。由于水下地质情况较差，周围动荷载和主动土压力较大，在围堰内部采用$\phi 529$ mm×7 mm的钢管桩做成骨架进行支撑，以保证安全，采用足够数量的内部支撑，以确保钢板桩围堰的稳定性。两端采用双拼I36工字钢做成斜撑[14]。

（9）清淤。

在抽水及进行内部支撑的过程中，用泥浆泵配合高压射水将围堰内的淤泥清除，清除过程中同时使用抽水机对围堰内进行清淤补水，保证内外水头差不大于50 cm，以保证围堰安全。清淤时及时测量坑底标高，如达到设计底标高，停止高压射水。如果抽水后发现清淤不到位，用人工清除剩余淤泥[13]。

（10）混凝土封底浇筑。

由于采用水下封底可能造成钢板桩无法拔出的后果，所以采用先抽水、支撑，后封底的方法。当清淤达到要求后，即可按常规措施进行干封底施工。封底时在钢板桩围堰内侧支模，按经过计算的厚度进行封底混凝土浇筑[14]。

（11）防渗与堵漏。

钢板桩打入之前一般在锁口内涂以黄油、锯末等混合物。当锁口不紧密漏水时，用棉絮等在内侧嵌塞，外侧包裹一层防水彩条布，以起到防水和减小水压力的双重效果，抽水时同时在外侧水中漏缝处撒大量木屑或谷糠和炉渣的混合物，使其由水夹带至漏水处自行堵塞。在桩脚漏水处，采用局部混凝土封底等措施。若漏水严重，堵漏困难时，在钢板桩外侧补打木桩围堰，木桩围堰内侧铺设彩条布，在彩条布与钢板桩围堰间填筑黏土进行封堵。

基底清理、排水后，浇筑封底混凝土，将顶标高做到承台设计底标高处，并保持承台范围干燥，然后凿除桩头和割除护筒，施工承台与墩柱[14]。

6.2.3 墩身施工

1. 实体墩身施工

实体墩身施工工艺流程如图 6-7 所示。

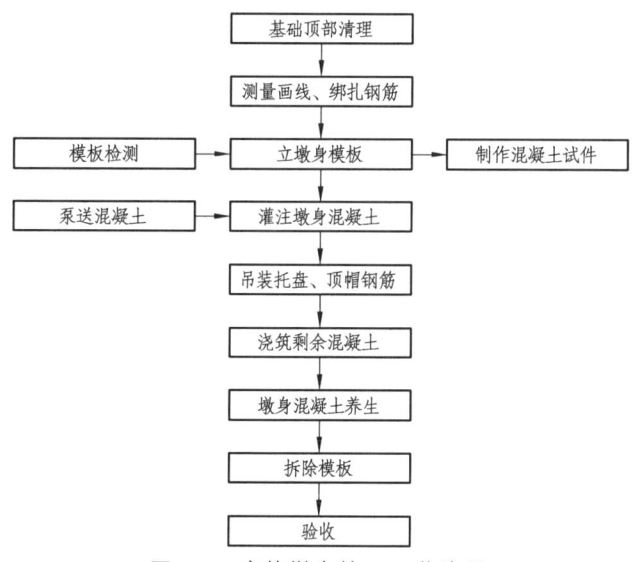

图 6-7 实体墩身施工工艺流程

（1）模板。

模板制作：模板采用大块整体定型钢模板，选用 6 mm 厚钢板面板，框架采用∠75 角钢，加劲肋采用［120 型槽钢。要求模板表面平整，尺寸偏差符合设计要求，具有足够的刚度、强度、稳定性，且拆装方便接缝严密不漏浆[15]。

（2）模板及支架安装。

模板安装好后，检查轴线、高程符合设计要求后加固，保证模板在灌注混凝土过程中受力后不变形、不移位。模内干净无杂物，拼合平整严密。支架结构的立面、平面安装牢固，并能抵挡振动时偶然撞击。支架立柱在两个互相垂直的方向加以固定，支架支承部分安置在可靠的地基上。模板检查合格后，刷脱模剂。

（3）钢筋制作与安装。

钢筋基本要求：运到现场的钢筋具有出厂合格证，表面洁净。使用前将表面杂物清除干净。钢筋平直，无局部弯折。各种钢筋下料尺寸符合设计及规范要求。

成型安装要求：基础预埋筋与桥墩钢筋按规范和设计要求连接牢固，形成一体；预埋钢筋位置准确，满足钢筋保护层的要求；钢筋骨架绑扎适量的垫块，以保持钢筋在模板中的准确位置和保护层厚度。

（4）混凝土浇筑。

混凝土采用自动计量集中拌和站拌和，混凝土输送车运输，泵送入模。

浇筑前对支架、模板、钢筋和预埋件进行检查，并将模板内的杂物、积水和钢筋上的污垢清理干净；模板的缝隙填塞严密，内面涂刷脱模剂。浇筑时检查混凝土的均匀性和坍落度。混凝土分层浇筑厚度不超过 30 cm，并用插入式振动器振捣密实。

混凝土的浇筑连续进行，如因故必须间断时，其间断时间小于前层混凝土的初凝时间或能重塑的时间，并经试验确定，若超过允许间断时间，须按工作缝处理。

在混凝土浇筑过程中，随时观察所设置的预埋螺栓、预留孔的位置是否移动，若发现移位时及时校正。注意模板、支架等支撑情况，设专人检查，如有变形、移位或沉陷立即校正并加固。混凝土浇筑完成后，及时用塑料薄膜包裹并定时洒水养护。

支承垫石与桥墩混凝土一次浇筑，采用定制钢模板，固定牢固，采取全桥联测和跟踪测量的方法，精确控制各墩支承垫石顶面相对和绝对标高满足设计要求。预留孔洞定位准确，固定牢固，施工时跟踪测量，施工完毕适时拆除模具，清理空洞，检查位置、深度，进行二次处理。

2. 桥台施工

桥台施工工艺流程如图 6-8 所示。

台身采用大块组合钢模板，钢管架加固支撑。台身钢筋和模板采用汽车吊进行吊装[16]。

按设计图纸准确定出位置，测定基础或承台顶面标高。

模板进场后，进行清理、打磨，以无污痕为标准，刷脱模剂，并用塑料薄膜进行覆盖。搭设支架时，在两个互相垂直的方向加以固定，支架支承在可靠的地基上，保证模板、支架在灌注混凝土过程中不变形、不移位[16]。

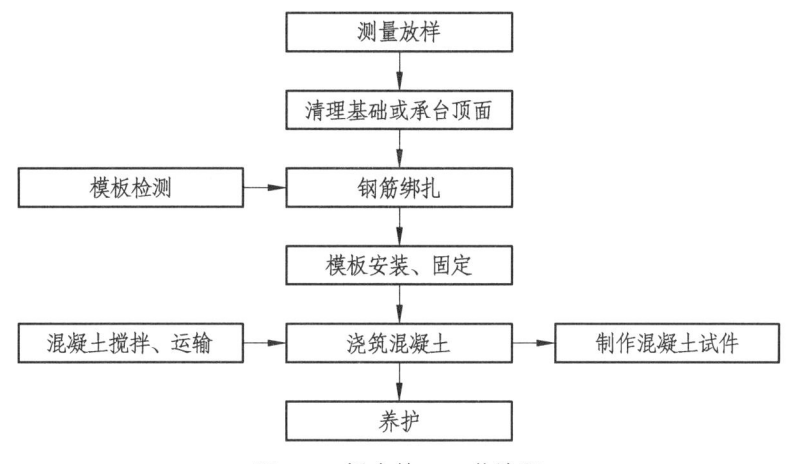

图 6-8 桥台施工工艺流程

钢筋绑扎、立模后及时检查签证，并组织混凝土浇筑。混凝土采用自动计量集中拌制，混凝土输送车运至现场。混凝土浇筑时采用输送泵，保证混凝土下落时的高度不大于 2 m。混凝土分层浇筑，每层混凝土的厚度严格控制在 30 cm 以内，并按规范要求进行振捣，杜绝蜂窝、麻面，并把气泡减少至最少。

严格控制拆模时间，杜绝因养护时间不够而粘模。拆除模板后，及时覆盖塑料薄膜或涂养护剂进行养护[16]。

6.2.4 连续梁施工

连续梁采用悬臂浇筑法施工，采用菱形桁架式挂篮。桥梁在跨密涿高速公路时，须搭设经道路交通管理部门批准的安全防护棚架，设置防撞垛和安全警示标志，保证既有道路行车安全。连续梁施工步序如图 6-9 所示。

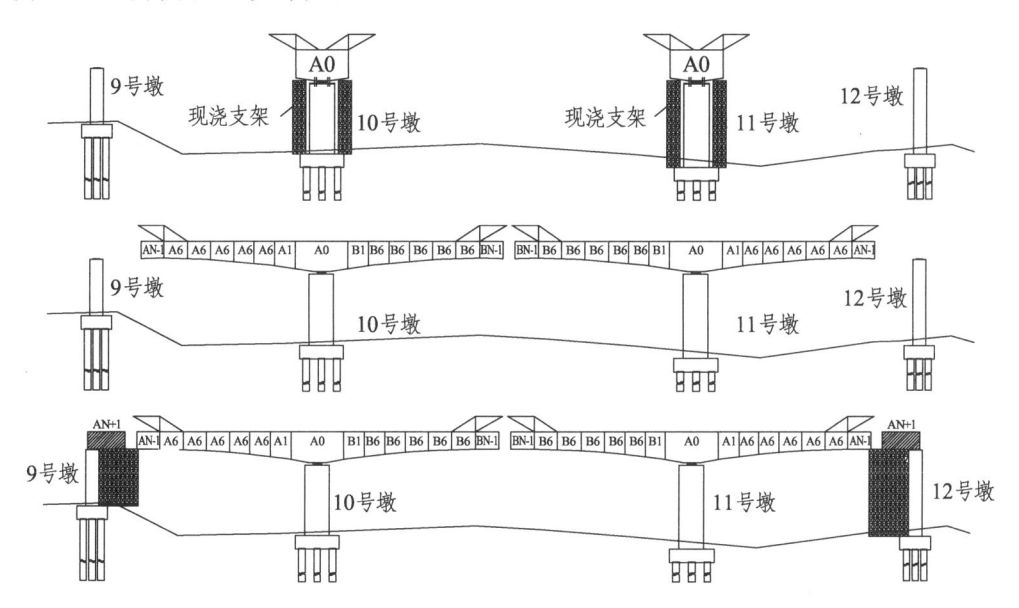

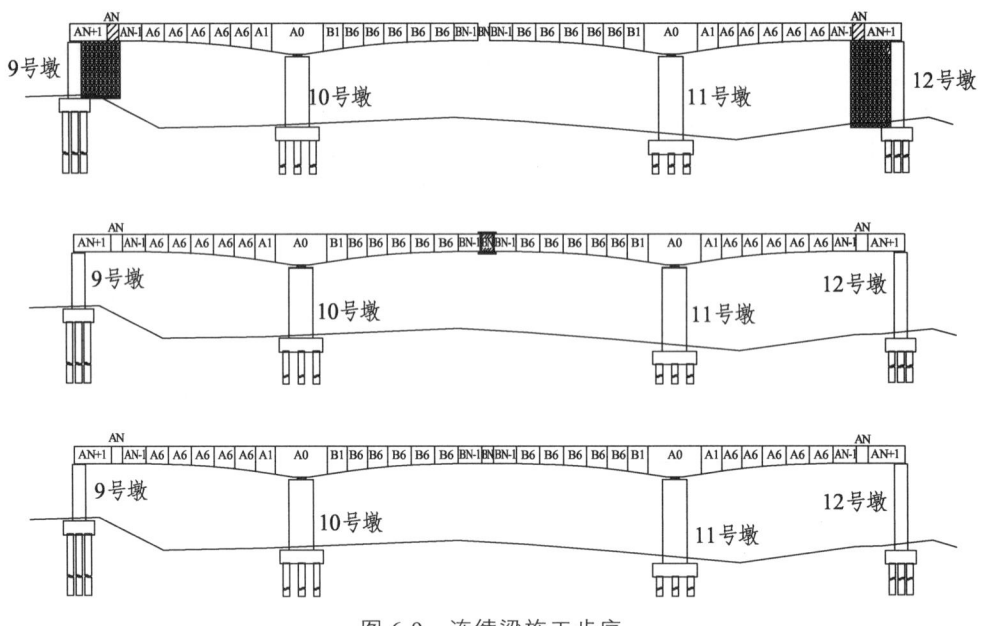

图 6-9 连续梁施工步序

6.2.5 桥面系施工方法

桥面系随简支箱梁和连续梁的完成进行流水作业。

防护墙、电缆槽竖墙在箱梁主体施工完成且遮板安装完成后在桥面立模现浇，遮板、栏杆和电缆槽盖板采用预制安装。吊围栏在架梁前完成，防落梁挡块在架梁的同时安装。

在梁体浇筑时，按图纸要求预埋接触网锚固螺栓、预留泄水孔等，全桥人行道、避车台、吊篮、围栏、通信信号电缆槽、电力电缆槽以及防落梁钢架等钢构件的制作和钢筋混凝土步板预制，均在构件预制场集中制作。构件安装前逐块检查，安装时采用挂线控制，保证构件安装位置正确、外轮廓清晰、线条优美。吊篮在墩台主体完工后即安装，架梁前安装完毕，为架梁创造良好条件。人行道、避车台、围栏、检查梯等在铺架完成后进行。

6.3 桥梁支座及附属设施

6.3.1 铁路桥梁支座安装

1. 支座种类

梁跨结构的支座类型一般分为钢支座和橡胶支座。橡胶支座分为板式（图 6-10）、盆式橡胶支座（图 6-11）。钢支座又分为平板、弧形、摇轴、辊轴支座（图 6-12）。按变形可能性支座又可分为固定支座、纵向活动支座、横向活动支座、多向活动支座。

图 6-10 板式橡胶支座

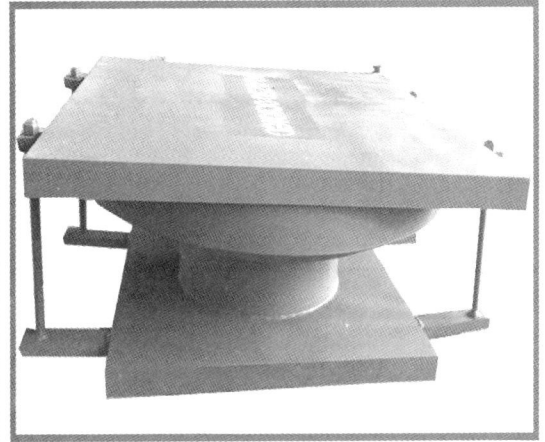

图 6-11 盆式橡胶支座

图 6-12 辊轴支座

2. 支座的安装

桥梁支座进入工地后，应检查产品合格证、附件清单和有关材质报告单或检验报告，并应根据行业、国铁集团桥梁支座相关标准的规定，对支座外形尺寸、外观和组装质量进行检查，支座品种、类型、性能、规格、结构和涂装质量均应符合设计要求和相关标准规定。

支座安装前应检查桥梁跨度、支承垫石尺寸和高程、预留栓孔位置和尺寸等。支承垫石和螺栓孔应清理干净，做到无泥土、无浮砂、无积水、无冰雪和油污等杂物，并对支承垫石顶面进行毛处理。支承垫石顶面应划线标明支座下座板的纵、横中心线并设置高程标点。

支座安装的品种、规格、位置和方向应符合设计要求。桥梁支座类型应根据线路设计纵向坡度和设计要求选用。同一座桥梁上固定支座和纵向活动支座应安装在梁的同一侧，横向活动支座与多向活动支座应安装在梁的另一侧[17]。

固定支座上下座板应互相对正；纵向活动支座上下座板横向应对正，纵向应根据安装支座时安装温度与设计安装温度之差和梁体混凝土未完成收缩、徐变量及弹性压缩量计算设置顶偏量，计算方法可参照《客货共线铁路桥涵工程施工技术规程》（Q/CR 9652—2017）。

支座安装时，宜将支座整体安装在梁体上随梁吊装，支座锚栓提前放于螺栓孔内，待梁体及支座横移对位后，安装支座锚栓；支座及锚栓与梁体一同下落，待接近支座垫石时，将锚栓与锚栓孔对正就位。

6.3.2 附属设施施工

1. 锥体护坡、台后排水及防护

（1）锥体护坡。

桥台后过渡段及锥体填筑应在桥台混凝土达到设计强度后方可进行。填料的种类及填筑要求应符合设计规定。锥体应按设计要求进行完整防护。

① 锥体填筑施工。

锥体填筑前应对原地面进行处理、压实，并准确放样。

需要进行锥体地基处理的，应与路基过渡段地基处理同步施工。

锥体填筑应按设计范围及坡率一次填足，并宜在设计边坡之外适当加宽，待整修边坡时再把多余土除去，不得边砌石边补填料。

锥体与台后过渡段填筑应同步施工。施工中应采用机械分层填筑压实，严格控制分层厚度和压实密度。邻近桥台边缘不能碾压处应采用小型机具夯实，以达到密实度要求。

② 锥体护坡施工。

锥体护坡采用砌块的品种、规格、质量和护坡表面坡度应符合设计要求。

锥体护坡应待锥体填土基本稳定后进行，护坡应设泄水孔，勾缝采用凹缝。

锥体坡脚应设垂裙，垂裙埋入深度应符合设计要求，设计无要求时，埋入深度不得高于一般冲刷线。

锥体护坡拉线放样时，坡顶宜预先放高 2~3 cm，以消除后期锥体沉降对坡度的影响。

锥体护坡砌筑应自下而上分段进行。砌筑时放样拉线应拉紧，表面应平顺。

护坡反滤（垫）层规格、质量应符合设计要求，并应边做反滤（垫）层边砌筑，同时做好沉降缝和泄水孔。

（2）台后排水及防护。

桥台顶面应按设计要求做好防水层、保护层，其表面排水坡度应符合设计要求，并应平顺无凹坑。桥台排水设施所用的材料、排水坡度应符合设计要求。

桥台背后防水层应按设计要求范围施工。设计无要求时，一般不设防水层，特殊设计的轻型桥台台背可设聚氨酯防水层，不设保护层。当台后设防水层时，台后两侧防水层应与锥体护坡面保持协调性，且两侧防水层不得高于锥体护坡面。桥梁两端路基的排水应按设计引排，不得冲桥台锥体。

桥头导流建筑物应与路基、桥梁工程综合考虑施工，并应符合下列规定：

① 不得在设计导流范围内取土、弃土。

② 导流建筑物的位置、结构尺寸应符合设计要求，混凝土护面板砌缝宽度宜为1~2 cm。

③ 导流建筑物的材料种类和填土压实密度应符合设计要求。砌块护面的缝应按设计要求处理，设计无要求时应用沥青麻筋填充紧密。

④ 抛石防护宜在枯水时施工。抛石防护所用石块种类及规格应符合设计要求，并应按大小不同规格掺杂抛投，但底部及迎水面应使用较大石块。迎水面边坡坡度应符合设计要求。

2. 挡砟墙、竖墙、接触网支柱基础

（1）施工前应清除预埋钢筋上的铁锈、油污、水泥浆等杂物，并按设计要求调整其位置、间距、形状。

（2）混凝土浇筑前，应对桥面部分作凿毛处理，杂物用水冲洗干净并充分湿润，残留在混凝土表面的积水应清理干净。

（3）过水孔和电缆留孔位置应准确，接地端子端面应竖直并与模板顶紧。挡砟墙、竖墙（图6-13）应按设计要求设置断缝。

（4）拆模时混凝土强度宜达到设计值的50%，拆模后应加强成品保护，防止磕碰损伤。

（5）接触网支柱基础（图6-14）应表面平整，预埋螺栓的规格、长度、间距应符合设计要求，位置准确。

图6-13 挡砟墙、人行道板、栏杆等

图6-14 接触网支柱基础

（6）箱梁遮板、栏杆（挡板）、声屏障基础、电槽盖板等预制构件应工厂化集中生产。

（7）预制构件在搬运过程中应轻起轻落，严禁抛掷，以免碰撞磕损，存放应堆码整齐、支垫牢靠。

（8）安装前应对预制构件进行外观检查，不得有蜂窝、孔洞、疏松、露筋、缺棱掉角、断裂等缺陷。

（9）箱梁板应采用吊装施工，并支撑稳固，及时与竖墙钢筋连接。

（10）栏杆内侧间距应满足设计要求。栏杆的连接、安装必须牢固顺直，高度应保持一致。

（11）盖板安装应符合设计要求，铺设应齐全、稳固、无损坏，板间空隙应均匀一致。

（12）人行道角钢支架及栏杆、避车台及角钢支架、检查梯的位置结构、尺寸均应符合设计要求。栏杆顶面应安装平直顺畅，栏杆立柱高度应考虑梁跨中部拱度影响，保证栏杆高度符合设计要求。人行道及栏杆在梁的活动端应按设计要求断开，不得影响桥梁伸缩。

（13）人行道和避车台的角钢支架与梁体及墩台的连接、防腐处理，应符合设计要求和相关标准的规定。

（14）人行道混凝土步板的结构、尺寸、混凝土强度等级和保护层厚度应符合设计要求。预制时应标明上下面，铺设时不得倒置（翻面）安装。步板应安装平整、稳固，板间缝隙应均匀顺直。

6.4 跨线连续梁合龙段施工技术

6.4.1 跨线连续梁工程介绍

连续梁共有 3 个合龙段，其中两个为边跨合龙段、一个为中跨合龙段，按照先合龙边跨、后合龙中跨的顺序施工。合龙段长度均为 2.0 m，采用挂篮合龙施工[18]。本标段悬臂浇筑连续梁共计 5 联，跨密涿高速公路特大桥 3 联、跨 105 国道特大桥 2 联，均采用挂篮悬臂施工。

1. 跨密涿高速连续梁

跨密涿高速连续梁由 3 联连续梁组成，分别为动车走行线左线连续梁、新航城特大桥连续梁、动车走行线右线连续梁，孔跨组合均为（72＋128＋72）m。跨密涿高速连续梁平面位置关系如图 6-15 所示。

边跨现浇段：新航城特大桥边跨现浇段，位于新航城 9#墩和新航城 12#墩，长 7.85 m，梁高 5 m，梁顶面宽度 11.7 m，C55 混凝土体积 154 m^3；动车走行线特大桥单线桥边跨现浇段，位于动左线 10#墩、动左线 13#墩、动右线 8#墩、动右线 11#墩，现浇段长 7.85 m，梁高 5 m，梁顶面宽度 7.1 m，C55 混凝土体积 120 m^3。

边跨合龙段：新航城特大桥边跨合龙段长 2 m，梁高 5 m，梁顶面宽度 11.7 m，C55 混凝土体积 27.21 m^3；动车走行线特大桥单线桥边跨合龙段长 2 m，梁高 5 m，梁顶面宽度 7.1 m，C55 混凝土体积 20.79 m^3。跨密涿高速连续梁边跨构造如图 6-16 所示。

中跨合龙段：新航城特大桥中跨合龙段长 2 m，梁高 5 m，梁顶面宽度 11.7 m，C55 混凝土体积 22.63 m^3；动车走行线特大桥单线桥中跨合龙段长 2 m，梁高 5 m，梁顶面宽度 7.1 m，C55 混凝土体积 15.17 m^3。跨密涿高速连续梁中跨构造如图 6-17 所示。

第6章 桥梁工程施工技术

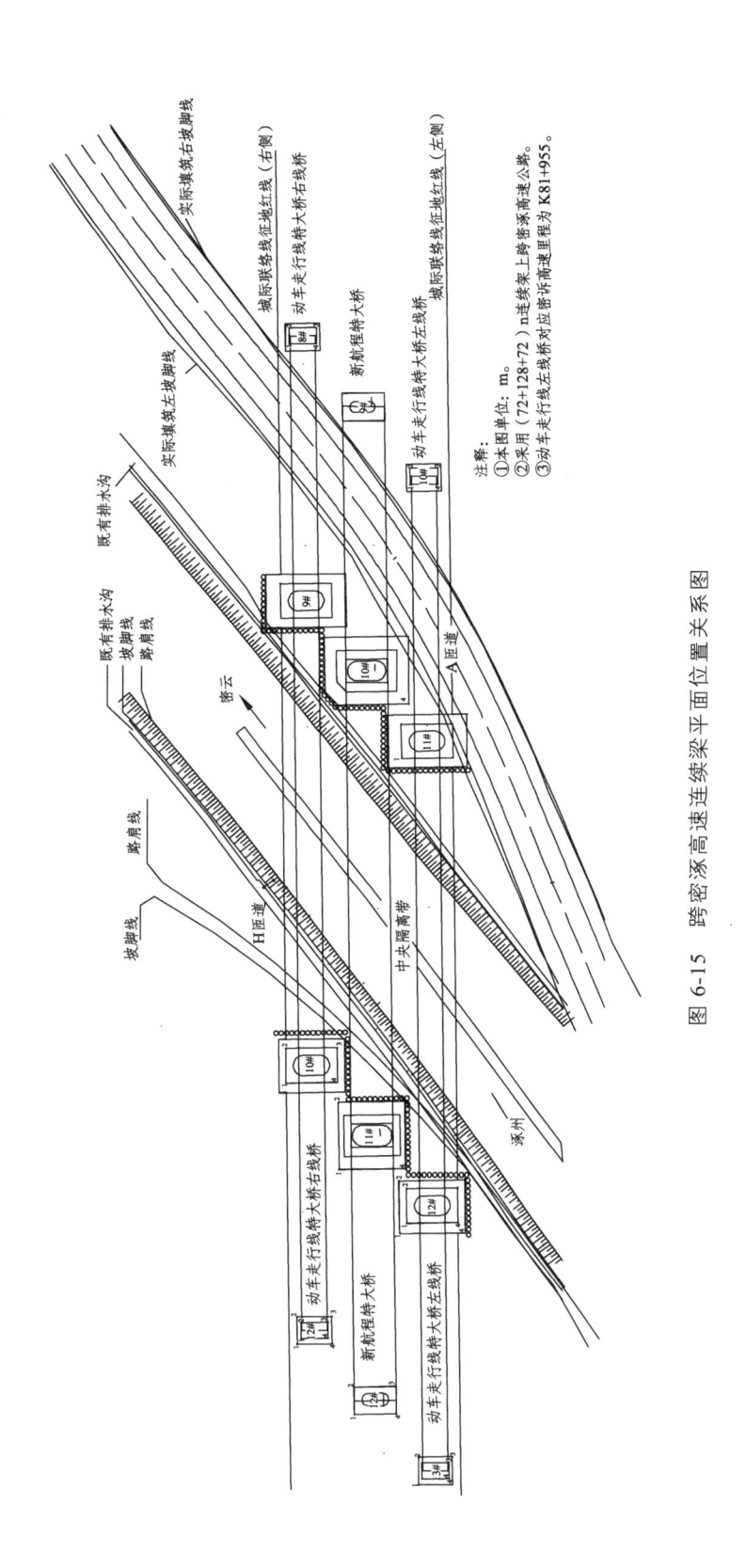

图 6-15 跨密涿高速连续梁平面位置关系图

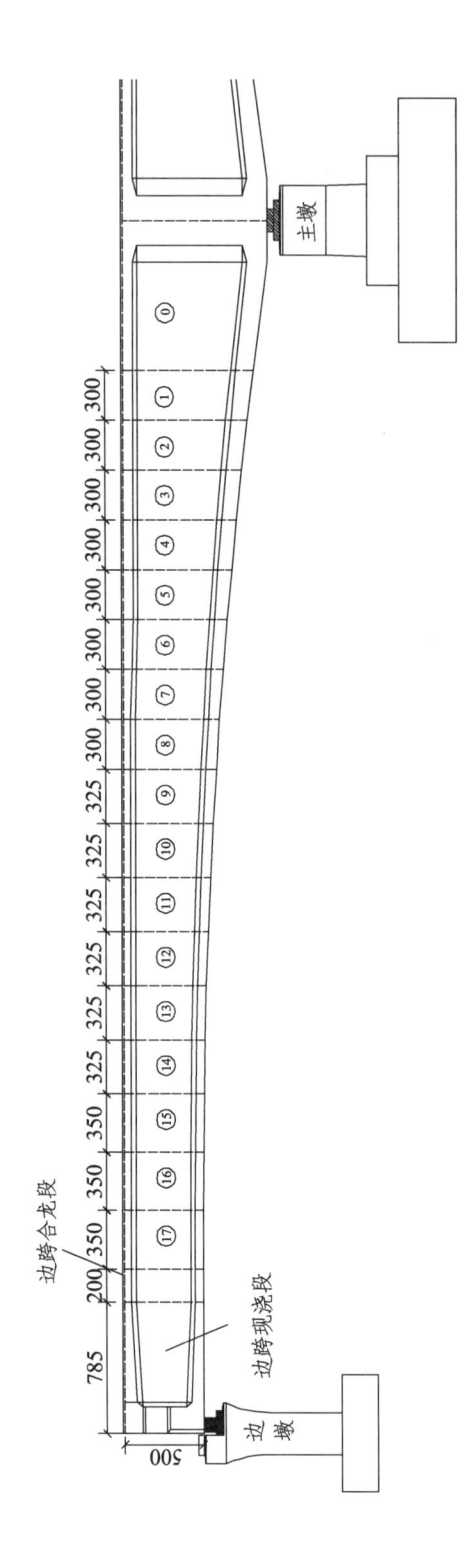

图 6-16 跨密涿高速连续梁边跨构造示意图（单位：cm）

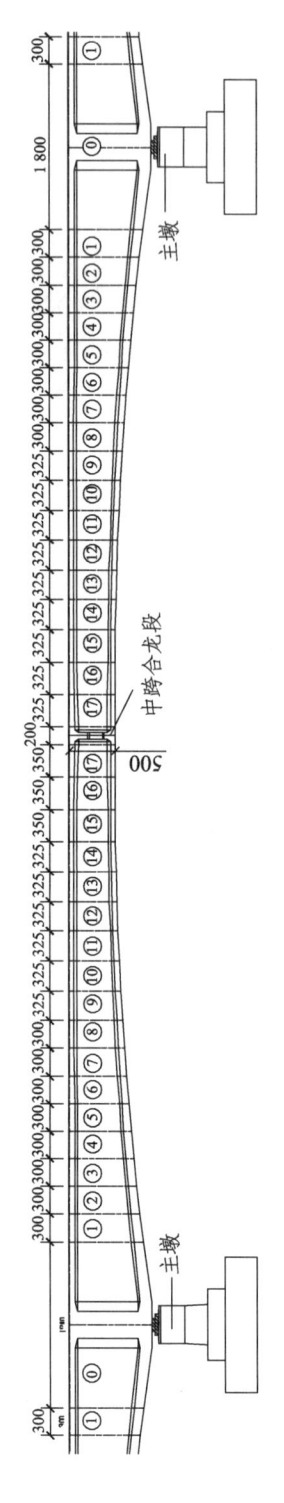

图 6-17 跨密涿高速连续梁中跨构造示意图（单位：cm）

合龙段横断面图如图 6-18 ~ 图 6-21 所示。

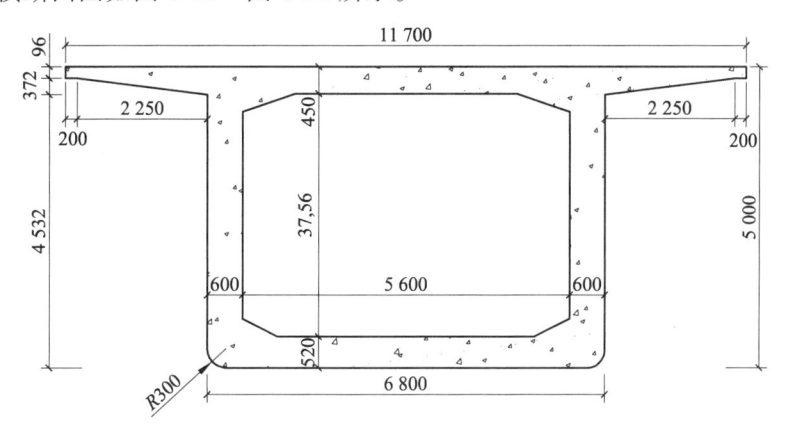

图 6-18 跨密涿高速连续梁新航城特大桥边跨合龙段横断面图（单位：mm）

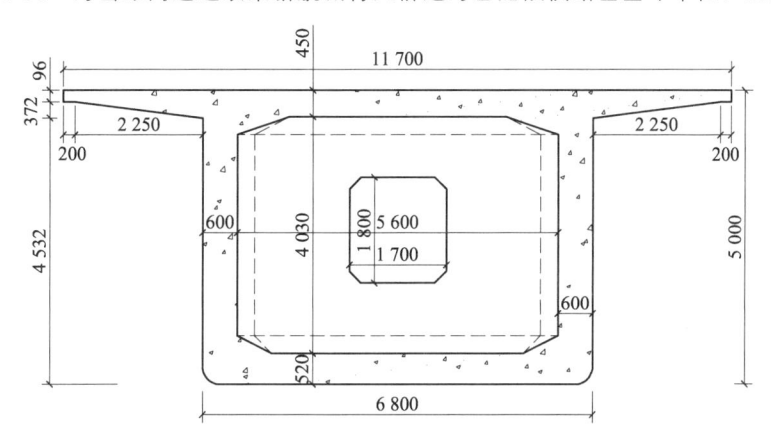

图 6-19 跨密涿高速连续梁新航城特大桥中跨合龙段横断面图（单位：mm）

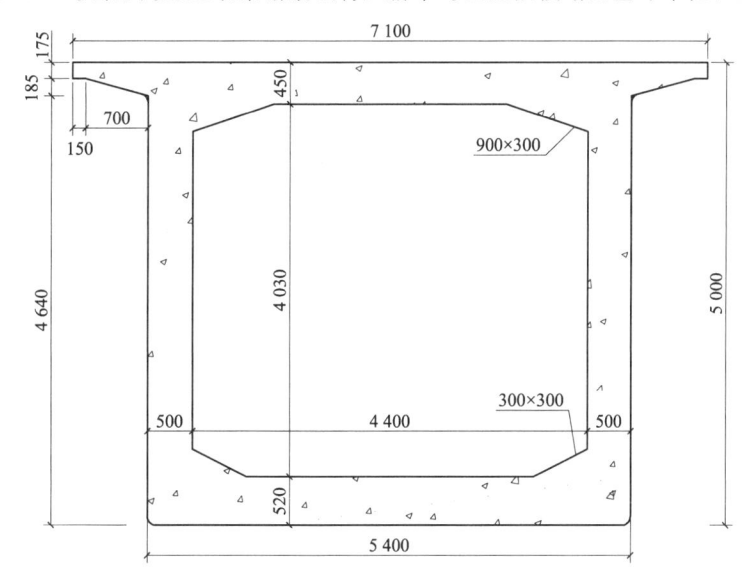

图 6-20 跨密涿高速连续梁动车走行线特大桥边跨合龙段横断面图（单位：mm）
（动车走行线左线桥及动车走行线右线桥）

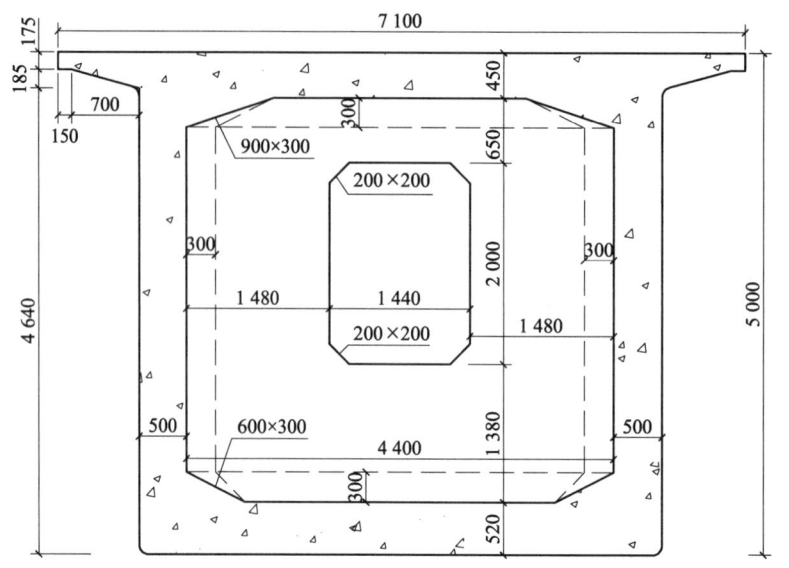

图 6-21 跨密涿高速连续梁动车走行线特大桥中跨合龙段横断面图（单位：mm）
（动车走行线左线桥及动车走行线右线桥）

2. 跨 105 国道连续梁

跨 105 国道连续梁由 2 联连续梁组成，分别由新航城特大桥和动车走行线双线特大桥组成，跨径组合均为（48＋80＋48）m。其平面布置如图 6-22 所示。

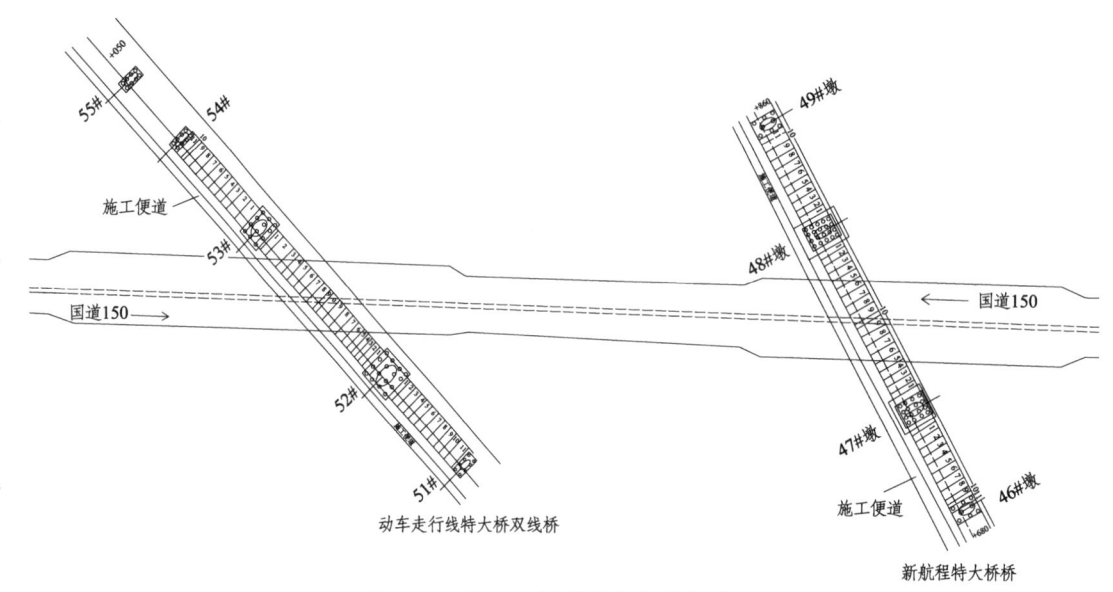

图 6-22 跨 105 国道连续梁平面布置

边跨现浇段：新航城特大桥边跨现浇段，位于新航城 46#墩、新航城 49#墩，新航城特大桥边跨现浇段长 7.75 m，梁高 3.4 m，梁顶面宽度 11.7 m，C50 混凝土体积 106 m³；动车走行线特大桥双线边跨现浇段长 7.75 m，梁高 3.48 m，梁顶面宽度 11.3 m，C50 混凝土体积 105.4 m³。

边跨合龙段：新航城特大桥边跨合龙段长 2 m，梁高 3.4 m，梁顶面宽度 11.7 m，C50 混凝土体积 19.6 m³；动车走行线特大桥双线边跨现浇段长 2 m，梁高 3.4 m，梁顶面宽度 11.3 m，C50 混凝土体积 19.2 m³。跨 105 连续梁边跨构造如图 6-23 所示。

中跨合龙段：新航城特大桥中跨合龙段长 2 m，梁高 3.4 m，梁顶面宽度 11.7 m，C50 混凝土体积 27.4 m³；动车走行线特大桥双线中跨合龙段长 2 m，梁高 3.4 m，梁顶面宽度 11.3 m，C50 混凝土体积 27 m³。跨 105 连续梁中跨构造如图 6-24 所示。

跨 105 国道连续梁合龙段横断面图如图 6-25 ~ 图 6-28 所示。

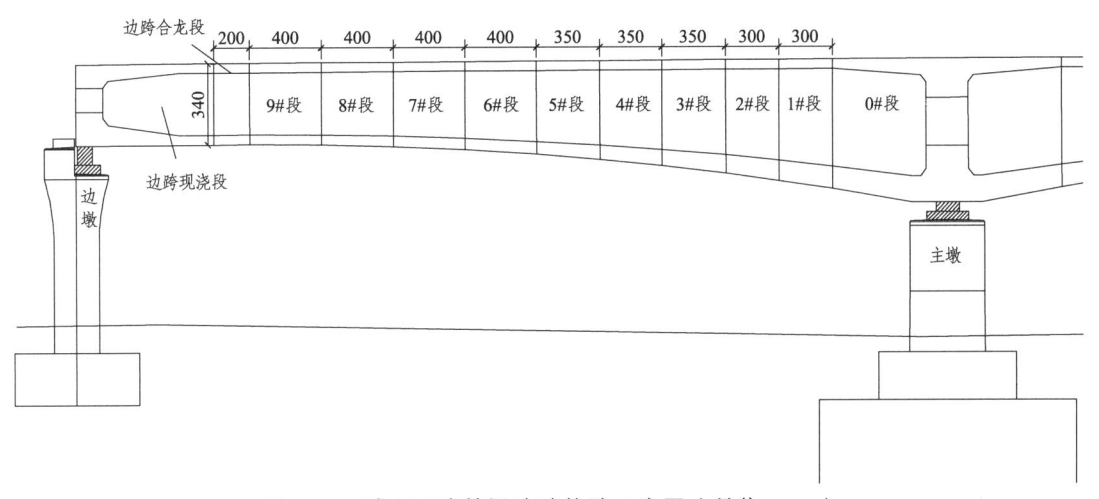

图 6-23 跨 105 连续梁边跨构造示意图（单位：cm）

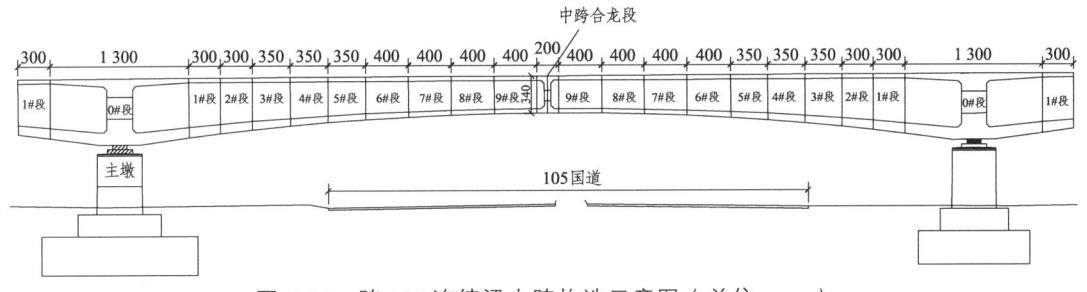

图 6-24 跨 105 连续梁中跨构造示意图（单位：cm）

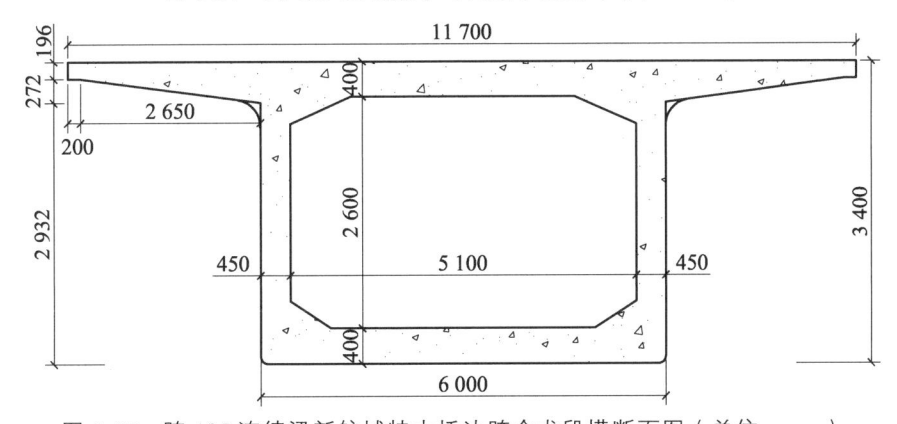

图 6-25 跨 105 连续梁新航城特大桥边跨合龙段横断面图（单位：mm）

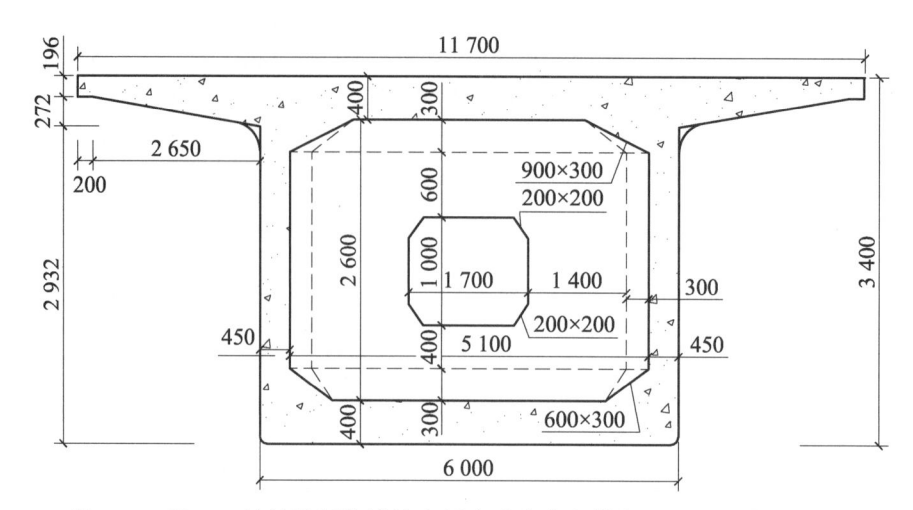

图 6-26　跨 105 连续梁新航城特大桥中跨合龙段横断面图（单位：mm）

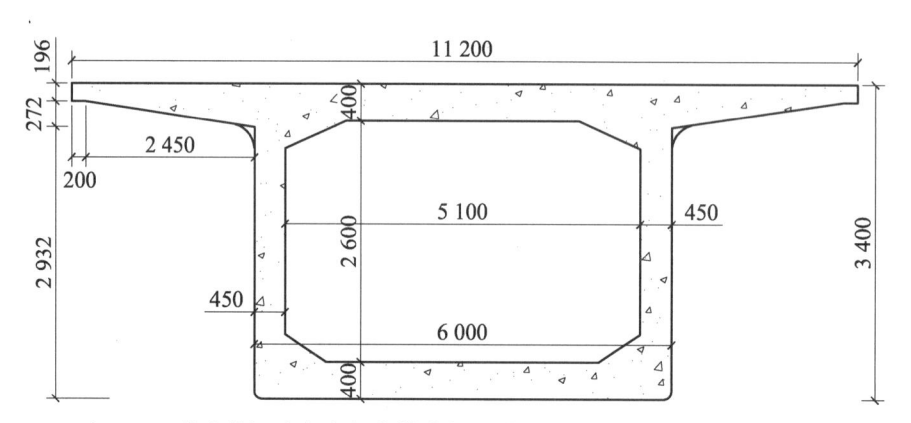

图 6-27　跨 105 国道连续梁动车走行线特大桥双线桥边跨合龙段横断面图（单位：mm）

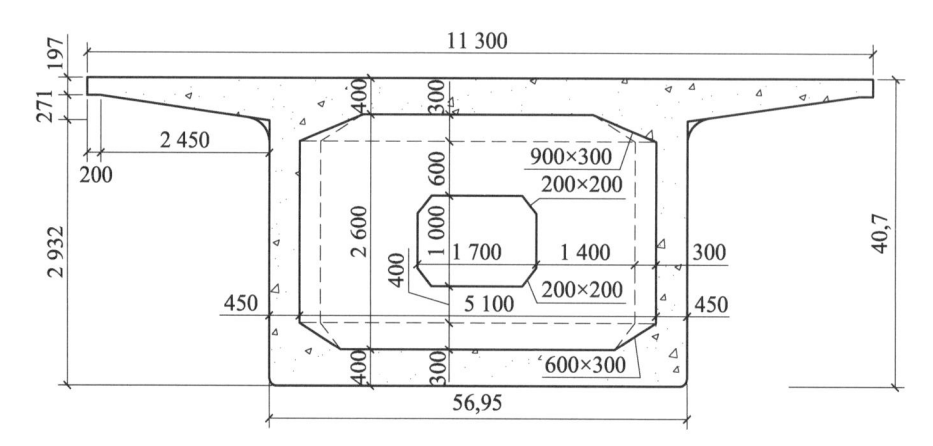

图 6-28　跨 105 连续梁动车走行线特大桥双线桥中跨合龙段横断面图（单位：mm）

在连续梁标准节块施工的同时，完成边跨现浇段支架搭设、混凝土浇筑，最后按照先边跨合龙、再中跨合龙的顺序，完成连续梁的主体施工。

6.4.2 合龙段施工程序与要求

1. 边跨合龙施工程序与要求

（1）提前完成边跨现浇段施工。

（2）第一合龙段施工时，保留合龙用的挂篮后拆除挂篮的其余部分。安装但不固定合龙段模板，将其对称支撑在合龙段两侧。然后将现浇段和梁面上的杂物清理干净，将梁上施工必需的施工机具放置在指定位置。接着将T构及现浇段上所有观测点的高程精确测量一遍。

（3）调整合龙段两侧两个梁段的中线和高程，使其达到要求。

（4）在T构的两端分别加载平衡重（每端重量为合龙段重量的一半，用吨块加载）。

（5）为防止因热胀冷缩而对合龙段混凝土产生不利影响，在合龙段内模和钢筋安装前，选择在气温适宜（当日气温最低时段）时，按要求焊接劲性骨架，并张拉临时预应力束，从而将边跨现浇段与T构临时锁定、连成一体。

（6）固定合龙段底模板和外侧模板。

（7）绑扎底腹板钢筋、安装底腹板波纹管，立合龙段内模，绑扎顶板钢筋和波纹管等，做好浇筑混凝土前的准备工作。

（8）将合龙段的混凝土浇筑时间选在一天中气温较低、温差变化比较小的午夜前后。混凝土浇筑过程中，不断吊走配重。混凝土浇筑结束时，应吊走该侧的全部配重。卸除平衡重与浇筑混凝土同步等量地进行。合龙段混凝土的配合比设计比普通段高一个等级，并掺入微量膨胀剂，加强振捣，以免新老混凝土的连接处产生裂缝。混凝土作业的结束时间安排在气温回升前，浇筑后由专人养护。

（9）待合龙段混凝土强度和龄期达到设计后，按图纸要求张拉预应力筋并压浆。张拉前，先解除体外支撑，以消除体外支撑对张拉的影响。

（10）拆除合龙段内外模板和体外临时支撑。

（11）边跨合龙段预应力束张拉前后各测量一次该合龙段T构上各观测点的标高，留待中跨合龙段施工时使用。

2. 中跨合龙施工程序与要求

（1）合龙段施工时，保留合龙用的一套挂篮，拆除其余部分。安装但不固定合龙段模板，将其对称支撑在两边T构的悬臂端上。然后将T构梁面上的杂物清理干净，将必需的施工机具放置在0#段上。接着将梁上所有观测点的高程精确测量一遍。

（2）调整合龙段两侧两个梁段的中线和高程，使其达到要求[19]。

（3）在合龙段两边的悬臂端分别吊装平衡重（各为合龙段重的一半）。

（4）为防止T构因热胀冷缩而对合龙段混凝土产生不利影响，在合龙段内模和钢筋安装前，选择在气温适宜（当日气温最低时段）时，按要求焊接劲性骨架，并张拉临时预应力束，从而将合龙段两边临时锁定、连成一体。

（5）固定合龙段底模板和外侧模板。

（6）绑扎底腹板钢筋、安装底腹板波纹管，立合龙段内模，绑扎顶板钢筋和波纹管等，做好浇筑混凝土前的准备工作。

（7）将合龙段的混凝土浇筑时间选在一天中气温较低、温差变化较小的午夜前后。混凝土浇筑过程中，等量同步地卸除合龙段两边的平衡重。中跨合龙段混凝土配合比设计、浇筑和养护的其他要求与边跨合龙段相似，参照实行[19]。

（8）待合龙段混凝土强度和龄期达到设计后，按图纸要求张拉预应力筋并压浆。张拉前，先解除临时支撑，以消除临时支撑对张拉的影响。

（9）拆除合龙段内外模板和体外临时支撑。

（10）中跨合龙段预应力束张拉前后分别测量全桥上所有观测点的标高，留待桥面铺装施工时使用[19]。

3. 连续梁合龙施工配重设置

合龙段两端配重的目的：减小混凝土浇筑时的挠度，保证混凝土质量；保持T构两端的不平衡弯矩小于主墩顶临时固结所能提供的不平衡弯矩。

边跨合龙：根据标高测量结果，如果合龙段两端标高偏差在15 mm以内，则不用配重找平；当标高差大于15 mm，则需要在T构两侧压配重将最后一个悬臂段和边跨现浇段找平。为减小混凝土浇筑过程中因T构两侧重量变化产生的挠度变形对新浇混凝土的影响，加快浇筑速度，使变形在混凝土初凝前完成，在T构两侧加相同配重，随混凝土浇筑同步取消边跨侧配重。在一个T构两侧各放置等量的吨块进行配重，随边跨合龙段混凝土浇筑重量同步减去边跨侧配重，保持T构两侧力矩平衡[20]。

中跨合龙：将配重吨块放置在合龙段高程较高一侧，使中跨合龙段两端标高一致，待混凝土强度达到设计强度后，方可取消配重[20]。

4. 连续梁施工结构体系转换

梁体合龙是连续梁体系转换的重要环节，是保证成桥质量的关键。

连续梁部施工时，在连续梁中跨合龙前，永久支座处于非正常受力状态，边跨合龙段施工完毕后，对称解除主墩临时支座[21]，使梁体落在永久性支座上，张拉预应力束，完成体系转换，然后合龙中跨，完成全桥体系转换。

6.4.3　合龙段施工工艺技术

1. 工艺流程

合龙段施工，先进行边跨合龙，再进行中跨合龙，具体流程如图6-29所示。

2. 边跨合龙段施工流程

（1）跨密涿高速连续梁新航城特大桥边跨合龙段。

新航城特大桥边跨合龙段长2 m，梁高5 m，梁顶面宽度11.7 m，C55混凝土体积27.21 m³。

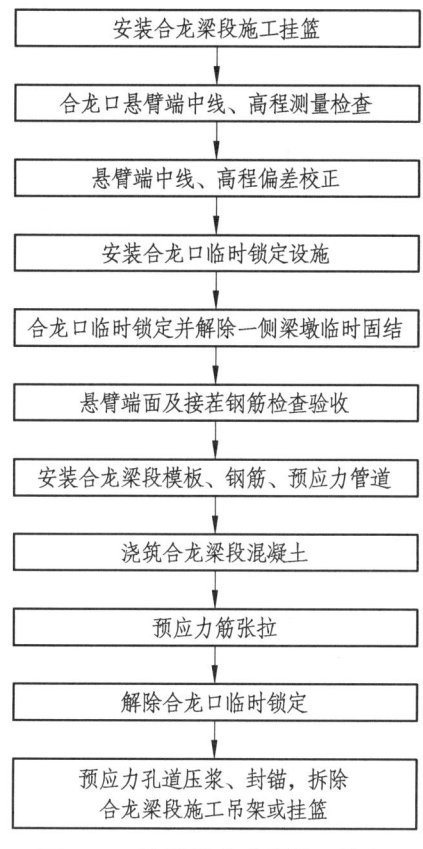

```
┌─────────────────────────────┐
│   安装合龙梁段施工挂篮       │
└──────────────┬──────────────┘
               ↓
┌─────────────────────────────┐
│ 合龙口悬臂端中线、高程测量检查 │
└──────────────┬──────────────┘
               ↓
┌─────────────────────────────┐
│   悬臂端中线、高程偏差校正   │
└──────────────┬──────────────┘
               ↓
┌─────────────────────────────┐
│   安装合龙口临时锁定设施     │
└──────────────┬──────────────┘
               ↓
┌─────────────────────────────────┐
│ 合龙口临时锁定并解除一侧梁墩临时固结 │
└──────────────┬──────────────────┘
               ↓
┌─────────────────────────────┐
│  悬臂端面及接茬钢筋检查验收  │
└──────────────┬──────────────┘
               ↓
┌─────────────────────────────────┐
│ 安装合龙梁段模板、钢筋、预应力管道 │
└──────────────┬──────────────────┘
               ↓
┌─────────────────────────────┐
│    浇筑合龙梁段混凝土       │
└──────────────┬──────────────┘
               ↓
┌─────────────────────────────┐
│       预应力筋张拉           │
└──────────────┬──────────────┘
               ↓
┌─────────────────────────────┐
│     解除合龙口临时锁定       │
└──────────────┬──────────────┘
               ↓
┌─────────────────────────────────┐
│ 预应力孔道压浆、封锚，拆除       │
│ 合龙梁段施工吊架或挂篮           │
└─────────────────────────────────┘
```

图 6-29 连续梁合龙段施工流程

① 在连续梁施工最后一个悬臂节段 17#段的同时，完成边跨现浇段混凝土浇筑。

② 边跨现浇段强度满足要求后，拆除边跨现浇段与合龙段相接处 1.2 m 范围内的支架立杆以及翼板下立杆，以便于合龙段模板的安装。

③ 安装边跨合龙段模板（边跨一侧挂篮前进 2 m 并锚固），并根据两端顶板高程进行适当配重。

④ 选择合适合龙温度安装劲性骨架，对边跨合龙段进行临时刚性连接结构，保持合龙段无相对变形，临时张拉合龙束 2T20（外侧）和 2B1，每根钢束临时张拉力 300 kN，拆除边墩水平临时约束。

⑤ 调整边跨合龙段模板。

⑥ 边跨合龙段普通钢筋及预应力管道安装。

⑦ 浇筑边跨合龙段混凝土（根据浇筑的混凝土方量，同步卸载边跨侧悬臂段配重），完成边跨合龙。

⑧ 待合龙段混凝土强度达到设计强度的 100%，弹性模量达到设计强度的 100%后，张拉（补张拉至设计值）并锚固预应力钢束 2T20（外侧）和 2B1，并张拉剩余的 2T20（内侧）。

⑨ 拆除新航城 10#墩和 11#墩中墩临时固结措施，启用中墩永久支座，并将中墩纵向活动支座临时锁定。

⑩ 张拉并锚固 B2～B8 纵向预应力束,在规定时间内完成纵向钢束压浆。

⑪ 拆除边跨挂篮及模板,将 11#墩中跨侧挂篮退至 0#段进行拆除。

(2) 跨密涿高速连续梁动车走行线特大桥单线桥边跨合龙段。

动车走行线特大桥单线桥包括左线桥和右线桥,孔跨组合均为 (72+128+72) m,边跨合龙段长 2 m,梁高 5 m,梁顶面宽度 7.1 m,C55 混凝土体积 20.79 m³。

① 在连续梁施工最后一个悬臂节段 17#段的同时,完成边跨现浇段混凝土浇筑。

② 边跨现浇段强度满足要求后,拆除边跨现浇段与合龙段相接处 1.2 m 范围内的支架立杆以及翼板下立杆,以便于合龙段模板的安装。

③ 安装边跨合龙段模板(边跨一侧挂篮前进 2 m 并锚固),并根据两端顶板高程进行适当配重。

④ 选择合适合龙温度安装劲性骨架,对边跨合龙段进行临时刚性连接结构,保持合龙段无相对变形,临时张拉合龙束 2T19(外侧)和 2B1,每根钢束临时张拉力 300 kN,拆除边墩水平临时约束。

⑤ 调整边跨合龙段模板。

⑥ 边跨合龙段普通钢筋及预应力管道安装。

⑦ 浇筑边跨合龙段混凝土(根据浇筑的混凝土方量,同步卸载边跨侧悬臂段配重),完成边跨合龙。

⑧ 待合龙段混凝土强度达到设计强度的 100%,弹性模量达到设计强度的 100%后,张拉(补张拉至设计值)并锚固预应力钢束 2T19(外侧)和 2B1,并张拉剩余的 4T19(内侧)。

⑨ 拆除主墩(动右线 9#、10#墩以及动左线 11#、12#墩)临时固结措施,启用中墩永久支座,并将中墩纵向活动支座临时锁定。

⑩ 张拉并锚固 B2～B6 纵向预应力束,在规定时间内完成纵向钢束压浆。

⑪ 拆除边跨挂篮及模板,将动右线 10#、动左线 12#墩中跨侧挂篮退至 0#段进行拆除。

(3) 跨 105 国道连续梁边跨合龙段。

跨 105 国道连续梁由 2 联连续梁组成,分别为新航城特大桥和动车走行线双线特大桥,跨径组合均为 (48+80+48) m。

① 在连续梁施工最后一个悬臂节段 9#段的同时,完成边跨现浇段混凝土浇筑。

② 边跨现浇段强度满足要求后,拆除边跨现浇段与合龙段相接处 1.2 m 范围内的支架立杆以及翼板下立杆,以便于合龙段模板的安装。

③ 安装边跨合龙段模板(边跨一侧挂篮前进 2 m 并锚固),并根据两端顶板高程进行适当配重。

④ 选择合适合龙温度安装劲性骨架,对边跨合龙段进行临时刚性连接结构,保持合龙段无相对变形,拆除边墩水平临时约束,临时张拉靠近腹板的 2T10 和 2B2 钢束,每束张拉力 150 kN。

⑤ 调整边跨合龙段模板。

⑥ 边跨合龙段普通钢筋及预应力管道安装。

⑦ 浇筑边跨合龙段混凝土（根据浇筑的混凝土方量，同步卸载边跨侧悬臂段配重），完成边跨合龙。

⑧ 待合龙段混凝土强度达到设计强度的 100%，弹性模量达到设计强度的 100%后，张拉边跨纵向钢束 B7、B5、B3、B1 至设计值并封锚压浆。

⑨ 拆除对应主墩（新航城 47#、48#墩以及动双线 52#、53#墩）临时固结措施，启用中墩永久支座，并将中墩纵向活动支座临时锁定。

⑩ 拆除边跨临时刚接构造，张拉边跨底板剩余钢束，补张拉 2T10、2B1 至设计值，并在规定时间内完成纵向钢束压浆。

⑪ 拆除边跨挂篮及模板，将新航城 48#、动双线 53#墩中跨侧挂篮退至 0#段进行拆除。

3. 中跨合龙段施工流程

（1）跨密涿高速连续梁新航城特大桥中跨合龙段。

① 安装中跨合龙段模板（小里程一侧挂篮前进 2 m 并锚固），并根据两端顶板高程进行适当配重。

② 拆除边跨支架及边跨合龙段临时钢结构造，对中跨合龙段进行临时锁定，保持合龙段无相对变形。

③ 临时张拉顶板合龙钢束 2T21 及底板合龙钢束 2 M4（外侧）钢束，张拉力 600 kN，解除主墩纵向活动支座的临时锁定。

④ 调整中跨合龙段模板，进行中跨合龙段普通钢筋及预应力管道安装。

⑤ 浇筑中跨合龙段混凝土，完成中跨合龙。

⑥ 待合龙段混凝土强度达到设计强度的 100%，弹性模量达到设计强度的 100%，张拉并锚固中跨剩余纵向预应力束，补张拉合龙束 2M4（外侧）、2T21 至设计值并锚固；在规定时间内完成纵向钢束压浆。

⑦ 拆除中跨合龙段临时刚性连接构造。

⑧ 挂篮移至相邻 0#段，采用吊车拆除。

⑨ 拆除临时墩。

（2）跨密涿高速连续梁动车走行线特大桥单线桥中跨合龙段施工。

① 安装中跨合龙段模板（小里程一侧挂篮前进 2 m 并锚固），并根据两端顶板高程进行适当配重。

② 拆除边跨支架及边跨合龙段临时钢结构造，对中跨合龙段进行临时锁定，保持合龙段无相对变形，解除主墩纵向活动支座的临时锁定。

③ 临时张拉顶板合龙钢束 2T20 及底板合龙钢束 2M1，每根钢束临时张拉力为 600 kN。

④ 调整中跨合龙段模板，进行中跨合龙段普通钢筋及预应力管道安装。

⑤ 浇筑中跨合龙段混凝土，完成中跨合龙。

⑥ 待合龙段混凝土强度达到设计强度的 100%，弹性模量达到设计强度的 100%后，张拉并锚固 M2~M11 纵向预应力束，补张拉合龙束 2T20、2M1 至设计值并锚固；在规定时间内完成纵向钢束压浆。

⑦ 拆除中跨合龙段临时刚性连接构造。

⑧ 挂篮移至相邻0#段，采用吊车拆除。

⑨ 拆除临时墩。

（3）跨G105国道连续梁中跨合龙段。

① 安装中跨合龙段模板（小里程一侧挂篮前进2 m并锚固），并根据两端顶板高程进行适当配重。

② 拆除边跨支架及边跨合龙段临时钢结构造，安装中跨合龙段临时刚性连接构造，对中跨合龙段进行临时锁定，保持合龙段无相对变形。

③ 解除主墩纵向活动支座的临时锁定，临时张拉中跨合龙钢束2T11及2D2，每根钢束临时张拉力为500 kN。

④ 调整中跨合龙段模板，进行中跨合龙段普通钢筋及预应力管道安装。

⑤ 浇筑中跨合龙段混凝土，完成中跨合龙。

⑥ 待合龙段混凝土强度达到设计强度的100%，弹性模量达到设计强度的100%后，张拉并锚固2D9、2D5、2D5′，并在规定时间内完成纵向钢束压浆。

⑦ 拆除中跨合龙段临时刚性连接构造，将挂篮退至0#段进行拆除。

⑧ 张拉并锚固剩余中跨合龙段纵向钢束，补张拉2T11、2D2至设计值，并在规定时间内进行压浆。

⑨ 拆除临时墩。

参考文献

[1] 刘海真. 准朔铁路乌龙素沟特大桥冲击钻孔桩施工技术[J]. 山西建筑，2009，35（31）：321-322.

[2] 连向萍. 三道营二号特大桥桩基施工技术[J]. 山西建筑，2011，37（18）：171-173.

[3] 任庆国，苗兰弟. 浅谈旋挖钻机的施工工艺及应用分析[J]. 甘肃科技，2009，25（17）：138-139；137.

[4] 崔浩. 援安哥拉罗安达总医院湿陷性黄土变截面桩基施工技术[J]. 低碳世界，2016（8）：140-142.

[5] 祝西文，曹和平. 大洋河特大桥水中基础施工[J]. 铁道标准设计，2006（10）：50-53.

[6] 王丹，张胜. 浅谈围堰施工[J]. 民营科技，2008（3）：162.

[7] 陈伟. 浅析望虞河大桥钢板桩围堰设计与施工[J]. 河北企业，2011（5）：125.

[8] 李春桃. 钢板桩围堰施工水中系梁[J]. 江西建材，2014（15）：129.

[9] 许坤有，缪小军. 某大桥围堰施工控制措施分析[J]. 中国新技术新产品，2015（8）：119.

[10] 徐利军，姚建军，花双陆. 拉森钢板桩的施工与质量控制[J]. 河南建材，2012（2）：103-105.

[11] 朱冠华. 钢板桩围堰在深基坑开挖中的应用[J]. 湖南交通科技, 2011, 37（4）: 119-121.
[12] 王凤龙. 钢板桩在朝阳珠江斜拉桥主塔承台施工中的应用[J]. 北方交通, 2012（3）: 81-84.
[13] 何静, 李杰, 韩兴业. 浅谈城市桥梁系梁钢板桩围堰施工方法[J]. 四川水力发电, 2016, 35（S2）: 102-105.
[14] 谢少新. 拉森钢板桩围堰在跨海湾大桥水中墩承台施工中的应用[J]. 交通科技, 2010（3）: 50-52.
[15] 薛传顺. 高铁桥梁施工中桥墩施工技术分析[J]. 低碳世界, 2020, 10（4）: 166; 168.
[16] 高小伟. 浅谈贺龙沟双线特大桥墩台施工[J]. 科技创业家, 2014（5）: 30-31.
[17] 孔祥仁. 浅谈兰新客运专线箱梁架设施工[J]. 科技创业家, 2012（19）: 14.
[18] 梅文君. 连续梁合龙段施工工艺分析[J]. 科学之友, 2013（1）: 35-36.
[19] 徐剑华. 甘竹滩大桥主桥合拢施工[J]. 山西建筑, 2007（18）: 147-148.
[20] 李明. 悬浇连续梁合拢段施工[J]. 水科学与工程技术, 2008（3）: 79-80.
[21] 冯晓丹. 高墩大跨连续刚构桥箱梁施工过程控制[J]. 江西建材, 2016（23）: 173-174.

第7章 隧道工程施工技术

本章以榆安隧道为例,介绍隧道施工组织方案、各开挖方法以及明挖、暗挖段施工方法及工艺。

榆安隧道为与新航城地下站(DK37+250~DK38+350)、机场地下站(DK42+850~DK44+700)相连的3段地下区间隧道。隧道位于北京市大兴区礼贤镇、榆垡镇及廊坊市固安县知子营境内,由北向南依次经过田家营村、内官庄村、礼贤三村、礼贤镇、祈各庄村、毕各庄村、富各庄村及石佛寺村,场地内大部分为耕地,部分段落穿越村庄及温室大棚。隧址区自北向南主要经过京台高速、永兴河、拟建北京新机场、永定河。

榆安1号隧道,起讫里程为DK32+700~DK37+250,隧道总长4550 m,本标段施工范围为榆安1号隧道DK32+700~DK35+770,隧道总长3070 m,单洞双线(其中DK33+175~DK33+315段暗挖下穿京台高速公路)。区间简况见表7-1。

表7-1 榆安1号隧道区间简况

区间名称	起止里程	区间长度(右线)/m
榆安隧道明洞结构	DK32+700~DK33+175	475
榆安隧道暗挖段	DK33+175~DK33+315	140
榆安隧道明洞结构	DK33+315~DK35+770	2 455

7.1 隧道施工组织方案

7.1.1 总体施工方案

考虑到明挖法施工风险低、工艺简单、技术成熟、施工工作面多、速度快,本区间除下穿京台高速段采用暗挖法施工之外,其余段落采用明挖法施工。基坑围护及支护方式分别为:DK32+700~DK32+900采用放坡法明挖施工,支护形式采用坡率法喷锚钢筋混凝土;DK32+900~DK32+920采用放坡法明挖施工,支护形式采用坡率法喷锚钢筋混凝土,防护形式有挡土墙、锚索;DK32+920~DK33+175及DK33+315~DK35+770采用放坡+钻孔灌注桩围护+内支撑形式,根据埋深及周边建筑的情况,部分施工段需要采用混凝土支撑;DK33+175~DK33+315下穿京台高速,为保证施工不影响地面交通,该段采用浅埋暗挖交叉中隔墙(CRD)工法施工,以管幕和小导管作为超前支护,喷射混凝土、钢筋网、钢架作为初期支护,二次衬砌采用小钢模拼装浇筑,三次衬砌采用模板台车浇筑钢筋混凝土,下穿京台高速公路暗挖段在二次衬砌和三次衬砌之间设置防水层、缓冲层。

7.1.2 施工部署

本隧道分 3 个工区:1 号工区负责 DK32+700～DK33+315 施工(明挖+暗挖),共计 615 m 正洞施工任务;2 号工区负责 DK33+315～DK34+542.5,承担 1 277.5 m 明挖隧道施工任务;3 号工区负责 DK34+542.5～DK35+770,承担 1 277.5 m 明挖隧道施工任务;暗挖段工作井由 1 号工区承担施工。为保证工期,分多个作业面同时展开,平行、流水作业。本隧道工区划分如图 7-1 所示,隧道总体施工流程如图 7-2 所示。

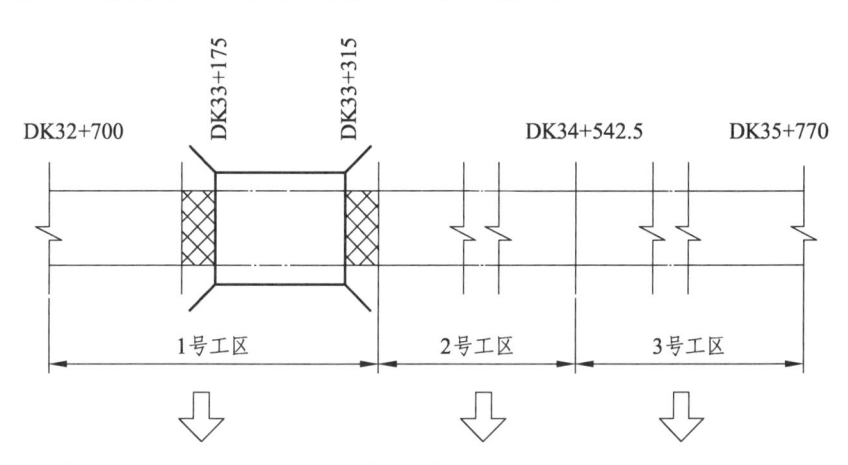

图 7-1 隧道施工区段划分图

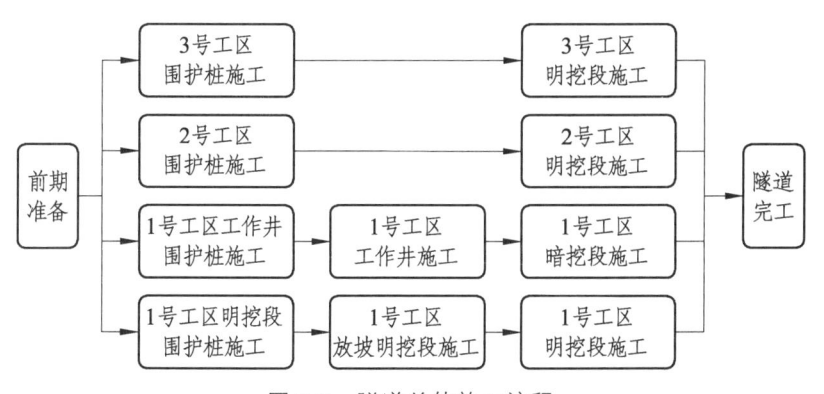

图 7-2 隧道总体施工流程

7.1.3 作业安排及任务划分

隧道计划 2019 年 3 月 15 日开工至 2020 年 9 月 28 日结束,共计 564 d(含沉降观测期)。按施工阶段不同投入相应的劳动力,以保障进度计划的实现。本隧道任务划分及劳动力安排见表 7-2。

表 7-2 劳动力计划

序号	队伍名称	劳动力/人	任务划分
1	隧道作业 1 队	140	负责榆安 1 号隧道 1 号工区及附近房屋的施工
2	隧道作业 2 队	140	负责榆安 1 号隧道 2 号工区及附近房屋的施工
3	隧道作业 3 队	140	负责榆安 1 号隧道 3 号工区的施工
4	合计	420	

7.1.4 施工进度计划

本隧道土建计划施工总工期为 564 d。计划开工日期为 2019 年 3 月 15 日,计划竣工日期为 2020 年 12 月 22 日。施工安排见表 7-3。

表 7-3 施工进度计划安排

序号	项目名称	工期/d	计划开始时间	计划完成时间
1	隧道工程	649	2019 年 3 月 15 日	2020 年 12 月 22 日
1.1	明挖段（总长 2 930 m）	649	2019 年 3 月 15 日	2020 年 12 月 22 日
1.1.1	基坑防护及防水（围护桩 4 362 根/136 014 m、止水帷幕水泥搅拌桩 9 342 根/252 518.8 m）	392	2019 年 3 月 15 日	2020 年 4 月 9 日
1.1.2	土方开挖（基底加固、钢支撑、网喷）	365	2019 年 5 月 26 日	2020 年 5 月 24 日
1.1.3	隧道衬砌及附属	457	2019 年 7 月 25 日	2020 年 10 月 23 日
1.1.4	回填土方	60	2020 年 10 月 24 日	2020 年 12 月 22 日
1.2	暗挖段（长 140 m）	520	2019 年 3 月 15 日	2020 年 8 月 15 日
1.2.1	围护结构	30	2019 年 3 月 15 日	2019 年 4 月 13 日
1.2.2	洞口开挖支护（土方开挖、钢支撑、截水天沟、超前大管棚）	45	2019 年 4 月 14 日	2019 年 5 月 28 日
1.2.3	洞身开挖支护（Ⅵ级围岩 140 m CRD 工法）	370	2019 年 5 月 29 日	2020 年 6 月 1 日
1.2.4	洞身衬砌	370	2019 年 6 月 28 日	2020 年 7 月 1 日
1.3	附属及完工	45	2020 年 7 月 2 日	2020 年 8 月 15 日

7.1.5 主要施工设备

投入本隧道的主要施工设备见表7-4。

表7-4 拟投入本项目的主要施工设备

序号	设备名称	型号规格	数量	国别产地	用于施工部位	备注
1	旋挖钻机	SR220C	10	中国湖南	围护桩	
2	液压摇动套管钻机	MZ-3	6	中国昆明	围护桩	
3	冲击钻机	CZ50	4	中国上海	围护桩	
4	长臂挖掘机	XE215CLL	8	中国徐州	基坑开挖	
5	履带起重机	QUY55	4	中国徐州	钢支撑、围护桩施工	
6	挖掘机	CAT330D	6	美国	基坑开挖	
7	装载机	ZL50CN	4	中国柳州	基坑开挖	
8	挖掘机	YC135-8	8	中国广西	倒土装运	
9	推土机	PD320Y-1	3	中国上海	基坑回填	
10	地质钻机	XY-100	2	中国云南	加固引孔	根据需要增减
11	汽车吊	QY25K	8	中国徐州	材料垂直运输	
12	自卸汽车	北奔2825	70	中国包头	土石方运输	
13	泥浆车	10 t	5	中国河北	运输废弃泥浆	
14	高压旋喷钻机	—	6	中国上海	地基加固及止水帷幕	
15	水泥自动拌浆系统	BZ-20L	2	中国大连	加固及止水帷幕浆液拌制	
16	发电机组	240 kV·A	3	中国郑州	临时用电	
17	衬砌台车	12 m	8	自制	混凝土衬砌	
18	顶进螺旋钻机	液压	2	湖南	管幕顶进	

7.1.6 施工难点和应注意的问题

1. 地下水控制处理难度大

暗挖段地下水含水砂层，位于内轨顶面以上 1~2 m 至仰拱底 1 m 范围分布。为降低施工风险，减少公路路面沉降，对本段下半断面采用超前注浆止水帷幕。

该暗挖段落施工前采用下半断面超前周边注浆及局部井点降水，确保地下水位于开挖面以下。超前周边注浆每一循环注浆长度为 27 m，开挖 24 m，并保留 3 m 止浆岩盘，注浆范围为开挖轮廓线外 3 m。注浆孔开孔直径不小于 108 mm，终孔直径不小于 90 mm，注浆孔扩散半径 3 m，孔底间距 4 m 布置。孔口管采用 ϕ108 mm、壁厚 5 mm 的热轧无缝钢管，管长 3 m，孔口管应埋设牢固，并有良好的止浆措施。止浆墙外轮廓与隧道开挖面相同，止浆墙厚度为 2.0 m，采用 C20 混凝土。施工时应严格按设计参数注浆施工，确保公路路面沉降值在规定范围之内。

2. 暗挖段土体易坍塌

在明暗分界里程处设置钻孔桩临时堵头，结合相邻段明挖基坑围护结构和暗挖隧道施工空间要求，明挖基坑明暗分界处设置混凝土内支撑体系，保障暗挖进洞端墙面稳定性。施工期间，加强对洞口段基坑围护结构的监测。同时加强施工组织管理，做好相应的应急处理措施及应急预案。

小里程端暗挖进洞位置，结合暗挖段落隧道开挖支护措施，利用明暗分界里程处明挖基坑加宽段作为管幕工作井，利用大里程端明暗分界处施工竖井作为管幕施工接收井。超前管幕结合下断面超前止水帷幕，保护隧道拱部及前方土体，防止坍塌。

采用 CRD 法施工，对掌子面分块开挖，分块封闭，防止掌子面坍塌。

任何人进洞佩戴安全帽和其他防护用品，遵章守纪，听从指挥；同时加强安全保卫，禁止闲杂人员进入。

进洞前进行登记并接受洞口值班人员检查，经班组长点名，并执行进洞挂牌、出洞摘牌制度。

施工中发现隧道内有险情，工班长、领工员立即在危险地段设立明显标志或派人看守，并迅速报告施工领导人员及时采取处理措施。若情况严重，立即将工作人员全部撤离危险地段。

在洞口或适当处所，设置急救材料储备库，储备防火、防水、防毒器材，支撑用料和各种适用工具等。备品保质保量，并不能随意挪动，使用一次后立即进行补充。

隧道掘进时加强地质超前预报，在浅埋段指派专人观测地面变化有无沉降，确保施工的安全。

3. 深基坑施工

围护桩设置足够的桩长及柱径，并采取有效的多点支撑体系，根据基坑不同深度不同的侧压力采用不同型号的钢管撑，以保证深基坑的整体稳定。施工期间应确保降水到位，不得在基坑冠梁以外 2 m 范围内行车，基坑周边不得堆载，采取有效的地下水控制处理措施。

4. 基坑施工过程中可能出现的其他问题及应对措施

基坑施工过程中可能出现的其他问题及应对措施见表 7-5[1]。

表 7-5 基坑开挖过程可能出现的其他问题及应对措施[1]

序号	开挖中可能出现的问题	安全、稳定应变措施
1	对地下管线的影响	邻近地下管线处严格控制基坑变形，加强监测，确保满足产权单位要求的变形控制指标。施工前对隧道上方管线进行改移，设计考虑管线的拆改通道。施工前应进一步排查地下管线情况，地表 3 m 范围内的土方开挖应使用人工或小型机具

续表

序号	开挖中可能出现的问题	安全、稳定应变措施
2	隧道结构开裂、渗漏水	明挖段隧道结构以自身防水为本，以施工缝、变形缝为重点，做到衬砌不漏不渗。防水等级为一级。 对地基承载力不足的地段进行地基处理，避免隧道的不均匀沉降导致开裂。明洞主体衬砌添加高效抗裂防水剂（32 kg/m）和聚丙烯网状纤维（0.9 kg/m）防止衬砌的非结构性裂缝
3	结构不均匀沉降或上浮	采用三重管高压旋喷桩进行基底满堂或裙边加固（满堂加固 3 m 深，墙角处 2.65 m 宽×3.0 m 深）。对结构进行抗浮验算，对隧道洞口段结构增加抗浮脚趾，对部分浅埋大跨段设置压顶梁
4	支撑失稳或脱落	钢支撑均设置防坠落装置，加强支撑施工质量监督，对施工完成后内支撑预加轴力进行监控量测
5	基底软化及隆起	基坑开挖过程中，采取分层、分部开挖基坑，及时架设支撑；对软弱地层、下卧层、坑底被动土压力不满足要求的提前进行土体加固；适当加大围护结构嵌固深度
6	基坑渗漏水及涌水、涌砂	① 隧道进出口明挖段采用坑外降水措施，沿隧道基坑外侧设置两排降水井。基坑开挖前，进行坑外降水，确保基坑内没有明水作业；地下水位低于基底的可根据情况设置地下水位观测井，及时掌握地下水位变化情况，坚持信息化施工运行。 ② 任何一层土方开挖前，应先检查观测井水位，是否控制在设计要求安全水位以下，不可盲目开挖，避免出现透水、突涌事故

7.2 铁路隧道开挖方法

7.2.1 钻爆法施工

我国绝大多数铁路隧道是采用钻爆法修建的，积累了极为丰富的施工经验，创造了许多施工奇迹。但在高速铁路大断面隧道，特别是超大断面隧道中，如何运用这种施工方法，有待实践。

1. 全断面法

（1）全断面法的特点。

按照隧道设计轮廓线开挖成形的施工方法称为全断面开挖法（简称全断面法）。该施工方法的特点是有较大的作业空间，有利于大型机械化配套作业、提高施工速度，工序少、干扰小，便于施工组织和管理；其缺点是由于开挖断面大，对地质条件要求严格，围岩必须有足够的自稳能力，且每次循环工作量相对较大，要求施工单位应具有较强的开挖、出渣、运输及支护能力。

（2）适用条件。

在高速铁路隧道中，全断面法主要用于Ⅰ~Ⅲ级围岩的单线隧道，在Ⅳ~Ⅴ级围岩中采用全断面法施工时，必须配合辅助工法，如正面喷射混凝土、打设正面锚杆等。在双线铁路隧道中，由于开挖面积在 140~170 m²，受施工机械作业能力的限制，难以采用全断面法。

（3）开挖工序。

全断面开挖法的工序主要有钻孔、爆破、出渣、支护、防水层铺设、衬砌和底板混凝土施工等，其中底板混凝土提前作业是确保施工安全、质量和文明施工的重要做法。

2. 台阶法

大断面隧道台阶主流施工方法有上半断面超前台阶法、上半断面中隔壁法、采用辅助工法的短台阶法3种，它们各自的优缺点见表7-6。

表7-6 大断面隧道台阶施工方法比较

工法	优点	缺点
上半断面超前台阶法	① 有效利用大型机械； ② 与中隔壁法（CD法）并用，遇不良地质亦可适用	在超大断面的场合，开挖工作面稳定性没有其他方法好，比较适合良好的围岩
上半断面中隔壁法	① 开挖面稳定性高； ② 在不良地质条件下，辅助工法规模小； ③ 超前开挖的工作面也可与导坑一样确认地质状况； ④ 在适用区间连续状况下，比CD法的开挖速度快	① 综合速度较慢； ② 后进测拱顶的锚杆不能成直角打设； ③ 中壁要废除； ④ 通风方法要研究
采用辅助工法的短台阶法	① 有效利用大型机械； ② 视围岩条件变化，可变为台阶法	① 辅助工法规模大； ② 需要掌子面前方探查以决定辅助工法

台阶法一般适用于Ⅲ、Ⅳ级围岩，Ⅴ级围岩应先进行超前支护后再采用台阶法开挖，单线隧道及围岩地质条件较好的双线隧道可采用二台阶法；隧道断面较高、单层台阶断面尺寸较大时可采用三台阶法；当地质条件较差时，为增加掌子面自稳能力，可采用三台阶预留核心土法开挖[2]。下面介绍几种常见的台阶法。

（1）导坑超前扩挖台阶法。

这是指在开挖主洞之前，先用钻爆法快速掘进一个超前导坑，进行地质调查、排水以及围岩改良等作业，而后再次用钻爆法进行扩挖的一种施工方法，即先由爆破法开挖一个小导坑形成临空面，再使用钻爆法开挖。

导坑超前施工是为了提高开挖工作面的自稳性，方便地质预报、排水等而实施的一个工艺。考虑到机械效率，导坑断面积可取 10~30 m²，当遇到大量涌水时可增大到 100 m²[3]。整个隧道断面的爆破分为导坑爆破和扩大爆破，即先进行一次爆破，加以支护稳定后再进行扩大爆破。

导坑超前扩挖法的特点是：

① 开挖工作面稳定性高，辅助工法规模小；

② 有涌水的场所，导坑可以作为排水坑道；

③ 可从导坑进行围岩补强。

其缺点是：

① 导坑和扩挖交互掘进，施工干扰大；

② 导坑需要通风；

③ 导坑支护要废除。

（2）多层台阶法。

当隧道断面较高时，可以用多层台阶法开挖。

台阶长度一般不超过1.5倍洞径。多层台阶法通常用在单层台阶上半断面掘进的导坑尺寸较大、开挖面难以自稳的情况。由于在低强度的围岩中，整个开挖断面要分为三步开挖，故开挖造成的应力重分布的次数较多，而且台阶多，断面闭合的时间也加长。所以，在选择这种方法时，先要进行充分研究，在采用稳定开挖面的辅助工法（开挖面超前锚杆与喷射混凝土、小型管棚、改良围岩等）分两步开挖仍很困难时才采用。在地表有建筑物等情况，预计地表、洞内下沉（位移）超过允许限值时，应同时采用临时仰拱控制变形发展。

（3）短台阶和微台阶法。

大断面隧道施工中也经常采用短台阶法和微台阶法等。

短台阶法的长度约在15 m，这种方法由于上、下半断面的开挖面较接近，两个开挖面作业有干扰，而且存在上半断面出渣打乱开挖循环平衡的问题。上半断面的出渣可用斜坡道、皮带输送机、装载转运机等组合。

微台阶法的台阶长度为5~8 m。该法适用于膨胀性围岩和土质围岩及早封闭断面的情况。在以全断面开挖法为主要方法的硬质围岩中，由于部分地质条件变化而需要采用分部开挖时也可用此方法。微台阶法施工时的上、下半断面的开挖面是同时掘进的，出渣同时进行。

（4）中隔墙台阶法。

当开挖工作面地层自稳能力较差，上台阶开挖后拱脚支承在未开挖岩体上的自稳时间较短，且开挖断面跨度较大时，可采用中隔墙台阶法（通常配合临时仰拱使用）。通过中隔墙的分载作用可减轻两侧拱墙的压力，降低地表沉陷值以确保施工安全。

采用中隔墙台阶法开挖时，上台阶开挖长度一般控制在1.5倍洞径以内，并辅之以超前小导管注浆加固围岩、留核心土环形开挖等措施。由于中隔墙的限制，一般上台阶采用人工开挖、人工出渣，下台阶采用机械开挖、机械出渣。

（5）临时仰拱封闭台阶法。

临时仰拱封闭台阶法是以控制地表和洞内下沉（位移）为目的，在整个断面闭合的过程中对分部开挖断面采用临时仰拱闭合的方法。

开挖方法采用上部弧形导坑开挖，留核心土，上导坑初期支护设置大拱脚，并设拱脚支承桩（钢管桩、旋喷桩等），喷射混凝土 30 cm 厚，设临时仰拱，无管棚支护范围设长度为 6 m 的锚杆，格栅钢架间距 0.5~1.0 m。

3. 双侧壁导坑法

（1）施工概述。

双侧壁导坑法，又称双侧壁导洞法或眼镜工法。该法以新奥法基本原理为依据，将大断面隧道分割为多个洞室，以解决大断面、浅埋、下穿已有构造物隧道开挖的安全性问题。其特点是：在开挖导坑时，尽量减少对围岩的扰动，导坑断面近似椭圆，周边轮廓圆顺，避免应力集中；初期支护采用钢拱架、锚杆、钢筋、喷射混凝土柔性支护体系，及时施作，使开挖断面及早闭合，以便充分利用围岩的自承能力，控制围岩变形；建立一整套围岩支护结构监控量测系统，进行信息化施工管理，随时掌握施工过程中的动态变化，合理安排、调整施工工艺和设计参数，确保施工安全。

双侧壁导坑法主要适用于围岩较差，开挖断面很大的大断面隧道，如高速铁路大断面隧道等。该法工序较复杂，导坑的支护拆除困难，为了稳定开挖工作面，常和超前预注浆等辅助施工措施配合使用。一般采用人工、机械混合开挖与出渣[4]。

（2）施工工序。

导坑内也分成上、下两个台阶施工，台阶高度的确定最好以能满足小型机械施工为原则，以提高导坑的作业效率。台阶长度根据选择的开挖机械的施工能力确定。

双侧壁导坑法施工的关键在于各工序的施工质量，特别是支承钢架的连接一定要紧密，要加强量测，确保施工安全。

双侧壁导坑法是一项边开挖边支护的施工技术。其原理是利用两个中隔壁把整个隧道大断面分成左中右 3 个小断面施工，左右导洞先行，中间断面紧跟其后，初期支护仰拱成环后，拆除两侧导洞临时支撑，形成全断面。两侧导洞皆为倒鹅蛋形，有利于控制拱顶下沉。该方法主要适用于黏性土层、砂层、砂卵层等地层[5]。

4. 中隔壁法

中隔壁法是分部开挖施工方法中的常用工法，一般适用于Ⅳ、Ⅴ级围岩浅埋双线隧道，对于软弱围岩或者三线隧道应增设临时仰拱。

（1）中隔壁法。

在软弱围岩大跨隧道中，先开挖隧道的一侧，并施作中隔壁墙，然后再分部开挖隧道另一侧，中隔壁应设置为弧形。若设置临时仰拱时，临时仰拱也设为弧形，各部施工应步步成环。开挖时，同层左、右两侧沿纵向应错开 10~15 m，采用短台阶，开挖一循环不能大于初期支护钢架设计间距。周边轮廓应圆顺，避免应力集中。

（2）中隔壁法施工的特点。

该工法在保证各工序施工质量的前提下相对安全可靠，有利于控制地表沉降；但此工法的施工工序繁多，施工组织复杂，施工进度较缓慢，一般月进尺在 30~50 m。采用此方法施工，应设法多利用小型机械，以提高作业效率。通常采用的小型设备有小型反铲挖掘机、小型挖掘装载机、皮带运输机、小型钻机等。

7.2.2 机械开挖法施工

机械开挖施工法主要包括机械化大断面法、掘进机法、盾构法、单臂掘进机法、铣挖法等。

1. 机械化大断面法

（1）机械化配套形式。

机械化大断面法采用大型机械化配套，并按设计断面一次爆破开挖成型的施工方法，一般包括全断面法或微台阶法。围岩条件差的时候考虑新意法的理念，即隧道变形取决于隧道掌子面前方核心土挤出的变形量。

（2）施工机械配置原则。

高速铁路隧道机械化大断面法施工机械配套应做到经济适用、整体高效，根据隧道长度、工期要求、围岩地质条件、断面大小、辅助坑道设置、环境条件、场地条件等综合因素进行配套方案设计，并且遵循下列原则：

① 机械化配套设备应与主要施工方法相配套，与施工工期相适应。

② 机械化配套生产能力应大于均衡生产能力，最大限度发挥机械设备总体效率[6]。

③ 长隧道洞口或隧道群间，应设置修配机构或车间，并配备相应的修理加工机械，储备定数量的零部件和原材料[6]。

④ 优先选择环保节能的机械设备。

（3）施工机械配置分类。

根据施工机械的配置，主要分为：

① Ⅰ型机械化配套。

这是一种隧道大断面钻爆法机械化配套形式，施工机械配置按超前支护、开挖、初期支护、二次衬砌等4条基本作业线组成，主要配套设备为凿岩台车、注浆台车、钢架安装台车、混凝土湿喷台车、自行式仰拱栈桥、防水板钢筋作业台车、衬砌台车、自动养护台车、沟槽模板台车等。

② Ⅱ型机械化配套。

这种隧道大断面钻爆法机械化配套形式，与Ⅰ型机械化配套的主要区别在超前支护、开挖、初期支护等作业线由机械化程度相对较低的多功能钻机、注浆泵、风动凿岩机、多功能台架代替，其他配置与Ⅰ型机械化配套一致[7]。

2. 掘进机（TBM）法

隧道掘进机（Tunnel Boring Machine，TBM）通常是指岩石隧道全断面掘进机，是一种集掘进、出渣、支护和通风防尘等多功能为一体的大型高效隧道施工机械。TBM适用于中硬岩地质的隧道施工，采用机械破碎岩石的方法开挖。与钻爆法相比，掘进机法具有以下明显优点：

① 开挖轮廓圆顺，超挖量少，可减少支护工作量。

② 作业连续，施工效率高。它可进行掘进、出渣、支护一条龙连续作业，在中硬岩条件下，施工速度为钻爆法的 3~5 倍。

③ 对围岩扰动小，避免因爆破震动可能引起的围岩松动坍塌，施工安全性好。

④ 使用劳动力少，劳动强度低，作业环境好，有利于保护作业人员的健康。

尽管 TBM 施工对隧道围岩条件的适应能力受到一定限制，设备购置和施工费用较高，但随着科学技术的进步，TBM 设计制造及施工技术日趋成熟和完善，已经成为特长隧道施工的主要方法之一[8]。

（1）TBM 类型及特点。

TBM 一般分为开敞式 TBM 和护盾式 TBM。

① 开敞式 TBM。

开敞式 TBM 主要用于围岩较好、强度较高的岩石，没有较大破碎带、断层和地下水的地质状况，一般随开挖在刀盘后部施作临时支护，然后再根据需要施作二次衬砌[8]。刀盘掘进所需的推动力，由水平支撑靴作用于洞室侧壁提供。

② 护盾式 TBM。

护盾式 TBM 分为单护盾 TBM 和双护盾 TBM。

单护盾 TBM 适用于仅能自稳、不落的软岩体，采用预制混凝管片施工。单护盾 TBM 具有全圆的护盾，以防开挖后洞室的掉块、落石和局部坍塌，避免塌落的岩石砸坏刀具或铲斗。单护盾 TBM 掘进时护盾随刀盘起前进，在护盾的保护下完成隧道掘进、出渣及衬砌作业。由于围岩软弱，不能承受推进产生的支撑力，单护盾 TBM 的推进和衬砌不能同时进行，刀盘推进时需由已完成的衬砌提供顶推力[9]。

双护盾 TBM 又称伸缩护盾式 TBM，适用于混合地层施工，既可用于硬岩，又可用于软岩，其地质适应性非常广泛。双护盾 TBM 同样具有全圆护盾，使其在采取必要措施的情况下，能安全穿越软土、砂土地层，甚至断层破碎带。同时因其具有双护盾构造，在较坚硬的围岩中掘进时，前护盾与刀盘一同向前推进，后护盾用两边的支撑靴撑紧在岩石上，为刀盘推进提供顶推力。这样，因掘进所需要的顶推力不由已完成的衬砌环提供，使掘进与安装管片可以同时进行，加快了施工进度。伸缩护盾形式是双护盾 TBM 独有的技术特点，是实现软硬岩作业转换的关键[9]。

（2）TBM 的使用条件。

① 地质条件。

掘进机对掘进通过的岩石地层最为敏感。一般的软岩、硬岩、断层破碎带，可采用不同类型的掘进机辅以必要的预加固和支护设备掘进；但大型岩溶暗河发育的隧道或极高地应力隧道、软岩大变形隧道、可能发生较大规模涌水突泥的隧道等特殊不良地质隧道[10]，不适合使用掘进机施工。

② 隧道长度条件。

掘进机体积庞大，运输移动较困难，施工准备和辅助施工的配套系统较复杂，加工制造工期长，因此对短隧道和中长隧道很难发挥其优越性。国外的实践表明，当隧道长度与直径之比大于 600 时，采用掘进机施工是经济的。一般的单线铁路隧道，开挖直径通常在

10 m左右，由此可得，大于6 km的隧道可以考虑采用掘进机施工。但我国劳动力资源丰富，钻爆法施工是我国的强项，采用钻爆法已成功修建了4 000 km以上的铁路隧道，并且施工的进度仍在逐年加快。因此，一般小于10 km的隧道难以发挥掘进机的优越性，而钻爆法则具有经济、快速的优势；对于10～20 km的特长隧道，可以对掘进机法和钻爆法施工进行经济技术比较，根据各隧道的特点，选择适宜的施工方法；对大于20 km的特长隧道，宜优先采用掘进机法施工[11]。

③ 隧道断面的合理性。

断面直径过小，后配套系统不易布置，施工较困难；而断面过大时，又会带来电能不足、运输困难、造价过高等问题。较适宜掘进机施工的隧道断面直径为 3～12 m；对于直径为12～15 m的隧道，应根据围岩地质情况和掘进长度、外界条件等因素综合比较；对于直径大于15 m的隧道，则不宜采用掘进机施工。通常认为单线铁路隧道断面较适宜掘进机施工。

④ 运输方案和施工场地的条件。

掘进机设备系统庞大，全套设备质量往往达几千吨，最大部件质量甚至达几百吨，拼装长度最长达 200 m。洞外配套设施有混凝土拌和系统，管片预制厂，修理车间，各种配件、材料库，供水、电、风系统，运渣和翻渣系统，装卸调运系统，进场场区道路，掘进机的组装场地等，这些对隧道的施工场地和运输方案等都提出了很高的要求。可能有些隧道虽然长度和地质条件较适合采用掘进机施工，但运输道路难以满足要求，或者现场不具备布置掘进机施工场地的条件，而不能考虑采用掘进机施工。

除了以上几点外，掘进机施工还需要高负荷的电力保证、熟练高素质的技术人员和管理队伍、前期购买设备的经济实力等，这些都直接影响到掘进机的施工[11]。

（3）TBM掘进作业。

① 掘进模式的选择。

TBM主控室有3种工作模式，即自动控制推进模式、自动控制扭矩模式和手动控制模式。

a. 在均质硬岩条件下，应选择自动控制推进模式，此时既不会过载，又能保证有较高的掘进速度。

判断依据是：如果在掘进时推力先达到最大值而扭矩未达到额定值，则可判定为硬岩状态，可选择自动控制推进模式[12]。

b. 在均质软岩条件下，推力不会太大，刀盘扭矩变化是主要的。

判断依据是：如果在掘进时扭矩先达到额定值而推力未达到额定值或二者同时达到额定值，则可判定为软岩状态，加之地质较均匀，可选择自动控制扭矩模式。

c. 如果不能肯定岩石状态，或岩石硬度变化不均匀，或岩石节理发育，存在破碎带、断层或裂隙较多时，必须选择手动控制模式。

在手动控制模式作业过程中，如岩石较硬，推进力先达到额定值，且岩石较完整，此时应根据推进力模式操作，限制推进压力不超过额定值。如果岩石节理较发育，裂隙较多或存在破碎带、断层等，此时应依据扭矩模式操作，主要以扭矩变化并结合推进力参数来选择掘进参数。无论在何种岩石状况下，手动控制模式都能适用。

② 掘进参数的选择。

a. 在不同地质条件下，TBM 的推力刀盘转速和刀盘扭矩等掘进参数是不同的。虽然 TBM 配备自动推力和自动扭矩操作模式，但由于岩石的均匀性相对较差，所以在 TBM 掘进作业中，通常采用人工操作模式，根据不同的地质条件及时调整 TBM 的掘进参数，以使 TBM 安全高效地通过不同的地质地段。

b. TBM 从硬岩进入软弱破碎围岩时，相应的掘进主参数和皮带输送机的渣量、渣粒会出现明显的变化。据此变化可大致判断 TBM 刀盘工作面的围岩状况并采用人工操作模式，及时调整掘进参数。

- 推进速度（贯入度）：在硬岩情况下，贯入度一般为 9~12 mm。当进入软弱围岩过渡段时，贯入度有微小的上升趋势，出于 TBM 皮带输送机出渣能力的考虑，现场操作一般不允许有较长的贯入度上升时间，此时贯入度随给定推进速度的下降而降低。当完全进入软弱围岩时，贯入度相对稳定，一般在 3~6 mm。
- 推力（推进压力）：在硬岩情况下，推进速度一般约为额定值的 75%，推进压力也呈相应比例。当进入软弱围岩过渡段时，推进压力呈反抛物线形态下降，下降时间与过渡段长度成正比，推进速度随推进压力的下降而适当调低。当完全进入软弱围岩时，压力趋于相对平稳，此时推进速度一般维持在 40%左右。
- 扭矩：在硬岩情况下，扭矩一般为额定值的 50%。当进入软弱围岩过渡段时，扭矩有缓慢上升趋势，上升时间与过渡段长度成正比。当完全进入软弱围岩时，由于推进速度的下降，扭矩相应降低，一般在 80%左右。
- 刀盘转速：在硬岩情况下，刀盘转速一般为 6.0 r/min。当进入软弱围岩过渡段后期时，调整刀盘转速为 3~4 r/min。当完全进入软弱围岩时，刀盘转速维持在 2.0 r/min 左右。
- 支撑靴支撑力：在硬岩情况下，支撑靴支撑力一般为额定值。当支撑靴进入软弱围岩过渡段时，支撑靴支撑力一般调整为额定值的 90%左右。当支撑靴进入软弱围岩地段时（现场需要做相应处理），支撑靴支撑力一般调整为最低限定值，必要时需要改变可编程控制器（PLC）程序来设定限值，并根据刀盘前部围岩状况，随时调整推进速度，以确保 TBM 有足够的稳定性[12]。

3. 盾构法

盾构法是软土隧道掘进施工的一种有效方法，可适用于多种地层。我国广深港客运专线狮子洋隧道就是采用盾构法施工的隧道。

盾构实质上就是软土隧道掘进机。它既可能是机械开挖，也可能是人工开挖。同时它既是一种施工机具，又是一个强有力的临时支撑结构。盾构在盾壳的保护下，进行开挖、衬砌，具有不影响地面交通、没有振动、对地面邻近建筑物危害较小等优点。

（1）盾构的类型。

盾构按掘削面的开敞程度可分为敞开式盾构和封闭式盾构，按掘削地层的种类可分为硬岩盾构、软岩（土）盾构和复合式盾构，按盾构机横截面的大小可分为小型盾构、中型盾构和大型盾构[13]。

（2）盾构的选择。

选取盾构法的关键在于掌握各种盾构法的特征。其中，选择适合土质条件并确保工作面稳定的盾构机类型及合理辅助工法最为重要[13]。此外，盾构的外径、覆土厚度、线形（曲线施工时的曲率半径等）、掘进距离、工期、竖井用地、路线附近的重要构造物与障碍物等地域环境条件的考虑也至关重要，当然还应考虑安全性和成本[14]。

① 半机械式盾构：适用于开挖面可以自稳的围岩条件。适合的土质主要是洪积形成的砂砾、砂、固结粉砂及黏土，不适合软弱的冲积层。在使用压气施工、地下水降低施工、化学加固施工等辅助措施方面与手掘式盾构相同。

② 机械式盾构：在头部安装有可连续开挖土砂的旋转刀盘。刀盘可分为面板形和轮辐形。面板形是通过面板来维持开挖面稳定，并通过开口率解决块石、卵石的排出问题。轮辐形一般用于开挖面易于稳定的小断面盾构，针对块石、卵石而使用，主要用于开挖面可以自立稳定的洪积地层中；对于开挖面不易自稳的冲积地层，应结合压气施工、地下水降低施工、化学加固施工等辅助措施使用。

③ 挤压式盾构：适合于冲积形成的粉质砂层。由于是从开口部取出土砂，所以不能用于硬质地层。如果砂粒含量太大，则会造成堵塞；相反，如果地基的液性指数太高，则会造成取土过量。必须通过研究土质条件、开挖面开口比来决定合适的推进力。

④ 泥水加压式盾构：泥水加压式盾构比较适合于河底海底等高水压力条件下隧道的施工。泥水加压式盾构适用于冲积形成的松散砂、粉砂、黏土层、弱固结的地基以及含水率高、开挖面不稳定的地层，适用于洪积形成的砂砾、砂、固结粉砂、黏土层以及含水率很高、固结松散、易于发生涌水破坏的地层[15]。但是，对于难以维持开挖面稳定的高透水性地基、砾石地基，有时也要考虑采用辅助施工方法。

⑤ 土压平衡式盾构：适用于含水率和粒度组成比较适中的粉土、黏土砂质粉土、砂质黏土、夹砂粉黏土等可以直接从掘削面流入土舱及螺旋排土器的土质，不适用于含砂粒量过多的不具备流动性的土质。

⑥ 泥土压式盾构：一种适应含砂量过高而不具备流动性，通过添加泥水使泥土压力可以较好地作用到掘削面上，且可使掘削土砂的流动性增加，通过排土器排出的盾构。泥土压式盾构适用于洪积形成的砂砾、砂、固结粉砂、黏土等固结度比较低的软弱地基、洪积地基以及软硬相连的地基，在土质方面的适用性是最广泛的。但是，在高水压地基中，仅用螺旋排土器难以保持开挖面的稳定，还需采用安装保持压力的过滤器、连接压送泵、改良切削土等方法[15]。

4. 单臂掘进机法

单臂掘进机又称自由断面掘进机，它与全断面掘进机最大的不同就是可以开挖任意断面形状的隧道[16]，在软岩和小断面隧道中得到了比较广泛的应用。

自由断面掘进机适合地质条件比较稳定的砂岩、泥岩等软弱围岩。掘进机具有位置检知装置和演算装置，使其能够自动控制开挖；同时还装备有光波测距装置、画像处理装置、臂旋转装置、自动测量装置等，在开挖过程中能随时提供姿态情报，改变掘进机的姿态进行开挖作业。

在10~20 km的特长隧道中，一般会对掘进机法和钻爆法施工进行经济技术比较，根据各隧道的特点，选择适宜的施工方法[11]，各类方法比选见表7-7[17]。

表7-7 单臂掘进机法与钻爆法施工比选[17]

施工方法	钻爆法	单臂掘进机法
施工质量	受地质钻爆作业技术水平限制，大多数隧道超欠挖严重，质量差。初期支持、喷射混凝土、防水板等质量控制难度大	受地质、机械操作人员水平影响小，大多数隧道开挖圆顺，质量好，超欠挖控制好。初期支持喷射混凝土防水板等，质量易控制
施工安全性	围岩扰动大，围岩松弛范围大，安全风险高，运营线施工及防护安全等级高	围岩扰动微小，围岩松弛范围小，安全风险低
施工难度	难度大，洞内环境差	难度大，洞内环境差
施工效率	在软岩施工中效率低下，在中硬岩施工中有优势；劳动力要求人数多；运营线防护施工周期长；工序流水多（钻孔—装药爆破—通风支护—出渣）	在中软岩施工中效率高，有优势，在硬岩施工中有劣势；劳动力要求人数少；掘进与出渣工序可同步
对围岩和环境的适应性	适应各类围岩，但对建筑等敏感区域爆破震动控制难度加大	适用于中软岩（80 MPa以下），在隧道周边有建筑物、邻近运营线等敏感区域施工有优势，刀齿消耗大
经济性	运营线施工及防护费用投入大	设备工装摊销及投入较大

5. 铣挖法

铣挖法是近年来兴起的一种新的施工方法，它通过将一种称为铣挖机的设备安装在任何类型的液压挖掘机上，高效替代挖斗、破碎锤、液压钳等通用配置，应用于隧道掘进及轮廓修整、渠道沟槽铣掘、建筑物拆除、沥青混凝土路面铣挖、岩石冻土铣挖、树根铣削等多个领域。铣挖机为隧道开挖提供了一种崭新的施工方法，适用于多种地质条件。

铣挖机主要有横向铣挖机和纵向铣挖机两种基本类型，可以分别装配在2~3.5 t和3~4.5 t的挖掘机上。其主要特点如下：

铣挖范围广：无论是岩石还是钢筋混凝土都可以满足铣挖机的使用条件，在中低硬度的岩石中开挖最大速度可达40 m³/h，也可用在无钢筋或有少量钢筋的混凝土中，可以轻松地铣挖配有ϕ30 mm以下钢筋的混凝土。

低振动、低噪声：可替代爆破施工，在有振动或噪声限制的地域如古建筑、医院、学校周围的施工工程中，可较好地保护环境。

精确控制施工：在隧道开挖中，不但可以解决超欠挖问题，准确地修整开挖轮廓，还能有效降低造价。

安全性好：使用铣挖机取代人工进行软岩或破碎岩层的隧道掘进，降低了掌子面前方工人开挖的危险，提高了隧道施工的安全性。

使用方便：铣挖机的安装使用极为简单方便，不需要特殊的配套设备，可安装在任意一台既有的挖掘机上[18]。

根据具体的隧道特点，也会对钻爆法和铣挖法施工进行经济技术比较，选择适宜的施工方法，见表 7-8[18]。

表 7-8　钻爆法与铣挖法施工比选[18]

施工方法	钻爆法	铣挖法
功效	每循环耗时长	每循环耗时短
费用	每循环开挖费用较高	每循环开挖费用较少
安全性	爆破产生震动对地面结构影响较大，在不良地段对岩层扰动较大，安全性相对低	施工稳定性好，减小了对围岩的扰动，避免由于爆破振动而造成的岩石强度降低、岩石结构松动、岩石结构局部破裂等不利情况，并能有利于保护原有承载力，不易造成大面积塌方
超欠开挖	钻爆法施工对超欠挖的控制相对较差	有效控制超欠挖，美观隧道轮廓的精确成型及局部碎块状风化岩层
实用性	爆破适用于Ⅰ至Ⅴ类常见围岩，适用性较广，工艺较成熟	适用散体状强风化、全风化有水无水岩层及局部碎块状风化岩层

7.3　铁路隧道明挖段施工方法

7.3.1　放坡开挖施工

基坑开挖遵循"分层、分段、分区、对称、均衡、限时"的原则，并遵循"边挖边护、开挖一层、支护一层"的原则。放坡开挖的分级及坡度按设计要求。

1. 场地清理

开挖前清除开挖范围内地表上的障碍物。根据现场地形变化情况，清理开挖范围内弃土、草皮，对地表进行平整、形成开挖作业面。

2. 测量放线

根据设计图纸，准确放出基坑开挖边线，每 20 m 一个断面，设置标示桩，用尼龙线将标示桩连接起来，作为基坑开挖的界限。

现场配置 2 台全站仪，每级开挖到位后及时复测底口线、坡比等，然后设置定位指示桩、尼龙线标示等，向前分层开挖，防止出现超挖。

3. 施作基坑截水沟

基坑开挖前，在距基坑边缘 0.5 m 处，设置 40 cm×30 cm 截水沟，纵向坡度 3%，截水沟采用混凝土浇筑，截水沟与地面原有永久排水、截水系统相结合，确保及时将外部积水排除，以防止外部积水进入基坑。

开挖到位后及时在平台的坡脚处开挖 40 m×30 cm 的截水沟。

在基坑开挖过程中，根据坑底高程，确定井点降水水位。

4. 放坡土方开挖

对土层进行放坡开挖，每次开挖高度不大于 1.0 m，并及时挂网喷混凝土，并施作土钉支护，完成后方可继续开挖。

7.3.2 土钉墙施工方法及工艺

土钉墙临时支护用于隧道明挖放坡开挖和钻孔灌注桩段的临时防护。每层开挖后及时施作土钉支护，分层高度采用 2 m。泄水孔采用 2 m 间距梅花形布置。

土钉墙施工工艺流程如图 7-3 所示。

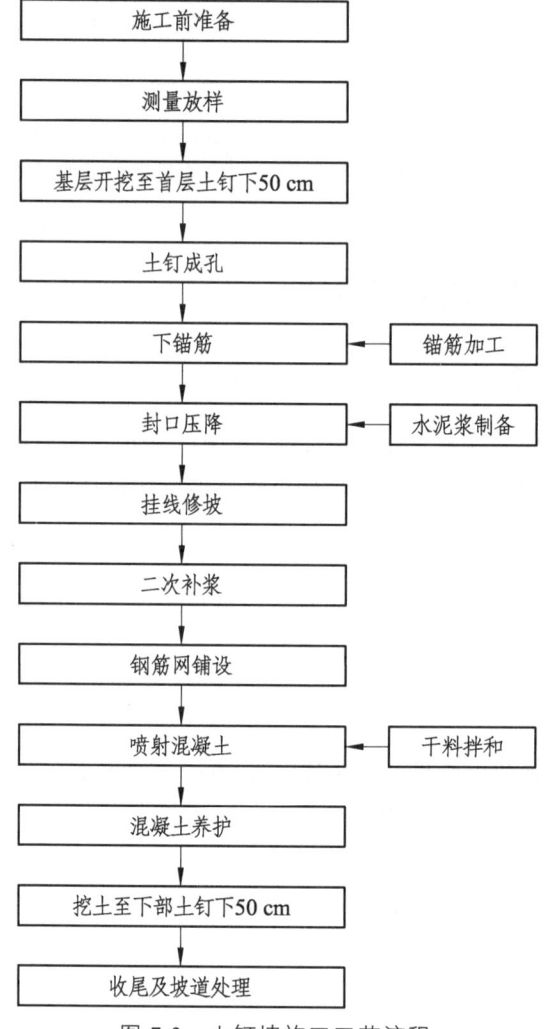

图 7-3 土钉墙施工工艺流程

1. 土方开挖与人工修坡

利用土钉技术进行边坡支护，基坑土方开挖必须与支护互相配合，要求按设计分层分段开挖。对开挖后的边坡段，用人工及时修整，削平削直，削到位。主要技术措施包括：

（1）土钉支护应按设计规定的分层开挖深度按作业顺序施工，在完成上层作业面的土钉与喷射混凝土以前，不得进行下一层深度的开挖。

（2）当用机械进行土方作业时，严禁边壁出现超挖或造成边壁土体松动。基坑的边壁宜采用小机具或铲锹进行切削清坡，以保证边坡平整并符合设计规定的坡度。

（3）支护分层开挖和施工的作业顺序应保证修整后的裸露边坡能在规定的时间内保持自立并在限定的时间内完成支护，即及时设置土钉或喷射混凝土。基坑在水平方向的开挖也应分段进行，可取 10~20 m。

2. 施作土钉

（1）成孔：根据地层条件，采用洛阳铲人工成孔和机械成孔两种方法，一般采用人工成孔，无法人工成孔的再采用机械成孔。成孔后放入钢筋，并将注浆管插入孔底[19]。

（2）注浆：用灌浆泵注入水泥浆，水泥浆水灰比 0.45，注浆压力 0.1 MPa，灌至浆液从孔口返回即可。

3. 挂 网

在已整平的坡面上挂网，土钉端部用 ⌀16 加强筋将土钉与钢筋网相互压紧焊牢。

4. 喷射混凝土

喷射混凝土的喷射顺序应自下而上，喷头与受喷面距离宜控制在 0.8~1.5 m 范围内，喷射方向垂直指向喷射面，但在钢筋部位，应先喷填钢筋后方，然后再喷填钢筋前方，防止在钢筋背面出现空隙[20]。

7.3.3 围护桩桩间防护

围护桩桩间防护采用挂网喷混的形式。防护面层由钢筋网、挂网钢筋和横向拉筋构成，钢筋网与横向拉筋采用绑扎连接，横向钢筋与挂网钢筋采用单面焊接，焊接长度不小于 10d，详见图 7-4。

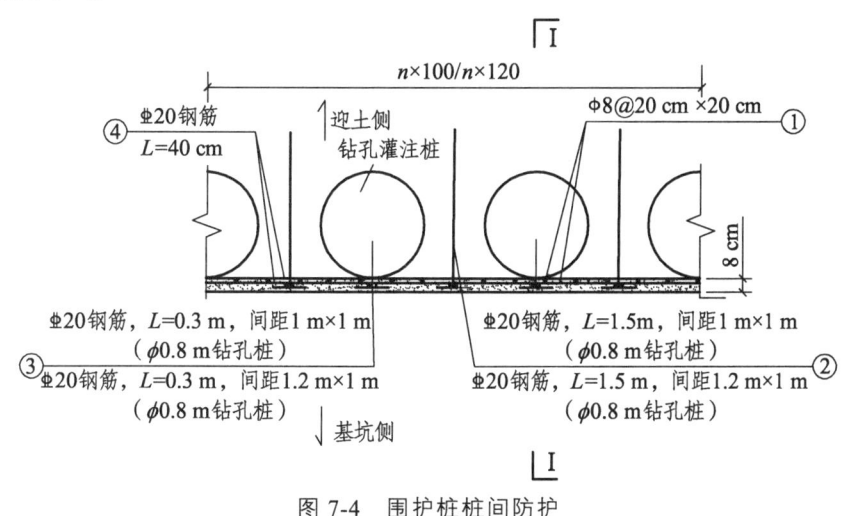

图 7-4 围护桩桩间防护

1. 工艺流程

机械和人工配合清理桩间土→桩处理→铺设钢筋网片并按照要求设置挂网钢筋→设置横向拉筋→喷射混凝土→养护→转入下个循环。

2. 施工要点及施工方法

（1）桩间土清理。

网喷桩间土清理采用人工配合机械，使之能满足喷射厚度要求。施工时应注意开挖、挂网、喷射混凝土工序的有效衔接，保证开挖后 2~3 小时内完成喷射支护。

（2）桩处理。

对于凸出的桩，应将突出部分凿至与喷射后混凝土面相平。对于凸出较多的桩，凿出主筋后仍不能满足网喷面要求的，应上报做特殊的技术处理。对于凹进去的桩，应尽可能保留桩外土，采用人工铲平到网喷前的位置[21]。

（3）网片安装。

桩处理完成后应立即铺挂钢筋网片，采用 30 cm 长的钢筋与围护桩固定，1.5 m 长的钢筋与桩间土层固定。网片与挂网钢筋和横向钢筋间要连接牢固，喷射混凝土时钢筋网片不晃动；同时要确保网片与围护坡面土体间距离不小于 20 mm。钢筋网片的搭接长度应不小于 $30d$，并不得小于一个网格边长。喷混前应检查确保钢筋网交叉点开焊数量不得大于整个焊接网交叉点总数的 1%，并且任意 1 根钢筋上开焊数量不得大于该根钢筋交叉点总数的 1/2；钢筋网最外边钢筋上的交叉点不得开焊。

（4）喷射混凝土。

设计网喷厚度为 100 mm，桩间土面不得长期暴露在外，做到随土方开挖及时挂网及时喷护。如出现塌方等情况时，必须以草袋子堵住塌方部位，并立即挂网喷护，喷射混凝土时还应预留注浆口，等到混凝土初凝后，再注浆加固土体。局部滞水丰富处，采用插管引流，做防水施工时再注浆封堵引流管。

喷射混凝土前应做好喷射面的标志，以保证喷射面平整且不超喷或欠喷。在桩间土上每隔 2 m 钉上用来控制喷射混凝土厚度的木橛。

喷射作业应分层、分段、分片依次进行，喷射混凝土应在作业完成后 2 h 后喷水养护，养护时间不应少于 7 d。喷射混凝土应密实、平整、无裂缝、脱落、漏喷、漏筋、空鼓、渗漏水等现象，平整度允许偏差 10 mm。

7.3.4 钻孔灌注桩

1. 施工顺序及工艺流程

隧道工程的钻孔灌注桩施工采用旋挖钻施工。为避免造成串孔和塌孔，另外考虑到工作面问题，成孔采用跳挖方式，钻孔顺序如图 7-5 所示。桩基采取导管法灌注水下混凝土工艺，施工工艺流程如图 7-6 所示。

图 7-5 钻孔桩施工顺序

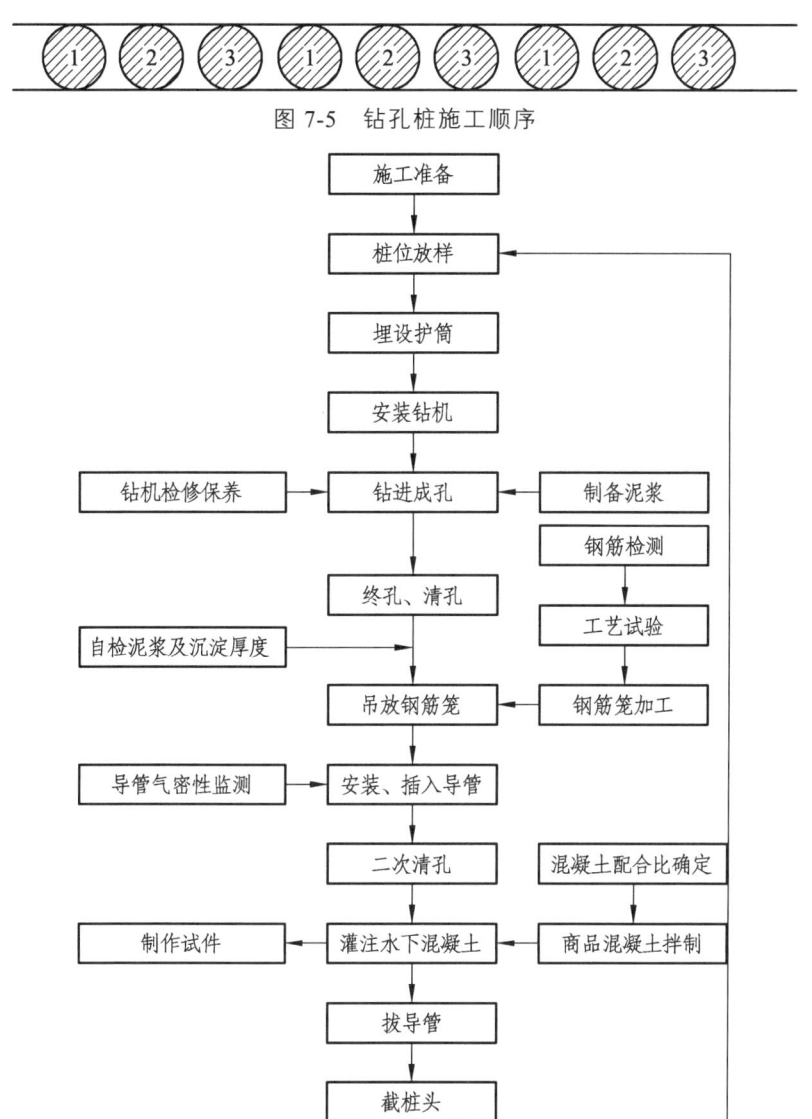

图 7-6 钻孔灌注桩工艺流程

2. 桩基施工方法

（1）测量放线。

根据交接桩进行在施工场地内设立加密测量导线网和水准点，施工前进行复核以确保放线的准确性。

（2）护筒埋设。

准确测设桩位，并在中心桩位周围埋设护桩，依据护筒直径挖至地面以下 0.5~1.0 m，采用人工配合旋挖钻机埋设，在护筒周围对称、均匀地回填最佳含水量黏土，分层夯实，水下混凝土灌注完 24 h 内拔除，就位后再次校核桩中心位置。

（3）钻机就位及钻进。

钻进前先调整钻机的水平、垂直仪，使气泡居中，然后伸缩钻杆，使钻头底部导向尖对准桩位中心，钻头自然放松，根据护桩到钻头外壁的距离进行对位校核，严格控制孔位偏差在允许误差范围内。

钻进时，缓慢旋转放下钻杆，当进尺在护筒顶以下一定深度时，进行孔内注浆，以防止钻过深影响钻孔质量。在钻进过程中及时向孔内补充泥浆，泥浆面确保低于原地面约 20 cm，以保持孔壁稳定，同时保证文明施工，不致泥浆外溢[22]。

（4）成孔验收。

当钻至离桩底设计标高 2~3 m 时，技术人员及时验孔，孔深控制以测绳测出的周边 4 点平均值为准；钻进至设计孔深时，钻斗底部加装挡砂板，捞取残存散落的原状土及砂土[22]。终孔后，监测泥浆各项指标，及时下放钢筋笼和导管。

（5）成孔桩径桩位质量控制方法。

钻进前调整钻机水平、垂直仪，使气泡居中，钻头底部导向尖对准桩位中心开始钻进。每钻进 3~5 回次后应调整一次水平、垂直仪器，使气泡居中，能有效保证成孔的垂直度小于 3‰。旋挖钻机施工过程中必须定期检查钻斗的磨损情况，对于磨损较严重的钻点要及时更换，以确保钻孔孔径[23]。

（6）制作、安装钢骨架。

钢筋制作时，用卡板成型法控制钢筋笼直径和主筋间距，根据钢筋骨架设计长度的不同，采用整体或分节制作和安装[24]。钢筋骨架用吊车起吊安装，在运输和起吊中，要保证钢筋笼不变形[25]，骨架内设支撑，起吊时采用两点吊法。

（7）灌注水下混凝土。

在灌注混凝土前，要对导管进行水密、承压和接头抗拉试验，合格后，分段拼接，用吊车吊入孔内拼成整体。钢筋笼就位经检查合格后，立即下导管，安装漏斗、储料斗及隔水栓。导管底部离孔底 0.3~0.4 m，储料斗的容积要满足首批灌注下的混凝土埋置导管深度的要求（不小于 1 m）。

灌注混凝土时，随时用测绳检查混凝土面高度和导管埋置深度，严格控制导管埋深，防止导管提漏或埋管过深拔不出而出现断桩。导管埋深要考虑混凝土表面的浮渣厚度，事先用钢管取样盒监测其厚度。导管埋入混凝土的深度一般控制在 2~4 m。灌注混凝土过程中要做好详细记录[25]。

（8）截除桩头和桩基检验。

混凝土灌注顶面要高出设计桩顶约 0.5~1 m，在达到设计强度后将混凝土凿除至设计标高。然后按要求逐桩对桩基进行检验，采用低应变监测法进行桩检，检验合格后进入下道工序。

暗挖段施工方法同上。

7.3.5 水泥搅拌桩

基坑开挖至冠梁顶后开始施作搅拌桩，基坑顶面以上为空孔，以下搅拌至桩底为三轴深层搅拌桩，空转段水泥掺和量不小于 3%，搅拌桩水泥掺和量不小于 20%，要求加固处置换率大于12%，加固后土体承载力大于160 kPa。

1. 水泥搅拌桩施工工艺

成桩采用"两搅两喷"搅拌工艺。施工工艺流程图详见图 7-7。

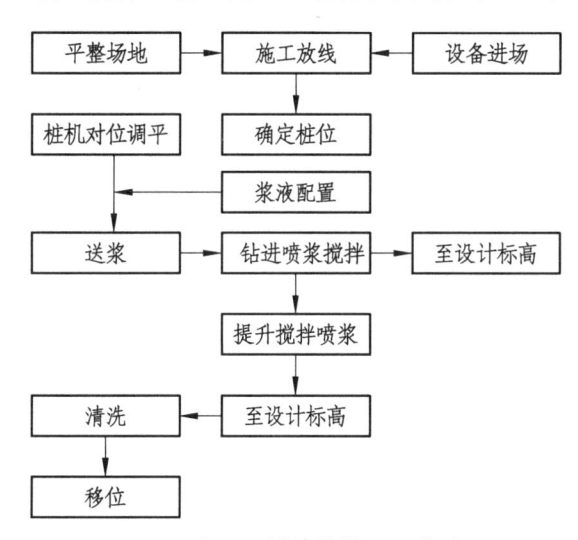

图 7-7 水泥土搅拌桩施工工艺流程

2. 施工方法

（1）桩机就位和垂直度校正。

用卷扬机和人力移动搅拌桩机到达作业位置，并调整桩架垂直度小于0.5%。在桩机上焊接一半径为 5 cm 的铁圈，在 10 m 高处悬挂一铅锤，利用全站仪校直钻杆垂直度，使铅锤正好通过铁圈中心。每次施工前必须适当调节钻杆，使铅锤位于铁圈内，即把钻杆垂直度误差控制在 0.5%内。

桩机移位由当班机长统一指挥，移动前必须仔细观察现场情况，移位要做到平稳、安全。桩机定位后，由当班机长负责对桩机桩位进行复核，偏差不得大于 50 mm。

为便于成桩深度的控制，施工前应在钻杆上做好标记，控制搅拌桩桩长不得小于设计桩长，当桩长变化时擦去旧标记，做好新标记[26]。

通常，保证桩体垂直度的措施如下：在铺设轨枕处要整平整实，使轨枕在同一水平线上；在开孔之前用水平尺对机械架进行校正；用两台全站仪对搅拌轴纵横向同时进行校正；施工过程中随机对机座四周标高进行复测，确保机械处于水平状态施工，同时用全站仪经常对搅拌轴进行垂直度复测。

（2）水泥浆液配置。

开钻前对拌浆工作人员做好交底工作，在施工现场配备电脑计量的自动搅拌系统和散装水泥罐，以确保浆液质量的稳定。水泥浆液的水灰比为 1.5~2.0，水泥掺量不小于 20%（被搅拌土体密度约 1 930 kg/m³）。

水泥浆配制好后,停滞时间不得超过 2 h,因故搁置超过 2 h 的拌制浆液,应作废浆处理,严禁再用。搭接施工的相邻搅拌桩施工间隔不得超过 12 h。注浆时通过 2 台注浆泵 2 条管路同 Y 形接头在 H 口进行混合,注浆压力为 1.5~2.5 MPa,注浆流量为 80~120 L/(min·台)。

(3)钻进搅拌提升施工。

① 三轴水泥土搅拌桩止水帷幕采用"两搅两喷"的施工工艺,水泥和原状土须均匀搅拌,下沉和提升过程中均为注浆搅拌,同时严格控制下沉和提升速度:下沉速度为 0.5~1.0 m/min,提升速度为 1.0~1.5 m/min,在桩底部分宜重复搅拌注浆[27]。

② 钻进喷浆搅拌:待深层搅拌机冷却水循环正常后启动搅拌机,搅拌机钻进至桩头设计标高时,开启灰浆泵使泥浆均匀连续喷入,钻进喷浆搅拌至设计桩长或硬土层后,应原地喷浆搅拌 30 s,如局部位置存在喷浆不足的情况时,应进行补浆。

③ 提升搅拌喷浆:搅拌机下沉到设计深度后,灰浆泵喷浆不停止,继续喷入水泥浆,钻头匀速提升至止水帷幕顶标高。

④ 按照三轴搅拌桩的施工工艺,三轴搅拌机在下钻时,注浆的水泥用量占总数的 70%~80%,而提升时为 20%~30%。按照技术交底要求均匀、连续注入拌制好的水泥浆液,钻杆提升完毕时,设计水泥浆液全部注完[28]。

⑤ 清洗:向集料斗中注入适量的清水,开启灰浆泵,清洗全部管路中残余的水泥浆,直至基本干净。并将黏附在搅拌头上的软土清除干净。

⑥ 移位:将搅拌桩机移位,重复上述步骤,进行下一根桩的施工[27]。

暗挖段施工方法同上。

7.3.6 冠梁施工

1. 冠梁工艺流程

机械配合人工开挖土方→凿桩头、整平桩顶→铺清洗调直钻孔桩顶钢筋→测量放线→绑扎冠梁钢筋→立模→浇筑混凝土→拆模→养护。

2. 冠梁施工方法

(1)土方开挖。

钻孔浇筑桩强度达到设计要求后,采用挖掘机配合人工进行桩顶土方开挖。

(2)桩头凿除。

钻孔灌注桩达到设计强度后,凿除围护桩桩头混凝土,清除桩顶浮渣及杂物,剔凿完毕的桩头应是坚实并且混凝土面凿毛均匀;然后对桩顶锚固钢筋进行除锈处理,并校正锚固钢筋位置。

(3)钢筋绑扎及预埋件安装。

钢筋加工:钢筋在加工场地集中加工,加工前应对钢筋进行检验,合格后才能使用。严格按设计图纸进行钢筋加工,加工好的钢筋按规格、长度、编号堆放整齐,并注意防雨防锈。钢筋采用焊接方式连接[29]。

钢筋安装：先安装骨架筋，再安装框架筋，最后安装箍筋。施工中必须确保钢筋定位准确，在钢筋绑扎前先在底模弹上底层钢筋的定位线，并依据定位线进行钢筋的绑扎。

预埋安设：按设计预埋与冠梁相连接的钢支撑的连接钢板。

（4）模板安装。

冠梁钢筋绑扎完毕验收合格后，支立冠梁模板，并且确保模板的牢固、可靠。冠梁模板采用钢模板。模板安装前必须进行检查，确保板面平整无磕碰损伤，涂刷脱模剂前对板面进行彻底清理，脱模剂涂刷均匀，以保证冠梁侧面混凝土外观质量。经监理工程师检查合格并确认后，方可进行冠梁混凝土的浇筑。

（5）混凝土浇筑。

混凝土浇筑采用罐车运输直接浇筑，合理组织施工机械及作业人员，一次性浇筑混凝土至设计标高，冠梁顶混凝土面要求平整、美观[30]。

混凝土采用插入式振动棒捣密实。振捣时要做到快插慢拔，振捣上层混凝土时振动棒要以插入下层混凝土 5~10 cm 为宜，且不可过深，防止混凝土重复振捣出现过振现象。每一振点的振捣时间，应使混凝土表面呈现浮浆和不再显著下沉、振动时不再出现气泡为止，插点要均匀。振动棒应避免碰及钢筋、模板。

（6）混凝土养护。

冠梁混凝土施工完毕后，要及时进行养护施工，养护采用覆盖+洒水的方式，养护不少于 7 d。

7.3.7 抗浮梁施工

1. 抗浮梁工艺流程

机械配合人工开挖土方→桩头侧面凿毛→清桩头侧面，桩顶侧面植入抗浮梁预埋钢筋→测量放线→绑扎抗浮梁钢筋→立模→浇筑混凝土→拆模→养护。

2. 抗浮施工方法

（1）土方开挖。

钻孔浇筑桩强度达到设计要求后，采用挖掘机配合人工进行桩顶土方开挖[30]。

（2）桩头凿除。

凿除围护桩桩头混凝土，清除桩顶侧面浮渣及杂物，剔凿完毕的桩头侧面应坚实并且混凝土面凿毛均匀[30]，同时在侧面植入 ϕ25 抗浮梁预埋钢筋。

（3）钢筋绑扎及预埋件安装。

钢筋加工：钢筋在加工场地集中加工，加工前应对钢筋进行检验，合格后才能使用。严格按设计图纸进行钢筋加工，加工好的钢筋按规格、长度、编号堆放整齐，并注意防雨防锈。钢筋采用焊接方式连接[29]。

钢筋安装：先安装骨架筋，再安装框架筋，最后安装箍筋。施工中必须确保钢筋定位准确，在钢筋绑扎前先在底模弹上底层钢筋的定位线，并依据定位线进行钢筋的绑扎[30]。冠梁主筋应与桩顶锚固筋焊接，以保证结构的整体性，且要保证抗浮梁主筋保护层厚度不小于 50 mm。

（4）模板安装。

抗浮梁钢筋绑扎完毕验收合格后，支立抗浮梁模板，并且确保模板的牢固、可靠。抗浮梁模板采用钢模板。模板安装前必须进行检查，确保板面平整无磕碰损伤，涂刷脱模剂前对板面进行彻底清理，脱模剂涂刷均匀，以保证抗浮梁侧面混凝土外观质量。经监理工程师检查合格并确认后，方可进行抗浮梁混凝土的浇筑。

（5）混凝土浇筑。

混凝土浇筑采用罐车运输直接浇筑，合理组织施工机械及作业人员，一次性浇筑混凝土至设计标高，抗浮梁顶混凝土面要求平整、美观[30]。

混凝土采用插入式振动棒振捣密实。振捣时要做到快插慢拔，振捣上层混凝土时振动棒要以插入下层混凝土 5~10 cm 为宜，且不可过深，防止混凝土重复振捣出现过振现象。每一振点的振捣时间，应使混凝土表面呈现浮浆和不再显著下沉、振动时不再出现气泡为止，插点要均匀。振动棒应避免碰及钢筋、模板。

（6）混凝土养护。

抗浮梁混凝土施工完毕后，要及时进行养护。

7.3.8 钢支撑施工方法及工艺

隧道工程围护结构支撑体系采用三道支撑+一道倒撑的形式。支撑采用$\phi 609$ mm、$t = 16$ mm 钢管支撑。除第一道钢支撑直接支撑在桩顶冠梁上外，其余均设型钢围檩，隧道工程围檩为2I45b，地下结构工程围檩为2I56a。基坑转角及变截面处支撑为斜撑，其余均设为对撑。为施工方便，要求钢管在满足间距要求下避开主体结构中柱，同时为保证斜撑受力，在斜撑对应处的钢围檩上设置三角形剪力块，确保受力面与斜撑正交。

1. 钢支撑架设工艺方法

基坑土方开挖至钢支撑底标高后，及时施作钢支撑，并预加轴力，钢支撑由活动端、固定端及中间节组成。钢支撑端部固定在钢围檩上。

第一道混凝土支撑撑到冠梁上，第二道钢支撑与围护桩间通过钢围檩连接[31]。

钢支撑进场前全面检查验收，特别加强钢管长度、壁厚和钢管接头焊缝质量检查。钢支撑安装时位置由测量队负责放样校核。

（1）钢支撑架设施工工艺流程。

钢支撑编号→对号运到现场→焊接法兰盘→焊三角形钢板托架→钢围檩就位→钢围檩背后回填→钢支撑就位校正→施加预应力→紧固钢楔→拆除液压千斤顶→钢支撑与围檩连接[31]。

（2）钢支撑安装。

钢支撑的架设是保证基坑开挖和主体结构施工安全、控制基坑收敛和位移的有效措施[31]。钢支撑进场前全面检查验收，应特别加强钢管长度、壁厚和钢管接头焊缝质量检查。经质检员和监理工程师验收合格后才能进行下一步施工，钢支撑安装位置由专人负责放样，在地面平台进行拼装。

① 第一层钢支撑安装在冠梁中线位置，第二、三层安装在钢围檩上，基坑开挖到钢支撑标高后，平整清理凿除围护桩墙面，弹线定出钢围檩位置，然后将预先制作好的钢围檩放在已经安装好的托架上[32]。钢围檩采用分段制作在现场焊成整体。

② 钢支撑的一端为活动端头（图 7-8、图 7-9）。钢支撑拼装时按设计长度分节通过厚 20 cm 钢板焊接连接，同时预先在支撑要加预应力的一端焊好千斤顶底座。

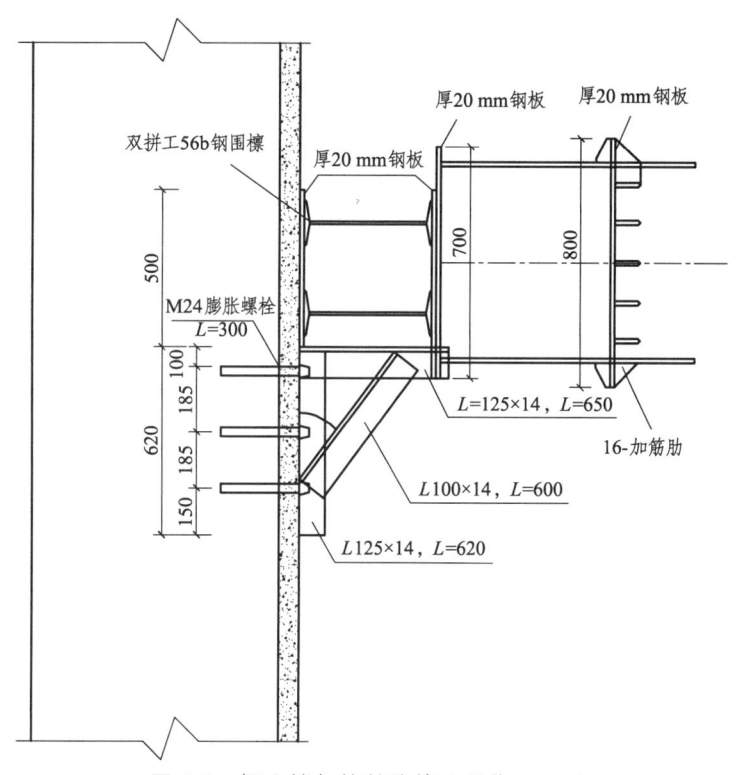

图 7-8 钢支撑与桩基连接（单位：cm）

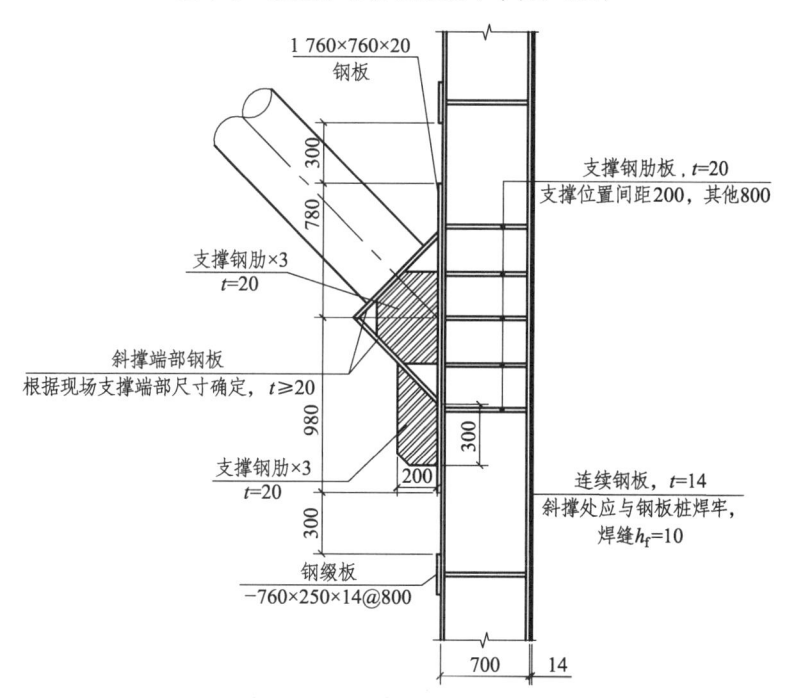

图 7-9 斜撑与钢围檩连接图（单位：mm）

③ 钢支撑吊装：钢支撑在地面上拼装成型，利用 25 t 汽车吊吊入基坑内，坑内挖掘机配合，起吊到位。先不松开吊钩，把钢支撑两端头钢板安放在预先与支撑连接钢板焊好的角钢托架上，如图 7-10 所示，再将 2 台液压千斤顶放入顶压位置。为方便施工并保持千斤顶加力一致，每根钢支撑均在活动端设置千斤顶支座。

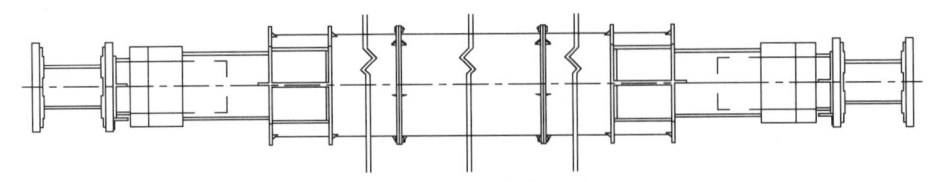

图 7-10 钢支撑安装示意图

（3）钢支撑预应力施加。

在预应力施加过程中，为了防止预应力损失，钢支撑预应力应分级施加，重复进行。钢支撑安装完毕后，检查各节点的连接状况，经确认符合要求后方可施加预应力。千斤顶一端顶在钢围檩连接钢板上，一端顶在底座上，接通油管后即可开泵，施加预应力千斤顶动力由专用油泵提供。预应力分三级进行[32]，第一级施加到设计预应力的 50%，检查钢支撑的接点和受力偏心情况，检查无误后，施加第二级预应力至设计 80%，同样观察钢支撑的情况，检查无误后，第三级将钢支撑预应力施加到设计值，三级施加预应力时间间隔在 10 min 左右。

预应力施加到设计值时，应再次检查各连接点的情况，必要时对节点进行加固，待额定压力稳定（持续 10 min）后锁定，用钢楔块撑紧端头处的缝隙并焊牢。然后回油松开千斤顶，解开起吊钢丝绳，完成这根钢支撑的安装[32]。

2. 支撑拆除方法

钢支撑自下而上分段拆除。在结构混凝土强度达到 80%设计强度后，才可拆除。拆除时应避免瞬间应力释放过大而导致结构局部变形、开裂，可以采用分步卸载钢支撑预应力的办法。

钢支撑的拆除施工工艺：

支撑起吊收紧→施加预应力→拆去钢楔→卸下千斤顶→吊出支撑[31]。

当主体结构施工至钢支撑处且混凝土达到设计强度后，便可拆卸钢支撑。在钢支撑拆卸前先在各钢管与钢管的接点处架设一托架，起固定钢管作用，然后将预加力端的钢楔卸去，此时松去各钢管连接处断开（气割法)，用吊车将钢管吊到地上。钢管与钢围檩的固定端，可用气割法，将焊接处割断而卸掉。钢围檩也是用气割法将之各个部件分割拆卸[31]。

7.3.9 混凝土衬砌施工方案

1. 隧道衬砌施工工艺

在基坑开挖至基底标高后，人工清除浮土，施作垫层，垫层混凝土满足设计强度后，开始主体结构施工。

隧道衬砌施工流程：

垫层混凝土施工→仰拱防排水施工→仰拱钢筋绑扎→仰拱混凝土模板立设→仰拱混凝土浇筑→边墙防排水施工→边墙钢筋绑扎→边墙台车就位→边墙混凝土施工→边墙台车退出，施作倒撑，顶拱台车就位→顶板钢筋绑扎→顶板混凝土施工→顶板防水层施工。

2．垫层混凝土施工

基坑开挖至垫层标高后，将基底表面软土清除，保证无积水，经监理工程师报检合格后方可进行垫层施工。每次施工长度30 m。

3．隧道仰拱施工

（1）钢筋设置。

① 准备工作。

钢筋加工在钢筋加工场集中加工成型，平板车运至施工现场。先核对半成品钢筋的规格、尺寸和数量等是否与料单相符，准备好绑扎用的20~22号扎丝、钢筋钩等绑扎工具和材料，并按各部位保护层的厚度准备好水泥砂浆垫块。

② 仰拱钢筋绑扎。

隧道仰拱钢筋绑扎时需垫ϕ20钢筋马凳，梅花形设置，间距1 m，以保证钢筋网的位置。马凳绑扎在仰拱下层钢筋上，不得放在仰拱防水保护层上，以免破坏底板防水。仰拱钢筋采用搭接焊接，在同一位置的钢筋搭接面积不超过该位置钢筋总面积的50%，底板钢筋纵横交叉点用20号钢丝绑扎。

③ 边墙钢筋。先由放线员按图纸放出墙位置线及控制线。由于隧道净空较高，其墙钢筋每层均设置接头，且接头位置应按照规范要求错开。

④ 墙钢筋绑扎。墙竖向钢筋放在内侧，水平钢筋放在外侧，上下及两端二排钢筋交叉点每点扎牢，中间部分每隔一根相互成梅花式扎牢。两层钢筋网之间梅花形设置S形拉筋。

（2）立设模板。

为保证主体结构施工质量及提高施工效率、加快施工进度，根据本工程主体结构特点，隧道仰拱采用移动模架施工。

移动模架就位之前，对防水层、钢筋及预埋件工程进行检查，合格后报监理工程师进行隐蔽工程验收，合格后进行模架加固和混凝土浇筑。

（3）混凝土施工。

① 浇筑混凝土准备。

做到班前交底明确，落实浇筑方案，对混凝土浇筑顺序做到心中有数。

注意天气预报，不宜在雨天浇灌混凝土。在天气多变季节施工，为防止不测，应有足够的抽水设备和防雨物资。

② 混凝土运输。

混凝土采用混凝土搅拌运输车运输，装料前把筒内积水排清，运输途中，拌筒以1~3 r/min速度进行搅拌，防止离析。搅拌车到达施工现场卸料前，使拌筒以8~12 r/min转1~2 min，然后再进行反转卸料。

③ 混凝土浇筑。

混凝土罐车运至现场，停至5 m宽的平台位置，汽车泵泵送至工作面混凝土浇筑：浇筑竖向结构混凝土时，若浇筑高度超过 2 m，需在竖向增加串筒进行浇筑施工，防止因高度过高，混凝土离析。浇筑混凝土时分段分层进行，插入式振动器的分层厚度最大不超过 500 mm，平板振动器的分层厚度为 300 mm。浇筑混凝土应连续进行。如必须间歇，其间歇时间尽量缩短，并在前层混凝土初凝前，将次层混凝土浇筑完毕。浇筑混凝土时要注意观察预留预埋有无位移变形或堵塞情况，若发现问题立即处理。

④ 衬砌混凝土养护。

混凝土浇筑完毕初凝后，要对其进行养护，养护方式为覆盖＋散水，养护期不少于 7 d。

⑤ 衬砌预留预埋安装。

结构施工过程中按照设计要求完成其他各专业的预留孔洞、预埋件等。

全面了解各类预留孔洞和预埋件位置、数量、规格及其功能，绘制详细的预埋件、预留孔的布置图纸，防止施工过程中出现错漏。

预留孔洞、预埋件要根据施工放样精确固定在模板上，并采用钢筋固定，确保安放预留孔洞及预埋件的模具不发生位移及变形，同时，对预留孔洞模具自身的变形也要有效地控制。

在混凝土浇筑过程中，禁止振捣器直接碰撞预留孔洞模具和各类预埋件，但必须确保预留孔及预埋件周围的混凝土的密实度。拆模后应立即对预留孔洞及预埋件位置进行复测，确保其位置准确。对已成型的孔洞应进行覆盖或围蔽，防止人、物坠落。

4. 隧道边墙混凝土施工

隧道边墙防水施工方法、钢筋制作安装工序同仰拱混凝土施工。隧道边墙混凝土浇筑施工模板采用液压式混凝土边墙台车，具体结构如图 7-11 所示。

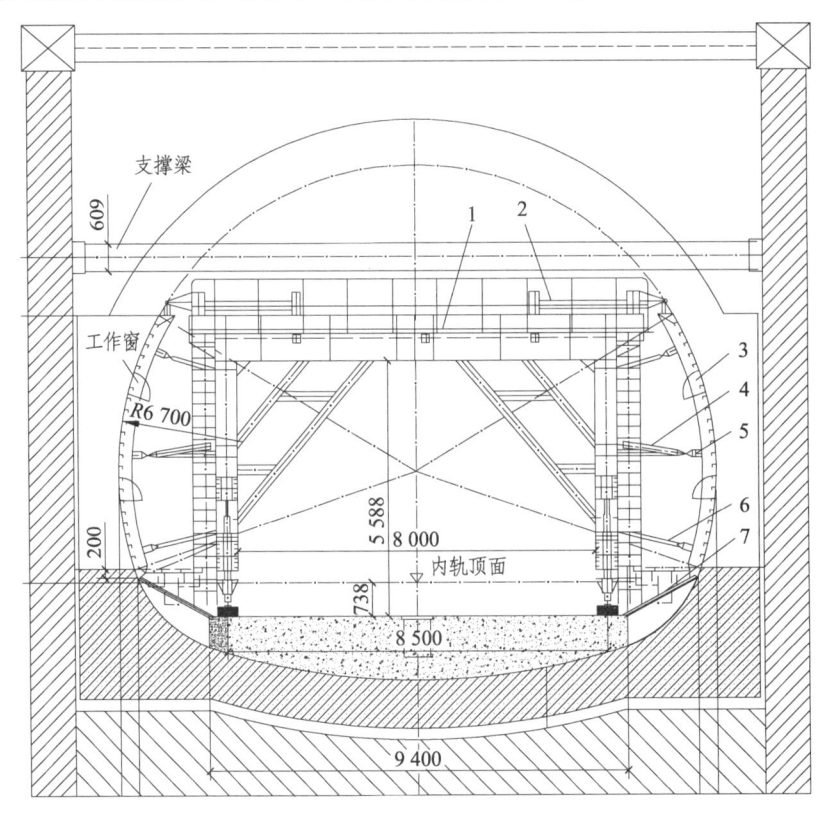

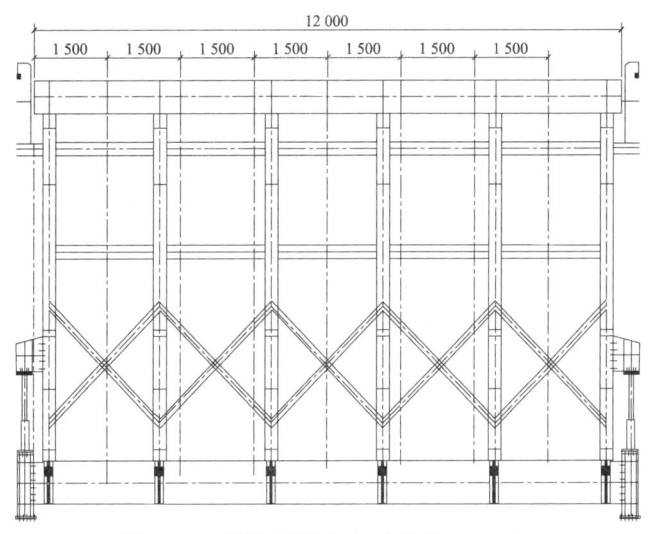

图 7-11 边墙模板台车（单位：mm）

5. 顶拱混凝土施工

边墙混凝土施工完成达到要求强度后，边模台车移至下一模，在边墙混凝土设计要求高度安装钢倒撑，倒撑安装完成后拆除第二道钢支撑。拆除完毕，进行拱顶台车就位，加固牢靠后进行拱顶钢筋安装，钢筋安装完成并报监理工程师检验合格后，进行外模封闭，通过外模工作窗口进行混凝土浇筑。

拱顶台车采用跨撑液压走行台车，具体结构如图 7-12 所示。

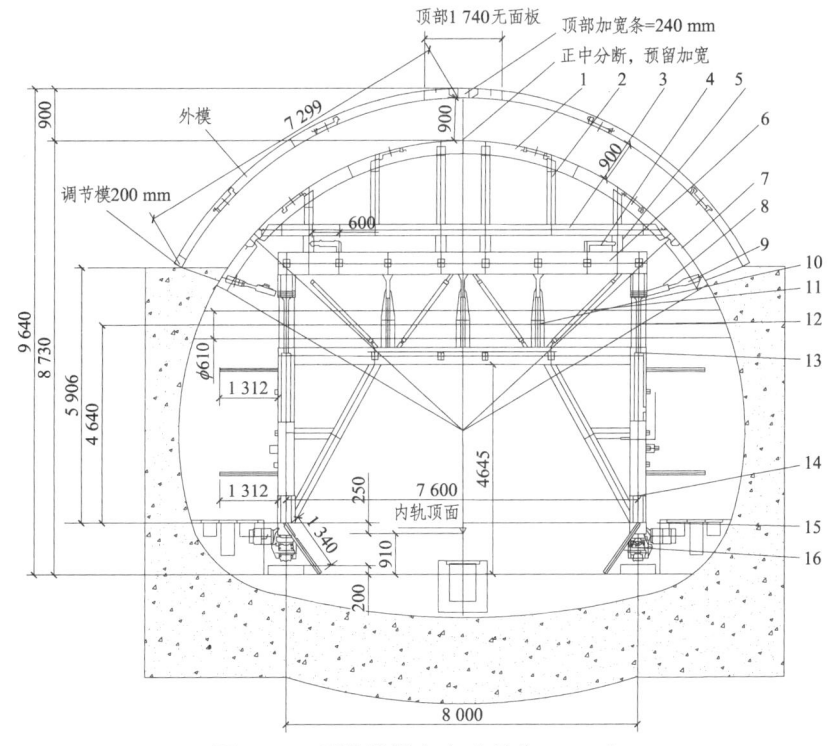

图 7-12 顶拱模板台车（单位：mm）

7.3.10 降水施工方法及工艺

隧道施工前必须进行基坑（含放坡段）降水，根据含水层厚度、渗透系数、水位及基坑的相互关系，对于勘测地下水位高于基坑底的段落，每 150 m² 设一个降水井，降水采用管井降水，井径采用 ϕ705 管井，纵向井间距为 8～16 m，距钻孔桩水平距离 3.5 m，降水井深度至基坑底以下 5 m 左右，降水井内降水作业深度不大于基坑分层开挖深度以下 0.5～1.0 m，保证基坑在没有明水的条件下开挖土方，施工时可按基坑开挖分段长度或水量大小和施工组织情况适当调整设置。其他段落应单侧 50 m 设置一处降水井兼作水位观测井，如地下水位高于基坑开挖深度以下 1.0 m 时应采取降水措施。

在基坑开挖前 21 d，开启降水井，降水至基坑底以下 0.5～1 m，保证基坑内没有明水施工。

1. 施工工艺

准备工作→钻机进场→定位安装→开孔→下护口管→钻进→终孔后冲孔换浆→下井管→稀释泥浆→填砂→止水封孔→洗井→下泵试抽。

2. 施工准备

准备材料、落实人员，放坡开挖完成，钻机进场。

测放井位：根据降水井平面布置图测放井位，井位测放完毕后应做好标记。

挖井眼、埋设护口管：埋设护口管时，护口管底口应插入原状土层中，管外应用黏性土或草辫子封严，防止施工时管外返浆；护口管上部应高出地面 0.10～0.30 m。

安装钻机：安装钻机时，为了保证孔的垂直度，机台应安装稳固水平，大钩对准孔中心，大钩、转盘与孔的中心三点成一线，严把开孔关，钻头与钻杆连接处带两根钻铤，并且，弯曲的钻杆不得下入孔内。

挖泥浆池：泥浆池的大小按泥浆池计划共用的打井数量和排渣量综合确定。一般每 2～3 口井共用一个泥浆池，必要时可采用泥浆箱。

3. 钻孔成井施工

成孔时采用正循环回转钻进泥浆护壁的成孔工艺。

钻进成孔：因地层含水层颗粒较细，在钻进过程中，泥浆比重宜控制在 1.10～1.15，尽量采用地层自然造浆。

清孔换浆：钻孔到设计深度后，要清孔换浆，把泥浆比重调整到 1.05 左右。

下井管：对于钢管井，宜采用悬吊下管法，井管底部焊接钢板封堵牢靠，井管与井管之间焊接牢固，确保焊缝均匀、无砂眼[31]；对于无砂混凝土管井，采用托盘钢丝绳下管法下井管，井管与井管之间接口用宽 300 mm 的土工布封口并用铁丝捆扎，以保证井管接口封闭，防止滤料从接口进入井内。井管外用 4～5 cm 宽的毛竹片和铁丝捆扎连接。为保证井管不靠井壁及一定厚度的滤料，在滤管段上下部各加一组扶正器 4 块，保证环状填砂间隙厚度大于 150 mm。

投滤料、封口：井管下好后，立即按设计要求回填滤料，滤料沿井壁四周均匀填入，并随填随测滤料层的顶面高度。

洗井试抽：滤料回填后，应该在 8 h 内用潜水泵洗井，直至井水洗清达到规范要求为止。洗井时若出现井水中含有滤料，应停止洗井，检查原因，进行处理，必要时要报废掉，并按封井要求进行封井[34]。

7.3.11 防水施工方法及工艺

明挖隧道结构外包防水层采用自粘式 ECB 防水板（主材 ECB + 附加自粘层，厚度不小于 2 mm）+ 无纺布（密度不小于 400 g/m²）。混凝土防水等级不小于 P10。

1. 基面施工要求及处理方法

需要铺设防水的基层应具备下列条件：

（1）基层面应坚实具有一定的强度，保证钢钉能牢固地钉在基层面上，应对垫层及侧墙表面灰渣进行清扫[35]。

（2）基层面不允许漏水，地面积水要及时排除。

（3）基层面必须洁净、平整、坚实，无凸起的石子、钢筋头等尖锐物。平整度应符合 $D/L \leqslant 1/10$。

（4）所有阴阳角采用 1∶2.5 水泥砂浆倒角，阴角可做成 5 cm × 5 cm 的倒角，阳角可采用水泥砂浆圆顺处理，$R \geqslant 30$ cm。

2. 铺设缓冲层

铺设防水板前应先铺设缓冲层，缓冲层材料采用单位质量为 400 g/m² 的无纺布；用水泥钉或膨胀螺栓和防水板相配套的圆垫片将缓冲层固定在基面上，固定点之间呈正梅花形布设，侧墙固定间距为 80~100 cm，底板固定间距为 1.5~2 m；底板与侧墙连接部位的固定间距应适当加密至 50 cm。在基面凹处应加设圆垫片，避免凹处防水板吊空；钉子不得超出圆垫片平面，以免刺穿防水层。

缓冲层之间采用搭接法进行连接，搭接宽度不小于 5 cm，搭接缝部位可采用点粘法进行焊接，缓冲层铺设时应尽量与基面密贴，不得拉得过紧或起大包，以免影响防水板的铺设。

3. 防水板铺挂施工工艺

（1）仰拱。

采用预铺反粘法施工，即首先铺好防水层，将防水层中非粘贴面（ECB 面）靠近底板垫层一侧铺设，防水层中隔离面（粘贴面）与结构外表面（现浇混凝土侧）密贴。采取纵向铺设，避免阴角处出现搭接面，从而影响防水效果。铺设长度一般应超出混凝土湿接缝及预留钢筋顶端 500 mm。相邻两幅卷材搭接宽度为 100 mm，施工单位应提前与厂家联系卷材长度，要求尽量减少 T 字形搭接和十字搭接的数量，以确保防水的效果。

(2)边墙。

采用预铺反粘法施工，采取横（环）向铺设，铺设长度一般应超出混凝土湿接缝及预留钢筋顶端 500 mm。自粘式 ECB 防水板自粘面面向边墙混凝土结构迎水面。侧墙防水层采用机械固定法固定于围护墙基层表面，在自粘式 ECB 防水板上端 30 cm 处间隔 40 cm、距竖向侧边 50 cm 处，每隔 50 cm 用水泥钉加垫片将塑料热熔垫片固定于围护墙上，将自粘式 ECB 防水板与固定好的塑料热熔垫片用热风枪焊合固定[35]。

绑扎或焊接钢筋时应对侧墙防水层采取临时保护（石棉网等）措施确保防水层不受破坏。

(3)顶板或拱顶。

采用预铺反粘法施工，即首先浇灌混凝土，然后铺设防水层，防水层中隔离面（粘贴面）与结构外表面（现浇混凝土侧）密贴。平直顶板采取纵向铺设，避免阴角处出现搭接面，从而影响防水效果[36]。拱形断面采取环向铺设，防水材料铺设时不得拉得过紧或出现大的鼓包，铺设好的防水板应与基面凹凸起伏一致，保持自然、平整、服帖[36]。

4. 接头处理要求

防水板侧边预留焊缝式接缝：自粘式 ECB 防水板铺设时预留搭接量 15 cm，搭接后用爬焊机将两幅防水板焊合，随后在搭接处铺设 45 cm 宽的双面自粘胶条，如图 7-13。

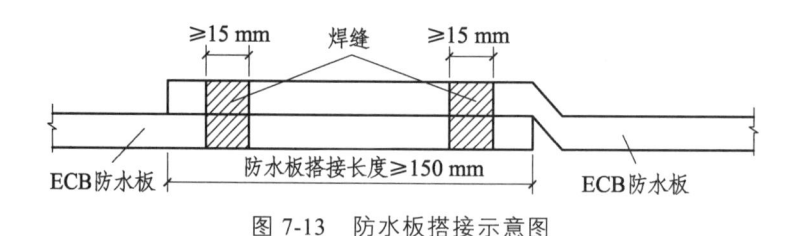

图 7-13 防水板搭接示意图

5. 破损的修补

防水板的铺设和二衬混凝土的施工交叉作业时难免出现破损，若发生防水板破损，应做好标记，并及时修补。防水层破损部位应采用双面自粘 ECB 材料进行修补，补丁满粘在破损部位，补丁四周距破损边缘的最小距离不小于 10 cm，不得有翘边空鼓部位[36]。

6. 背贴式止水带的施工方法

防水层铺设完成，检验合格后，按照设计图纸要求及施工缝的位置，放线定位。

止水带固定要牢固、可靠，不得出现扭曲、变形等现象。

止水带必须不透水焊接在防水层上，保证振捣时出现的气泡能够顺利排出，使止水带附近的混凝土与止水带之间咬合密实不透水。

底板防水层的细石混凝土保护层在背贴式止水带处要中断，以确保背贴式止水带与防水层粘贴密封。

7. 阴、阳角处补强处理及防水板封口节点

阴阳角在底部交角处防水层，要做补强层。在顶角处先做一遍补强，必须满粘，起补强作用，防止漏水。

7.4 铁路隧道暗挖段施工方法

7.4.1 截水天沟

开工前先平整完场地后施作截水天沟，截水天沟设置在距离冠梁顶 1.6 m 处，采用 40 cm×30 cm 矩形水沟，沟身采用 C20 混凝土厚度 20 cm。大小里程侧工作井截水天沟排水引入京台高速公路路堤排水沟，集中排放。

7.4.2 管 幕

1. 管幕总体施工顺序

（1）管幕施工前分别施作暗挖大小里程端工作井处围护桩，后靠排桩，开挖工作井基坑，施作暗挖轮廓以上的冠梁、腰梁及混凝土撑，如图 7-14 所示。

（2）开挖工作井至拱顶 50°~60°范围以下，截断管幕打设范围的围护桩，从大小里程两个工作井相对打设 ϕ299 管幕超前支护，加筋封堵，并采用管幕连系梁将管幕间与围护桩端连接固定，如图 7-15 所示。

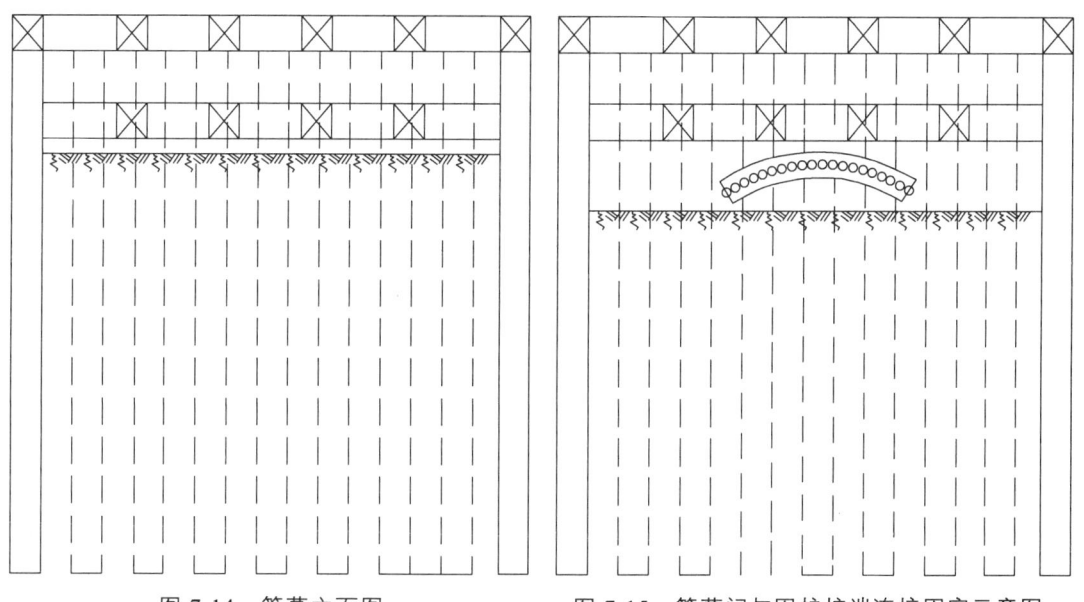

图 7-14 管幕立面图　　图 7-15 管幕间与围护桩端连接固定示意图

（3）继续开挖工作井至管幕设计标高以下并预留核心土，截断管幕打设范围的围护

桩，继续打设剩余的管幕，加筋封堵，并采用管幕连系梁将管幕间与围护桩端连接固定。适时对预留注浆管进行注浆，加固地层，如图7-16所示。

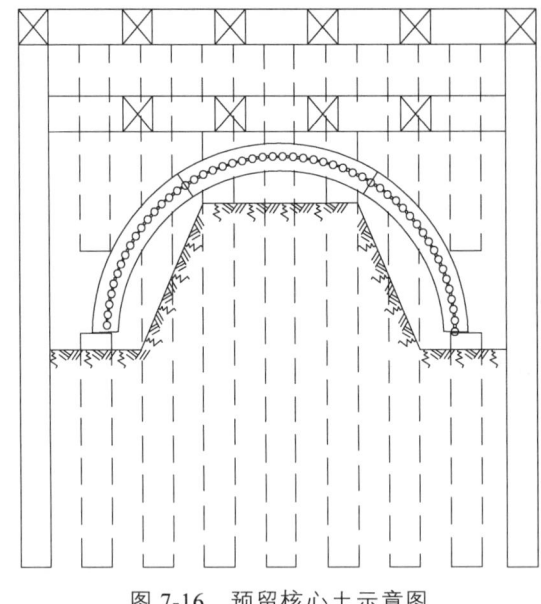

图7-16 预留核心土示意图

2. 管幕施工工艺流程

根据本工程特点、设计要求并结合以往施工经验，拟选用"有线仪器导向、冲洗液循环跟管钻进法"施工工艺。该工艺是利用钻机直接将棚管跟管打入，防止塌孔，通过导向仪监测钻进轨迹，实时进行纠偏，泥浆护壁，打设完毕及时压注水泥浆充填管外间隙，避免沉降。施工工序流程如下：

工作面基底基础打造→三通一平→人员设备进场→钻机平台搭设→设备组装调试→调试钻机（方位、仰角）→钻具组装进孔→棚管位置、角度检测→如有偏斜进行纠偏→检测冲洗液循环→钻进→回次加尺、接口补焊→孔斜测量（校正）→钻进→至设计深度终孔→管内、外注浆→如有需要二次压浆→移至下一孔位[37]。

7.4.3 下半断面超前周边注浆止水

1. 超前周边注浆技术参数

下半断面开挖前，采用超前周边注浆进行下半断面止水，超前周边注浆每循环注浆长度17 m，开挖14 m，并保留3 m止浆盘，首循环利用工作井止水帷幕、围护桩及桩间网喷混凝土作为止浆墙。注浆范围为隧道开挖轮廓线外3 m以内，单孔有效扩散半径1.0 m，终孔间距1.5 m。注浆孔设孔口管，采用ϕ108壁厚5 mm热轧无缝钢管，管长3 m，孔口管应埋设牢固，并有良好的止浆效果[38]。注浆孔孔口3 m范围开孔直径110 mm，其余孔洞直径均为91 mm。具体孔位布置情况如图7-17所示。

A—A断面
1:200

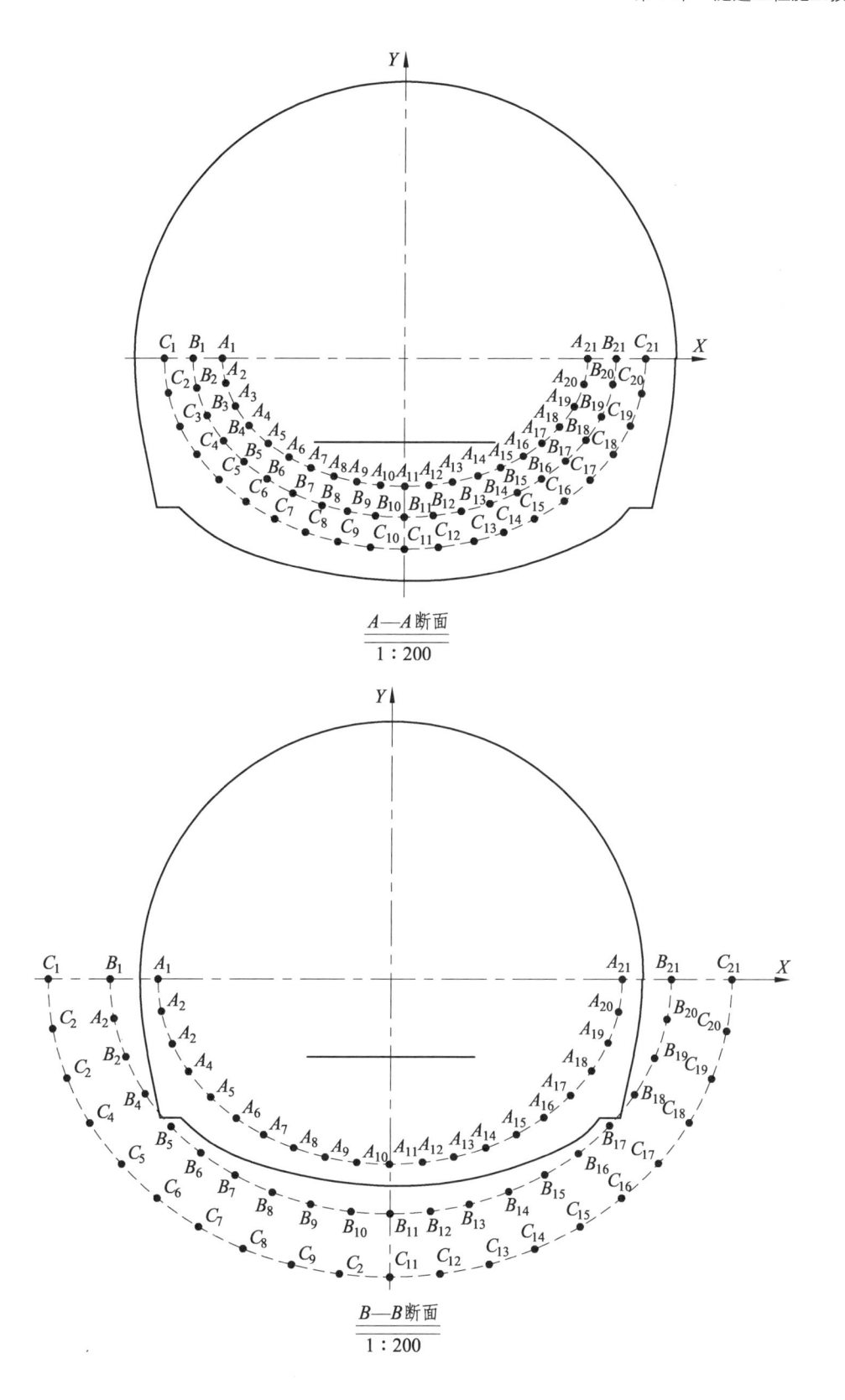

B—B断面
1:200

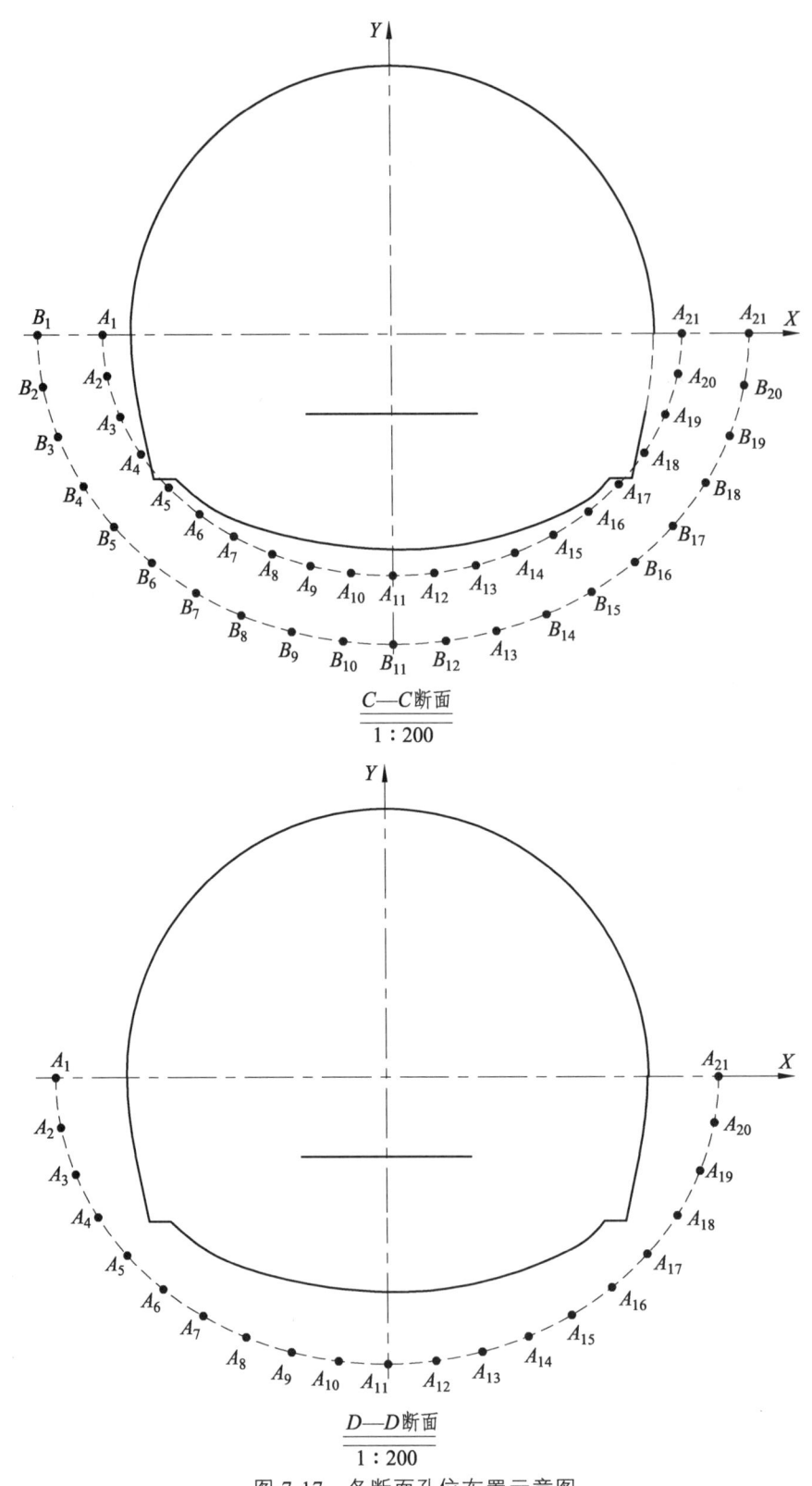

图 7-17 各断面孔位布置示意图

隧道底部开挖前提前均匀打设 4 根 ϕ108 钢花管超前泄水，钢管每循环长 12 m，搭接 2 m，对开挖土体进行提前泄水。同时配备备用降水、排水设备，必要时进行洞内降水或积水抽排，保证隧道内无明水施工。

2．施工程序

施工准备（场地平整、施工平台搭设）→测量放样→钻机就位（校正角度）→上钻具及套管→钻进→清孔→退钻杆及钻具→孔口管安装→封闭管尾→注浆施工。

3．工艺流程

施工工艺流程如图 7-18 所示。

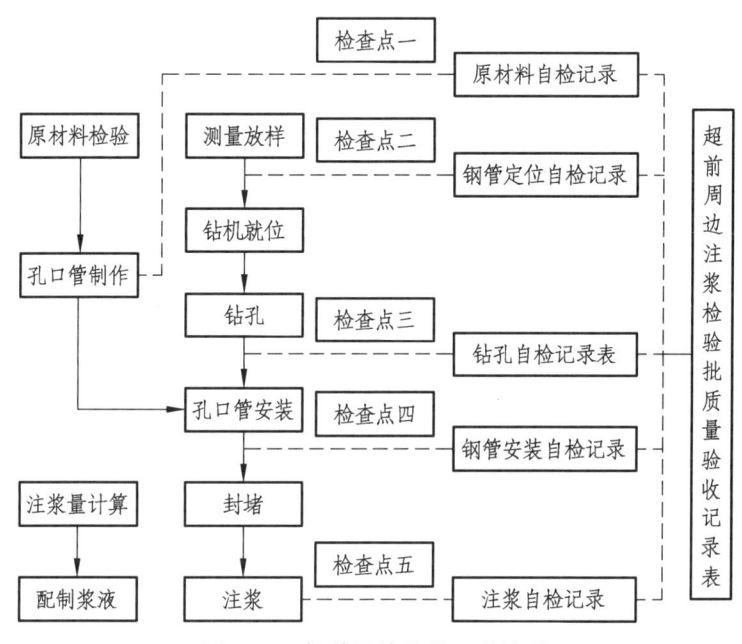

图 7-18 超前周边注浆工艺流程

4．施工方法及技术要求

（1）封闭掌子面后测量放样。

管幕首循环施工利用工作井止水帷幕、围护桩及桩间网喷混凝土作为止浆墙。测量工根据设计尺寸在掌子面放出孔口位置大样。

（2）钻孔。

① 钻孔前，精确测定孔的平面位置、倾角、外插角，并对每个孔进行编号[39]。

② 为防止钻杆在推力和振动力的双重作用下，上下颤动，导致钻孔不直，钻孔时，应把扶直器套在钻杆上，随钻杆钻进向前平移。

③ 根据孔口管的倾角和方向，利用钻杆的延伸和吊锤准确确定钻孔的方向，即可固定钻机。钻孔倾角的确定应视钻孔深度及钻杆的强度而定。利用钻机的变角度油缸，参照设

计倾角,确保钻杆线与开孔角度一致,以达到钻进的导向作用[40]。钻机最大下沉量及左右偏移量为钢管长度的1%左右,并控制在20~30 cm。

④ 钻机开孔时钻速不宜过高,钻进20 cm后转入正常钻速。第一节钻杆钻入岩层尾部剩余20~30 cm时钻进停止,用两把管钳人工卡紧钻杆,钻机低速反转,托开钻杆,钻机沿导轨退回原位,人工装入第二节钻杆[40]。钻孔达到设计深度后,按照同样的方法拆卸钻杆,钻机退回原位[40]。

⑤ 换钻杆时应检查钻杆是否弯曲,有无损伤,中心喷水孔是否顺畅等,不符合要求的应及时更换以确保正常作业[40]。

⑥ 钻进过程中应经常用测斜仪测定其位置,并根据钻机钻进的状态判断成孔质量,及时处理钻进过程中出现的事故。

⑦ 认真做好钻进过程的原始记录,确保内业资料如实反映现场施工情况。

(3)清孔验孔。

① 用地质岩芯钻杆配合钻头进行反复扫孔,清除浮渣,确保孔径、孔深符合要求,防止堵孔塌孔。

② 用高压风从孔底向孔口清理钻渣。

③ 用全站仪、测斜仪等检测孔深、倾角、外插角。

(4)注浆。

注浆采用水泥+水玻璃双浆液,水泥浆水灰比为1:1,水泥浆与水玻璃体积比为1:0.4,水玻璃浓度20°Bé,具体配比通过现场试验确定。钻孔和注浆顺序由外向内,同一圈孔间隔施工。容易造成坍孔时,采用前进式分段注浆,否则采用后退式分段注浆,分段长度宜为0.4~0.6 m。

① 注浆压力结束标准:单孔注浆压力逐步升高至设计终压(2 MPa),则继续注浆10 min以上,进浆量小于初始进浆量的1/4,检测孔涌水量小于0.2 L/min[41],方可终止注浆。全段各孔注浆压力均达到设计终压并稳定10 min,注浆后检查孔的吸水量不大于1.0 L/(min·m),则可结束注浆。

② 注浆效果检查:注浆完成后,在开挖轮廓线范围内打设3~5个检查孔,检测注浆效果,检查孔应布置在注浆效果较差的部位,若检查孔的吸水量不大于1.0 L/(min·m),则可认为达到注浆效果,否则应进行补注浆,注浆达到效果后方可进行开挖。

5. 突发情况处理措施

(1)钻孔过程中遇见突泥、突水情况,立即停钻,进行注浆处理。

(2)若注浆压力突然升高,则只注纯水泥浆或清水,待泵压恢复正常时,再进行双浆液注浆;若压力不恢复正常,则停止注浆,检查管路是否堵塞。

(3)当进浆量很大,注浆压力长时间不升高时,应调整浆液浓度及配合比,缩短凝胶时间,进行小泵量、低压力注浆,使浆液在地层裂隙中有相对停留时间,便于凝胶;也可进行间歇式注浆,但停留时间不能超过浆液凝胶时间[41]。

（4）注浆发生堵管时，先打开孔口泄压阀，再关闭孔口进浆阀，然后停机，查找原因，迅速进行处理。

（5）注浆结束时，应先打开泄压管阀门，再关闭进浆管阀门并用清水将注浆管冲洗干净后方可停机[38]。

7.4.4 CRD 法施工

采用先左侧后右侧交叉中隔壁法开挖，采用人工配合机械开挖，中隔壁和横隔板均采用格栅钢架作为临时支撑。每循环进尺 0.5 m，每部开挖后及时施作初期支护和临时支护，闭合成环。为减小导洞下部开挖时因拱部一次支护拱脚悬空引起的下沉，一次支护拱脚部位设锁脚钢管加固。二次衬砌仰拱（每循环 4 m）采用栈桥法一次整体浇筑施工，拱墙衬砌（每循环 8 m）采用小模板一次成型，衬砌钢筋从横隔板凿孔穿过。三次衬砌拱墙衬砌（每循环 8 m）待二次衬砌达到设计强度后，拆除中隔壁及横隔板，采用整体台车浇筑施工。拆除地段施工机械采用栈桥通行，栈桥长 10 m（考虑两头搭接长 1 m）。

CRD 法施工工序流程：

（1）开挖工作井内预留核心土，破除左上导坑堵头桩，打设 ϕ42 小导管，开挖左上导坑①，并及时施作左上导坑①部初期支护及临时中隔壁、临时仰拱封闭支护结构，并设锁脚锚管，如图 7-19 所示。

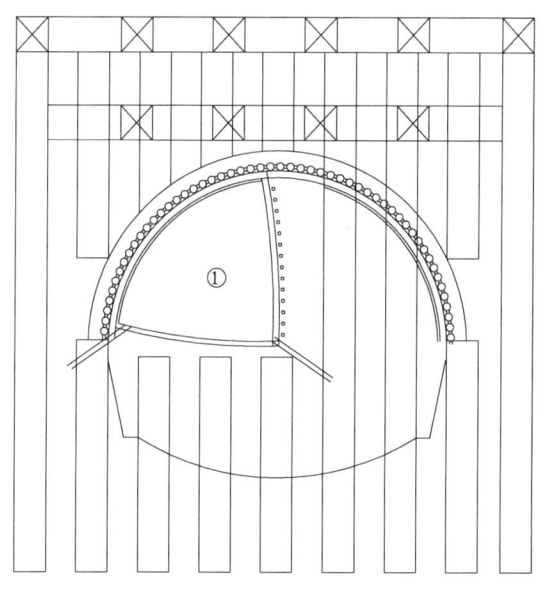

图 7-19 左上导坑开挖

（2）破除左下导坑堵头桩，进行下半断面超前周边注浆，在导坑②靠近底部均匀布设 2 根 ϕ108 钢花管泄水。打设 ϕ42 小导管，开挖左下导坑②，并及时施作左下导坑②部周边初期支护、临时中隔壁，并设锁脚锚管，如图 7-20 所示。如导坑②水量较大则需提前排水再开挖。

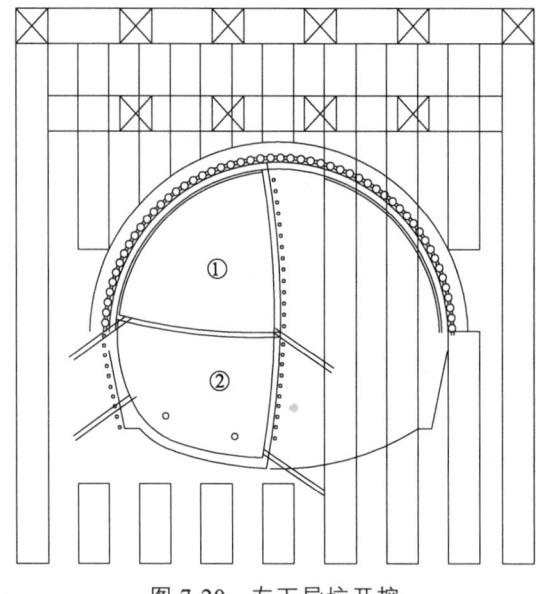

图 7-20　左下导坑开挖

（3）破除右上导坑堵头桩，开挖右上导坑③，并及时施作右上导坑③部周边第一层初期支护、临时中隔壁和临时仰拱，及时封闭，并设锁脚锚管，如图 7-21 所示。

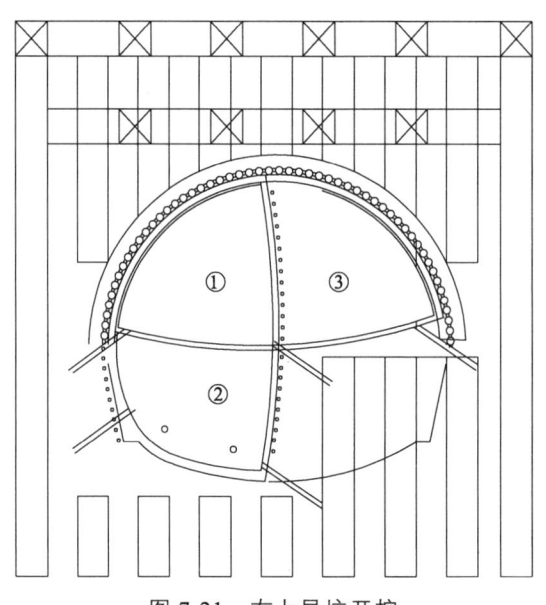

图 7-21　右上导坑开挖

（4）破除右下导坑堵头桩，进行下半断面超前周边注浆，在导坑④靠近底部均匀布置 2 根 ϕ108 钢花管泄水。打设 ϕ42 小导管，开挖右下导坑④，并及时施作右下导坑④部周边初期支护、临时中隔壁，并设锁脚锚管，如图 7-22 所示。如导坑④水量较大则需提前排水再开挖。

图 7-22　右下导坑开挖

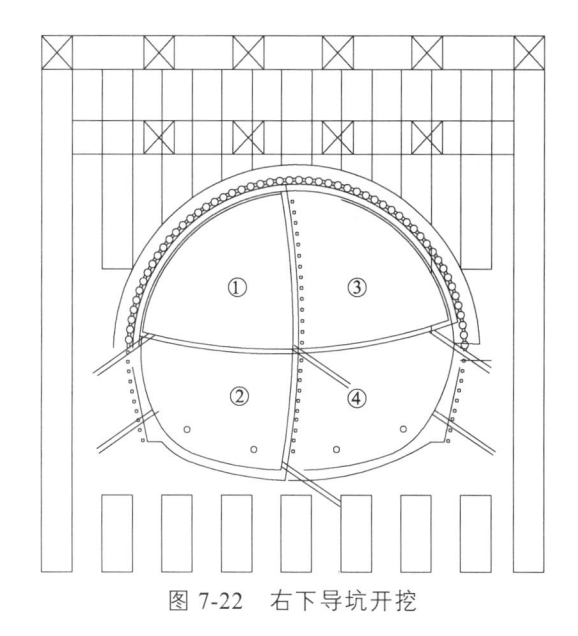

按照上述（1）~（4）步循环施工，完成暗挖部分隧道初期支护。

7.4.5　洞身初期支护

1. 钢拱架施工

钢架安装工艺流程如图 7-23 所示。

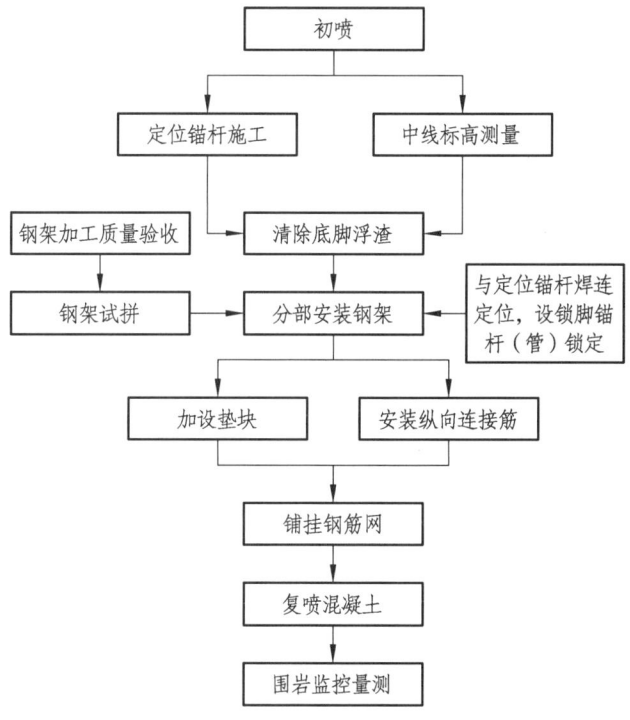

图 7-23　钢架安装工艺流程

（1）钢架施工要求

① 钢架加工。

A. 钢架加工及检查：将型钢按设计图放大样，放样时预留焊接收缩余量及切割刨的加工余量。保证主钢架尺寸正确，弧形圆顺。焊接时沿钢架两边对称焊接，防止变形。焊前及焊缝检查严格按钢结构工程规范执行。加工后进行试拼，其允许误差为：

a. 沿隧洞周边轮廓误差不大于 3 cm。

b. 各单元螺栓孔眼中心间距误差不超过 ± 0.5 mm。

c. 钢架平放时，平面翘曲小于 ± 2 cm[42]。

B. 钢架接头：钢架接头分为 A 接头、B 接头、C 接头和 D 接头 4 种形式。为防止拱架下沉，须在 B 接头及 C 接头处增设一块垫钢板，以加大拱脚接触面积。

② 钢架安装。

A. 钢架与封闭混凝土之间尽量紧贴，在安设过程中，当钢架与围岩之间有较大间隙时设垫板，垫板数量不大于 10 个[42]，对应拱部单元钢架位置架设墙部单元钢架，栓接牢固。钢架之间焊接钢筋网，以防止岩石掉块。

B. 设纵向连接筋，两排钢架间沿周边每隔 1 m 须按设计的纵向钢筋连接，形成纵向连接体系，使其成为一体，以改善受力状态。拱脚高度不够时设置钢板调整，拱架安设时间小于 2 h[42]，拱脚高度低于上半断面底线以下 15～20 cm。当承载力不够时，向围岩方向加大接触面积。

C. 为增强钢架的整体稳定性，将钢架与纵向连接筋、定位系筋和锁脚锚杆焊接牢固[42]。拱脚部位易发生塑性剪切破坏，故该部位接头除栓接外，再四面帮焊，确保接头的刚度和强度。

D. 钢架架立好后，及时复喷混凝土至设计厚度。

2. 喷射混凝土

本隧道暗挖段初期支护设计采用了湿喷混凝土，这可以增强围岩的适应变形和自承能力，湿喷工艺可以降低回弹量，简化工序，改善洞内施工环境，有利于加快施工进度。

喷射混凝土在洞外采用集中拌和站拌制，由混凝土输送车运至喷射点，由湿式喷射机施喷。施工按初喷和复喷进行，开挖后检查无欠挖即进行初喷，安装好锚杆、钢筋网片及钢支撑（设计有时施工）后，再进行复喷，直至满足达到设计厚度要求[43]。

喷射混凝土施工方法：

① 喷射混凝土前，清理受喷面，做到受喷面无松动岩土块，墙脚无虚渣堆积。

② 材料准备：水泥拟选用 42.5 级普硅水泥，速凝剂要求初凝不超过 5 min，终凝不超过 10 min，砂采用河砂，干净无污染，适宜用于隧道内喷射混凝土。石料采用质地坚硬的碎石，其最大粒径不大于 15 mm。

③ 喷射混凝土采用拌和站统一搅拌，施工时将已过筛的砂、碎石、水泥依次加入，然后加入水开始搅拌，拌料时严格掌握规定的速凝剂掺量和混凝土配合比，其水灰比按配比要求严格把控，待混凝土拌和料搅拌均匀后，由混凝土输送车运至湿喷机[44]。

④ 湿喷机在作业开始时，先送风，后开机，再给料，待混凝土从喷嘴喷出后，再供给速凝剂；结束时，先关闭速凝剂计量泵，之后停止供料，待喷嘴残留的少量混凝土和速凝剂完全吹净后，再停风。

⑤ 初喷先拱后墙，复喷先墙后拱，喷射顺序先下后上，避免回弹的混凝土挡住未喷岩面。喷射方向与岩面垂直，喷头与岩面保持 0.6~1.0 m 的距离。喷射时，料束呈 S 形旋转轨迹运动，一圈压半圈，纵向按蛇形状，每次蛇形喷射长度 3~4 m。喷头移动要慢，让混凝土有了一定厚度再离开，成片扩大喷射范围。岩面凹部处先喷混凝土找平。后一层喷射则在前一层混凝土终凝后进行。若终凝后间隔 1 h 以上且初喷表面已蒙上粉尘时，在后一层施喷前要将受喷面用高压气体、水清洗干净[45]。

⑥ 有钢支撑处，钢支撑与壁面之间的间隙用混凝土充填密实；喷射混凝土由两侧拱脚向上对称喷射，并将钢架覆盖。

⑦ 喷射混凝土终凝 24 h 后，采用喷雾洒水的方法养护，养护 7 d，每天洒水 2 次。

7.4.6 隧道衬砌

1. 仰拱及填充施工

隧道贯彻仰拱先行的原则，采用仰拱栈桥进行整幅施工，确保施工质量。仰拱、底板混凝土整体浇筑，一次成型。仰拱填充与仰拱混凝土分次灌注。

为保证施工安全，仰拱混凝土及时施作，支护尽早闭合成环，整体受力，确保支护结构稳定[46]。其中三次衬砌仰拱在二次衬砌强度达到设计强度后，拆除临时支护，开挖并灌注仰拱及填充混凝土，二次衬砌仰拱厚度 55 cm 一次灌注 4 m，三次衬砌仰拱厚度 50 cm 一次灌注 8 m。

（1）仰拱及填充施工工艺。

① 测量放样，由内轨顶标高，反算仰拱基坑底标高。

② 采用挖掘机一次性开挖至初期支护顶面，人工辅助清理底部浮渣杂物[46]。

③ 将上循环仰拱混凝土进行防水处理，按设计要求安装仰拱钢筋，并预留与边墙衬砌连接筋。

④ 自检合格后，报监理工程师隐蔽检查并签证，混凝土输送车运输灌注，插入式振动棒捣固。为能尽早便于行车，采用早强型混凝土。

（2）仰拱及填充施工要求。

① 施工前将隧底虚渣、杂物、泥浆、积水等清除，并用高压风将隧底吹洗干净[46]。

② 仰拱超前拱墙二次衬砌，其超前距离保持 3 倍以上衬砌循环作业长度。

③ 底板、仰拱的整体浇筑采用防干扰作业平台保证作业空间，仰拱成型采用浮放模板支架。

④ 仰拱、底板混凝土整体浇筑，一次成型。

⑤ 填充混凝土在仰拱混凝土终凝后浇筑，不得同时浇筑。

⑥ 仰拱施工缝和变形缝作防水处理。

⑦ 填充混凝土强度达到 5 MPa 后允许行人通行，填充混凝土强度达到设计强度的 100%后允许车辆通行。

2. 拱墙衬砌施工

隧道下穿段二次衬砌、三次衬砌拱墙衬砌厚度分别为 45 cm、50 cm。为了加快施工速度，保证混凝土的浇筑质量，保证混凝土密实度、强度、外观质量、防水性能合格、衬砌厚度，根据施工进度计划总体安排，二次衬砌采用小钢模分块浇筑，三次衬砌采用液压式钢模衬砌台车整体浇筑。混凝土由集中拌和站统一生产，混凝土搅拌运输车运至现场，泵送入仓，插入式振捣器及附着式振捣器联合振捣[46]。

（1）钢筋制作与安装。

钢筋在加工场加工成型，机械下料，机械弯制，机械套丝，再用运输车运送到工作面。钢筋架立和绑扎采用简易脚手架辅助作业。

① 主筋与箍筋之间采用铁丝绑扎，铁丝绑扎结呈梅花形布置，按设计要求间距进行。钢筋绑扎时，钢筋接头分散布置，确保同截面接头数量不大于 50%。

② 钢筋接头均采用机械连接，接头位置相互错开，不位于同一截面内，且位于结构受压区或应力小的地方。钢筋连接应满足一级连接要求。

③ 钢筋混凝土结构中受力钢筋的混凝土保护层符合规范、图纸及监理工程师的要求。

（2）衬砌模板/台车安装。

二次衬砌利用中隔墙及横隔墙作为小钢模主要支撑结构，I20b 工字钢作斜撑，确保小钢模稳定性满足施工需要，三次衬砌直接将衬砌台车行走至衬砌范围，启动液压系统调整模板至设计宽度，用底座千斤顶将台车升到设计标高，打好各部位支撑，防止混凝土灌注过程中台车受浮力等移位走模。由木工安装挡头模板和施工缝橡胶止水带。止水带安装按照设计图纸进行，为了使混凝土浇筑时止水带不移位，挡头板采用两块定型钢模板，一块与衬砌台车焊接，两块采用铰接，共同作用夹紧止水带，避免移位。

（3）混凝土浇筑。

混凝土由中心试验室按照批复的施工配合比指导拌和站集中拌制，罐车运输至现场，泵送入模。据以往施工经验泵输送管道的布管方式及工人连接管道的熟练程度是制约混凝土浇筑时间的关键环节。若管道布置不合理，工人连接管道不熟练，接换管时间较长，会经常造成堵管，加长了混凝土浇筑时间，并影响混凝土的浇筑质量。为了克服堵管现象，其连接应考虑到混凝土的两侧均匀输送且易于连接管道，并且应尽量较少转弯。在混凝土浇筑前，每一层浇筑窗口换管时，只接一个接头就可开始浇筑，而不是接多根管子，可以大大节约换管时间。并且在混凝土浇筑前，所有管道均应用水冲洗滋润。

① 混凝土浇灌：混凝土浇灌过程中两侧应对称进行，并在混凝土输送同时，由两侧工作窗口用插入式振动器，加强捣固。顶拱无法采用插入式振动棒振捣的部位，采用附着式振动器振捣。插入式振捣器振捣，振捣时间每次不超过 30 s，振捣棒移动距离不得超过振捣器作用半径的 1.5 倍，插入混凝土深度一般不超过每层厚度的 2/3。

② 窗口模板的处理：当混凝土灌注到距离窗口下边 5 cm 时，需关闭窗口。窗口关闭要严密，不得有缝隙，以保证混凝土表面平整和防止漏浆。

③ 封顶：在混凝土衬砌施工中，封顶工作最难以进行，因空间狭小，封闭长，不利于观察和操作，处理不善，可能导致顶拱混凝土厚度不足或顶部留有空洞，或出于压力过大导致模板变形。因此，该隧在衬砌正拱顶按照 2 根 ϕ20 mm PVC 管，其中一根为注浆管，

一根为排气管，注浆管每隔 10 cm 设螺旋切口，切口为管周长的 1/3~1/2，安装时切口朝上，排气管不打孔，注浆管外漏部分采用 ϕ20 mm 镀锌钢管与注浆管采用丝扣连接，用于带模注浆。在混凝土浇筑完成后，立即对本循环衬砌进行注浆，当排气管冒浆时，采用止浆塞封闭排气管后，采用 0.4 MPa 压力持续压浆 8 min 后停止注浆。注浆结束并待混凝土终凝后脱模，进行地质雷达扫描检测，若扫描结果正常，进行下一板衬砌施工，若仍有异常现象，需根据扫描分析结果对该段衬砌进行二次注浆处理。

（4）脱模及养护。

在衬砌完成 12 h（或按设计要求）后，拆除挡头板，松开各个工作窗口，混凝土衬砌完成 24 h（或按设计要求）以后，即可脱模移动台车。对完成的衬砌混凝土拆模之后，即时将混凝土表面局部缺陷的部位修补处理，使混凝土表面整体光洁平整。模板台车移动后，即时派人对机械设备、台车模板进行检修，刷脱模剂，以便进行下次混凝土衬砌施工。拆模后，按规范要求洒水养护。

3. 施工防排水

隧道二次衬砌与三次衬砌之间铺设全包防水板，防水由 ECB 防水板和土工布组成，防水板厚度不小于 2 mm，土工布质量不小于 400 g/m²。三次衬砌环向设置施工缝，设置间距为 8~12 m，全环设置。仰拱与衬砌之间设置纵向施工缝[47]，纵向施工缝采用镀锌钢板止水带＋缓膨型遇水膨胀止水条＋可维护注浆管＋水泥基渗透结晶防水涂料，当施工缝部位出现渗漏水时，可利用预埋注浆管进行注浆堵漏处理。

防水板施工工艺流程如图 7-24 所示。

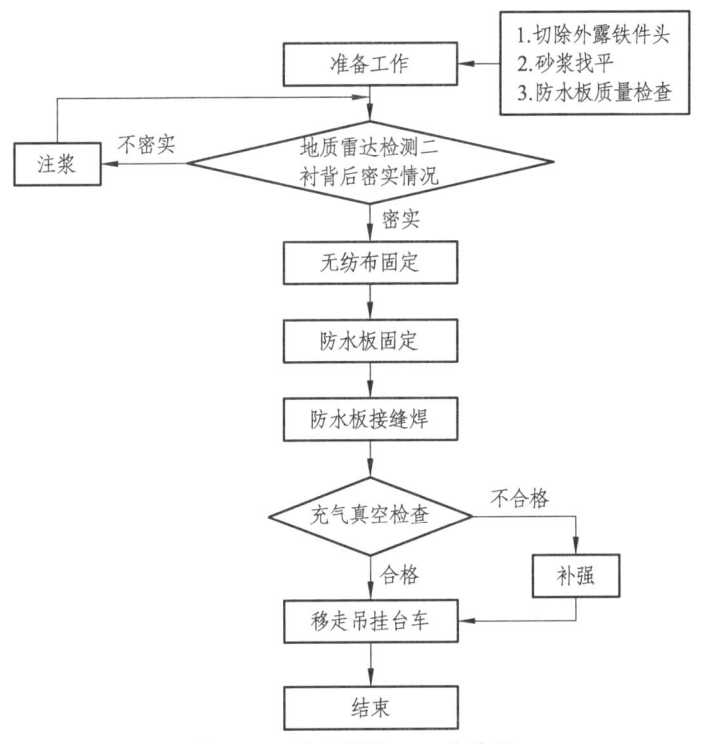

图 7-24 防水板施工工艺流程

7.4.7 拱顶背后注浆

以纵向预贴注浆管道法为例，初期支护及二衬之间，以及二、三衬的防水板与内侧衬砌间需进行拱顶填充注浆。注浆工艺流程如下：

1. 注浆管的制作

现场加工制作注浆管，注浆管采用$\phi 20 \sim \phi 30$ mm 聚乙烯管或 PVC 管，注浆管每隔 10 cm 设置螺旋切口，切口周长为管周长的 1/3~1/2，安装时切口朝上；注浆管外露部分采用$\phi 20 \sim \phi 30$ mm 镀锌钢管与注浆管采用丝扣连接，并在镀锌管尾部连接止浆阀。

在注浆管底部连接排气管以确保在注浆过程中排出衬砌浇筑时密封的空气。排气管与注浆管采用胶带绑在一起[48]，排气管不布孔。

2. 注浆管的固定

施作每循环内侧衬砌前，将纵向注浆管设于正拱顶紧贴防水板（防水板内侧，衬砌外边缘），采用防水板条（5 cm 宽、15 cm 长）焊接固定在防水板内侧，防水板条固定位置纵向间距 70~80 cm，纵向注浆管结合环向施工缝在拱顶位置通长布置。在纵向注浆管预埋时，将止浆阀一端预留至衬砌端头模板外，以便在混凝土施工后立即对该段衬砌进行注浆处理。

预埋注浆管及排气管时应小心施作以免将衬砌背后防水板捅破而影响隧道的防水能力[48]。

3. 注浆及质量控制

在混凝土浇筑完成后，立即对本循环衬砌进行注浆。在注浆过程中，排气管冒浆时，采用止浆塞封闭排气管后，采用 0.4 MPa 压力持续压浆 8 min 后停止注浆。注浆结束后待混凝土终凝后脱模，进行地质雷达扫描检测，若扫描结果正常，则进行下一板衬砌施工；若仍有异常现象，需根据扫描分析结果对该段衬砌进行二次注浆处理。

回填注浆应采用微膨胀性水泥砂浆，有特殊要求的地段可采用强度高、流动性好的自流平水泥砂浆[49]。

回填注浆应在孔口封堵材料达到一定强度后进行。

7.4.8 电缆槽施工

电缆槽施工工艺为：测量放线→基底清理、冲洗→底部混凝土→电缆槽侧壁→养护、拆模→电缆沟盖板预制及安装。

1. 测量放线

为保证结构尺寸符合设计要求，两侧电缆沟与隧道中线的相对尺寸必须按施工图进行，不能随意改变。测量人员根据设计图要求，放样电缆沟定位基准线和水平基准线。

2. 基底清理、冲洗

将电缆沟基底位置的松渣、杂物、淤泥清理，高压水将基底冲洗干净。

3. 模板安装

根据测量放线，放出模板定位安装边线，然后安装模板，模板安装必须垂直，模板与模板之间的缝隙必须控制在 2 mm 以内，基底不平整部位在关好模板后用砂浆封堵，防止浇筑混凝土时漏浆，模板与模板之间不能有错台。为防止浇筑混凝土时模板上浮和跑模，影响混凝土施工和浇筑质量，用铁丝加固牢固。每次安装模板前必须清除板面混凝土块，涂抹脱模剂。模板在搬运过程中必须轻拿轻放，防止模板变形。

4. 钢筋绑扎

电缆沟在靠路面侧的沟槽侧壁均配有钢筋。在底板清理结束后，先绑扎钢筋，然后浇筑底板混凝土，钢筋均匀布置，并保证钢筋间距；为保证钢筋保护层厚度，在模板安装前应在钢筋外侧安装自制的钢筋保护层垫块。

5. 混凝土施工

待沟底清理干净，沟底钢筋绑扎完成并验收合格后，开始浇筑混凝土，沟底混凝土强度等级为 C25。由于底板钢筋架空，浇筑混凝土时，尽量减少混凝土对钢筋的直接冲击，在混凝土振捣和收面时，也尽量减少对钢筋的扰动。

电缆沟侧壁的混凝土强度等级为 C25，施工分两步施工，首先施工矮边墙侧混凝土，然后施工靠路面侧槽壁。沟槽墙身混凝土要分层浇筑，由于侧壁厚度为 11 cm 或 15 cm，建议采用小型捣固棒振捣，局部可以采用 $\phi20$ 钢筋插捣密实，在插捣过程中注意对钢筋和模板保护，避免对其损坏。并用木棒轻轻敲打模板，使附着在模板上的气泡逸出，保证混凝土外观质量。

7.4.9 监控量测

隧道下穿京台高速公路段施工设计路面绝对沉降累计值为 15 mm，隆起值为 5 mm，变化速率控制值为 2 mm/d，差异沉降横坡变化率控制值为 1.5‰。监控量测在此段施工过程中尤为重要。

1. 监测项目

根据招标文件、设计资料以及现场实际情况，本标段在下穿京台高速公路施工过程中需对场区内及周围环境进行常规监测，主要有地表沉降、隧道拱顶下沉及水平收敛等。各种观测数据相互印证，确保监测结果的可靠性，合理确定施工参数提供依据，达到反馈指导施工的目的。

2. 监测点的布置

（1）监测测点布置原则为：观测点类型和数量的确定结合本工程性质、地质条件、设计要求、施工特点等因素综合考虑，并能全面反映被监测对象的工作状态。

为验证设计数据而设的测点布置在设计中最不利位置和断面上，为结合施工而设计的测点，布置在相同工况下的最先施工部位，其目的是及时反馈信息、指导施工。

（2）表面变形测点的位置既要考虑反映监测对象的变形特征，又要便于应用仪器进行观测，还要有利于测点的保护。埋测点不能影响和妨碍结构的正常受力，不能削弱结构的刚度和强度。在实施多项内容测试时，各类测点的布置在时间和空间上应有机结合，力求使一个监测部位能同时反映不同的物理变化量，找出内在的联系和变化规律。根据设计预先布置好各监测点，以便监测工作开始时，监测元件进入稳定的工作状态。如果测点在施工过程中遭到破坏，应尽快在原来位置或尽量靠近原来位置补设测点，保证该测点观测数据的连续性[50]。

（3）暗挖段范围内地表沿隧道方向每 10 m 设置一个测量断面，结合施工现场实际地形，北侧布点涵盖桥台，南侧布点涵盖到 3 倍埋深范围。

横断面布点形式为，隧道正拱顶地表布点，距隧道中心线两侧 0~4 m 范围内布点间距为 2~5 m；距隧道中心线两侧 4~12 m 范围内布点间距为 4 m；距隧道中心线两侧 12~28 m 范围内布点间距为 8 m；由于北侧布点应涵盖桥台，因此线路方向右侧 28~52 m 范围内布点间距为 12 m，南侧布点涵盖 3 倍隧道埋深范围，因此线路左侧 28~40 m 范围内布点间距为 12 m，如图 7-25 所示。

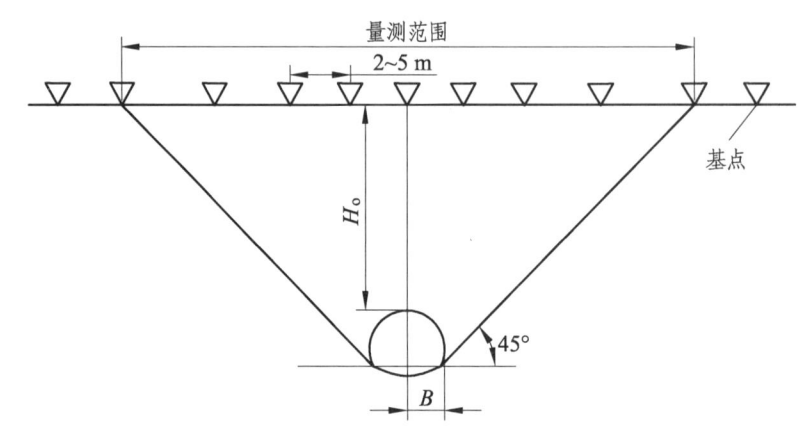

H_0—隧道埋深；B—隧道最大开挖宽度。

图 7-25 暗挖段范围内地表监测点布置图

（4）洞内监测项目有洞内观察、拱顶下沉、净空变化、拱脚下沉、位移。其布点形式如图 7-26 所示。

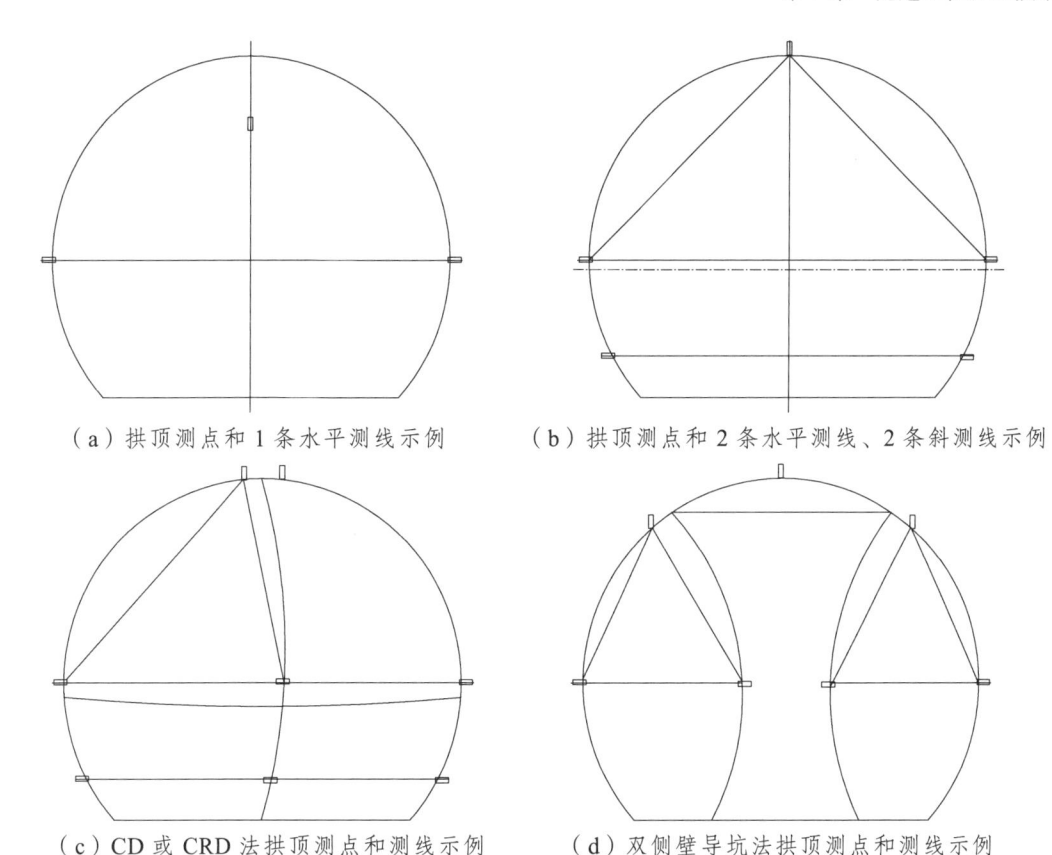

(a) 拱顶测点和 1 条水平测线示例　　　　(b) 拱顶测点和 2 条水平测线、2 条斜测线示例

(c) CD 或 CRD 法拱顶测点和测线示例　　　(d) 双侧壁导坑法拱顶测点和测线示例

图 7-26　拱顶下沉量测和净空变化量测的测线布置示例

监控量测系统的测试精度应满足设计要求。

参考文献

[1] 王领军. 明挖隧道施工安全风险分析及控制措施[J]. 智能城市, 2021, 7 (7): 93-94.

[2] 李超. 隧道台阶法开挖进尺及台阶长度优化分析[J]. 北方建筑, 2023, 8 (5): 27-30.

[3] 闫甫. 胶州湾海底隧道地表沉降及开挖方法的研究[D]. 青岛: 山东科技大学, 2009.

[4] 梁贺云. 双侧壁导坑法在大跨度铁路隧道施工中的应用[J]. 商品与质量, 2011 (S7): 266.

[5] 叶小兵, 刘东升, 刘玉. 海底隧道双侧壁法施工工法[J]. 石家庄铁路职业技术学院学报, 2008 (S1): 9-17.

[6] 肖广智. 加强铁路隧道机械化施工, 保证隧道施工质量和安全[J]. 现代隧道技术, 2008, 45 (S1): 15-19.

[7] 张建周. 铁路隧道机械化配套施工经济性分析[J]. 铁路工程技术与经济, 2019, 34 (6): 55-58.

[8] 李苍松, 李强, 史永跃, 等. 关于川藏铁路隧道施工地下水环境保护的认识和建议[J]. 现代隧道技术, 2019, 56 (S1): 24-33.

[9] 谢明，赵晋友. 双护盾隧道掘进机（TBM）技术浅谈[J]. 现代隧道技术，2006（5）：23-30.

[10] 朱悦，何建枝. 喀斯特岩溶地区轨道交通隧道施工工法选择[J]. 四川建筑，2012，32（3）：250-253.

[11] 杨三春. 铁路长大隧道积极推广 TBM 施工探讨[C]//中国工程院，中国铁道学会，北京茅以升科技教育基金会. 第九届桥梁与隧道工程技术论坛论文集. 上海天佑工程咨询有限公司，2019：6.

[12] 张成. 双护盾掘进机液压推进系统的研究[D]. 洛阳：河南科技大学，2009.

[13] 孟万林. 花岗岩风化地层中盾构施工地表沉降预测与开挖面风险评估[D]. 上海交通大学，2019.

[14] 张凤祥. 选择盾构工法的一些考虑[J]. 岩石力学与工程学报，1997（1）：86-91.

[15] 李春良，丛敏，王强. 不同地质条件下盾构方式的研究与讨论[J]. 吉林建筑工程学院学报，2010，27（3）：17-21.

[16] 钟友江. 论软弱围岩隧道施工的对策措施[J]. 路基工程，2014（1）：88-94.

[17] 岳海飞. 邻近运营线隧道悬臂掘进机施工技术[J]. 施工技术，2018，47（S1）：620-622.

[18] 余剑斌. 铣挖法施工工艺在福州地铁工程中的应用[J]. 福建建设科技，2018，（05）：58-60；63.

[19] 周杰，肖伦斌. 土钉墙基坑支护技术应用实证研究[J]. 工业建筑，2010，40（S1）：704-706.

[20] 杨海峰. 砂质土层深基坑支护综合施工技术[J]. 山西建筑，2014，40（35）：93-95.

[21] 裴如鹏. 地铁车站围护结构桩间初期支护模筑混凝土施工的新方法研究[J]. 工程建设与设计，2020（4）：81-84.

[22] 景双喜. 浅谈旋挖钻机在钻孔灌注桩施工中的应用[J]. 建设机械技术与管理，2007（1）：71-73.

[23] 侯恩厚. 流沙层地质旋挖钻成孔工艺[J]. 中小企业管理与科技（下旬刊），2012（1）：213-214.

[24] 于世飞. 盖挖地铁站大直径超长钢管混凝土柱施工技术[J]. 江西建材，2020（2）：63-65.

[25] 代明溢. 桥梁基础施工质量控制措施[J]. 交通建设与管理，2014（10）：99-101.

[26] 管鹤楼，赵秀娟，刘林. 浅谈 PCMW 工法在基坑支护工程中的施工工艺及质量控制[J]. 公路工程，2012，37（4）：175-180.

[27] 安丽荣. 钻孔灌注桩与水泥土搅拌桩支护体系在软土基坑中的应用[D]. 石家庄经济学院，2014.

[28] 郑磊. 三轴搅拌桩施工探讨[J]. 门窗，2013（7）：172；175.

[29] 苗永茂，谢建花. 浅谈猫道在桥梁施工中的应用及施工方法[J]. 福建建筑，2011（12）：90-93.

[30] 刘哲，李桐，于艺林，等. 东洲湘江大桥水中墩大体积承台施工技术[J]. 施工技术，2017，46（S2）：826-830.

[31] 王平化.SMW 工法在川气东送管道工程安庆长江穿越盾构隧道始发竖井的应用[J]. 建设机械技术与管理，2009，22（1）：85-93.

[32] 陈小羊. 地铁工程在粉砂围岩地质中过楼房段的施工[J]. 山西建筑，2011，37（6）：64-66.

[33] 马勤. 福州轨道交通 2 号线桔园洲站基坑支护设计与降水试验研究[D]. 石家庄铁道大学，2017.

[34] 董莹. 南京青奥轴线明挖隧道回灌技术应用[J]. 中国高新技术企业，2014（12）：22-24.

[35] 宋向荣. 京雄城际铁路明挖隧道防水设施标准化施工工艺研究[J]. 工程技术研究，2019，4（22）：73-74.

[36] 包烨明. 富水软弱地层明挖基坑拱墙分筑式衬砌施工技术[J]. 施工技术，2019，48（S1）：65-69.

[37] 陈立龙，和振海. 高精度大管棚在浅埋隧道下穿城市快速路施工中的应用[J]. 天津建设科技，2013，23（05）：50-51.

[38] 朱斌泉，丰保卫，李元柏. 高床岭隧道洞口段、浅埋、破碎带及断层地段围岩施工技术[J]. 公路交通科技（应用技术版），2013，9（7）：272-275；284.

[39] 华涛. 隧道进洞管棚施工技术——以渝湘高速公路峡口隧道为例[J]. 黑龙江科技信息，2012（19）：237.

[40] 栗丽海. 断层破碎地段公路隧道预支护施工[J]. 黑龙江交通科技，2007（3）：61-62.

[41] 朱克法. 帷幕注浆施工技术在隧道断层破碎带中的应用[J]. 铁道建筑技术，2006（4）：47-48；52.

[42] 王永东. 既有铁路小净距交叉隧道加固施工[J]. 科技创新导报，2010（27）：99-100.

[43] 吕世玺. 挂模湿喷混凝土技术在隧道施工中的应用分析[J]. 公路交通科技（应用技术版）2016，12（4）：228-229.

[44] 万永强. 浅谈公路隧道支护施工技术应用[J]. 黑龙江交通科技，2015，38（5）：96.

[45] 齐广林. 隧道开挖局部围岩渗漏水的治理[J]. 内蒙古公路与运输，2009（5）：43-45.

[46] 张志青. 龙泉寺隧道稳定性分析及施工技术研究[D]. 太原：太原理工大学，2012.

[47] 张冬. 铁路隧道防水层的施工技术和质量控制[J]. 科技风，2013（20）：120；122.

[48] 钟亮根. 隧道二衬拱顶脱空预注浆施工技术[J]. 四川建筑，2017，37（4）：201-203；206.

[49] 王清江，王悦. 隧道衬砌背后注浆防水及裂缝渗水整治技术研究[J]. 国防交通工程与技术，2012，10（1）：72-74.

[50] 谢有月. 浅埋隧道近接侧穿既有公路桥桩的影响性研究[D]. 广州：华南理工大学，2017.

第8章　无砟道床施工技术

CRTS I 双块式无砟道床是一项引进创新的先进技术，尤其是轨道底座施工、轨道精调、无缝线路铺设后精调等技术中包含了很多的新工艺方法和设计理念。在施工机具物流组织、技术管理及质量控制中，无砟道床因其工序多、设备密集、高精度要求的施工专业化工艺，过程控制需严谨细致，施工组织应在设计指导要求下科学安排。

本标段榆安1号隧道 DK32+700~DK35+770 段、路基 U 形槽 DK32+358~DK32+700 段采用 CRTS I 型双块式无砟道床。其主要工程量见表 8-1。

表 8-1　无砟道床工程数量

	工程内容	单位	数量
正线	路基 U 形槽段无砟道床	铺轨公里	0.32
	榆安 1 号隧道段无砟道床	铺轨公里	3.07
	合计	铺轨公里	3.41

CRTS I 型双块式无砟轨道主要由钢轨、扣件系统、轨枕、道床板、混凝土底座或支承层（路基、桥梁地段）等部分组成[1]。

8.1　无砟道床施工组织方案

8.1.1　施工区段安排

根据现场条件、工程量分布情况、轨道结构特点和施工流程及工期情况，结合本投标人专项施工能力，无砟道床施工以榆安1号隧道为重点先施工U形槽及隧道段落，最后再施工相邻标段的桥梁段落。施工区段安排如图 8-1 所示。

图 8-1　无砟道床施工区段安排示意图

注：无砟道床施工以U形槽和隧道段为重点，先从U形槽起点向隧道方向施工，隧道段施工完成后，再转移到 CJLLXZQ-5 标范围进行桥梁段落无砟道床的施工，考虑物流通道畅通的原则按照 I 线在前，II 线滞后 2 个施工单元顺序展开施工。

8.1.2 施工顺序

CRTS I 型双块式无轨道施工顺序：线下基础沉降变形评估及验收→CPⅢ测量控制网建立及评估→支承层或底座施工→道床板底层钢筋绑扎→轨排吊装→轨排初步定位→钢筋绑扎及接地焊接→模板及预埋件安装→轨排精调及固定→道床板混凝土浇筑→拆模及养护→遗留孔封堵及成品保护→钢轨铺设与精调[2]。

8.1.3 作业施工人员配置

由轨道作业队负责无砟轨道铺设施工任务，任务安排见表8-2。全标段无砟道床共分1个工作面，工作面施工人员配备情况见表8-3，考虑两班作业，实际投入人员按双倍配置。作业队管理人员配置情况见表8-4。

表 8-2 无砟轨道人员配置及任务划分

班组	人员/人	任务划分
轨道作业队	260	负责本标段全部无砟道床施工

表 8-3 无砟道床施工人员配置及任务划分[2]

序号	工序名称	作业内容	岗位工种	人数	备注
一、底座施工					
1	基面处理	清理杂物	普工	1	
2	测量放线	测放底座板中线、轨道中线控制点；底座板、道床板、纵横向钢筋位置弹线	测量员	3	测量放线
			普工	1	
3	连接钢筋安装	安装L形连接钢筋	普工	2	
4	钢筋加工安装	钢筋加工	钢筋工	1	
		钢筋摆放、绑扎	钢筋工	1	
5	模板安装	模板打磨、刷脱模剂、安装加固	模板工	2	
6	混凝土浇筑	卸料、养护	普工	2	
		布料、振捣、收面	混凝土工	4	
7	隔离层施工	土工布施工	普工	2	

续表

序号	工序名称	作业内容	岗位工种	人数	备注
二、道床板施工					
8	轨枕、钢筋卸码	钢筋等小型材料运输	汽车司机	1	
			叉车司机	1	
			普工	2	
9	底层钢筋加工与安装	加工、铺设底层钢筋	钢筋工	20	
10	轨排组装	轨排组装运输	门吊司机	2	
			普工	5	
11	轨排粗调	粗调轨排	测量员	3	
			普工	5	
12	顶层钢筋安装	铺设顶层钢筋并焊接地端子	钢筋工	20	
13	模板安装	安装、固定纵横向模板	模板工	12	
14	轨道精调	轨排精调及测量	测量员	3	
			普工	6	
15	混凝土浇筑	混凝土卸料	普工	2	
		混凝土布料、浇筑、振捣、抹面	混凝土工	8	
16	混凝土养护	混凝土洒水养护	普工	2	
17	轨排拆除	拆除轨排及附件	普工	8	
每工作面合计（一个班）				120	

表 8-4 无砟轨道作业队管理人员配备[2]

序号	岗位工种	人数	主要职责	备注
1	作业队长	1	负责现场劳动力、机具设备的合理调配，组织各班组严格按照设计、施工方案和作业指导书规范施工，负责抓好安全质量管理控制，认真开展安全质量教育，对现场安全质量及文明施工负全面责任	
2	技术负责人	1	负责全面技术管理工作，监督班组作业人员在领工员或工班长的带领下作业，确保规范施工。负责向领工员、工班长对每道作业工序和环节进行书面技术交底	
3	领工员	2	负责各个工序的劳动力安排，合理安排各工种的人员需要。坚持工班、工序交接检查和分项、分部工程质量评定工作，针对施工中存在的质量通病进行检查，提出纠正意见措施	

续表

序号	岗位工种	人数	主要职责	备注
4	质量员	2	负责工程质量管理。检查、落实现场质量、安全文明施工的各项措施。负责组织实施关键工序的质量标准,明确关键工序的质量控制要点及质量保证措施	
5	技术员	2	负责技术质量工作,认真执行规范、施工工艺标准,认真交底,对实体质量负直接技术管理责任;落实质量保证措施,指导各分项施工的实施,负责隐蔽工程检查验收,填写隐蔽工程检查记录	
6	试验员	2	严格按照有关试验规程和试验方法做好各项试验,及时填写试验记录和试验报告。混凝土施工过程中做好现场监督指导工作	
7	安全员	3	对作业班组的安全生产工作进行检查、监督,消除安全事故隐患;对各班组的安全防护器材、用品的投入、使用进行检查监督,确保安全生产措施的有效执行	
8	材料员	2	做好物资材料的交接验收工作,检查指导施工现场物资材料、半成品存放工作	
9	工班长	5	负责本工班劳务人员的日常管理和现场劳动力调配,保证施工进度按计划进行	
10	合计	20		

8.1.4 主要施工设备

CRTS I 型双块式无砟道床主要施工装备:轨排框架组装平台、混凝运输车、混凝土泵车、汽车吊、龙门吊、框架轨排运输车、定制钢模、精调标架、精调器、粗调机、洒水车、轨检小车、电子水准仪、全站仪、发电机、电焊机、洒水车。具体每个作业面设备配置见表 8-5。

表 8-5 轨排框架法施工无砟道床每作业面主要设备

序号	设备名称	型号	数量
1	轨排框架	6.5 m/榀	47 榀
2	底座板模板及凹槽模板		4.1 t
3	龙门吊	5 t	1 台
4	龙门吊	10 t	1 台
5	柴油发电机组	62.5 kW	2 台
6	发电机	15 kW	2 台
7	切缝机		4 台
8	切筋机		5 台
9	弯筋机		5 台
10	电焊机	BX2-400	6 台

续表

序号	设备名称	型号	数量
11	分枕平台		6个
12	汽车吊	12 t	1台
13	汽车吊	16 t	1台
14	混凝土输送泵	60型	1台
15	平板车	8 t	1台
16	混凝土罐车	8 m³	2台
17	精测小车	GEDO轨检仪	1台
18	全站仪	TCA2003	1套
19	全站仪	TCA1201	1套
20	电子数显水准仪	徕卡	1套
21	欧姆表	2C25B-4	2个

8.1.5 施工进度安排

1. 施工进度指标

无砟道床综合进度指标见表8-6。

表8-6 无非道床综合进度指标

无砟轨道	轨道板铺设	双块式 120 m 单线/d
	铺轨	无砟轨道 5 km/d,静态精调 300 m/d

2. 施工工期

本标段无道床铺设工期96日历天,起讫日期为2020年8月16日—2020年11月13日。

8.1.6 施工重点难点及注意事项

1. 施工难点

(1)严格执行沉降评估和CPⅢ建网评估等各项制度,认真研究借鉴同类工程建设经验。

(2)双块式无砟轨道施工物流为线性流动,需要结合现场条件认真研究科学组织,提高施工功效。

(3)需认真分析合理安排双块式无砟轨道的施工时间,如需冬期施工,必须提前进行工艺性试验。

2. 注意事项

(1)道床板施工前,各施工单位必须进行工艺性试验,优化施工设备配置,为保证施工质量和提高施工工效奠定基础。

(2)无道床Ⅰ、Ⅱ作业面要相错2个工作段落,以减少同时施工的干扰。

8.2 无砟轨道施工条件评估

双块式无砟道床施工前，应由建设单位组织相关单位对线下工程的沉降变形观测资料进行分析评估，并提出分析评估报告。

在分析评估工后沉降变形符合设计要求后，方可进行无砟道床的施工。

8.3 双块式无砟道床施工方法及工艺

8.3.1 工艺流程

CRTS I型双块式无砟道床采用框架轨排法施工，各工序以流水作业方式进行。无砟道床施工工艺流程见图8-2。

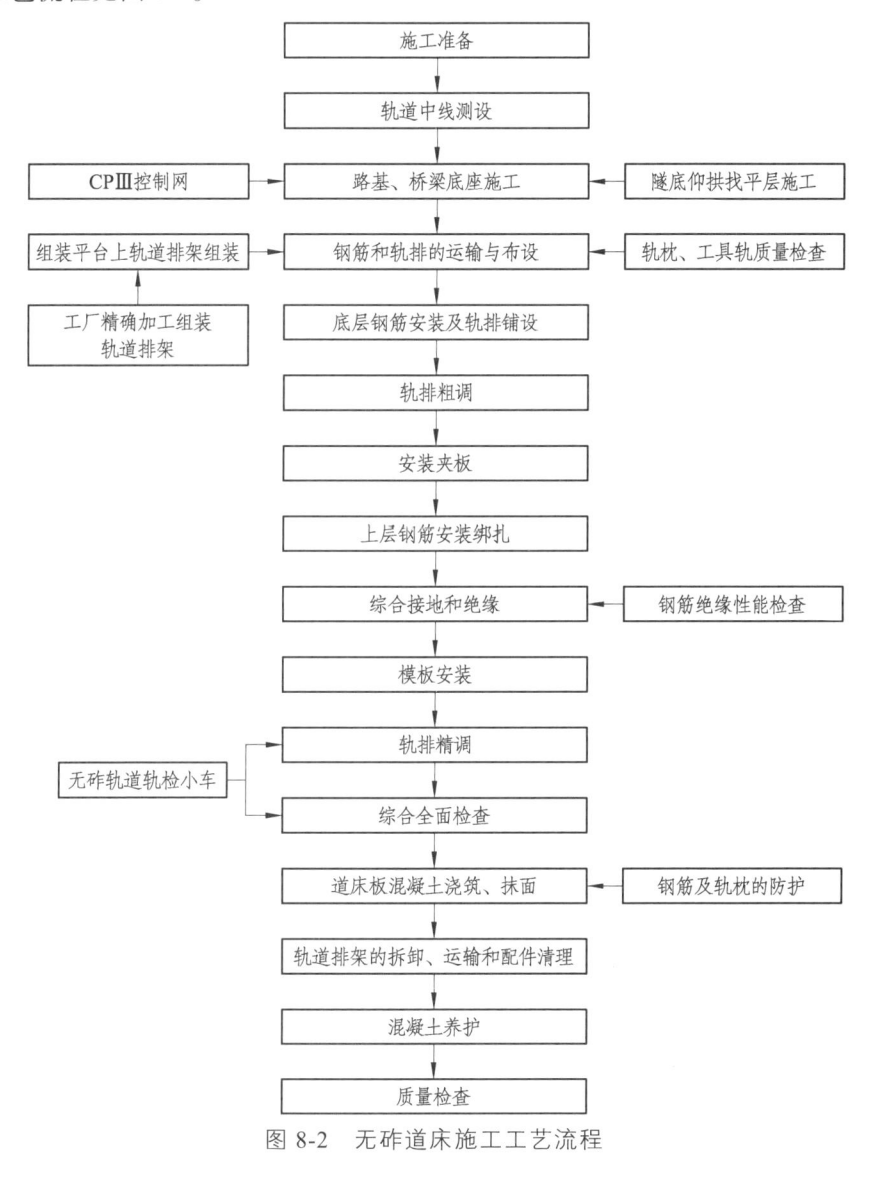

图 8-2 无砟道床施工工艺流程

8.3.2 CPⅢ测量方法

施工测量采用分期建网，下部结构工程和无砟道床工程根据同一设计交桩网测设施工控制网[3]，按照先整体后局部，高精度控制低精度的原则，结合设计平面图、现场平面布置及施工现场的具体情况，选择通视条件好、安全易保护的地点布置网点、选定网型[3]。

采用 GPS、全站仪、水准仪等精密测量仪器测设控制网，确保轨道板铺设精度和满足质量要求。其测量平面控制网分三级布设，第一级为基础平面控制网（CPⅠ），第二级为线路控制网（CPⅡ），第三级为基桩控制网（CPⅢ）。

各级平面控制网的作用为：CPⅠ主要为勘测、施工、运营维护提供坐标基准；CPⅡ主要为勘测和施工提供控制基准；CPⅢ主要为铺设无砟道床和运营维护提供控制基准。

1. CPⅢ控制网平面测量

（1）仪器配置。

全站仪应带目标自动搜索及照准（ATR）功能并附带野外数据采集软件，每台仪器宜配 12 个棱镜。全站仪标称精度不低于 1″、2 mm + 2 mm/km，采用铁一院 CPⅢ 数据采集系统软件进行观测。

（2）CPⅢ控制点测量方法及与上一级控制网的关系。

CPⅢ控制点测量方法采用自由测站加后方交会测量，从每个自由测站开始，以 2×3 对 CPⅢ 点为测量目标，每次测量应保证每个 CPⅢ 网点的重叠观测次数不少于 3 次。

在自由站上测量 CPⅢ 的同时，应将靠近线路的 CPⅠ 点及全部 CPⅡ 点进行联测，纳入网中，CPⅠ/CPⅡ 点应至少在两个自由站上进行联测，有可能时应联测 3 次，联测长度应控制在 150 m 之内。当受观测条件限制，只能有一个自由站点和 CPⅠ/CPⅡ 通视时，应设置辅助点，如图 8-3。

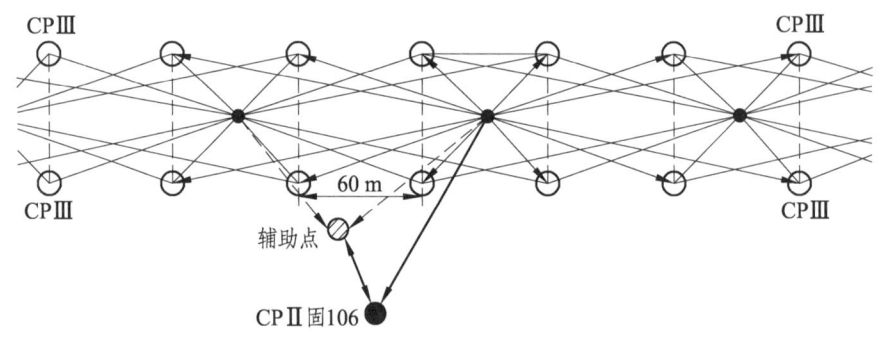

图 8-3 CPⅢ控制点测量示意图

当标记点距离为 60 m 左右，且不大于 80 m 时，为了确定 CPⅢ 点，允许的最远目标距离为 120 m 左右，最大不超过 150 m。

每次测量开始前在全站仪初始值中输入起始点信息并填写自由测站记录表。

（3）测量精度要求。

① 水平方向：0.5″级全站仪测 3 测回，1″级全站仪测 4 测回。

② 测量测站至CPⅢ标记点间的距离：0.5″级全站仪测3测回，1″级全站仪测4测回。

③ 方向观测各项限差根据《精密工程测量规范》（GB/T 15314—1994）的要求不应超过表8-7规定，观测最后结果按等权进行测站平差。

表8-7 方向测量法水平角测量精度　　　单位：（″）

全站仪类型	光学测微器两次重合读数差	全站仪两次读数差	半测回归零差	一测回内2c互差	同一方向值各测回互差
TCA2003		0.5	4	8	4
TCA1201	1	1	6	9	6

注：TCA2003为一测回水平方向中误差不超过±1″全站仪。

2. CPⅢ控制网高程测量

（1）CPⅢ控制网高程测量仪器配置。

水准仪应使用高精密水准仪，仪器等级不低于DS1级，即仪器标称精度为每千米水准测量高差中误差不大于1 mm。

（2）CPⅢ控制网高程测量方法及精度。

CPⅢ控制点水准测量应按精密水准测量的要求施测。CPⅢ控制点高程测量工作应在CPⅢ平面测量完成后进行，并起闭于二等水准基点，且一个测段不应少于3个水准点。

CPⅢ点与CPⅢ点之间的水准路线，采用图8-4的水准路线形式[4]。

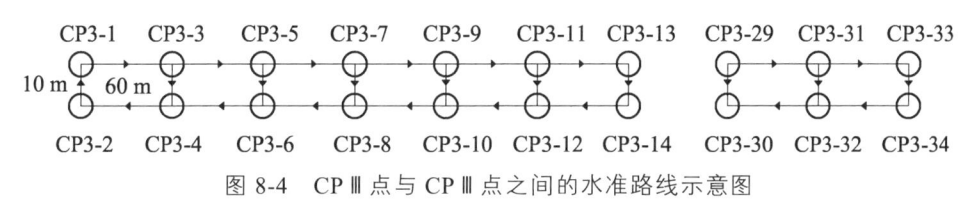

图8-4 CPⅢ点与CPⅢ点之间的水准路线示意图

测站数为偶数，一般为6或8个。由往测转为返测时，两支标尺应互换位置，并应重新整置仪器。

3. CPⅢ控制网数据处理

CPⅢ数据处理系统是在分析和研究CPⅢ数据处理理论模型的基础上，根据平差模型的具体需要而设计的功能模块。该模块具有通用性强、功能全面、整体性能好等特点。

（1）平面数据精度评定：

验后单位权中误差应略大于验前方向中误差。

方向改正数应小于3.6″。距离改正数应小于2 mm。

相对点位精度需要满足《客运专线无砟轨道铁路工程测量技术暂行规定》相邻CPⅢ点相对点位精度小于1 mm的要求。

（2）高程数据精度评定：对往返测高差之差、偶然中误差、高差闭合差进行评定。

在具体的数据处理案例中，平差之后的上述指标应满足国家规范或评估验收部门的相关要求[4]。

8.3.3 路基 U 形槽段支承层施工

路基地段支承层采用滑模摊铺法和人工模筑法施工。

试验室事先进行路基底座水硬性混合料和低塑性混凝土配合比试验，并对原材料品质、颗粒级配、最佳含水量/增实因素（水硬性混合料）、坍落度（低塑性混凝土）、抗压强度、抗弯强度、弹性模量、收缩性等性能进行测试。

1. 滑模摊铺法施工工艺

滑模摊铺法施工工作内容主要包括：施工准备、测量放样、运输布料、滑模摊铺、拉毛整修、养生、切缝等。

（1）准备工作。

滑模施工前，应做好相关准备工作。通过试验段检验施工配合比及摊铺机摊铺速度等工艺参数[5]。对基床表层顶面进行验收，复测表面高程与平整度，超过允许值时，应按相关规定进行处理。

（2）作业面清理。

路基 U 形槽底板凿毛及杂物清扫干净，用水润湿表面无积水[5]。

（3）线路支承层控制线测设。

沿线路方向每隔 10 m 测量放样出支承层两侧边线，并引桩设置摊铺机走行及高程引导线，提供摊铺基准[5]。

（4）布料。

水硬性混合料由最近的集中搅拌站供应，用自卸车运输至施工现场，利用挖掘机配合向摊铺机喂料。

（5）摊铺作业。

首次摊铺前，应对摊铺机位置、几何参数和机架水平度进行调整，然后空机挂线行走 5~10 m，经多次确认无误后方可开始摊铺。

摊铺 5 m 后，检测摊铺出的支承层标高、厚度、中线、横坡度指标，合格后可继续施工。

滑模摊铺机应匀速连续摊铺，不得随意停机或改变摊铺速度。摊铺速度可根据供料情况、混凝土性能和施工地段确定，一般控制在 1.5~1.8 m/min。供料不充分、混凝土坍落度偏小、捣固性能不良时和曲线地段可适当降低摊铺速度[5]。

（6）拉毛整修。

滑模施工后，在初凝前完成拉毛处理，并对表面及边角有缺陷的部分及时进行修补。

（7）养护。

支承层摊铺完成后，及时覆盖洒水养护，洒水量保证支承层表面始终处于湿润状态，养护时间不少于 7 d，湿度较小或气温较低时延长养护时间。

（8）切缝。

支承层在施工完成后，应及时进行切缝施工，释放表面应力，一般不得晚于摊铺完成后 6 h。切缝深度不小于厚度的 1/3，一般缝深不小于 105 mm，宽度不大于 5 mm，气温低于 20 ℃ 时，每 5 m 一道；气温大于 20 ℃ 时，每 4 m 切一道。切缝完成后，将残留在切缝内的泥浆等残渣用高压水冲洗干净[5]。

2. 模筑法施工工艺

模筑法施工作业主要内容包括：施工准备、清理及放样、模板支立、混浇筑凝土、养护及切缝。

（1）准备工作。

路基线下工程验收及沉降评估完成后，复测表面高程及平整度，超过允许值时，应按相关规定进行处理。

（2）清理及放样。

将路基表面清扫干净，用水润湿。施工放样出支承层边线，每隔 10 m 打上钢钎，并在钢钎上用红油漆标上支撑层顶面高程位置。

（3）模板支立。

根据放样出的边线，支立两侧模板，再次测量复核模板位置和高程。

（4）混凝土浇筑。

采用自卸车进行混凝土运输，坍落度一般宜控制在 10~30 mm 内。混凝土入模后，利用挖掘机配合人工进行混凝土初步平整。初步平整首先用振动棒对混凝土进行振捣，然后用三轴振动梁振动表面，提浆整平。混凝土初凝前，应拉毛处理[5]。

（5）养护及拆模。

支承层浇筑完成后，应及时覆盖洒水养护，洒水量应保证支承层表面始终处于湿润状态，养护时间不少于 7 d，湿度较小或气温较低时增加养护时间。

（6）切缝。

切缝施工同滑模摊铺机工艺部分[5]。

8.3.4 桥梁底座板施工

1. 施工准备

（1）桥梁保护层已经施工完成，并验收合格。

（2）桥梁防撞墙上已经安装 CPⅢ点，CPⅢ控制网已经经过评估，并可以使用。

（3）混凝土用原材料产地、质量等级、类型等应与试验配合比用原材料一致。应特别注重原材料的质量稳定，并保持适度储备。

（4）计量设备检查。对生产系统的各计量仪器设备进行计量监督，制定保证各项试验以及施工工艺中各种测试数据准确的措施。

（5）施工机械检查调试。对混凝土拌和、运输、灌注、振捣设备及模板、工具进行调配和维修保养，以满足生产需要。

2. 施工工艺

桥梁底座板施工工艺如图 8-5 所示。

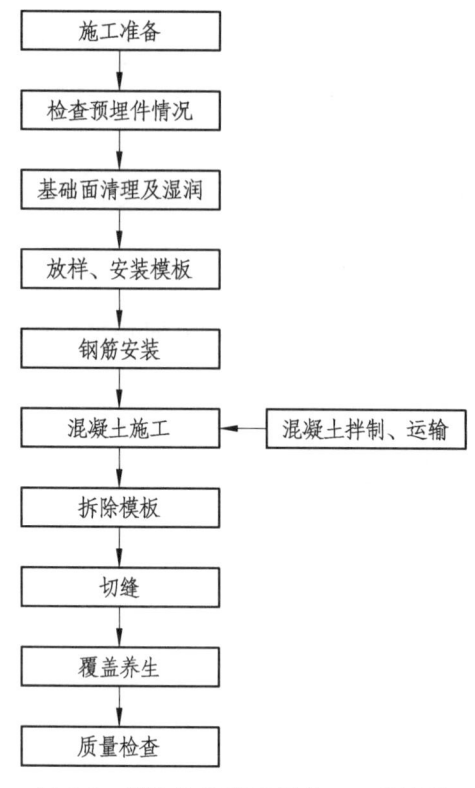

```
施工准备
   ↓
检查预埋件情况
   ↓
基础面清理及湿润
   ↓
放样、安装模板
   ↓
钢筋安装
   ↓
混凝土施工  ← 混凝土拌制、运输
   ↓
拆除模板
   ↓
切缝
   ↓
覆盖养生
   ↓
质量检查
```

图 8-5　模筑法桥底座板施工工艺流程

（1）桥面处理。

桥面处理主要包括清理桥面泥土、砂浆、混凝土等杂物。

（2）施工放样。

根据底座板布置图对底座进行放样，并用墨线弹出模板边线位置，要求：

① 放出每个底座单元板 4 个角的位置，并记录桥面标高。

② 根据放样点用墨线弹出模板四边边线及钢筋边线[1]。

（3）钢筋施工。

底座板钢筋均采用直径 12 mm 的 HRB335 钢筋。安装时，根据不同底座板单元板长度摆放、绑扎底层钢筋：纵向 14 根，横向根据单元板长度不同进行摆放；再绑扎顶层钢筋及架立钢筋。施工时要注意：

① 底层钢筋为整体钢筋网片形式，顶层钢筋网片中含有 2 个凹槽。

② 底座板钢筋净保护层厚度侧面为 50 mm，底层为 30 mm，在限位凹槽处的钢筋净保护层厚度为 35 mm。

③ 钢筋采用扎丝绑扎，不需进行绝缘处理。

④ 当底座钢筋与连接钢筋位置冲突时，可适当调整底座钢筋的纵向位置。

（4）模板安装及加固。

模板采用槽钢为主体制作而成的可调高式模板，加工时按照梁上底座板单元板长度不同分别进行加工。安装时，根据弹出的模板边线及该单元板长度进行配对安放，连接每个单元板模板四角螺栓，并根据实际测量梁面标高调整模板顶标高与设计底座板结构顶面标高平齐，如图8-6所示。

图8-6 模板固定及支撑

底座板加固时，纵向模板底采用锚固钢筋进行固定，模板顶采用横向拉杆进行固定；横向模板板缝为10 cm，加固时在板缝相邻两模板间塞入楔形木板进行加固。

凹槽处模板采用钢制定型模板。每个凹槽模板用2根3 m长钢管焊接固定，并在钢管两头焊接固定钢筋，插入模板顶指定位置的螺栓孔内，确保凹槽位置的准确性。

模板加固时要注意以下几点：

① 模板顶面标高根据实测梁面标高进行调整。

② 由于底座板单元板长度较长，而底座板高度较小，导致模板纵向刚性较小，施工时容易胀模，因此，底座板纵向模板底锚固钢筋间距不得大于1.5 m，模板顶拉筋间距按照模板顶螺栓孔位置布置。

③ 凹槽模板与固定钢管两端的固定钢筋焊接时，应根据设计凹槽位置及现场实际情况，丈量尺寸后方可焊接，焊接后试安装凹槽模板，检查凹槽位置符合设计要求时方可使用，若不符合要求，则重新丈量尺寸并焊接锚固钢筋，直到凹槽位置符合要求方可使用。

④ 凹槽固定钢管两端锚固钢筋焊接尽量成批进行加工，若焊接位置不一致时，应与对应的底座模板统一编号使用，防止凹槽位置发生错位。

⑤ 模板使用前应除锈处理，并涂刷脱模剂。

⑥ 模板底部空隙可利用砂浆进行封堵。

（5）梁面清洁及冲洗。

底座板混凝土施工前，应先对底座板混凝土范围内的梁面进行冲洗清理，将梁面上的灰尘、焊渣等杂物清除。梁面冲洗应在混凝土浇筑前进行，确保混凝土施工时梁面湿润并无积水。

（6）混凝土浇筑及养护。

底座板采用C40混凝土现场浇筑，浇筑时要尽量降低出料口高度，以减小混凝土对钢筋的撞击。采用插入式高频式振捣器进行振捣，在混凝土振捣过程中，应避免重复振捣，防止过振。振捣棒要垂直地插入混凝土内，振捣棒要快插慢拔，以免产生空洞。混凝土振捣时间要适当，当混凝土停止下沉、不冒气泡、泛浆、表面平坦后，即停止该点振捣，转至下点。在振捣时应加强检查模板支撑的稳定性和接缝的密合情况,防止在振捣混凝土过程中产生漏浆和跑模现象,如图 8-7 所示。混凝土浇筑不得中断,每单块板必须一次浇筑完成,杜绝后补及二次浇筑。

图 8-7 混凝土浇筑

混凝土收面时,严格按设计进行高程控制,平整度要求为 6 mm/4 m,底座顶面高程误差控制在 +0 ~ -10 mm 以内。底座宽度允许偏差为 ± 10 mm,限位凹槽相对底座顶面允许偏差为 0 ~ -5 mm,限位凹槽宽度允许偏差为 0 ~ +5 mm。

当混凝土初凝后,采用土工布加覆盖两布一膜的方式洒水养护,塑料膜四周压紧密封,防止水分散失过快。根据外界环境温度,每天洒水次数以确保混凝土表面湿润为主,养护时间不少于 28 d。

混凝土施工完成后,应及时清除限位凹槽内杂物积水,并在限位凹槽顶面加防水覆盖材料防止限位凹槽内积水。

当混凝土达到设计强度的 75% 以后方可进行下道工序施工。

混凝土的入模温度控制在 5 ~ 30 ℃ 之间,当环境温度大于 30 ℃ 时应采取降温措施。

8.3.5　隧道段隧底仰拱找平层凿毛

使用凿毛机对找平层进行凿毛,要求凿毛深度不小于 10 mm,见新鲜混凝土面不小于 75%。凿毛完成后进行清洗。隧道找平层凿毛区域如图 8-8。

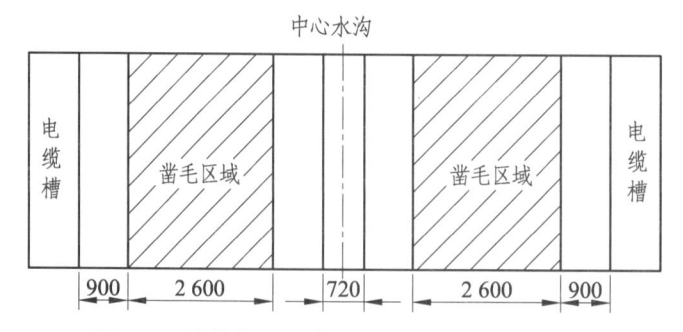

图 8-8　隧道找平层凿毛示意图(单位:mm)

8.3.6 道床板施工

1. 轨排框架、轨枕及钢筋进场

（1）轨排框架进场。

道床板施工选用轨排框架法施工方案；根据工期计划安排，制定进度指标，计算确定所需的轨排框架及相关配套设备数量。所需首开段的轨排框架及相关配套设备已运抵工地。

（2）双块式轨枕、道床板钢筋进场。

按照技术条件要求，安排专人检查验收和保管，检查轨枕，填写检查记录，外形美观、整齐，无蜂窝麻面，及时涂刷标志并清理不合格品，外观检查标准如图 8-9。

图 8-9 轨道排架及轨枕进场施工示意图

在轨枕卸车前，质检人员重点检验轨枕的以下项目：运输中损坏、裂缝、钢筋变形、伸出的钢筋长度等，见表 8-8[2]。

表 8-8 轨枕外观质量检查标准及允许偏差[2]

序号	检查项目	检验标准及允许偏差
1	预埋套管内	不允许堵塞
2	承轨台表面	不允许有长度 > 10 mm、深度 > 2 mm 的气孔、粘皮、麻面等缺陷
3	挡肩宽度范围内的表面	不允许有长度 > 10 mm、深度 > 2 mm 的缺陷
4	其他部位表面	不允许有长度 > 50 mm、深度 > 5 mm 的气孔、粘皮、麻面等缺陷
5	表面裂纹	不得有肉眼可见裂纹
6	周边棱角破损长度	≤ 50 mm

如果轨枕垛中有若干轨枕不合格，则拒收该垛轨枕并退还。

轨枕层间用 10 cm × 10 cm 方木支撑，枕木垛应绑扎牢固，使用龙门吊或汽车吊卸载轨枕。经验收合格后方可卸载轨枕垛，轨枕垛按相应标记卸车垛放。

（3）其他相关材料进场。

其他相关材料根据施工进度情况及时进场并做好试验检测工作，避免耽误施工进度。

2. 测量放样

清除道床板范围内表面的浮渣、灰尘及杂物，并对底座板进行拉毛或凿毛处理，用水冲洗干净。

依据CPⅢ控制点，每隔10 m在底座板上测放出轨道中线控制点。

以轨道中线控制点为基准放样出轨枕控制边线和道床板的纵、横向模板的边线位置[6]。

3. 底层钢筋安放

（1）钢筋下料。

工艺流程：备料→划线（固定挡板）→切断→码放。

① 备料：根据施工图纸的各钢筋数量及尺寸统筹计算安排下料，先备长料，后备短料，以减少短头，节约钢筋。

② 划线（固定挡板）：划线时避免用短尺量长度，防止造成累计误差。在切断机和工作台相对固定的情况下，在工作台上设置尺寸刻度线，尺寸刻度线以切断机的固定刀口作为起始线，为保证钢筋不超过刻度线，在工作台上装置固定断料尺寸的挡板。

③ 切断：切断钢筋的刀片，刀口要密合，螺丝要紧固。钢筋端头要顶到刻度线挡板，将钢筋落入切断机切断，为避免差错，应试断一根，检查合格后，再成批切断。

（2）钢筋布置。

道床板内设置双层钢筋网。道床板宽度2 800 mm，厚度260 mm。

为保证底层钢筋的间距和保护层厚度满足要求，先用墨线弹出钢筋保护层边线，再将每根底层钢筋的位置用墨线弹出，然后再进行底层钢筋的绑扎[7]，并对纵向钢筋与横向钢筋、轨枕桁架钢筋交叉处以及纵向钢筋搭接范围搭接点按设计要求进行焊接或设置绝缘卡连接。曲线地段钢筋弯钩一定要标准，避免绑扎完成后出现弯钩与轨枕相抵，而影响钢筋绝缘测试结果[8]。

（3）混凝土垫块的安放。

为保护证钢筋保护层厚度，需在钢筋骨架上设置适当的保层垫块，垫块用与道床同种材料制作，其强度必须达到道床混凝土的强度等级（C40）。

垫块必须通过其上的预埋铁线牢固固定在钢筋骨架上，且保证平面贴钢筋。

垫块的布置必须按梅花形分散布置，并不得横贯保护层的全部截面，保护层垫块每平方米不少于4块，以保证各处保护层厚度准确。

（4）钢筋绝缘检查。

道床板钢筋架设完后，应进行绝缘性能测试，确保钢筋绝缘措施符合要求。钢筋绝缘情况采用目测检查和电阻测试（图 8-10）。利用欧姆表专用检测设备对纵、横向钢筋的绝缘情况以及接地钢筋之间的导电进行检查，非接地钢筋中，任意两根钢筋的电阻值不小于10^{10} Ω。验收合格后方可进行下道工序施工。

图 8-10 绝缘电阻测试

4. 轨排就位、安装调整器

（1）轨枕验收。

所有轨枕由其他承包人负责生产。轨枕运输前，应对行驶路线进行调查，确保最不利的限界满足运输要求，并尽量选择较平顺的道路。轨道板应对称装载，每层之间采用方木支垫，装载高度不得超过 5 层，并进行加固，保证运输过程中不发生相对位移[9]。

轨枕运到铺设地点后，由铺板工班长在每块轨枕卸货时按照"轨枕到位检验单表格"，检查每块轨枕的状态接收。检查内容如下：

检查轨枕结构尺寸（每批抽检 10 根）：长度、宽度、高度；套管中心距、突起高度；两承轨面相对扭曲；两承轨槽外侧底脚间距离；承轨槽距预埋套管间距离、同一承轨槽底脚间距离；轨底坡等。

检查轨枕外观质量（逐根检查）：轨枕表面缺陷（气孔、粘皮、麻面）承轨部位长度 ≤10 mm、深度 ≤2 mm，其他部位长度 ≤50 mm、深度 ≤5 mm；承轨面与挡肩不允许有裂纹，双块式轨枕侧面与横截面平行不允许有裂纹。预埋套管内不允许堵孔；双块式轨枕棱角是否有破损和掉角大于 50 mm。

轨枕出厂要附混凝土抗压强度报告和质量合格证明书。

如有偏差要在检验单上打叉或附注说明，共同签认，并按照检验单的附注记入文件。不合格产品由轨枕单位做好标记，及时运回枕厂在指定区域集中存放，严禁上道铺设。

（2）轨排组装平台的制作。

① 利用龙门吊将轨枕分散在移动式轨排组装平台上（该装置可直接分出轨枕间距），操作员在平台上用铁棒调整好轨枕纵向线，摆放垫板及组装扣件。

② 利用龙门吊夹取轨枕每次不允许超过 5 根，需要现场人员跟班指挥，避免轨枕因倒运而产生桁架钢筋变形。

③ 龙门吊操作手在吊放轨排及轨枕时严禁加速作业。

④ 移动式轨排组装平台可通过平台丝杠调平装置精确调平，可以通过机械牵引或人力移动，平台上设置两排 10 根轨枕的定位座（误差 1 mm），一端顶部设置钢轨对位钢板挡头。

（3）轨排的组装。

轨排组装用工具轨应采用与正线轨型相同的钢轨，工具轨应无磨损、变形、损伤、毛刺等。轨枕在轨排组装平台上完成组装，人工配合龙门吊通过台架定位座、6.5 m 轨排架固定轨排几何结构尺寸[10]。

（4）轨枕悬挂。

双块轨枕在组装前，对其几何状态再进行一次检查，主要检查桁架钢筋是否弯曲、扭曲变形，在确保轨枕的几何状态正确后，顺序摆放到设有等距隔板的组装平台上，每排架 10 根。龙门吊吊起空排架移动至组装平台上方，准确对位后落下，用快速扣件通过轨排上挂篮将轨枕同排架连接成 6.5 m 长轨排，在此之间检查轨枕间距（若间距偏差超过 5 mm 需调整至合格）、轨道方正、轨距合格后，用电动扳手将轨枕与挂篮扣紧即形成供铺设的型轨排，扭矩控制在 180 N·m ± 20 N·m。

① 具体方法：

a. 将堆放在隧道内左线的待用轨枕使用专门吊具（每次起吊 5 根轨枕）吊放在轨排组装平台上定位架内[11]。

b. 再次检查轨枕是否存在缺陷。

c. 人工按照组装平台上轨枕块的定位线匀枕。

d. 人工配合龙门吊上轨排固定架（两股钢轨的一端顶靠在端头对位钢板挡头上）。

e. 复查轨枕间距并上扣件。

f. 检查此轨排的螺栓安装质量、轨道几何尺寸和轨枕间距[12]（若间距偏差超过 5 mm 必须立即调整至合格）。

② 组装注意事项：

a. 在安装扣件过程中，道钉螺栓孔洞内的油脂应注入孔深的 1/3，过多会造成油脂溢出污染轨枕和钢轨。根据现场实际的情况，为保证扣件的三点密贴，扣件的上紧扭矩应控制在 180 N·m。

b. 安装轨排架前，为保证测量精度及扣件与钢轨的密贴，应细致地清理钢轨底面与顶面的混凝土杂质，在组装排架的过程中，应严格控制轨枕间距，采用在组装平台上固定出轨枕设计位置的方法来实现。轨排组装允许偏差见表 8-9。

表 8-9 轨排组装允许偏差

序号	检查项目	允许偏差/mm	附注
1	轨距	±1	变化率不大于 1/1 500
2	轨枕间距	±5	

（5）轨排运输。

根据双线的特点，配备 1 台双线龙门吊，设置临时轨枕堆放场，右（左）线作为运输通道。对于组装好的轨排（少于 3 层）用平板车运至现场，然后用龙门吊按照轨排位置依次布设。

5. 轨排铺设、粗调

（1）轨排初步定位。

① 运、卸轨排架：利用龙门吊，将后方松开扣件的轨排架装载、运输到轨排组装段落。

② 轨排就位：根据底板测设的轨道中心点位，两侧边墙高程控制点，将组装好的轨排吊运就位，龙门吊用低速挡位，在轨排落地之前，螺栓支腿完成PVC套管安装。误差控制：高程 –10 mm ~ 0、中线 10 mm。充分利用相邻的两轨排间距允许误差范围调整轨缝。

（2）粗调。

根据水沟侧壁标注的高程、弹线以及仪器测量控制，高程误差不超过 5 mm（低于设计值），使用轨道排架粗调架的横向、竖向调整机构完成轨排的初调工作[12]。具体方法如下：

根据竖墙上每 5 m 测设的基准点，在竖墙上绘出一条轨面线，并标出每个点与线路中心线的距离。然后用 3 m 直尺和轨道尺进行检测控制，轨道尺放在两轨面上测水平，3 m 直尺放在两轨面上使两轨面与竖墙上的轨面线保持在同一平面上，这样只要轨道尺水平居中，3 m 直尺下边沿与竖墙上轨面线重合，就可以确定轨排的高程，最后根据 3 m 直尺上的读数调整轨排中心线。

对于曲线超高，先按照上述方法按照内轨顶面标高对轨排进行粗调定位，然后锁定内侧排架支腿和粗轨向锁定器，用 3 m 直尺和轨道尺配合对外侧轨面超高值 70 mm 进行调节。

轨缝控制在 6 ~ 8 mm。12 ~ 14 榀轨排为一组联结成长轨道，其轨面系的细调锁定由排架支腿和轨向锁定器完成。其中轨距 1 435 mm 和 1∶40 轨底坡为定值不可调，由排架制造厂保证。高低、水平由左右支腿螺柱调整，高低差可调 +100 ~ –50 mm。轨向由轨向锁定器调整，左右差可调 ±45 mm。排架粗调后，拧紧排面与支腿联结螺栓，锁定左右轨向锁定器。

调整中线方法是一侧紧定位器，一侧松定位器。注意调整到位后必须仔细检查松的一侧要处于顶紧状态，不能有空隙，否则浇筑混凝土时可能使轨排框架跑偏。

夹板联结：粗调完成后，轨排间使用钢轨专用夹板联结，每接头按 1—3—4—2 顺序拧紧 4 套螺栓[12]。

（3）粗调精度检验：轨排架粗调高程控制标准为 ±2 mm 以内，平面位置控制标准为 2 mm 以内。同时注意排架的平面位置，以免造成相邻轨道板、轨枕间距误差过大。

（4）排架检验：轨排组装用工具轨应采用与正线轨型相同的钢轨，工具轨应无磨损、变形、损伤、毛刺等[13]。轨排支撑架应有足够的强度、刚度和稳定性，其材料质量及结构应符合施工工艺设计要求。支撑架架设牢固，并与钢轨垂直，间距及安置应便于调整、拆卸和混凝土浇筑。

6. 顶层钢筋安装及接地钢筋焊接

（1）顶层钢筋安装。按照设计纵横向钢筋位置摆放纵横向钢筋，并将其与轨枕桁架钢筋交叉安装、扎紧绝缘卡。

（2）接地钢筋焊接及电阻测试。纵横向接地钢筋之间采用 40 cm 长 Φ16 的 L 形钢筋单面焊接，焊接长度不小于 100 mm，焊缝厚度不小于 4 mm。接地端子采用焊接方式固定在道床板一侧接地钢筋处[11]。

7. 模板安装

模板及支架要具有足够的强度、刚度和稳定性；能承受所浇筑混凝土侧压力及施工荷载；保证结构尺寸的正确；模板及支架安置在混凝土底板上并具有足够的支承面积；模板安装必须稳固牢靠，接缝严密，不得漏浆。模板与混凝土的接触面必须清理干净并涂刷脱模剂。

（1）规格尺寸。

钢模板规格：钢模的板面为 5 mm 厚钢板，长 3 m，高 0.415 m，每扇侧模设 6 条角钢竖带，间距 0.5 m，钢模端部采用 5 mm 阴阳角。

（2）安装。

轨道初调工序结束后在最终线路精确调整之前，安装定制钢模板。道床模板主要包括侧模、端模以及各种连接件、紧固件等。立模顺序先侧模后端模，其中每个浇筑段长 84.5 m，13 组轨排为一个浇筑段。

模板安装前应先进行以下检查工作：模板平整度；复核基座条位置；基座条与下部结构连接固定情况；模板清洗情况；脱模剂涂刷情况；更换损坏或弯折的模板[8]。

清除模板内侧灰渣喷涂脱模剂，脱模剂保证均匀。

端模内侧、外侧通过膨胀螺栓等支撑固定，调整模板垂直度符合要求。

最后把端模与侧模用螺栓联结起来，端模与侧模相接处的缝隙用海绵堵塞，以避免漏浆。

（3）模板检验。

在模板的使用中，应该根据不同的施工道床选用合适的模板型号。在使用过程中，应检查模板的平整度、直线度，对于平整度或者直线度不满足要求的模板都应该进行校正处理，如果严重损坏的应进行报废处理。另外，在安装模板前要检查模板是否涂刷脱模剂。

架立混凝土模板后，将接地端子与接地钢筋焊接，充分湿润轨枕混凝土和填充层混凝土，并保持一段时间。浇筑混凝土前，模型内的积水和杂物需清理干净。再次精确调整轨距、水平、方向后，方可进行道床混凝土灌注。

8. 精调

（1）调整原则。

精调遵循"先标高后中线再复核标高中线"的原则循环进行。利用轨排的螺杆调节器、横向限位器、轨距撑杆进行调整，螺杆调节器用于调整高程及水平，横向限位器用于调整轨道中心，轨距撑杆用于调整轨距。精调时要求采用轨检小车对轨道进行逐根轨枕连续测量。轨排粗调示意如图 8-11。

图 8-11 轨排粗调示意图

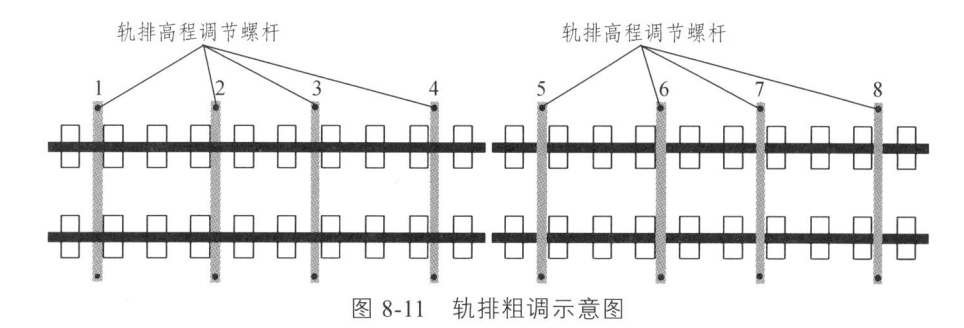

（2）螺杆调节器的功能。

在浇筑无砟道床板的施工中，螺杆调节器用于固定工具轨，实现最终定位，能进行纵向、水平、超高段的角度调整。根据全站仪测量结果，用精调设备将轨排精调至设计位置，用螺杆支撑架固定。使用螺杆调节器对轨排进行精调。

（3）精调方法。

为了得到更为准确的测量数据，轨道检测小车需要遵循"定点定位，两点一线，由远及近，顺序进行"的使用原则，并结合"测点距离、平差精度、同测点的测量绝对偏差值"来综合判断测量数据的精度[11]。

（4）精调步骤。

① 确定全站仪坐标。每工作面配备 1 台具有自动搜索、跟踪、计算、传输数据功能的全站仪。全站仪采用自由设站法定位，通过观测附近 8 个控制点棱镜，自动平差、计算确定位置。改变测站位置，至少要交叉观测后方利用过的 6 个控制点。

② 测量轨道数据。全站仪测量轨道精测小车顶端棱镜，小车自动测量轨距、超高。

③ 反馈信息。接收观测数据，通过配套软件，计算轨道平面位置、水平、超高、轨距等数据，误差值将迅速反馈到精测小车的电脑显示屏幕上，指导轨道调整。

④ 调整中线。采用双头调节扳手，左右同时调整轨向锁定器。

⑤ 调整高程。用普通六角螺帽扳手，旋转竖向螺杆，调整轨道水平、超高。高度尽量往上调整，不下调。

⑥ 调整步骤：将轨检小车放置在轨排架上，在轨排架支撑柱处停放小车，拧紧刹车；全站仪精确照准轨检小车上的棱镜，使用全站仪精测模式测量出轨检小车的几何定位情况，通过轨检小车内的传感器计算出轨道定位的几何偏差；使用调整系统调整轨排架。

⑦ 精调顺序：对某两个特定轨排架（图 8-12）而言，精调顺序为：1→3→1→2→3→2→3→4→5→3→4→6→4→5→6→5→6[12]。

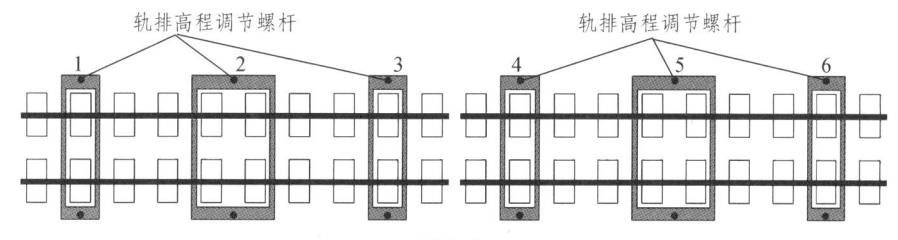

图 8-12 精调顺序示意图

⑧ 调整量计算。

a. 分析数据，确定调整区段。根据测量数据，对轨道精度和线形分区段进行综合分析评价，确定需要调整的区段。

b. 计算调整量。采用轨道小车配套软件进行调整量模拟计算，将轨道各项几何尺寸全部调整到允许范围之内，并对轨道线形进行优化。

c. 基本原则："先轨向，后轨距"，"先高低，后水平"。

d. 轨向调整，应先选定一股钢轨作为基准股（曲线地段选择上股，直线地段选择与前方曲线上股同侧钢轨），对基准股钢轨方向进行精确调整，短波（30 m）2 mm合格率100%，1 mm合格率≥96%；长波（300 m）10 mm合格率100%；线形平顺，无突变，无周期性小幅振荡。

e. 轨距调整，固定基准股钢轨，调整另一股钢轨，轨距精度控制：±2 mm合格率100%，±1 mm合格率≥96%，轨距变化率≤1.5‰；该股钢轨方向线形应平顺，无突变，无周期性小幅振荡。

f. 高低调整，应先选定一股钢轨为基准股（曲线地段选择下股，直线地段选择与前方曲线下股同侧钢轨），对基准股钢轨高低进行精确调整，短波（30 m）2 mm合格率100%，1 mm合格率≥96%；长波（300 m）10 mm合格率100%；线形平顺，无突变，无周期性小幅振荡。

g. 水平调整，固定基准股钢轨，调整另一股钢轨高低，校核水平精度，1 mm合格率100%；水平变化率，相邻两根轨枕≤1 mm，间隔3根轨枕≤2 mm；该股钢轨高低线形应平顺，无突变，无周期性小幅振荡[14]。

h. 每次精调时需与上次或前一站搭接至少一个单元，同一点位的横向和高程的相对偏差均不应超过2 mm。在精调过程中，应先调整偏差较大处，相邻几对螺杆调整器同时调整，调整时步调应协调一致[15]。

i. 形成调整量表。对计算的调整量进行核对优化后形成正式调整量表，用于现场调整，同时要作为竣工原始资料保留存档。重复测量2~3次，确认准确无误后方可进行道床板混凝土的施工[16]。

轨排几何形位允许偏差见表8-10。

表8-10 轨排几何形位允许偏差

序号	项目		容许偏差	备注
1	轨距		±2 mm	相对标准轨距1 435 mm
			1/1 500	变化率
2	轨向		2 mm	弦长10 m
3	高低		2 mm	弦长10 m
4	水平		2 mm	不包含曲线、缓和曲线上的超高值
5	扭曲		2 mm	包含缓和曲线上由于超高顺坡所造成的扭曲量（不含基长3 m）
6	轨面高程	一般情况	±2 mm	
7	轨道中线		2 mm	

9. 混凝土浇筑

道床板采用C40钢筋混凝土结构,道床板除在隧道结构缝处断开外均采用连续浇筑,道床板宽度为2 800 mm,厚度为260 mm[15]。若道床板混凝土浇筑过程中断,应在最后两根轨枕中间设施工缝,并按设计要求进行处理。

温度控制是无砟道床施工工艺的一个重要组成部分,施工时应严格控制混凝土的入模温度,尤其是浇筑距洞口200 m范围内的道床板混凝土。冬期施工时,混凝土入模时的温度不得低于5 ℃;夏季施工时,混凝土入模时的温度不得超过30 ℃,且不宜高于当地60年内统计的最低气温加40 ℃。应采取切实可行的措施减少道床板混凝土的水化热,控制早期强度。

混凝土采用隧道外集中拌和、混凝土运输车运送、配置混凝土运送软管泵送,使用高频插入式振捣器振捣密实、人工收面的施工方法。主要内容施工顺序为:准备工作→检查和确认轨排复测结果→混凝土输送→混凝土浇筑→浇筑机械移位→抹面及清洗→各约束松开控制。

在混凝土浇筑前,使用防护罩保护钢轨及轨枕不被混凝土污染[12]。施工实例如图8-13所示。

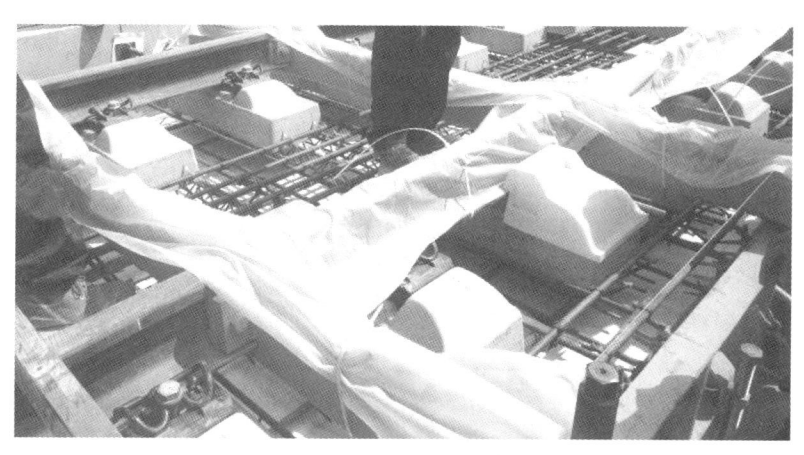

图8-13 轨枕防尘罩

当轨道板混凝土采用溜槽施工时,控制布料及出料槽流量,道床板混凝土振捣采用4个振捣器人工进行振捣,作业时分前后两区间隔2 m左右振捣,前区采用2台ZD50型振捣棒,两侧对称地平行向前,不可一前一后,主要振捣轨枕底部和下部钢筋网,后区采用2台ZD30型振捣棒主要振捣轨枕四周与底部加强[13]。振捣时应避免振捣棒接触轨排架和轨枕,遇混凝土多余或不足时及时处理[13]。混凝土浇筑间隔时间过长,应按施工接头处理。施工实例如图8-14所示。

混凝土达到设计强度的75%前,禁止在道床上行车及碰撞轨枕[13]。

道床板浇筑在底座或支承层上,道床板除在结构缝处断开外均采用连续浇筑,支承层或底座表面应进行拉毛或凿毛处理。道床板浇筑在底座上,通过将底座架立筋深入道床内加强二者间的连接。

图8-14 混凝土浇筑

每个工班结束时，宜在最后的2根轨枕中间设施工缝，并在施工缝处采用钢网板，以使施工缝表面粗糙，保证新老混凝土之间有足够的黏结力。如果道床混凝土浇筑中断超过24 h（或时间不超过24 h，但温度变化较大时）应另增设钢筋销钉。销钉由植筋胶锚固。

10. 收光抹面

表层混凝土振捣完成后，及时修整、抹平混凝土裸露面。混凝土入模后用木抹完成粗平，然后再用钢抹抹平。抹面过程中要注意加强对钢轨及托梁下方、轨枕四周等部位的施工。表层混凝土振捣完成后，及时修整、抹平混凝土裸露面[13]。抹面压光的时间根据现场的施工环境条件确定。混凝土浇筑完成后即用木抹子进行第一遍初平及提浆，大约初平完成1~2 h后再钢抹进行抹平，为防止混凝土表面失水产生细小裂纹，在混凝土初凝前（一般在混凝土浇筑完成3 h左右）进行第三次抹面、压光，抹面时严禁洒水润面，避免混凝土表面起皮[13]。施工实例如图8-15所示。

图8-15 抹面及清理

抹面完成后,及时清刷轨排架、轨枕和扣件,防止污染。道床板混凝土浇筑完成后,应松开扣件。松开扣件的时间根据试验确定。混凝土施工前,应进行混凝土的原材料及配比试验,合格后方可施工。

8.4 无砟道床施工技术保障措施

8.4.1 科技攻关

积极采用新工艺、新技术,认真学习体会设计理念,开展科技课题攻关活动,组织技术人员搞好施工工艺课题研究,及时总结编写无砟道床工程施工、施工测量控制技术、机械化施工作业组织等方面的工法、论文,充分发挥科技第一生产力的作用,为今后无砟道床系统综合化施工提供施工生产、管理经验。

8.4.2 施工测量控制

无砟道床施工与箱梁架设及铺长轨工序作业安排密切相关,施工要一次成型,轨道状态一次达标,施工精度控制技术是无砟道床施工技术的关键。

施工前,严格按照设计移交的原始桩位进行线路复核,按照轨道施工测量精度要求,埋设轨道控制基标,在施工工点范围内建立独立、完整、精确的控制网。测量成果要根据桥梁徐变上拱观测值认真分析确定,严格控制工后沉降、差异沉降和结构变形,排除不确定因素对施工组织存在干扰的可能性,以保证无砟道床平顺性、稳定性、耐久性。

无砟道床施工线性流水,工点作业面多,测量线路控制长远,设标网和基准网点繁密,工作量巨大,测量控制桩位保护艰巨,组织上安排精测队统一管理和专业施测,采购专用测量设备系统和交通通信工具,及时、准确地为施工作业面控制保驾护航。

8.4.3 工序过程控制和检查控制

(1)无砟道床各工序施工的技术质量管理工作严格按照质量责任挂牌制度、工艺流程设计制度、质量检验评定制度、检测试验制度、工序质量自检制度、隐蔽工程检查签证制度和重点工序把关制度执行,根据施工规划方案搞好技术服务、旁站监督、指导、控制任务。

(2)相关职能人员认真把好图纸审核关、产品检测试验关、材料进场关、技术交底关、工艺操作关、隐蔽工程检查关;严格工序的自检、互检、交接检,狠抓工序质量;成立现场施工监控组,负责对施工全过程的内部旁站监控,使工序质量规范管理,加快施工进度,降低节省施工成本。

(3)严格执行质量监理制度,尊重监理工程师意见。所有分项工程工序检验批经自检合格后,按施工规范表格认真填写检验批原始记录,备好设计文件、材质证明、试验资料,填好工程检查证等有关资料,请监理工程师检查验收签认合格后,进入下道工序施工。

（4）现场施工物流指挥人员积极与技术和施工管理员沟通，按指定位置进行物流，避免发生二次搬运、成品破坏和抢占工作面引起窝工混乱。

（5）坚持特殊工种培训教育，持证上岗，机械设备使用前应按照设备保养程序检查设备安全工作状态，严禁机械带病作业和违章作业；铺设线路上禁止车辆快速行驶和随意掉头；精调时严格按照工艺细则标准实施控制，勤测量，多校核，高精度施工无砟道床工程。

8.4.4 教育培训制度

施工规范等图籍资料文件准备齐全，认真编制轨道施工工序作业指导书或工艺流程，搞好管理和施工人员的培训工作，进一步提高机械化生产效率和工人劳动技术水平，拓宽同类型设备的生产方向。

参考文献

[1] 王朋伟. 无砟轨道的施工工艺流程介绍（一）[J]. 建筑机械，2013（12）：58-63.

[2] 曹土. CRTS Ⅰ型双块式无砟轨道施工技术研究[D]. 成都：西南交通大学，2013.

[3] 关为民. 武广客运专线Ⅲ标段无砟轨道施工技术[D]. 北京：中国地质大学，2009.

[4] 张麒. 铁路客运专线无砟轨道铺设CPⅢ控制网测量技术[J]. 河南科技，2011，（24）：85-89.

[5] 胡华军，白舰兵，关飞. 无砟轨道路基支承层施工技术[J]. 铁道建筑技术，2008（S2）：237-239；282.

[6] 姚坤锋. 高原高寒地区无砟轨道施工测量技术[J]. 铁道建筑，2014（10）：99-102.

[7] 杨帆. SK-2型双块式无砟轨道施工工艺和质量控制[J]. 石家庄铁路职业技术学院学报，2017，16（1）：11-15.

[8] 王中海. 无砟轨道快速施工技术探讨[J]. 科技信息，2013（7）：355；379.

[9] 刘衍文. CRTSⅠ型板式无砟轨道铺设施工进度及资源配置分析[J]. 铁道标准设计，2012，（05）：55-57；61.

[10] 曾勇，王海彦，肖杰灵. 隧道内双块式无砟轨道施工技术[J]. 铁道建筑，2009，（08）：118-120.

[11] 王海彦，周敏娟，彭彦彬. 温福铁路八仙仑隧道无砟轨道轨排架法施工技术[J]. 石家庄铁路职业技术学院学报，2009，8（4）：1-5.

[12] 赵东田. 双块式无砟轨道组合排架法施工原理及工程实践[J]. 铁道标准设计，2008（10）：1-5；11.

[13] 杜方元. CRTSⅠ型双块式无砟轨道轨排框架法施工技术[J]. 山西建筑，2012，38（33）：162-164.

[14] 郎建平. 高速铁路 CRTS Ⅰ型双块式无砟轨道静态调整[J]. 铁道科学与工程学报，2010，7（2）：1-4.

[15] 康军超,李辉. 浅谈山区客运专线长大隧道无砟轨道施工技术[C]//《建筑科技与管理》组委会.2015 年 10 月建筑科技与管理学术交流会论文集. 中交二公局上海远通路桥工程有限公司，2015：3.

[16] 王正华.CRTS Ⅰ型板式无碴轨道精调施工技术[J]. 中国高新技术企业，2012（Z3）：32-35.

第 9 章　工程施工信息化管理

本着"着眼建设,服务运输,瞄准一流;整体规划,分步实施,永临结合;突出重点,力求实效,不断完善;强化领导,全员参与,提高效率"的原则,建立信息化管理体系。充分利用信息化手段,建立管理透明、系统集成、授权受控、安全可靠的管理信息系统,通过对工程项目的跟踪管理、动态控制,确保工程进度、投资、质量、安全、环保的有序进展和有效控制,增强指挥部管理创新能力,完善指挥部对项目建设的有效管控。

9.1 信息化建设目标及思路

9.1.1 信息化管理思路

1. 统一平台

统一接入铁路工程管理平台,充分利用平台的集成性、开放性、扩展性,构成一个完整的信息化综合应用体系。

2. 需求导向

即按照"智能建管应用需求、智能建造施工应用需求"为导向,适时部署功能应用模块。

3. 全面覆盖

即建设各级智控中心,利用平台的数据采集功能实现关联,实现现场监控同平台的集中展示。

4. 管理探新

即通过对重难点、特殊结构工程等开展 BIM 技术应用,实现施工模拟、碰撞分析等智能建造。

9.1.2 信息化管理思路

信息化平台实施主要分为三大板块,分别为综合管理、过程控制、现场管理(图 9-1)。结合其板块内容,信息化管理思路具体如下:

图 9-1 京安城际铁路信息化管理平台

1. 综合管理

（1）信息发布模块。

日常工作的门户，是项目部新闻、公告、文件、会议等信息发布和通知公告的官方渠道，是项目部的信息窗口，也是项目部接收京安公司通知的渠道之一。发布新闻可选发布范围，新闻、公告支持在线预览，方便查阅。

（2）项目基础信息模块。

负责录入本标段的人员组织机构、工点划分，附属构筑物等基础信息。

2. 过程控制

（1）每日简报模块。

对调度报表进行日报、周报展示，可以提供有权限人员进行报表查看及下载。

（2）调度指挥模块。

调度指挥模块访问权限仅限于京津冀铁路投资有限公司调度员、京安公司调度员与项目部调度员。访问该模块需要登录加密通道 VPN 客户端，建立京津冀铁路投资有限公司、京安公司、项目部三级调度系统，实现指令、信息统计、报告等电子化上传下达和应急事件的及时传递。

（3）施工组织模块。

结合电子施工日志和图形化周报的进度数据，对控制性工程开展指导性施组预警分析，对重难点项目进行重点把控，根据实际进度推演出工程进度斜率图。根据每月的进度形象展示各专业的投资完成情况。为用户提供平台方便上传和下载指导性施组实施性施组、专项施工方案、作业指导书等文件。

（4）电子施工日志模块。

电子施工日志系统实现了工程建设进度、质量、安全资料的即时填报，施工日志"无纸化"，解决现场资料填写不及时，内业外业"两张皮"情况。方便项目管理者即时批、即时查。

（5）检验批模块。

铁路工程检验批管理系统依据铁路工程施工质量验收标准，简化检验批填报工作，提供检验批收集及分析功能，实现施工过程中质量控制、质量验收和资料管理。

（6）验工计价模块。

验工计价系统以信息化手段和云存储实现验工计价数据的填报、审批和管理，可实时查询验工进度、自动汇总形成验工计价表，实现网上审批流程，加快验工计价审批进度。

（7）物资设备模块。

物资设备管理系统实现甲供物资设备计划、采购、供应、检验、消耗的信息化管理和全过程可追溯性。

（8）物资追溯系统。

集成物资进场报验、上传试验报告、生成混凝土生产配料单、生成物资消耗台账，可实现通过工程部位查物资、通过物资查工程部位的功能，并实现物资未检先用提醒报警功能。

（9）问题库模块。

分不同的建设阶段归纳问题，问题不解决不得开展下一阶段工作；分不同参建方分配不同权限，包括发现、录入、分析、责任划分、落实整改和物资消耗等，实现待办事项提醒；及时分类存档，总结典型问题发生条件和解决方案，减少同类问题反复出现。

3. 现场管理

（1）拌和站模块。

实现拌和站生产数据的实时采集和在断网等极端条件下的续传功能；系统实现拌和机对每一盘混凝土拌和时间、材料配比偏差进行自动采集和分析报警的闭环管理。

（2）试验室模块。

将万能试验机、压力机全部纳入信息化监管。对钢筋原材料、焊接试验、混凝土试件按照验标规定的试验频次进行试验。实现自动采集数据和分析，试验报告、记录自动生成，试验数据的实时上传功能，报警闭环管理功能。

（3）视频监控模块。

实现实时监控现场施工作业情况、重点工程施工情况，以远程监控方式掌握人员生产活动，远程诊断和应急指挥。

（4）工程影像模块。

及时上传隐蔽工程的图片和视频信息，保证隐蔽工程信息的留存，方便项目管理者的查看。

（5）桥梁、隧道、路基形象化。

桥梁、隧道、路基形象化系统旨在编制施工进度计划、对实际完成时间进行管理并控制其执行，对进度以图表形象化地展示，实现对质量、安全、进度等的有效控制。

9.2 信息化建设实施方案

9.2.1 铁路信息化平台

铁路工程管理平台（www.r93535.com，以下简称"平台"）是按照中国铁路总公司（现为中国国家铁路集团有限公司，下同）信息化工作总体部署，按照"互联网＋铁路工程建设"思路，由工管中心牵头、铁科院研发，以铁路工程设计、建设、运营全生命周期管理为目标，以标准化管理为抓手、BIM（建筑信息模型）技术为核心、云计算为平台架构、感知技术为基础、移动互联为传输结、建设项目为载体，于2015年集成推出的统一开放的工程信息化平台和应用。平台具备"一云三端"，即云服务器、网页端、移动端（手机或平板）应用程序、即时通信端。近两年来，通过不断试行、推广，平台已具备了60多个功能模块（部分为储备模块，尚未推广），不断丰富铁路工程建设信息化支撑手段。

平台功能主要分为智能建管、智能工地两大类，智能建管主要是建设管理中进度、质量、安全、材料、投资和模型交付等体系，智能工地主要是施工现场的BIM技术应用和现场感知模块。

9.2.2 调度指挥中心

指挥中心具有最高的管辖范围和管理权限。其主要由监控管理平台、大屏显示系统（含拼接屏、解码拼控）、存储系统、广播系统、网络安全设备等组成，实现监控集中管理，并能实时调用多画面监控图像，如图9-2所示。

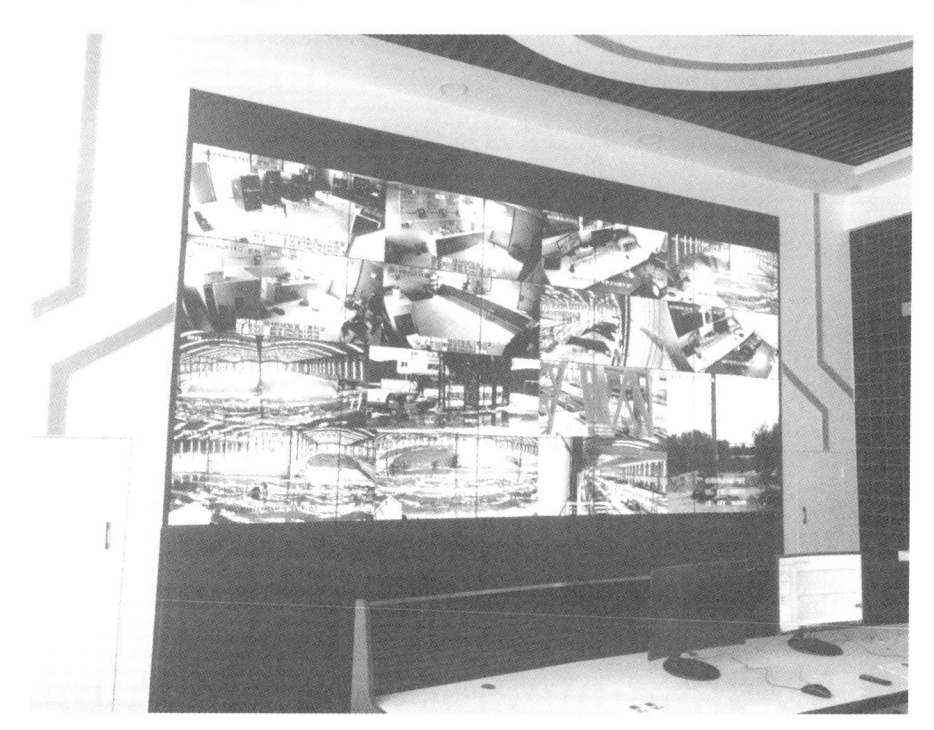

图9-2 调度指挥中心

9.2.3 VR 体验馆

设置 VR 体验馆,模拟危险源发生,增强安全意识。体验内容包括:临边高处坠落事故 VR 体验、基坑边坡坍塌事故 VR 体验、隧道坍塌逃生 VR 体验、移动操作平台倒塌事故 VR 体验、机械伤害 VR 体验、宿舍火灾伤害 VR 体验、在线安全教育等,如图 9-3 所示。

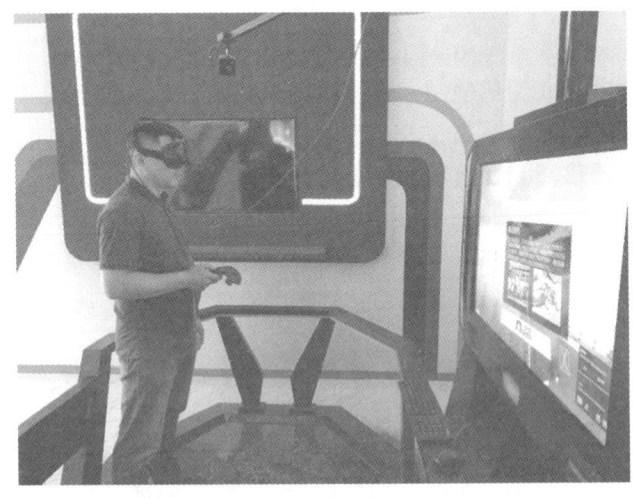

图 9-3　VR 体验馆

9.2.4 多媒体安全培训工具箱

工具箱具备身份证识别仪连接信息系统的功能,扫描身份证后系统自动登记人工信息,建立培训档案。培训时学员登记,系统自动记录考勤。安全培训管理员放映多媒体培训课件,学员通过观看外接的投影屏幕完成培训。培训结束后,播放多媒体试题,学员通过无线答题器答题,完成考试。学员答完题目后,系统可自动进行评分,并实时显示考试成绩[1]。

利用多媒体培训工具箱，省去了传统培训准备材料、人员讲解和档案整理过程，所有程序和工作都由工具箱完成，相比传统教育减轻了管理人员工作负担，节省了时间，规范了培训过程。而且教育培训工具箱具有系统升级、材料更新、远程数据传输等功能，使教育培训更加集成化、智能化。

9.2.5 GPS 及射频技术应用

GPS 定位系统能实时掌握施工设备/人员的动态，应在重点工点（大桥、隧道施工）进行人员定位，获得其行动轨迹，如图 9-4 所示。

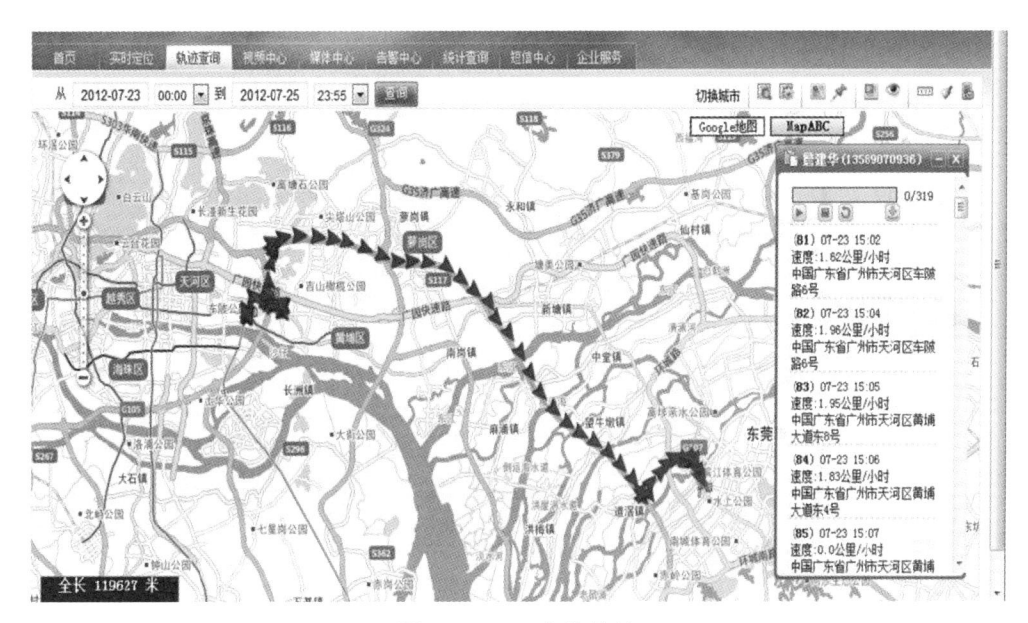

图 9-4 GPS 定位轨迹

基于射频识别技术的工程管理能有效地记录施工人员、材料、机械、工具信息，从而完成从物资流到信息流的转化。通过射频识别技术，可以实时掌握车辆和工程机械的使用情况和位置；也可用于实时监控施工人员在施工现场的活动情况，提高人身安全性和工作效率。

9.2.6 项目安全视频监控

视频监控监管能及时观察到工程的进度，降低管理成本。工地视频监控系统可以观察到工地人员及建筑材料的进出情况，场地管理中包括材料堆放、材料加工、机械的使用等情况，合理规划施工场地布局，综合调配人力物力，全天候掌握即时动态，发现问题及时整改[2]。还能适当减少现场管理人员，降低管理成本，并精准掌握现场情况[2]。根据现场需要，项目部共安装高清摄像头 56 路，同时保证手机端与电脑端实时共享，如图 9-5 所示。

图 9-5 安全视频监控

9.2.7 实景沙盘

设计、制作、安装、运维实景沙盘，根据前期规划设计平面布局图，制作全标段实景展示沙盘（2 m×14 m），配备 APID 沙盘控制系统，立体体现整个项目工程，配合灯光效果可以清楚地展现标段的工程节点和文字说明，如图 9-6 所示。

图 9-6 实景沙盘

9.2.8 BIM 应用

新建城际铁路联络线一期工程站前 4 标项目管理采用 BIM 技术，所使用的 BIM 模型基于不同引擎制作，以云平台为轻量化模型运行介质，建立桥梁、隧道模型，如图 9-7、图 9-8 所示。运行平台有 PC 端、网页端两种方式。

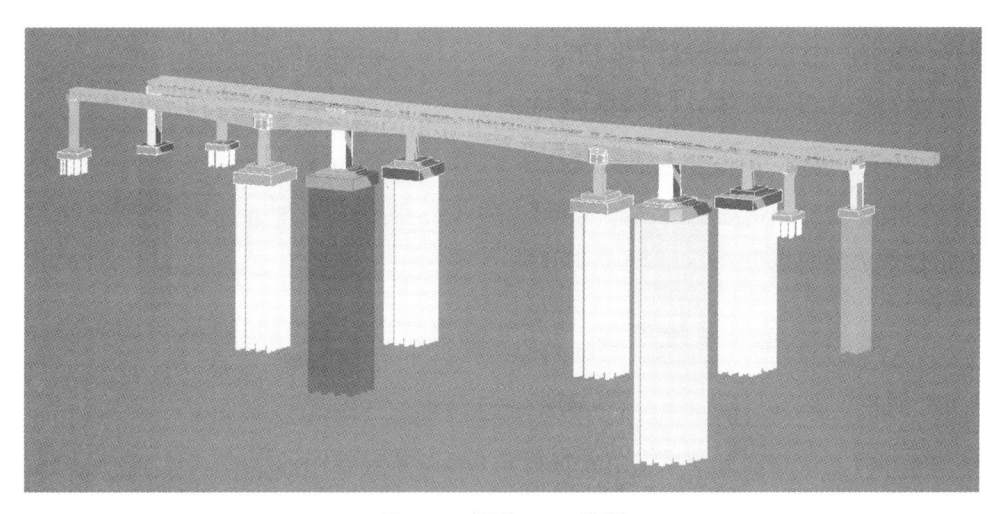

图 9-7 桥梁 BIM 模型

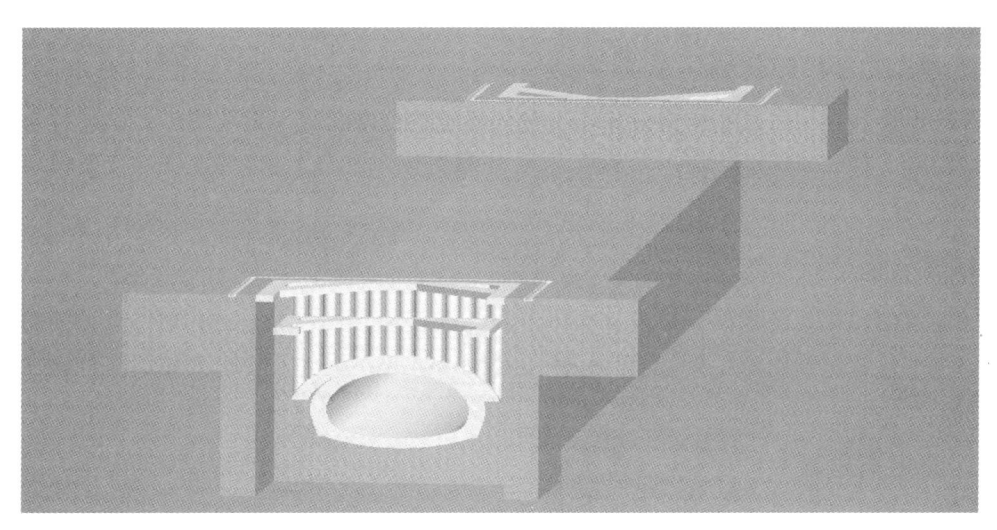

图 9-8 隧道 BIM 模型

BIM 软件在该工程中的使用，可以有效地帮助解决本工程在三维作业指导书、钢筋碰撞检查纠错、施工变截面连续梁桥方案论证等方面的工作，如图 9-9 所示。

图 9-9 连续梁钢筋碰撞分析

9.3 信息化管理措施

为提高新建城际铁路联络线一期工程站前 4 标段的管理水平，新建城际铁路联络线一期工程站前 4 标段实行信息化管理。通过信息管理系统可实现办公自动化、财务电算化、数据共享、打印共享、电子邮件传输等一系列功能，同时项目部通过该信息链向业主及监理提供工程相关信息服务。

9.3.1 信息化管理系统内容

1. 视频会议系统

施工项目管理机构设置视频会议系统终端设备，按发包人确定的标准，统一组织实施，其传输通道统一租用 VPN 专用通道。到各重点工点的视频监控传输通道结合大临工程一并建设或租用。

2. 混凝土拌和站信息化系统

混凝土拌和站信息化系统建设，按发包人确定的标准，统一组织实施，必须符合《铁路工地混凝土拌和站标准化管理实施意见》（工管办函〔2013〕283 号）文件及发包人相关信息化文件管理要求。

3. 试验室信息系统

试验室信息化系统建设，按发包人确定的标准，统一组织实施，必须符合《铁路工地试验室标准化管理实施意见》（工管办函〔2013〕284 号）文件及发包人相关信息化文件管理要求。

4. 隧道监控量测信息化系统

隧道监控量测信息化系统建设，按发包人确定的标准，统一组织实施，必须符合《铁路隧道监控量测标准化管理意见》（工管办函〔2014〕92 号）文件及发包人相关信息化文件管理要求。

5. 施工防灾监控

根据本标段施工环境，对易发生落石、洪水及泥石流等自然灾害地段，考虑在本标段内设置专用防灾监控系统，其信息接入本标段的安全监控系统，并接入发包人的建设项目信息系统。

6. 重点桥梁视频监控和人员自动登录系统

按照要求提供或租用通道开通视频监控和人员自动登录系统，并配置相关设备。

9.3.2 信息化管理目的

项目管理采用信息化管理，能够充分利用和发挥信息资源的价值，为项目的生产管理提供信息化解决方案，实现有序的、科学的信息管理，提高项目管理水平。

项目施工采用信息化管理，能够使各标段工程建设过程中的基础数据、管理文件实现资源共享、快速传递和无纸化管理的要求，并通过数据分析，在计划调度、工程进度、投资控制、安全质量、施工技术、物资设备及合同管理等方面达到真实、快捷、优质、高效地建设管理的目的。

与设计和监理部门积极配合，在建设单位的统一安排下完成本工程建设管理信息系统的实施、使用、管理工作。

9.3.3 机构设置及人员配备

为了有效推进项目信息化工作，本投标人在项目经理部组建以项目总工程师为组长、综合部部长为副组长、各部门负责人为组员的信息化管理领导小组，并建立信息化建设实施小组，作业队长任组长，技术负责人任副组长，在项目经理部设立专职信息员两名。

本投标人中标上场后，将把信息化工作组织机构、岗位职责及工作机制情况报建设单位备案。信息员经过统一组织的培训，考核合格后上岗。在信息系统实施和使用过程中，信息员不定期地参加相关培训并接受建设单位信息化工作领导小组的考核，提高使用信息系统的业务能力。

9.3.4 管理程序

采用先进的项目管理软件，并与建设单位、设计和监理单位通过网络视频和监控联结，实现管理自动化，将进度、质量、安全、物资、设备等信息通过网络快速传输，为各部门提供信息。

项目经理部对施工进度实行动态管理。建立自上而下的调度网络，采取垂直管理，减少中间环节，全面及时掌握施工动态，迅速、准确处理影响施工进度的各种问题；对工程交叉和施工干扰严重的工程进行超前研究对策，制定措施，及时调整生产要素，保证施工均衡连续进行。

9.3.5 信息化工作的主要工作职责

（1）按照建设单位信息化建设的统一部署，结合本单位实际情况，编制信息化实施方案和推进计划，报铁路局备案。实施方案的内容包括网络构架、数据中心硬件配置、监控及通道设置的详细布局分析。

（2）贯彻实施信息化工作的有关标准、规范和信息化工作管理的规章制度。

（3）按照建设单位信息化建设的要求完成系统信息的采集、传输和保管以及网络、数据中心系统硬件设备的日常维护工作。

（4）对本单位及下属部门信息化建设进行业务指导和业务培训。

（5）信息化实施小组每月召开信息化工作会议，总结本单位信息化推进情况，并进行自我考评，分析存在的问题，提出解决对策，将会议纪要上报至业主信息办。

（6）根据本单位信息化实施情况，按规定及时向建设单位信息办提出信息化系统使用分析和修改意见，不断完善建设单位信息化系统建设。

（7）完成建设单位信息办安排的其他工作。

9.3.6 信息化管理措施

（1）数据中心建立系统运行维护管理办法、系统应急预案和机房管理制度等管理措施。

（2）数据中心明确维护管理组织结构，指定专业队伍和人员进行维护管理。

（3）数据中心配备标准机房，保证机房温度、湿度、供电等条件符合国家相关标准，防止服务器因机房环境造成系统崩溃。

（4）数据中心严格控制操作系统和数据库系统的操作权限，定期检查系统授权。

（5）数据中心安装防火墙和防病毒等软件，最好配备硬件统一安全网关，能减少 CPU 的负担，使路由更稳定。

（6）由于雷电、火灾、水灾、地震等自然灾害会对系统安全构成严重威胁，因此从更大局更长远的角度考虑，应进行系统异地备份。

（7）加强个人电脑安全防护，避免被利用成为攻击的跳板，定期对网络内终端进行安全检查和整改。

9.3.7 具体内容

信息化管理对施工中的每道工序进行计划制定、过程控制、质量控制、安全控制，对其中的合同、项目信息、人员、材料、设备、新技术、资金、场地等要素进行信息化管理。记录生产要素（人、材、机、资金、技术）的调动使用情况、各种检测检验表格、技术资料、合同，随时查阅在不同时期的投资、工序进展等情况，以便随时调整下一步工作的进度、成本等；对已完工程，能够追溯到每道工序的生产日期、生产人员、使用材料、设备和质量状况等，从而有效地定位到具体责任对象。

9.3.8 内业资料

自平台建设完成并且正常启用之日起，调度指挥、施工组织、拌和站、试验室、工程影像、电子施工日志、检验批、沉降观测、视频监控等 22 个模块逐步纳入平台统一管理。

隐蔽工程和重要工序影像资料留存安排专人负责整理归档，且实时上传。具体要求如下：

（1）影像资料应使用语音和标识牌进行记录，其内容应包括隐蔽工程实体、检验人员影像和验收结论。

（2）标识牌应包括检验参与单位名称、单位工程、分部工程、验收部位、工点里程位置、检验人员姓名、检验日期等信息[3]。标识牌式样见表 9-1。

表 9-1 ××铁路××标段视频采集标识牌（式样）

施工单位			监理单位	
单位工程				
分部工程			检查部位	
检查内容				
验收结论				
监理人员		施工人员	检查时间	

注：① 按A3纸张大小，边线距标识牌边缘1 cm。线条为外粗内细，字体为宋体加粗。
② 标识牌应选用轻便、可擦写、可悬挂、可架立不反光的白色材质面板。
③ 表中项目可根据参加验收单位和检验内容调整。

（3）影像资料采集应主题突出，图像清晰。视频应采用 avi、mp4、mov 等格式存储，分辨率应不小于 1 080×720 像素，单个视频文件大小不超过 100 M；拍摄实测尺寸项目时，应拍摄持尺情况并清晰显示尺寸数字[3]。

（4）影像资料采集频率应与有关检验批验收频率一致，采集时机应与检验批的验收同步。

（5）影像资料采集由监理单位组织实施，监理单位、施工单位单独留存，分别存档，并定期做好影像资料的备份工作。

参考文献

[1] 冯冰. 电力企业安全生产"云培训"体系研究[J]. 中国培训，2016（12）：246-247.

[2] 焦磊，刘鑫蕊，王翠，等. 智慧工地管理平台在工程项目中的应用研究[J]. 建筑技术开发，2022，49（17）：67-68.

[3] 吴军. 京张高铁隧道隐蔽工程施工质量控制及效果评价方法研究[J]. 铁道标准设计，2020，64（1）：104-108；126.

第10章 施工组织保障措施

10.1 质量管理措施

10.1.1 质量保证措施

1. 质量管理制度保证措施

工程质量管理制度见表10-1。

表10-1 质量管理制度

序号	制度名称	具体说明
1	工程质量监督制度	质检工程师熟练掌握各项工程的检查验收和评定标准与程序,严格执行质量监控制度,及时对每项工序工程进行评价和对质量偏差进行纠正,消除不合格的原因,防止不合格工程的发生。自觉接受监督站提出的问题或整改指令,并督促按期整改和落实
2	工程材料质量监控制度	严格供应商资质审查,实行市场准入制度,在合格供应商范围内进行招标,重要材料实行驻场(厂)监造。加强地材质量检验,杜绝不合格材料进入工地
3	检测试验机构许可制度	委外检测的检测机构必须申报监理单位和建设单位,经审查合格后方实施委外试验
4	工程质量检测试验制度	严格工作程序,规范操作方法,按规定项目和频次对原材料和工程质量进行检测试验,凡需验证的试验项目必须由监理工程师在场监督下进行
5	工程质量"三自"制度	"三自"即自纠、自检、自控。上道工序不合格,不准进入下道工序,确保各道工序的工程质量
6	质量保证措施审批制度	在开工前,先将各项工程质量保证措施报给总工程师进行审核,审核后再上报监理单位进行审批,关键或重要工程的质量技术保证措施报咨询单位进行检算
7	工程施工质量验收评定制度	各分项、作业队工程施工完毕后,由质量检验员及时进行质量检验评定上报监理工程师验收,合格后再交由下道工序施工,并保存验评记录
8	施工过程质量"三检"制度	施工单位严格执行工程质量"三检"制度(自检、互检、交接检),真实填写检查记录,及时向监理工程师报检
9	工程质量报告制度	发生工程质量事故后,责任部门按规定及时逐级上报,并开展调查和处理工作,妥善保管有关资料
10	工程质量举报制度	在现场工程告示牌上,公布工程质量举报电话及网络邮箱,实现社会质量监督。由质量管理部门负责受理和处理,并对举报人严格保密
11	质量管理责任人登记制度	进场后及时对各主要管理责任人进行登记上报,主要人员包括第一负责人,安全、质量主要负责人

续表

序号	制度名称	具体说明
12	坚持样板引路制度	每项工程正式施工前,通过样板工程施工试验,总结技术参数和工艺标准,召开现场经验交流会,统一标准,统一工艺,推广经验,以点带面,全面提升质量
13	质量培训制度	施工前及时对主要管理、技术人员及施工人员进行质量教育和技术培训工作,严格执行规范和操作规程,提高参建各方人员的综合素质,做到先培训后上岗
14	质量奖罚制度	建立工程质量奖励基金,即由项目部预留各工程对下承包总价的1%,作为工程质量奖励基金,工程质量罚款列入质量奖励基金,用来奖励优质工程、奖励检查中质量好的工程和为质量管理做出相当贡献的人员

2. 质检制度保证措施

强化以第一管理者为首的质量自检、自控体系,完善内部检查制度,实行施工技术部门管理、质量检查部门监控的管理、监督分离体制,立足自检、自控,责任落实到人,严格考核奖罚。

自检体系由项目经理部、作业队三级组成,项目经理部为自检核心,项目经理部安全环保部为实施单位,作业队设专职质检员,现场设工地试验站,选派合格的质检工程师,配齐质量管理人员,实行质量一票否决制。

在施工过程中坚持自下而上按照"跟踪检查"、"复检"、"抽检"三个检测等级分别实施检测任务,配置人员做到责权利相符。在严格内部"自检、互检、交接检"的"三检"制度基础上,认真接受建设单位和监理单位的质量监督,接受社会质量监督部门的监督,并自始至终密切配合,严格服从。其具体检查程序为:班组自检、互检、交接检→队质检员检查→分管技术干部检查→项目部专职质检工程师检查→监理工程师检查。

10.1.2 各专业工程质量保证措施

1. 路基工程

(1)地基处理。

严格按设计和施工规范的要求,合理配置机械,科学合理地设计施工工艺,严控关键工序。加强软弱地层地基处理过程控制,强化软基施工方法及工艺控制,施工前进行地质资料核查,先进行工艺试验,取得工艺参数后,再全面铺开。根据设计监测要求及时观测各观测点,若日变形(沉降和位移)陡增,则增加测次,分析原因,并及时采取措施,减缓填土速率。地基处理施工质量检查采用施工单位自检、监理抽检、第三方检测机构检测评估的质量控制体系进行质量把关。

(2)路基基床表层级配碎石填筑。

基床表层级配碎石全面展开施工前,先选择试验段,对虚铺厚度、碾压遍数、施工含水量、检测工艺等项目进行现场试验,取得成功经验后再全面展开。施工碾压含水量在最佳含水量±1%范围内时，最易达到压实标准。由于在运输和施工过程中含水量会损失，因而场拌时含水量提高2%左右。基床表层利用机械施工。

拌和好至碾压之间时间不过长，防止水分蒸发压不实。基床表层施工分层填筑，每层施工工艺流程分"四区段（验收基床底层区段、搅拌运输区段、摊铺碾压区段、检测修整区段）、六流程（修整基床底层、拌和、运输、摊铺、碾压、检测试验）"施工，平地机刮的遍数不能太多，以防级配碎石离析。

基床表层填筑采用大功率压实设备，严格控制填料的松铺厚度和含水量、施工过程中的密实度检测，及时反馈检测结果，调整施工参数，保证填筑一段，合格一段，确保路基质量。

路基基床表层填筑质量的检测试验配备采用先进、快速的检测仪器设备，加强现场检测。建立先进、可靠、精确、完整、有效的质量控制与检测体系，保证所采用的各种技术参数正确、工程措施及适用范围等全过程受控。

路堤填筑前，按规范进行基底处理，使其密实度、平整度满足要求，保证上层路堤填筑压实均匀。

在正式检测之前，制定系统、严格的检测管理制度，一是工作程序性管理制度；二是专项质量检验、验收制度，按照"跟踪检测"、"复检"、"抽检"三个等级进行。

（3）U形槽开挖。

施工前仔细调查自然状态下土体稳定性质，分析施工期间的边坡稳定性，做好地表排水。路堑开挖加强测量控制，边坡随开挖随成型，保持边坡平顺，减少超挖、欠挖，并早做边坡防护。当路堑基床施工挖至距路基面30 cm时，停止开挖，鉴别核对地质情况，然后按基床设计断面测量放样，再统一挖到设计标高，并按设计要求采取压实、换填等措施。

及时施工路堑截水沟，避免雨水冲刷影响边坡稳定。

路堑开挖严格按自上至下逐级分层开挖，每开挖一级及时进行防护，避免堑坡长期暴露，影响稳定。

开挖过程中堑坡发生地下水渗流时，根据渗流位置和大小采用设排水沟、集水井等措施降低地下水位或排出路基外，避免恶化边坡地质。

（4）防护工程（浆砌）施工质量保证措施

路基防护浆砌、混凝土工程，安排具有丰富砌石经验和混凝土施工经验的专业队伍进行施工。

严格基底检查，基底地质与设计不符合及时变更，确保地基和基础满足设计要求。

精选石料：石料须具有较平整的表面，且强度、尺寸等均满足规范要求。

砂浆配合比通过现场试验而定，拌制时控制好水灰比，当所选用材料变化时，配合比也重新确定，确保砂浆强度。砂浆拌和使用拌和机，严格计量制度，严禁人工拌和，且随拌随用，使之保持良好的和易性和适宜的稠度。

砌体采用挤浆砌筑，在砌石前每块片石用干净水洗净润湿，所有石块均坐于新拌砂浆之上，在砂浆凝固前，所有缝挤满浆，石块固定就位，上层砌块砌筑过程中，不得振动下层砌块。

用模架、坡度尺控制砌体坡度，用靠尺控制表面平整度，保证坡面平整。

面石（块石）丁顺相间和腹石咬合砌筑，避免"两层皮"。上下层错缝不小于 8 cm，无垂直通缝。

沉降缝、伸缩缝、防水层、泄水孔设置符合设计。沉降缝用垂球、2 cm 木板控制垂直和缝宽，确保沉降缝、伸缩缝竖直，两端平齐，无错接口。

用细砂拌制 M10 砂浆勾凹缝，缝深不小于 20 mm。勾缝完成后缝内涂黑油漆，醒目美观。

砌筑完成后，洒水养护 7 d。

（5）路基支挡结构施工质量保证措施。

① 尽量避免雨季施工，并做好挡墙基坑截排水和基坑内积水引排和抽水措施，严禁基坑积水，软化挡墙基底。

② 挡土墙基础应有足够的埋置深度，置于基岩时应清除表层风化部分，置于土层时不应放在软土、松土和未经特殊处理的回填土上，地基的容许承载力必须满足设计要求。

③ 支立模时利用编织袋砂卵石反滤层作为墙背模板，应采用有效的支撑措施确保挡墙浇筑的整体稳定性。

④ 挡土墙混凝土应分幅一次性整体浇筑，不得形成水平施工缝。

⑤ 为了保证墙身的稳定性，靠近墙背 2 m 范围内必须采用小型振动碾压机充分压实。

⑥ 桩中心、托梁中线与挡墙墙底的几何中心必须位于同一条竖直线上。

⑦ 保证墙胸坡在同一平面上，以所在设计的一段挡土墙中的高墙为标准，矮墙墙后预留一定宽度的平台。

⑧ 施工中严格进行现场核对，若设计图纸与现场地质情况不符，应及时通知设计单位进行处理。

（6）排水工程施工质量保证措施。

① 路基施工过程中排水设施尽早施工，及时形成施工防排水系统，避免水害的影响是路基质量控制的关键[1]。

② 截水沟靠山体侧沟帮与山体顺接紧密；如遇坑洼，采用监理工程师认可的填料填平压实至沟顶标高。

③ 路堑施工时，如遇地下水渗流，根据渗流位置和流量大小，采取设置排水沟、集水井、渗沟等措施排除地下水。

④ 路堑排水施工时保证盲沟坡度、深度、排水管安放、土工布包裹、黏土填塞符合设计。

⑤ 路堑边沟内侧沟帮分两阶段施工，第一阶段砌筑至路床顶标高，待水稳层施工完毕后砌筑剩余部分。

⑥ 施工时，做好路基排水系统与涵洞、桥梁排水系统衔接配合，形成完整的排水系统，保证水流畅通，防止在施工期间因地表水及地下水的侵入而造成路基松软和坡面坍塌。

（7）工后沉降观测控制。

监测断面的设置和监测测试项目、测量频度及精度要求按设计要求和有关规定要求办理。

路基施工至设计标高后，先持续监测不少于 6 个月的时间，根据监测数据，绘制"时间-填土高-沉降量"曲线，按实测沉降推算法或沉降的反演分析法，分析并推算总沉降量、工后沉降值以及后期沉降速率，并初步分析推测最终沉降完成时间，为确定铺轨时间提供科学的依据。

2. 桥涵工程

为确保桥梁桩基、墩台的工程质量，施工过程中采取针对性强及切实可行的措施，对关键环节加强控制，并进行全过程和全员质量管理，同时结合本标段桥梁的工程特点，将地质勘探、高性能混凝土、墩台沉降等作为质量监控重点。

为保证混凝土施工质量，所有混凝土均在拌和站集中拌制，搅拌运输车运输，泵送浇筑。结构物的模板采用大块定型钢模，模板设计有足够的刚度、强度和稳定性，避免出现跑模、变形现象。

（1）钻孔桩基施工。

① 采用先进钻孔设备和工艺，必要时先进行桩基施工工艺试验。

② 钻孔桩基础施工前设置坚实不漏水的护筒。严格控制护筒的内径、筒顶标高、埋置深度、位置偏差及垂直度。钻孔时钻头或钻杆中心与护筒顶面中心的偏差不得大于 5 cm。

③ 严格控制钻孔过程，配置优质泥浆，减少孔壁泥皮厚度和孔底沉渣厚度，保证成孔质量。

④ 桩基钻孔中途不停顿，一次成孔。钻孔达到设计深度后，及时检查孔位、孔径、孔深和孔形等，保证孔位偏差小于 10 cm。在混凝土灌注过程中，设专人经常测量导管埋入深度，并作好记录。

⑤ 强化混凝土灌注过程监控，保证灌注质量。

⑥ 严格侵蚀地段桩基防腐工艺处理，从设计和施工两个方面保证混凝土的耐久性达到设计要求。

⑦ 做好承台钢筋布置和接茬钢筋埋设工作，保证承台混凝土与桩基和墩身连接牢固，防止承台与墩身连接处出现"烂根"现象。

⑧ 做好承台混凝土降温防裂措施设计和实施，杜绝表面裂纹出现。

⑨ 对于大体积承台或挖井混凝土施工，采用低水化热、改善骨料级配、掺加高效减水剂降低水灰比、减慢浇筑速度、及时养护、埋设冷却水管等措施，降低混凝土内外温差，避免混凝土内外温差过大产生裂纹。

（2）承台、墩台身施工。

① 承台基坑开挖，要按规定进行坑壁防护，防止坍塌。严格按设计要求做好基底检查，基底的承载力要符合设计文件和结构设计要求。对有水基坑开挖，必须有排水措施。

② 积极采用大型模板，减少模板拼装次数和接缝，模板接缝采用双面止浆带，面板处用腻子抹平，混凝土保护层采用 UPVC 垫块，保证外观美观。

③ 严格模板设计和加工工艺控制，重点控制好刚度、平顺度、拼缝大小和错台，在正式使用前进行试拼，保证拼缝大小、错台、平顺度和模板刚度等满足要求。

④ 按规范工艺进行混凝土灌注，严格侵蚀地段混凝土防腐工艺处理，从设计和施工两个方面保证墩身混凝土的耐久性达到设计要求。

⑤ 同一墩台身采用同一批水泥，保证颜色一致；混凝土浇筑完毕，用塑料薄膜包裹洒水养护，养护用洁净水，以使墩台表面不污染。

⑥ 混凝土浇筑时保证其和易性满足结构尺寸要求和振捣要求，以保证外观质量，分层厚度不大于规范规定，一般控制在 30 cm 以内，振捣时遵循快插慢拔、不过不欠的原则。结构物能一次浇筑的必须一次灌完，需设置施工缝时做好接茬处理，保证接茬平顺，并在续浇时进行接茬处理。

⑦ 准确控制墩帽预留锚栓孔位置和深度，杜绝"二次修凿"现象；做好墩身混凝土降温防裂措施，完善墩身养护工艺，保证养护时间，杜绝表面裂纹出现。

（3）箱型桥梁施工。

① 编制重点工序作业指导书（支架搭设、预压、混凝土浇筑等），对全员进行技术交底，优化施工工艺，保证机械设备正常运转和计量精度，对原材料进厂进行严格监控，严格执行"三检"制度，严格执行产品质量检查否决制度。

② 按照耐久性混凝土的要求设计混凝土配合比、控制原材料质量、优化混凝土拌和、浇筑、养生工艺。

③ 现浇支架设计合理，有一定的安全系数，现浇支架进行等载预压，外模采用定型模板，强度足够大，不易变形，执行钢筋、模板、混凝土工序的质量保证措施。

④ 做好各项准备工作，保证每次混凝土浇筑成功，采用钢模板，并按照框架桥混凝土底板和梗肋、边墙和顶板分两次浇筑工艺。

⑤ 支架原位现浇保证地基及支架的承载力满足施工要求，施工要保证模架的强度、刚度及稳定性满足要求，确保箱梁的各项验收指标满足规范及设计要求。

⑥ 采取试验检测措施适时监控箱梁结构变化；对桥梁结构物的徐变和上拱值进行严格控制；对混凝土弹性模量和强度进行双指标控制；对梁段设置观测点，进行收缩徐变和上拱变形情况的观测。

（4）连续梁悬浇施工。

做好桥梁施工期间的监控与监测，确保桥面线形符合设计要求；每节段混凝土浇筑完毕后，张拉预应力时除满足张拉所要求的混凝土强度外，且必须保证梁体混凝土龄期大于 7 d，减少后期混凝土收缩徐变；预应力管道注浆要严格按工艺施工，防止管道内出现空洞。

（5）桥面系施工。

采用测量仪器精确定位，保证方向、高程准确；严格控制细部工艺，保证桥面系安装规范、细部做法精细、直线通直、曲线圆顺、内实外美。

（6）大体积混凝土施工。

粗骨料选用 5~25 mm 连续级配石子，含泥量<1%，泥块含量<0.5%，针状、片状颗粒含量<10%，粗骨料的空隙率<40%；细骨料用Ⅱ区中粗砂，含泥量<1%，低含泥量可以减少混凝土自身的收缩，防止混凝土因收缩太大出现裂缝，级配好的骨料除可以改善混凝土拌和物的流动性外，还可以降低单方混凝土的水泥用量，降低混凝土的水化热，可防止混

凝土出现温度应力裂缝；选用水化热较低的矿渣硅酸盐水泥或中低热的硅酸盐水泥，避免因水泥水化热大使混凝土内部温度过高产生温度裂缝。同时积极与交通管理部门联系，取得政府部门的支持，利于交通通畅，保障混凝土连续供应、浇筑。

掺加具有一定活性的矿物掺和料，即在混凝土内掺加一定量的Ⅰ级磨细粉煤灰或磨细矿粉，在混凝土中加入适量磨细矿粉或具有一定活性的Ⅰ级磨细粉煤灰取代一部分水泥，这样不但可以降低单方水泥的水化热，防止出现温度裂缝，还可以改善混凝土的施工性能，增大混凝土的密实度，提高混凝土耐久性。加入掺和料还可以降低拌和物中的 C_3A 的浓度和碱的浓度，减少混凝土拌和物的泌水现象和坍落度损失，抑制混凝土中的碱-骨料反应。

控制混凝土的坍落度，要求大体积混凝土的入泵坍落度为 160 mm ± 20 mm，严禁在施工现场对混凝土加水，控制混凝土的单方用水量，天气变化时应根据砂、石的含水率的变化和气温的变化及时对混凝土的施工配合比进行调整。要求混凝土拌和物的初凝时间不小于 9 h，坍落度经时损失 1 h 小于 20 mm，2 h 小于 40 mm，不离析、不泌水。

为了防止混凝土内部温度过高产生温度裂缝，对混凝土的入模温度必须严格控制，夏季施工时避免阳光对砂、石的直接照射。为了降低混凝土的出机温度和浇筑温度，最有效的方法是降低原料温度，混凝土中石子比热较小，但每立方米混凝土中石子质量所占比例最大，所以最有效的办法是降低石子温度。在气温较高时，为了防止太阳直接照射使砂石温度升高，可以在砂石堆场搭设简易遮阳棚，除此之外，搅拌运输车罐体、泵送管道的冷却也是必要的措施。

根据气温条件、运输时间（白天或夜天）、运输道路的距离、砂石含水率变化、混凝土坍落度损失等情况，及时适当地对原配合比（水胶比）进行微调，以确保混凝土浇筑时的坍落度能够满足施工生产需要，混凝土不泌水、不离析，确保混凝土供应质量。混凝土搅拌运输车每次清洗后注意排净料筒内的积水，以免影响水胶比，同时还要注意将混凝土的运输时间控制在 1 h 内（根据天气及路程计算），以免坍落度损失过大，而影响混凝土的质量。确保混凝土的连续供应，防止间隔时间过长混凝土出现冷缝，影响基础的质量。浇筑大体积混凝土前对混凝土运输车辆的行驶路线进行勘察，绘制行驶路线图，制订应急方案，确保混凝土施工时混凝土运输车辆不会受交通的影响。现场要合理安排调度混凝土运输车辆及混凝土浇筑的人员，防止混凝土运输车在现场等待时间过长，影响混凝土的质量。确保入模混凝土的坍落度一致。严禁在现场对混凝土拌和物加水。试验员对每车的坍落度进行取样试验，对于坍落度不符合要求的混凝土严禁使用。

为了防止混凝土因内部温度过高产生温度裂缝，保证混凝土在一定时间温度、湿度的稳定，使胶凝材料充分水化，前期主要是潮湿养护，可防止表面脱水，产生干缩裂缝。在后期降温阶段要减少表面热扩散，缓慢降温可充分发挥混凝土的应力松弛效应，提高抗拉性能，防止裂缝产生。养护时间要求不少于 14 d[2]。

（7）桥梁线形控制。

编制桥梁施工过程中的线形监控实施方案，尤其加强混凝土连续梁等施工线形监控和检测，必要时委托有经验的专业单位进行监控和检测；组织有关单位或专家进行评估验收监控结果，合格后进行下道工序施工。

（8）基础沉降和变形观测。

按设计文件要求在承台、墩身、顶帽等部位埋设检测器件，编制检测方案，建立检测系统，派专人进行沉降和变形观测，准确及时记录观测数据，由建设单位组织有关单位或专家进行评估验收。

（9）高性能混凝土质量保证措施。

① 原材料控制。

a. 配制高性能混凝土宜选用强度不低于 42.5 MPa 的低碱硅酸盐水泥或低碱普通硅酸盐水泥，C_3A 含量应不大于 8%，其余性能应符合《通用硅酸盐水泥》（GB 175—2007）的规定，禁止使用其他品种水泥。

b. 细骨料宜选用质地坚硬、级配良好的河砂或人工砂，其细度模数宜为 2.3~3.7，含泥量不应大于 1.0%，且不允许有泥块存在，必要时，冲洗后使用[3]。细骨料的其他质量指标应符合《建设用砂》（GB/T 14684—2011）的规定。

c. 粗骨料应选用质地坚硬，压碎指标应不大于 8%，骨料母体岩石的立方体抗压强度应与所配制的混凝土强度之比应不小于 1.5。粗骨料颗粒中，针片状颗粒含量不宜大于 5%，不得混入风化颗粒，含泥量不应大于 1%。粗骨料的最大粒径不宜大于 25 mm[4]。粗骨料的其他质量指标符合《建设用卵石、碎石》（GB/T 14685—2011）的规定。

d. 选用的骨料应在试生产前进行碱活性试验。所采用骨料的碱-硅酸盐反应的膨胀率应小于 0.1%，否则应采取抑制碱-骨料反应的技术措施。

e. 配制高性能混凝土的矿物掺和料（粉煤灰、磨细矿渣）应符合《矿物掺合料应用技术规范》（GB/T 51003—2014）的规定。

f. 配制高性能混凝土的外加剂，采用符合《混凝土外加剂应用技术规范》（GB 50119—2013）的规定或经部级鉴定的产品，并经检验合格后方可使用。外加剂掺量由试验确定。

g. 拌制高性能混凝土的水，其质量应符合现行规范规定。凡符合饮用水标准的水，即可使用。

h. 为防止发生破坏性碱-骨料反应，当结构处于潮湿环境且骨料有碱活性时，每立方米混凝土拌和物（包括外加剂）的总碱含量（$Na_2O + K_2O$）不宜大于 3 kg，超过时应采取抑制措施[3]。

i. 为保证骨料质量，采用分级清洁存储、分级运输、分级计量。购置反击式破碎机、筛分机及洗砂机[3]。

② 耐久性混凝土的配合比设计。

a. 混凝土的配制强度必须大于设计要求的强度标准值。

b. 配制高性能混凝土所用的水胶比（水与胶结材料的重量比）一般不宜大于 0.4。性能等级愈高，水胶比应愈低[3]。

c. 高性能混凝土所用的水泥量不宜大于 400 kg/m³；水泥与掺和料的胶结材料总量不宜大于 500 kg/m³，并通过试验验证。配制高性能混凝土所用高效减水剂品种和掺量，应通过与水泥的相容性试验选定[5]。

d. 高效减水剂掺量宜为胶结材料总量的 0.4%~1.5%，为提高拌和物的工作性和减少混凝土坍落度在运输、浇筑过程中的损失，可采用复合缓凝高效减水剂、载体流化剂，或滞水后掺、多次添加等方法[5]。

③ 高性能混凝土施工过程控制。

a. 拌制高性能混凝土使用有自动计量的混凝土搅拌机，推行二次拌和工艺。

b. 混凝土原材料均按重量计量，计量的允许偏差为：胶凝材料±1%，粗细骨料±2%，水和化学外加剂±1%。

c. 用与设计保护层厚度一样的高强度塑料三角垫块或素混凝土垫块，确保混凝土的保护层厚度。避免保护层的厚度不足引起钢筋的锈蚀。

d. 浇筑高性能混凝土必须加强振捣密实，一般情况下宜采用高频振捣器，且垂直点振，不得平拉防止漏振、过振[6]。

e. 混凝土表面最高温度与环境温差不大于 15 ℃，其强度达到设计强度的 100%时方可拆模。气温急剧变化时不宜拆模；拆模时不得破坏结构棱角。

f. 高性能混凝土浇筑完毕后，必须立即覆盖养护（如覆盖保湿材料或立即喷洒或涂刷养护剂），以保持混凝土表面充分湿润，防止表面失水过快导致表面裂纹。拆模后的混凝土仍须覆盖一段时间，避免表面暴露后干缩过快（尤其在有风的环境下）而引起开裂。浇洒养护水时，水的温度与混凝土表面温度之差不应大于 15 ℃[5]。

④ 高性能混凝土的运输和浇筑施工。

a. 高性能混凝土在运送途中，运输车应保持 2~4 r/min 的慢速转动，为减少混凝土坍落度损失，保持混凝土必要的工作性，运输延续时间不得超过规定时间[5]。

b. 对运到浇筑地点的混凝土应进行坍落度检查，混凝土坍落度应为 140~160 mm[5]。

c. 泵送混凝土操作应符合泵送混凝土的相关规定，先用同水胶比砂浆润滑管道，避免人为因素造成堵管[6]。

3. 隧道工程

严格按照"先探测、严控水、强支护、勤量测、早衬砌"的原则组织施工，制定严格的施工质量保证措施。对隧道施工的各个环节制定作业指导书，严格按照批准的实施性施工组织设计和工艺流程施工。

（1）开挖质量保证措施。

开挖主要采用机械开挖，明挖段严格按照设计要求坡度放坡，确保开挖一级防护一级。暗挖段隧道采用 CRD 法施工时，严格按照图纸要求控制各作业面开挖进尺，每循环进尺不得大于 0.5 m。开挖完成后及时施作仰拱，尽早封闭成环。

（2）支护质量保证措施。

按设计要求布设支护杆件，保证规格型号、数量和间距；采用湿喷工艺，保证喷锚强度、密实度和厚度，软弱破碎围岩地段支护及早封闭成环。

隧道支护质量保证措施见表 10-2。

表 10-2　隧道支护质量保证措施

序号	项目	保证措施
1	超前小导管	间距根据围岩确定，导管安装前，正确测放出钻设位置，小导管排间搭接长度不小于 1 m。注浆前喷射混凝土封闭作业面，防止漏浆。 注浆材料满足下列要求：浆液流动性好，固结后收缩小，具有良好的黏结力和较高的早期强度。 注浆过程中根据地质、注浆目的等控制注浆压力，注浆终压为注浆压力的 2~3 倍，派专人做好记录。注浆结束后检查其效果，不合格者补注浆。注浆达到需要的强度后方可进行开挖。注浆由拱脚向拱顶逐管进行
2	钢筋网	钢筋直径及网格尺寸符合设计要求。钢筋网与锚杆焊接牢固，网片之间搭接长度不小于 200 cm。铺设钢筋网前，先在开挖岩面喷射 3 cm 混凝土，钢筋网保护层厚度不小于 3 cm，在喷射混凝土时确保钢筋网不晃动
3	钢支撑	按设计材料、尺寸制作。安装前根据施工图纸检查验收加工质量，确保钢支撑有足够的强度、刚度。 安装时确保中线、标高、尺寸、安装垂直度与设计相符，安装稳固牢靠。保证钢支撑在衬砌断面以外。附件与腹杆安装位置准确，焊接牢固。 按设计要求及时施作锁脚锚杆，并保证质量
4	喷射混凝土	初期支护喷射混凝土表面应密实、平整，无裂缝、脱落、漏喷、露筋、空鼓和渗漏水现象，锚杆头钢筋无外露。 隧道初期支护喷射混凝土应采用湿喷工艺，应紧跟开挖面及时施作，尽快封闭掌子面。分层喷射混凝土时，后一层喷射应在前一层喷射混凝土终凝后进行；一次喷射混凝土厚度，拱部不超过 10 cm，边墙不超过 15 cm；喷射作业紧跟开挖作业面时，混凝土终凝到下一循环爆破作业间隔不得小于 3 h。 水泥、水、骨料的各项技术指标确保满足规范中有关条款要求。所用外加剂确保不引起钢筋锈蚀和对混凝土强度增长及硬化过程产生有害影响。 喷射混凝土实施前，按照监理工程师指示进行现场试验。喷射前用高压风或水对受喷面进行清理。 喷射混凝土作业分片自下而上，分段进行。分层喷射时，后层喷射在前次喷射混凝土终凝后进行。 喷射作业和喷层厚度严格按照设计图纸或监理工程师指示要求进行，用混凝土覆盖的锚杆头，完全用喷混凝土覆盖，并保证钢筋保护层厚度。 一次喷层厚度一般不大于 5 cm。各层间隔 30~60 min，如果间隔时间大于 1 h，对已喷混凝土面用水或风清洗。 喷射混凝土时喷头垂直于受喷面，喷头离受喷面距离保持在 0.6~1.2 m 之间。 喷射混凝土表面尽量平整，确保没有干斑、疏松、裂缝、脱空、漏喷、漏筋、空鼓、渗漏水等现象。按照规范要求对喷射混凝土进行养生
5	管幕支护	管幕所用钢管的品种、级别、规格和数量符合设计要求。管幕搭接长度符合设计要求。钻孔的孔位、外插角、孔径施工允许偏差和检验方法符合规范要求

（3）监控量测保证措施。

本标段隧道施工期间全部开展监控量测，并作为关键工序纳入现场施工组织，并对支护体系的稳定性进行判别，合格后进行下道工序施工。监控量测设置专职人员经培训合格后上岗，针对榆安 1 号隧道下穿京台高速段单独编制监控量测专项方案。

（4）隧道防、排水质量保证措施。

为保证一般地段衬砌混凝土的抗渗等级不低于 P8 和地下水发育或地下水具有侵蚀性地段衬砌混凝土的抗渗等级不小于 P10 的要求，选取优化的混凝土原材料，选用细模度的硅酸盐水泥，细骨料要颗粒均匀、圆滑、质地坚硬，粗骨料一般选择粒径为 5~30 mm、最大粒径不超过 40 mm、含泥量<1%、组织细密、颗粒整齐、质地坚硬的砂；另外，级配要优良，以改善混凝土的和易性，增加密实度，提高抗渗性[7]。尽量降低水灰比，在拌制混凝土时，在满足设计要求和施工要求的情况下，应尽量降低水灰比，减少用水量，增加密实度，提高混凝土的抗渗性，掺加适量的外加剂。加强早期养护，混凝土浇筑完毕后，应根据现场气温条件及时覆盖和洒水，混凝土养护时间一般不少于 14 d[8]。

防水板铺设按断面横向一次整体铺设、纵向搭接密贴，接缝搭接方向做到"里低外高"，禁止颠倒；采用无钉挂设方式与围岩或喷锚混凝土层连接，禁止采用"射钉"挂设，保证防水板铺设平顺、不渗不漏。必要时进行注浆封堵或引排处理。

洞内外防排水与主体结构系统配套施工，保证排水畅通，无堵塞淤积。

由专业的防水作业工班施作防水层，所有防水施工人员经专门培训，考核合格后上岗。作业队配备专业防水工程技术人员，负责技术指导、施工组织、监督及质量把关。

各种原材料符合国家现行和行业标准的规定，并符合设计要求，使用前向监理工程师上报质量证明文件和试验资料，得到同意后再用于施工，并在施工过程中经常进行检验试验。

混凝土配合比的主要参数，保证符合设计要求和有关技术标准，并通过试验确定。混凝土和防水层施工时，不得带水、带泥作业。

防水层施工过程中，当下道工序或相邻工程同时施工时，对已完成部分加强防护，防止破坏。未采取防护措施，质检工程师有权要求停止其下一工序或相邻工程施工。

现场需要焊接衬砌钢筋时，在钢筋接头与防水层之间用移动保护板隔开，防止焊接火花将防水层烧坏。

衬砌钢筋安装完成后，再次对防水层进行检查，发现问题，及时处理，确保混凝土灌注前防水层的施工质量。

防水工程完成后，严禁在其上凿眼打洞，不得已时则采取稳妥可靠的防水措施，并会同设计、监理单位确定后实施。

防水工程的施工工艺严格遵守现行国家及行业规范，并符合设计及招标文件规定。

（5）仰拱和衬砌施工质量保证措施。

衬砌混凝土采用整体台车浇筑，减少模板拼装次数和接缝，提高混凝土的整体性能；严格模板设计和加工工艺控制，重点控制好刚度、平顺度、拼缝大小和错台，在正式使用前进行试拼，检查拼缝大小、错台、平顺度等是否满足要求；采用雷达检测仪对衬砌混凝土进行无损检测，保证衬砌厚度、密实度和耐久性达到设计要求；精确定位接触网滑道；做好隧道综合接地埋设工作，确保接地性能满足设计要求。

隧道施工应贯彻仰拱先行的原则，采用仰拱栈桥进行整幅施工，确保施工质量。仰拱施工超前拱墙二次衬砌施作，软弱及不良地质段仰拱应紧跟，仰拱距开挖面的距离宜控制在40 m以内。仰拱和衬砌施工前，对中线、高程、断面尺寸和净空大小进行仔细检查核对，必须准确无误符合设计要求后，方可灌注混凝土。

隧道仰拱及底板施工前，必须将隧道虚渣、杂物、积水等清理干净，超挖部分采用同级混凝土回填；仰拱及底板施作应一次成型，不得分幅灌注。仰拱填充不应与仰拱混凝土同时灌注。仰拱填充和底板混凝土强度达到5 MPa后允许人员通行，达到设计强度100%后允许车辆通行。

施工前做好地下水的封堵、引排，仰拱及基础部位的浮渣、积水必须清理干净，衬砌混凝土必须在无水情况下施作。混凝土灌注前，对钢模台车、钢筋和预埋件进行仔细检查，符合要求后方能灌注。

施工中严格控制混凝土坍落度，坍落度误差控制在±15 mm以内，超过者立即调整；严禁在现场随意加水，以确保混凝土的密实度及抗裂性。配合比必须进行试验研究，经科学比选确定。隧道二次衬砌混凝土结构表面应密实平整、颜色均匀，不得有露筋、蜂窝、孔洞、疏松、麻面和缺棱掉角等缺陷，隧道衬砌施工完成并达到100%强度后，应进行衬砌背后回填压浆。

衬砌配筋安装过程中，钢筋头应加塑料套，防止搬运和安装钢筋时碰破防水板。预埋件采取切实有效措施，仔细施工，确保位置准确牢固。

混凝土中掺入掺和料和减水剂，控制混凝土的水灰比，控制混凝土中水泥用量等措施，从而增加混凝土的密实性并减小因水化热引起的混凝土温度应力和收缩。

防水混凝土连续灌注，施工缝按设计留设，尽量不留或少留。

（6）隧道"不渗、不漏、不裂"保证措施。

合理采用双掺技术、严格控制水泥用量。在混凝土中采用双掺技术（即掺粉煤灰和减水剂）。掺入适量粉煤灰和减水剂，减少水泥用量，降低水化热，避免或减轻混凝土的收缩开裂。同时灌注过程中控制施工环境温度和内外温差。在喷射混凝土中掺加合成纤维，提高初期支护的抗裂性能。

严格控制拆模时间和养护。根据不同地段混凝土衬砌的受力状况，满足混凝土最小拆模强度的要求。拆模后及时喷水养护，养护时间满足相关要求，以防开裂。

严格按照试验配合比进行配料施工，不得私自调整。

严格控制混凝土的龄期，并保证在龄期内混凝土不受侵蚀。

严格按照施工方案中确定的工艺方法进行施工缝的预留和填补，并且不得随意改动。

严格按照施工方法及工艺要求进行混凝土工程施工以确保混凝土施工质量，从而达到抗侵蚀目的。

（7）预埋件、预留洞室质量保证措施。

施工前，对图纸中反映的预埋件、预留孔洞的位置、大小、数量、规格等进行仔细复核，充分了解设计意图，发现问题及时向驻地监理工程师及设计人员反映，并以设计或监理工程师下达的书面通知为执行标准，不得私自变更原设计。

预埋件、预留洞室应严格控制其中心线位置及标高，中心线及标高线应用红油漆标注于模板内面或钢筋架上。

预留洞室尺寸误差必须符合设计、规范要求；预埋件选用合格材料精心加工，有防水要求的，要设置好防水层，有防冻要求的，设置好保温层，模板须支撑牢固，防止因跑模造成预埋件、预留孔的变位。

混凝土灌注前，主管工程师会同质检人员共同对预埋件、预留洞室位置进行仔细检查。自检合格后，报请监理工程师验收，合格签认后方可进入下道工序。混凝土灌注中对预留孔、预埋件设置变形观测点。

拆模时注意不要损伤孔边。对接地件设置隔栏加以保护，并与其他预埋件露出结构面部分一道设置明显标志，以便安装时使用。

10.1.3 其他运营设备及建筑物工程

其他运营生产设备及建筑物施工，在具备施工条件后进行。房屋工程、给排水工程严格按照设计和施工规范进行施工。

10.2 安全生产保障措施

10.2.1 安全目标

杜绝较大及以上施工安全事故，杜绝质量重（较）大及以上事故，杜绝较大及以上道路交通责任事故，杜绝较大及以上火灾事故，杜绝较大及以上人员伤亡事故，控制和减少一般责任事故。

10.2.2 安全保证体系

建立健全安全组织机构和安全保证体系，成立安全生产领导小组。项目经理为安全生产第一责任人；项目经理部和各工区安全环保部为安全保证职能部门，设专职安全工程师；作业队设专职安全员，班组设兼职安全员跟班作业，形成自上而下的安全保证体系。安全领导小组以施工安全、人员安全、财产安全为工作职责，层层签订安全责任书，严格遵守有关安全生产和劳动保护方面的法律法规和技术标准，建立健全安全生产保证制度，定期检查安全生产情况，召开安全会议，发现问题及时解决，把事故苗头消灭在萌芽状态。

1. 安全管理组织机构

项目经理部成立安全生产领导小组，落实安全生产责任制和一岗双责制。项目经理为组长，是安全生产管理的第一责任人，对新建城际铁路联络线站前工程施工总价承包CJLLXZQ-4段的安全生产负有全面责任。项目部副经理、安全负责人分别为两级领导小组的副组长，各级职能部门及作业队队长为成员。两级安全环保部为安全管理职能部门，负责项目安全监察和日常工作。施工现场按要求配置专职安全管理人员，项目经理部设安全管理工程师，作业队设专职安全员，全员参与安全管理。两级安全生产管理组织机构详见图 10-1，安全管理人员配备详见表 10-3。

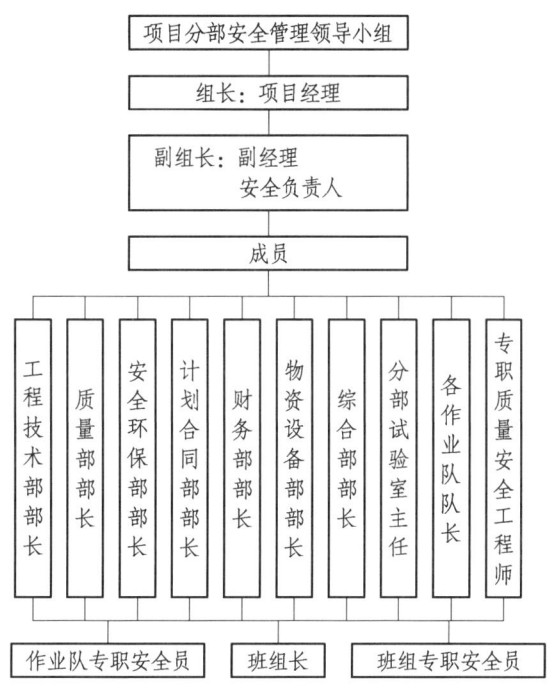

图 10-1 安全管理组织结构

表 10-3 安全管理人员配备

序号	单位	人数/人	职务	
项目经理部					
1	项目经理部	2	项目经理、书记	组　长
		2	项目副经理	副组长
		1	项目总工程师	
		1	副经理兼安全总监	
		2	副总工程师	组　员
		8	安全工程师	

2. 主要人员及部门安全职责

（1）项目经理部主要管理人员及部门安全职责。
项目经理部安全生产小组各负责人及职能部门安全责任见表 10-4。

表 10-4 项目经理部各负责人及职能部门安全责任

成员	安全责任
项目经理	对工程项目的安全工作负全面责任,是工程安全生产的第一责任者和管理者。 贯彻实施国家安全生产、劳动保护法规、政策,执行上级各项安全规定、规程、标准以及企业各项规章制度和决议。 依据工程特点,合理编制施工方案,科学组织施工生产;正确处理安全与进度、安全投入与经济效益的关系,摆正安全生产在施工全过程的位置,组织做好预测、预防、预控工作。 坚决克服违章指挥、急功近利、冒险蛮干的行为。在计划、布置、检查、总结、评比施工的同时计划、布置、检查、总结、评比安全工作。 协助调查、分析、处理各类事故。对因违章指挥、强令冒险作业、决策失误或不重视安全工作导致的亡人事故,承担主要领导责任。
项目副经理	正确贯彻国家及地方各项政策和法令,执行业主和上级制定的有关工程施工安全规范和规定。 协助项目经理全面管理新建城际铁路联络线站前工程施工 CJLLXZQ-4 段的安全工作,参加重大安全事故调查。 协助项目经理分管各段安全、文明施工、标准化建设、生产进度、资源配置和队伍管理;同时作为分管段的第一负责人对管段进行全面管理
安全负责人	贯彻国家、行业、地方和企业有关安全、环境保护等法规、规范和要求,负责本工程安全生产、环保水保和文明施工工作。 组织制定管理制度,建立组织,实施例会制度,完善基础资料。 参与重难点工程的施工方案编制,并督促落实。 负责组织开展生产安全、环保水保、文明施工教育培训工作。 负责施工现场安全防范措施、安全操作规程、持证上岗作业、文明施工、环境保护等工作的检查落实,检查无边界。 负责对施工安全隐患、不安全因素、不环保行为和不文明施工等进行处置,有权要求限期整改、有权开具罚单、有权对严重危及人身和设备物资安全的施工行为进行停工制止,有权提出整改措施。 负责组织制订事故应急预案,完善抢险组织、物资设备保证、医疗救急、日常演练等控制和处置体系。 负责组织专项措施费的可控开支和有效使用
项目总工程师	协助项目经理落实安全生产法规,严格施工规范、验收标准和安全技术规则。 审定本工程项目的施工组织设计和安全技术措施标准,参加安全检查。 对事故隐患的整治提出技术措施、方案;对违反规程、标准的单位和个人,进行制止。 对存在危及劳动者生命安全和身体健康不安全因素或隐患的工程,有权下令停工。 单位工程开工前,进行安全技术交底、安全技术培训,及时解决施工中的安全技术问题。 参加伤亡事故的调查和处理;对事故原因进行技术分析,提出技术鉴定意见及防范措施。 对因施工方案有技术方面的缺陷而导致的伤亡事故,承担领导责任
安全环保部和安全监察工程师	贯彻执行国家、中国国家铁路集团有限公司安全生产、劳动保护法规政策。 负责管理新建城际铁路联络线站前工程施工 CJLLXZQ-4 段工程的劳动安全、人身安全,监督机械设备安全、交通运输安全、消防安全、危爆物品使用安全以及尘毒防治工作,并按照《铁路劳动安全监察工作条例》依法监督检查。

续表

成员	安全责任
安全环保部和安全监察工程师	负责工程项目安全规章制度、标准、规定、措施的制定和实施,并对执行情况进行监督检查。 按规定编制安全技术措施经费计划,监督检查安全技术措施项目的实施。 定期组织安全检查,掌握施工现场的安全状况,了解作业环境的尘毒控制动态。签发《劳动安全监察通知书》和《安全隐患整改通知书》。 会同有关部门对员工进行安全教育和技术培训;对防护用品的质量和使用情况进行监督检查;监督特殊工种作业人员的考核及持证上岗。 负责伤亡事故的调查、处理、统计、报告、定性和定责工作,对事故责任者提出处理意见并监督实施
其他职能部门	确保所管辖的业务范围内安全工作,确保整体安全工作

（2）作业队主要管理人员及部门安全职责。

作业队安全生产小组各负责人及职能部门安全责任见表10-5。

表10-5 作业队各负责人及部门安全职责

成员	安全责任
作业队长	对本作业队的工程项目的安全工作负全面责任,是作业队安全生产的第一责任者和管理者。 贯彻实施国家安全生产、劳动保护法规、政策,执行上级各项安全规定、规程、标准以及企业各项规章制度和决议。 依据工程特点,合理编制施工方案,科学组织施工生产;正确处理安全与进度、安全投入与经济效益的关系,摆正安全生产在施工全过程的位置,组织做好预测、预防、预控工作。 坚决克服违章指挥、急功近利、冒险蛮干的行为。在计划、布置、检查、总结、评比施工的同时计划、布置、检查、总结、评比安全工作。 协助调查、分析、处理各类事故。对因违章指挥、强令冒险作业、决策失误或不重视安全工作导致的伤亡事故,承担主要领导责任。 协助上级项目部做好其他安全方面的工作
作业队安全负责人	贯彻国家、行业、地方和企业有关安全、环境保护等法规、规范和要求,负责本作业队工程安全生产、环保水保和文明施工工作。 组织制定管理制度、建立组织,实施例会制度,完善基础资料。 参与重难点工程的施工方案编制,并督促落实。 负责组织开展生产安全、环保水保、文明施工教育培训工作。 负责作业队施工现场安全防范措施、安全操作规程、持证上岗作业、文明施工、环境保护等工作的检查落实,检查无边界。 负责对施工安全隐患、不安全因素、不环保行为和不文明施工等进行处置,有权要求限期整改、有权开具罚单、有权对严重危及人身和设备物资安全的施工行为进行停工制止,有权提出整改措施。 负责组织制定事故应急预案,完善抢险组织、物资设备保证、医疗救急、日常演练等控制和处置体系。 负责组织专项措施费的可控开支和有效使用

续表

成员	安全责任
作业队技术负责人	协助作业队长落实安全生产法规,严格施工规范、验收标准和安全技术规则。 审定本作业队的施工组织设计和安全技术措施标准,参加安全检查。 对事故隐患的整治提出技术措施、方案;对违反规程、标准的单位和个人,进行制止。 对存在危及劳动者生命安全和身体健康不安全因素或隐患的工程,有权下令停工。 单位工程开工前,进行安全技术交底、安全技术培训,及时解决施工中的安全技术问题。 参加伤亡事故的调查和处理;对事故原因进行技术分析,提出技术鉴定意见及防范措施。 对因施工方案有技术方面的缺陷而导致的伤亡事故,承担领导责任
作业队安全环保部和安全监察工程师	贯彻执行国家、铁路总公司安全生产、劳动保护法及上级项目部的政策及管理制度。 负责管理本作业队工程的劳动安全、人身安全,监督机械设备安全、交通运输安全、消防安全、危爆物品使用安全以及尘毒防治工作,并按照《铁路劳动安全监察工作条例》依法监督检查。 负责作业队工程项目安全规章制度、标准、规定、措施的制定和实施,并对执行情况监督检查。 按规定编制安全技术措施经费计划,监督检查安全技术措施项目的实施。 定期组织安全检查,掌握施工现场的安全状况,了解作业环境的尘毒控制动态。签发《劳动安全监察通知书》和《安全隐患整改通知书》。 会同有关部门对员工进行安全教育和技术培训;对防护用品的质量和使用情况进行监督检查;监督特殊工种作业人员的考核及持证上岗。 负责作业队伤亡事故的调查、处理、统计、报告、定性和定责工作。对事故责任者提出处理意见并监督实施
作业队其他职能部门	确保所管辖的业务范围内安全工作,确保整体安全工作
施工队长班组长	带领本队(班组)职工认真落实上级的各项安全规章制度,执行施工安全技术规则和操作规程;遵守劳动纪律,制止"三违"行为。 坚持"三工"安全制度(工前安全技术交底、工中安全巡回检查、工后安全总结要求);密切做好班组的交接班工作和工序之间的衔接,并有记录;在施工过程中,对于事故隐患和苗头,及时组织整改和消除,本班组或本工序不能彻底解决的,向下一班组或工序作书面交代,必要时向工地负责人报告。 制止职工违章作业、违反劳动纪律行为;对不具备安全生产条件、人身安全和健康不能得到保障的任务,有权拒绝施工;有权抵制违章指挥,对于强令职工冒险作业的指令,拒绝执行并可以直接向项目经理或安全监察部反映。 对违章指挥不抵制,违章作业不制止,事故隐患不消除而导致的人身伤害事故,承担直接责任
施工作业人员	自觉遵守各项安全规章、规则、制度;严守操作规程;按规定佩戴个人劳保防护用品;服从领导和安全检查员的指导和劝告;有责任劝阻他人的违章违纪行为。 特种作业人员须参加专业技术培训,熟练掌握本岗位操作技能,取得特种作业培训合格证,做到持证上岗。 对施工现场不具备安全生产条件的,有权提出意见并要求负责人立即组织整改。对违章指挥、强令冒险作业的指示,有权拒绝执行;对危及生命安全和身体健康的作业的指令,拒不执行并可以越级向项目经理或上级部门反映。 对因违章作业、违反劳动纪律、盲目蛮干或不听指挥和他人的劝阻而造成的人身伤害和经济损失,承担直接责任

3. 安全管理制度

要做好工程项目安全管理，首先要健全安全管理各项制度。工程项目施工现场安全生产管理制度是施工单位和施工现场整个管理体系一个组成部分。安全管理制度是遏制施工生产事故发生的有效手段，可最大限度地降低安全成本费用支出，提高工程项目经济效益。安全管理制度重点包括如下所述内容。

（1）安全生产责任制度。

安全生产责任制是施工中最基本的安全管理制度，根据"管生产必须管安全"的原则，将安全生产与各类人员统一起来，使安全工作层层有专责，分工有协作，出现事故以后，能快速调查清楚从管理到操作各方面的责任，避免类似情况的重复发生。

安全生产责任制是综合各种安全生产管理、操作规程，对各级领导、各职能部门、工程技术人员、工程管理人员、施工人员应负的安全责任明确出来，使安全工作形成一个人人讲安全，事事为安全，时时想安全，处处要安全的氛围。

（2）安全生产检查制度。

建立安全生产检查制度。通过安全检查增强广大职工的安全意识，促进企业对劳动保护和安全生产方针、政策、规章制度的贯彻执行，解决安全生产上存在的问题。具体见表10-6。

表10-6 安全生产检查制度

序号	内容		具体内容
1	安全检查组织		安全检查的组织形式，根据检查内容和目的来定，一般在施工现场采取领导和群众相结合、自查和互查相结合、定期和经常性检查相结合、专业和综合检查相结合及对照安全检查表等方法和手段进行检查
		以领导为主的安全检查	以领导为主组织的安全检查活动，采用季节性的安全检查和不定期安全检查。成立第一负责人为首的安全检查组，有计划、有目的、有整改、有总结、有处理地进行检查。发现违章指挥、违章作业、违反劳动纪律、违反安全操作规程行为时，各级安检人员有权制止，必要时向主管领导提出暂停施工进行整顿的建议
		以领导和职工相结合的安全检查	安全检查采取定期检查和非定期检查两种方式进行。定期检查是项目经理部每月组织一次安全检查，作业队每天进行施工安全检查并做好详细记录，提出保持或改进措施，并落实执行。非定期检查是按照施工进展情况进行的安全检查
		以专业人员为主的安全检查	安全检查采取专业检查和专项检查的形式。 安全检查具有较强的针对性和专业性，重点查防触电、防机械车辆事故、防汛、防火等措施的落实
		以职工为主的安全检查	以职工为主的安全检查采取以自查为主、互查为辅、边查边改的方式。具体有："三工"安全检查，即实施工前安全准备检查、工中安全作业检查，工后安全交接检查；"三检"安全制度，即做到同工种之间自我检查，同工序之间互相检查，同工序上下班之间、多工种的上下工序之间的交接检查。

续表

序号	内容	具体内容
2	安全检查内容	安全检查是对施工过程中的安全情况进行的检查，检查内容主要是施工工艺、施工工序、机械设备、各类设施、规章制度、操作行为以及工作思想等，主要查思想、查制度、查纪律、查领导、查教育、查劳动保护用品的应用、查隐患、查事故处理
3	安全检查程序	安全检查是保障施工安全的重要手段，只有通过各种形式的安全检查，才能不断发现施工中的不安全因素，不断消除隐患，才能保障施工生产安全进行。 安全检查首先根据施工的进展情况确定检查的对象、范围、日期，制订具体的安全检查计划。 根据检查的内容、规模和程序，确定参加检查的人员。 根据施工现场的实际，编制安全检查项目，并对照检查项目，进行有针对性的安全检查。 检查结束后进行总结，写出检查报告。对检查中发现的问题及隐患进行整改。 对出现的安全问题确定责任，尤其是确定施工负责人的责任，对检查出的问题的整改落实到人，落实解决时间。 检查出的问题整改解决后，对整改效果进行评价，再次检查隐患是否消除，施工环境是否安全，吸取的经验教训等。 安全检查是群众性活动，贯彻边查边改的原则，解决施工中的安全问题

（3）安全生产教育培训制度。

建立安全教育培训制度。加强全员安全教育和技术培训工作，使项目各级领导和广大职工认识到安全生产的重要性、必要性，懂得安全生产、文明施工的科学知识，牢固树立"安全第一，预防为主"的思想，克服麻痹思想，自觉地遵守各项安全生产法令和规章制度。具体安全教育培训制度见表10-7。

表10-7 安全教育培训制度

序号	培训项目	培训内容
1	开工前安全教育培训	每一单项工程开工前，对全体职工进行针对工程技术措施、施工方法、方案、工艺、质量标准的教育，以及重点、难点工程的安全和技术培训工作
2	"三级"安全教育培训	施工人员进入施工现场前进行"三级"安全教育和培训。 一级为项目经理部安全教育培训。内容包括：一般教育（建筑施工的特点，它给劳动者的安全带来的不利因素；当前的安全生产情况）；安全生产法规和安全知识教育；建筑工程施工时容易发生的伤害事故及其预防。 二级为作业队安全教育培训。内容包括：《建筑工人安全技术操作规程》有关规定；建筑工程现场的安全管理规定细则；在建工程基本情况和必须遵守的安全事项等。 三级为作业队及工班安全教育培训。内容包括：本班组生产工作概况、工作性质及范围；个人从事生产工作的性质，必要的安全知识，各种机具设备及其安全防护设施的性能和作用；本工种的安全操作规程；容易发生事故的部位及劳动防护用品的使用要求等

续表

序号	培训项目	培训内容
3	"四新"技术教育培训	在采用新设备、新工艺、新材料、新技术时,首先对直接接触和从事该项工作的人员进行具体的方法、性能、规程等的技术培训,然后再上岗
4	特种作业人员安全教育培训	特种作业人员除进行一般安全教育外,还通过地方劳动部门对特种作业人员进行培训和本工种的安全技术教育,经考核合格发证后,方准上岗。 定期对特殊工种进行复审。对从事有尘毒危害作业的工人,进行尘毒危害和防治知识教育
5	各级领导和安全管理干部的安全教育培训	定期培训各级领导干部和安全管理干部,提高政策水平,熟悉安全技术,劳动卫生业务知识,做好安全生产工作。 培训主要内容:安全生产的重大意义;国家有关安全生产、健康与环境卫生方面的方针、政策、规定;安全生产法规、条例、标准;施工生产的工艺流程和主要危险因素,以及预防重大伤亡事故发生的主要措施;企业安全生产的规章制度、安全纪律以及保证措施;各级领导在安全生产中的职能、任务以及如何管理;编制、审查安全技术措施计划及施工组织设计安全技术措施的基本知识等
6	安全生产的经常性教育培训	在做好对普通工种、特种作业人员安全生产教育和各级领导干部、安全管理干部的安全生产培训的同时,把经常性的安全教育贯穿于管理工作的全过程,并根据接受教育的对象的不同特点,采取多层次、多渠道和多种方法进行。内容包括:安全生产宣传教育、普及安全生产知识宣传教育、适时安全教育等

(4)安全人员持证上岗制度。

对专职安全员、班组长、从事特种作业的人员,必须严格按照《特种作业人员安全技术考核管理规则》进行安全教育、考核、复验,经过培训考试合格,获取操作证者才能持证上岗。对已取得上岗证者,要进行登记存档,操作证必须按期复审,不得超期使用,名册应齐全。

(5)安全事故报告和调查处理制度。

严格执行国家《企业职工伤亡事故报告和处理规定》、《国务院关于特大安全事故行政责任追究的规定》和《生产安全事故报告和调查处理条例》,认真、严肃、实事求是地做好员工伤亡事故的报告统计和处理工作。严禁瞒报事故。

① 事故报告。

凡发生一般及以上生产安全事故,项目经理部单位必须迅速报告,并于 45 min 内逐级报告至上级主管单位;同时在 1 h 内电话报告属地政府、建设、监理等有关部门或单位。凡发生人员重伤 2 人以下的生产安全事故,由项目经理部按隶属关系报工程公司安全管理部门;发生一般及以上生产安全事故按隶属关系逐级上报至集团公司安全质量监察部,同时按规定时限报告当地政府、建设、监理等有关部门。任何人不得瞒报、迟报或拖延不报。

② 事故调查。

a. 凡发生人员轻伤的生产安全事故,由项目部或工程队负责组织调查处理结案,结案资料逐级报各单位安监部备案。

b. 凡发生人员重伤2人(含)以下的生产安全事故,由项目部所属工程公司调查处理,结案资料报集团公司备案。

c. 发生一般生产安全事故,由项目部和上级机关有关部门组成事故调查组会同属地设区的市级以上政府组成的事故调查组调查事故;较大及以上事故,中国铁建股份公司派人参加。60 d 内提交事故调查报告,政府在 15 d 内批复结案。特殊情况,事故调查报告延长时间不得超过 60 d,特别重大事故批复不得超过 30 d。各单位或集团公司要及时落实属地政府对事故批复的要求。

③ 事故处理。

按"四不放过"原则严格事故处理,对因违章指挥,违章作业,玩忽职守造成伤亡事故的,按规定对事故责任者给予行政处分和必要经济处罚。构成犯罪的由司法机关依法追究刑事责任。

(6)安全奖罚制度。

凡在安全生产工作中做出成绩的单位和个人,给予奖励;对发生事故的单位和责任者,给予处罚,直至追究刑事责任。

① 奖励。

获得国家、行业评选的安全生产先进单位或安全标准工地等称号的,由我单位按规定给予通报表彰并奖励。

长期在基层安全管理岗位工作,成绩突出的,经考核符合奖励条件的,由我单位进行通报表彰,并颁发安全生产工作者荣誉证书和奖励。

对于在施工现场出现重大险情时,报告及时、预防得力、控制危险源和事故应急救援响应正确,阻止重大事故发生或扩大的有功人员,由集团公司给予通报表彰并奖励。

② 惩罚。

对发生员工(含外部劳务)伤亡事故的,发生员工非因工责任死亡事故的,发生机械设备或火灾、锅炉压力容器爆炸等事故的,均按集团公司安全管理规定给予处罚。

对延报、谎报、隐瞒事故被地方政府主管部门查处或被媒体曝光的,要加倍处罚,并追究有关领导人员的责任。已获得奖励和奖金的,追回奖励和奖金。

事故罚款由单位财务部门列入有关科目,作为安全专项基金,由安全管理部门统一掌握使用。

4. 安全保证体系

安全保证体系见图 10-2。

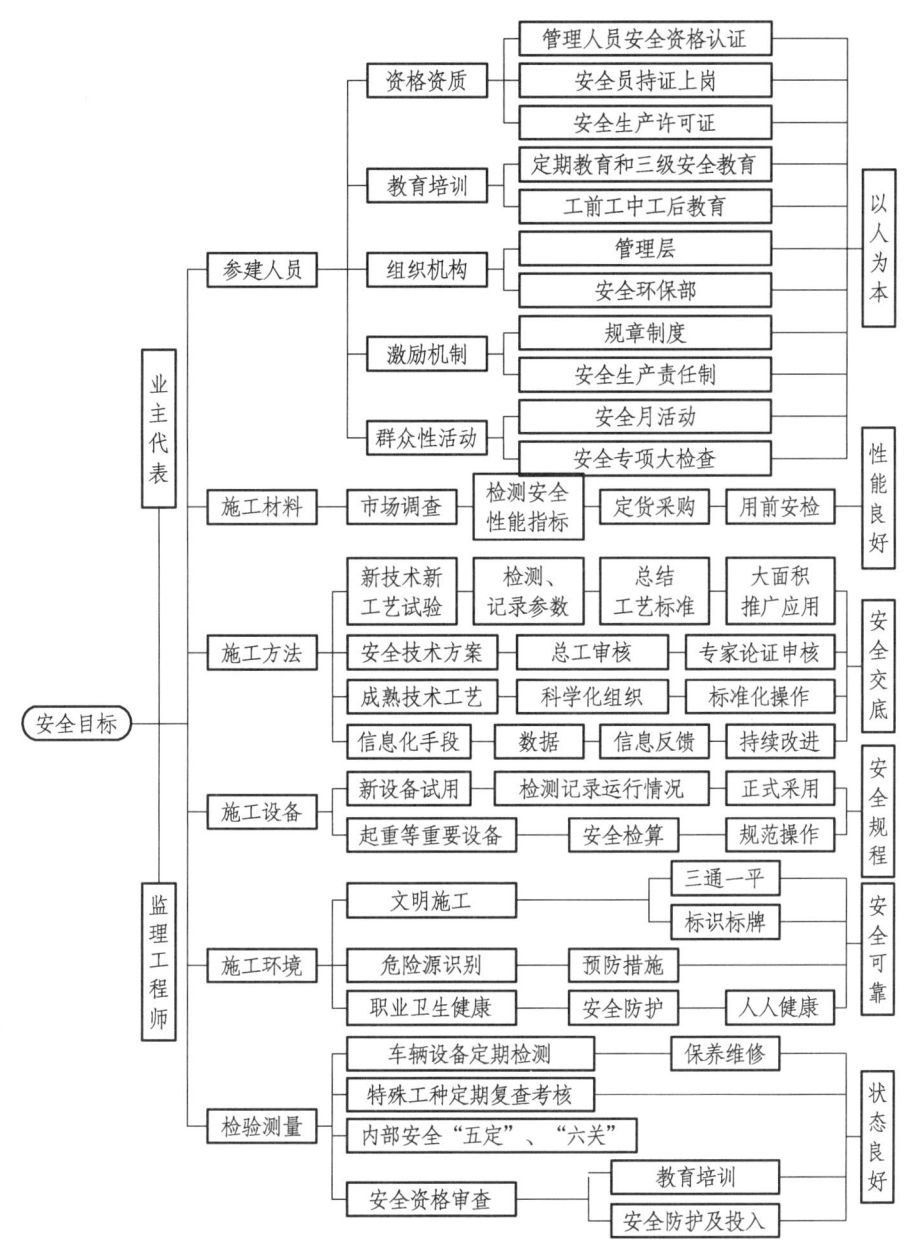

图 10-2 安全保证体系

10.2.3 安全保证措施

1. 各重点专业工程安全保证措施

（1）路基施工安全措施。

影响既有道路交通的工程施工时，首先与交通管理部门取得联系，制订确保交通安全的施工方案、施工计划及保证安全的具体措施，报交通管理部门审批后施工。

施工现场必要时设立安全警示标志。

各种施工机械按照技术手册操作。

路堑开挖应自上而下进行，按分级开挖、分级加固、逐层开挖的原则进行开挖与防护，防止开挖不当造成边坡失稳，对有地表裂纹和塌方现象或有危岩落石时应立即处理，路堑施工前必须做好截排水工作，开挖后保持排水畅通。所有路堑边坡开挖均应尽量避开雨季，并及时开挖、及时支护，边坡开挖后半月内必须完成坡面支挡结构。

挡墙施工时，先将墙顶边坡按设计坡率刷方后，再分段跳槽开挖墙背临时边坡，及时浇筑挡土墙或采取必要的临时支护措施。挡土墙施工时，每段长度不宜大于 10~20 m（土质及岩石破碎地段不宜大于 10 m）。挡土墙墙顶应平顺渐变，其纵坡不得陡于墙顶挖方边坡陡度。挡土墙片石混凝土应分幅一次性整体浇筑，不得形成水平施工缝。

沿线沟槽分布有软土与松软土，属季节性软土，施工中应根据施工季节采取相应的工程措施。

（2）桥梁施工安全保证措施。

对跨越既有交通道路的桥梁，施工前施工单位应制定相应的安全技术措施，设置必要的防护措施，经运营单位批准或道路主管部门签订协议后方可动工。

对跨越等级道路的桥梁，施组方案应通过相应的安全评估审查后方能实施。

施工前应根据设计资料，逐一落实和探明桥涵下油管、气管、水管、电缆、光缆等管线位置，并与其主管部门签订正式迁改协议后方可动工。

施工前应对施工现场、机具设备及安全防护设施等进行全面检查，确认符合安全要求后方可施工。

跨越等级公路桥梁梁部施工作业过程中，应采用防护棚架对桥下道路进行遮蔽防护，防止异物掉落危及桥下行车[9]。

施工影响范围内公路车道设置好各项交通警示标志，施工期间设置专人组织疏导交通，确保行车安全。

① 基础施工。

基坑顶面提前做好坡面防护、排水设施；基坑旁设警示牌（灯），开挖时不采用局部开挖深坑及从底层向四周掏土。基坑开挖时注意观测坡面稳定情况，当发现坑沿顶面出现裂缝、坑壁松塌或遇涌水、涌砂时，立即停止施工，加固处理后再继续施工。基坑护壁施工符合《铁路工程施工安全技术规程》中的有关操作规程。

基础砌筑时，机具材料堆放在基坑边坡顶的安全距离以外。用起重机安装盖板时，吊点位置正确，吊绳挂牢。吊放时，不撞击和翻滚。

桥基基坑开挖过程中，应根据岩土体性质采用合适的防护措施，加强坑壁防护，加强通风，确保安全；应尽量避免雨季施工，应备足防止坍塌的器材及抽水设备，及时排除遇到的地表水和地下水。基底清底后应及时砌筑基础，封闭基坑，勿使基坑暴露过久或受地表水浸泡而影响地基承载力。桥梁墩台基坑开挖后，注意观察卸荷节理影响情况，尤其位于陡崖附近的墩台，视情况进行加固处理，确保工程安全。

桩基础：钻机安装时，机架垫平，保持稳定，不产生位移或沉陷，钻架顶端用缆风绳对称张拉，地锚牢固。钻孔时，钻速不过快或骤然变速；孔内弃土不堆积在钻孔周围。停钻后，钻头提出孔外安全放置，孔口遮盖防护。垫平机架，保持稳定，避免产生位移或沉陷，钻架顶端用缆风绳对称张拉，地锚牢固。控制钻速不过快或骤然变速。钻机、钻具和吊钻头的钢丝绳，均符合设计要求，使用时设有专人检查维修。工作平台及钻机平台上满铺脚手板并设置栏杆、走道，并随时清除杂物。凡未施工的孔口，均加防护盖。当滑移钻机时，防止挤压电缆及水风管路。

靠近既有公路桥梁基坑开挖时，采用挖孔桩或钢轨（钢板）桩防护，在施工期间对既有公路进行沉降和变形观测，如发现异常，应采取相应措施消除安全隐患，确保行车和施工安全。

桥涵基坑开挖过程中，应根据岩土体性质采用合适的防护措施，加强坑壁防护，加强通风，确保安全。对软塑土基坑应采用防护措施。

对地质条件较差、地下水较丰富的桩孔，除要求遵循先桩后承台的施工顺序外，同时要求逐根桩施工，不等长桩基应按先长桩后短桩顺序施工。

基坑开挖应尽量避免雨季施工，应备足防止坍塌的器材及抽水设备，及时排除遇到的地表水和地下水。基底清底后应及时砌筑基础，封闭基坑，勿使基坑暴露过久或受地表水浸泡而影响地基承载力。

② 墩身施工。

墩身施工平台实行全封闭安全防护措施，平台顶四周的栏杆高度不小于 1.2 m，栏杆间用多道钢筋连起。栏杆及整个平台吊架外侧满挂密目安全网。

在墩下通道处设置安全防护棚，保证施工车辆和人员的安全[10]。

平台上堆放设备材料要均匀对称，防止平台偏斜和倾覆。

为防止大风对高墩墩身施工的影响，采取抗风措施。

③ 支架现浇框架桥安全技术措施。

施工前，必须搭设好脚手架及作业平台，墩身高度在 2~10 m 时，平台外侧应设 1.3 m 的栏杆及上下扶梯。10 m 以上高度时，应加设安全网。

支架作业平台有足够的面积，支架必须达到稳定、坚固，保证在各种荷载和气候条件下不产生变形、倾斜和倾覆。

支架使用的材料规格和型号必须符合安全要求。

搭设结构符合规定，支架搭设方案需经过计算论证。

作业层脚手板要铺满、铺稳，绑扎牢固，无探头板。

用吊斗浇筑混凝土，吊斗提降，应设专人指挥。升落斗时，下部的作业人员必须躲开，上部人员亦不得身倚栏杆推吊斗[11]。

在框架桥上施工，应遵守高处作业有关规定和施工组织设计的要求。箱型框架上应根据测算规定人员荷载和堆放材料的限量标准。材料要均匀摆放，不得多人聚集一处。操作平台的水平度、倾斜度应经常检查，发现问题应及时采取措施。

夜间施工应有足够的照明，在人员上下及运输过道处，均应设置固定的照明设施。

主要机具、电器、运输设备等，应定机定人，严格执行交接班制度。接班时必须对机具检查一次，并做好记录[11]。

④ 连续梁悬浇及转体安全技术措施。

预应力连续梁悬臂灌注采用各型挂篮施工时，结构系统强度、刚度和稳定性符合设计要求，其稳定安全系数不得小于2.0。

挂篮施工前，根据其形式制定相应的安全措施。组拼后做静载试验。灌注混凝土前，对挂篮限位装置进行全面检查。

在墩上进行零号块施工时，首先设置工作平台并安装防护设施。

严禁在挂篮端头等部位随意堆放钢筋束等材料，防止坠物伤害。

挂篮的悬挂系统采用精轧螺纹钢筋等高强钢筋作为吊杆时，采用塑料套管等绝缘材料对吊杆进行包裹，防止施工中杂散电流产生的电弧损伤吊杆材质造成承载力大幅下降。

连续梁一般采用悬臂现浇施工，开工前施工方案需征求道路主管部门的许可。施工的时间安排、顺序要与施工期间道路行车组织相结合，跨越密涿高速公路和规划105国道时采用防护棚架等相应措施，保证既有公路道路车辆、行人的安全，并注意严格按设计施工，混凝土达到强度后才能拆除模板。

2. 隧道施工安全保证措施

（1）隧道施工一般安全措施。

任何人进洞佩戴安全帽和其他防护用品，遵章守纪，听从指挥；同时加强安全保卫，禁止闲杂人员进入。

进洞前进行登记并接受洞口值班人员检查，经班组长点名，并执行进洞挂牌、出洞摘牌制度。

施工中发现隧道内有险情，工班长、领工员立即在危险地段设立明显标志或派人看守，并迅速报告施工领导人员及时采取处理措施。若情况严重，立即将工作人员全部撤离危险地段。

在洞口或适当处所，设置急救材料储备库，储备防火、防水、防毒器材，支撑用料和各种适用工具等。备品保质保量，并不能随意挪动，使用一次后立即进行补充。

隧道掘进时加强地质超前预报，在浅埋段指派专人观测地面变化有无沉降，确保施工的安全。

（2）明挖段土石方施工安全技术措施。

明挖段土石方开挖时，注意坡面的稳定情况，每次开工前、收工后，对坡面、坡顶周围认真检查。对有裂隙和塌方现象或有危石、危土时立即处理[12]。施工期间实施不间断监测和防护。

明挖段土石方工程施工应自上而下分层开挖、分层防护，当地质条件不良时，应采取稳定边坡和仰坡的措施[13]。

明挖土石方施工时，做好截、排水工作，并随时注意检查，开挖区保持排水系统通畅，并与原有水系相连通。洞顶地表水的处理应满足以下要求：

① 结合现场地形，仰坡应及早做好坡面防护，确保洞顶稳定。若采用喷锚护面，坡顶、坡脚宜绿化处理，以防止仰坡范围内地表水下渗和减少对坡面的冲刷[13]。

② 洞顶如有溪沟或排水沟槽应加强养护、整治，确保水流畅通，若岩层裂隙多，地表水有可能渗漏到隧道内时，应用浆砌片石或混凝土铺砌沟底，浆砌片石应用砂浆抹面。

③ 洞顶仰坡周围的排水系统宜在雨季前及仰坡开挖前完成[13]。

（3）隧道开挖安全措施。

针对隧道地质特征，制定工程预案提前采取措施，防止隧道坍塌，确保施工安全[14]。

隧道浅埋段开挖前采用超前管棚预支护、超前小导管预支护等措施，施工中按"弱爆破、短开挖、强支护、早封闭、勤量测"的原则，稳扎稳打，步步为营，确保隧道质量和施工安全[14]。

位于粉细砂层的洞口部位，按设计进行水平旋喷桩加固施工，旋喷桩的间距、桩径、固结体质量必须满足设计要求和强度后，才允许进洞施工。

隧道防塌方的措施如下：

① 受浅埋、断层等地质构造影响的高度风险段落，隧道初期支护采用全环工字钢钢架及超前小导管（洞口浅埋段采用大管棚）加强，钢架间距 0.6 m 或 0.8 m。

② 施工方法采用 CRD 法或台阶法加临时仰拱施工，尽量减少一次性开挖断面的宽度和高度，将塌方风险发生的概率和后果尽量降低。

③ 塌方风险为高度的浅埋段落，在洞内及地表加强监控量测。

④ 其余段落根据超前探测结果，优化调整相应的施工方法和支护措施，避免灾害发生，确保施工安全。

加强围岩监控量测频率，随时注意围岩动态。严格按设计规定进行锚喷支护，控制围岩的变形量，防止坍塌。派专人负责，加强安全警戒措施，防止突发事件发生[14]。

对参加施工的人员进行安全教育，从事操作机械的人员，必须经过专业培训和考试，取得合格证后，方能上岗[15]。隧道施工各班组间，建立完善的交接班制度。

（4）隧道喷锚支护安全措施。

施工期间，现场施工负责人会同技术人员对各部支护进行定期检查。在不良地质段，每班责成专人检查。加强监控量测，当发现量测数据有突变或异变时，立即通知现场负责人，采取应急措施或通知施工人员撤离危险地段。

锚杆的质量、长度，喷混凝土的质量、厚度，以及钢拱架的安装位置、间距等严格按设计施工。若已锚地段有较大变形或锚杆失效，立即在该地段增设加强锚杆，长度不小于原锚杆长度的 1.5 倍。用于临时支护的立撑底面加设垫板或垫梁，并加木楔塞紧。

喷层的异常裂缝作为主要安全检查内容，喷层面要平顺，以免应力集中而出现喷层开裂。

作业人员均佩戴必要的防护用品。

机具设备置于安全地段，喷射机、注浆机、水箱装置压力表和安全阀，定期进行耐压试验。

发生堵管时，及时疏通；处理堵管时，喷嘴前严禁站人。

经常检查管道和接头是否有松脱和击穿可能，发现问题立即处理[15]。

（5）装渣运输安全技术措施。

本标段隧道均采用无轨运输方案，隧道内运输量大、车辆频繁，为保证安全，制定一套调度、信号、洞内物料存放等制度。

建立有效运输规章制度、作业标准和安全操作规程；

工作人员进出隧道走预设通道，不在运输范围内随意走动；非工作人员严禁进入工作、运输场地[12]；

机械装渣安排专人指挥，隧道断面尺寸必须满足装渣机械安全运转，以免机械碰断电线或碰坏已做好的支护结构，并符合下列要求：装渣不准高于车厢；装渣机与运渣车之间不准有人。

洞内的车辆、施工机械、模板台车等，在外缘设置低压红色闪光灯，组成限界显示设施。运输车辆在使用前详细检查，不得带病工作。

车辆行驶遵守下列规定：同向行驶保持 50 m 的距离，洞内能见度较差时，加大距离；车辆启动、转向、倒车时必须开灯、瞭望与鸣笛。

车辆在洞内行驶时，施工人员不准与车辆机械抢道，不准扒车、追车和强行搭车[12]。

（6）隧道衬砌施工安全措施。

衬砌台车作业地段距开挖作业面拉开适宜的距离，台车下的净空保证车辆和人员能顺利通过，并悬挂明显的车辆缓行标志。

台车的工作台上安设高度不低于 1.0 m 防护栏杆，跳板设防滑条，工作平台铺设严密，钉铺结实，木板的端头搭于支点上，不得有探头板。台车上不堆放料具及其他杂物，衬砌混凝土两端挡头板安装牢固。

拆除混凝土输送软管或管道时，应停止输送泵运转。振捣机具设置防护罩，电动机设有接地装置。

（7）隧道用电安全技术措施。

项目经理部的工程技术部设调度室，并配适当的调度员，负责本标段的电力调度及对上联系；设电气工程师或技术员，负责安全技术档案的建立和管理。建立健全各种规章制度，并认真执行。

电工熟悉用电安全规程、规范，认真执行，并建立临电档案，及时记录有关资料。电工负责填写临电记录和维护临电线路及操作开关。

线路开关及设备每月检查一次，包括线路的绝缘测试、接地电阻测试、设备绝缘测试及线路设备的检查等。

配电系统全部采用 TN-S 系统，所有用电设备的外壳与专用的 PE 线相连通，总接地电阻小于 4 Ω。

手持式用电设备的保护地线在移动电缆芯内，其截面积大于 1.5 mm^2。

维修和操作开关时，电工穿戴绝缘鞋、手套，使用绝缘工具。

洞内设备移动前进行检查，不与电力电缆相接触或钩挂。在移动时采取相应的安全措施，保证电力线的安全。

在主要通道、抽水机站、横通道等重要场所，设置安全照明。漏水地段照明采用防水灯头和灯罩，不安全因素较大的地段加大照度。

现场配备灭火工具、器材，确保现场电气设备及其他设备的安全。

3. 关键段落施工安全技术措施

本标段部分路段跨越既有公路,在梁部施工前,为保证既有公路的行驶车辆安全畅通,采用在梁底搭设钢管棚架、设置警示标志、防护网等方式进行安全防护。其实景图见图10-3。

图10-3 跨越公路防护棚架实景图

门洞底部设置防撞混凝土基础,混凝土强度满足支架承载的要求。设置的基础保证支架受力均匀,基础在车道方向宽出支架外沿的尺寸不小于25 cm,其高度不小于40 cm,以起到防止车辆撞击的作用。

门洞内边缘车道两侧采用成品防撞护栏,防止车辆撞击支架。

为了限制超高、超宽车辆进入门洞,在交通门洞位置进口前方700 m设置柔性限高限宽架,500 m设置刚性限高限宽架,限高限宽架外表喷涂安全标志色(黄黑相间)。限高限宽设施前设减速带。

门洞顶部设置5 mm钢板,以防高空落物对车辆正常行车造成影响。

夜间通道内保证充足的照明,照明设施一般设置在顶部两侧,照明方向设置为车辆前行方向,以防灯光刺眼。沿门洞外沿夜间设置警示红灯。通道白天设置洞内照明,照明灯的设置间距、照度满足通车需要。

门洞进口设置采用成品防撞护栏,以起到阻止车辆前行的作用。防撞护栏的长度不小于2 m,防撞护栏外表涂安全标志色(黄黑间隔)。

在门洞搭设位置周边的路口(即收费站)均设立电子屏施工告示和限高架,提前告知司机前方有支架门洞,提醒司机提前分流和注意行车安全[16]。

4. 建立安全管理组织机构

建立安全管理组织机构,安全生产管理组织机构详见图10-1。在项目实施过程中对安全工作进行全面的管理工作。

5. 建立安全生产包保责任制

项目经理、项目副经理、安全负责人、各职能部门负责人、作业队长至施工人员,逐级签订安全生产包保责任书,自最基层的施工人员起,逐级向上级管理层的安全生产负责,直至项目经理，以各级、各部门的安全确保整体工作的安全。形成下一级的安全工作保上一级的安全工作，上一级的安全管理抓下一级的安全管理，层层落实安全责任制的局面。安全生产包保责任书每年进行签订，并逐年考核，达到安全生产包保责任的给予奖励，达不到安全生产包保责任的给予处罚，在各项评比工作中给予安全否决。

6. 安全生产经济保证措施

建立安全生产风险抵押金制度。为进一步做好安全工作，贯彻落实全国安全生产工作会议和国务院有关规定精神，坚持消除影响安全的重大隐患，努力做到安全隐患一个不留，在各作业队执行安全风险抵押金制度。

根据本工程特点，分析、评估、评价存在的安全风险以及风险的危险程度，预测桥梁、隧道、路基、轨道等各作业队在施工过程中承担的安全风险，确立各作业队具体的安全管理目标，对各作业队长收取风险抵押金，实现安全目标后退回风险抵押金并给予奖励，没有实现安全目标的，没收风险抵押金并给予处罚。

7. 安全生产技术保证措施

针对工程特点、施工环境、施工方法、劳动组织、作业方法、使用的机械、动力设备、变配电设施以及各种安全防护设施等制定切实可行的安全施工技术措施。具体见表10-8。

表10-8 安全生产技术保证措施

序号	保证措施	具体说明
1	施工现场	施工现场设一名经过培训具有担任安全工作资格的专职安全工程师，负责制定健康保护与事故预防措施和个人检查，查看所有安全规则实施情况。 驻地管理人员一律佩证上岗，佩证内容有姓名、职务和本人照片，安全员的佩证为红色以示醒目
2	场内交通及水电设施	临时道路通过既有公路及其他机动车道时，经有关部门批准后设置路标及防护措施，另外派专人负责指挥。临时道路、通道在狭窄、陡坡、急弯、穿越电力通信地段设置交通标志，大型施工机械及特种车辆通过时设有专人负责指挥。工地施工用水和饮用水在施工前对水质进行化验，并采取相应的处理和防护措施。生活用水符合中国卫生组织对饮用水的要求
3	临时通信线路	减少与既有通信、电力等线路的交叉和干扰。线路走向避开沟渠、陡坎、滑坡、河流及易受洪水冲刷等危险地区。通信线路与地面等建筑物的最小距离，符合国家现有规定
4	临时电力及照明	临时电力及照明严格按照安全规定执行和设置，禁止变通。 在施工作业区、施工道路、临时设施、办公区和生活区设置足够的照明
5	安全标志	在施工区内设置标准的安全标志，以引起职工对现场不安全因素的注意，对威胁安全与健康的物体和环境作出快速反应。以红色安全色为主，提示内容有禁止标志、停止标志、交通禁令标志、消防和危险标志，如禁止入内、禁止火种、禁止通行、禁止停留、禁止起动、禁止攀登等。各种安全标志按国家标准要求的尺寸、颜色、几何图形、图形符号及补充标志等制作
6	有害气体的控制	配备对有害气体的监测和报警装置以及工人使用的防护面具。 一旦发现有毒气体，立即停止施工和疏散人员，并及时报告建设单位，在经过慎重处理，确认没有存在危险后，方能复工

续表

序号	保证措施	具体说明
7	行车安全保证措施	车辆运输坚持"三个合理安排"、"五定"、"五上路"的方法。坚持"四项车管制度";严格执行"三定"保养制度,定人、定位、定项分工保养。施工时,派专人负责各种机械设备安全作业范围监督、检查,杜绝伤人事故的发生
8	电气设备安全操作保障措施	编制施工现场临时用电的施工组织设计,按《施工现场临时用电安全技术规范》的要求进行设计、验收和检查,进行安全技术交底,建立、健全安全用电管理制度,严格落实"防止误触带电体、防止漏电、实行安全电压"三项技术措施
9	消防安全保障措施	成立各业务部门和作业队负责人参加的防火领导小组。建立现场消防保卫机构,负责施工现场的消防保卫工作。建立各级责任制和消防检查制度,签订消防保卫协议,定期进行检查和培训;建立消防保卫档案。组建职工消防队,定期进行消防演习,对施工人员进行消防保卫知识教育,提高消防保卫意识。严格执行《建设工程施工现场消防安全管理办法》的规定,尤其做好节日的安全保卫工作。建立电工、电焊工、木工、危险品管理工、物资仓库管理工防火责任制,明确重点防火部位,落实安全防火措施,配备足够的灭火器材。 施工现场材料的堆放、保管符合防火要求,工地明确重点防火部位,有严格防范措施,每月定期检查一次,做到有隐患及时整改,并有书面记录。 施工现场消防器材有专人负责保养,定期检查,并记录检查日期和责任人。油库及危险物品库重点配置
10	夜间施工安全保障措施	夜间施工人员按照工作安排严格遵守作息时间,有事提前请假调休。 各级领导轮流在工地进行夜间现场值班,保证工地开工,就有领导在场。 保证夜间施工照明设施的完备,各作业面配备足够的电灯,并确保照明电路的良好运行。对夜间施工人员经常进行教育,提高夜间施工的安全意识,避免产生麻痹大意的思想。 机械作业时至少有1名人员配合司机进行现场指挥,防止出现车辆翻车及机械伤人等安全事故的发生。 大风、大雨天气,对夜间施工安全造成一定威胁时禁止进行施工
11	防洪安全保障措施	加强组织领导,有针对性地进行抗洪防汛安全教育,提高广大职工的抗洪防汛意识和警觉性。汛期到来之前,开展抗洪防汛大检查,重点检查抗洪防汛方案是否可行,职工住房环境、设备停放地点、材料储存场所等是否安全可靠,排水、防水设施是否齐备等,并认真执行雨前、雨后两检查制度。 项目经理部成立防汛抗洪领导小组,由项目经理全面负责。在汛期,项目经理部及各作业队在项目经理部统一领导下,组成抗洪防汛抢险突击队,明确责任,落实到人,做好防汛抗洪工作。 施工现场合理布置,制订防汛、防洪预案,以防万一,确保人员安全。 汛期到来之前,防汛器材、防雨材料、防护用品、抽排水设备等材料备足,配备发电机确保供电,以防汛期交通受阻,影响工程正常施工。与当地气象部门保持联系,掌握气象动态,及时了解汛情,以便做好整体工作安排和防雨防汛工作
12	工程保险保障措施	为减免自然灾害造成的损失,本投标人在中标后及时按照建设单位确定的投保范围和费率与指定的保险公司签订保险合同。若发生保险范围内的灾害损失,本投标人直接向保险公司办理索赔事宜,同时报建设单位核备
13	安全保卫保障措施	建立健全安全保卫制度,落实治安、防恐、防火管理责任人;建立严格来访制度;经常对工人进行法纪和文明教育,施工现场禁止打架斗殴及进行黄、赌、毒等非法活动

8. 施工现场的安全技术措施

施工现场的布置符合防火、防爆、防洪、防雷电等安全规定及文明施工的要求。施工现场的生产、生活办公用房，仓库，材料堆放场，停车场，修理场按批准的总平面布置图进行布置。

现场道路平整、坚实、保持畅通，危险地点悬挂安全标志和符合安全规定的标牌，施工现场设置大幅安全标语。

现场的生产、生活区设足够的消防水源和消防设施网点，消防器材有专人管理，不乱拿乱放，各作业队组成一个由 10~15 人的义务消防队，所有施工人员熟悉并掌握消防设备的性能和使用方法。

各类房屋、库棚、料场等安全消防距离符合有关规定，现场的易燃杂物随时清理，严禁在有火种的场所或其近旁堆放易燃物品。

施工现场的临时用电严格按照《施工现场临时用电安全技术规范》的规定执行。

施工中发现危及地面建筑物或有危险品时立即停止施工，待处理完毕后方可施工。

从事爆破、电力、高处作业及起重作业等特殊作业人员，各种机械的操作人员及机动车辆驾驶人员，经过劳动安全管理部门专业培训并考试取得安全操作合格证后，方准持证独立操作。

施工现场设立安全标志。危险地区悬挂"危险"或"禁止通行"、"严禁烟火"等标志，夜间设红灯警示。

爆破器材库的设备符合《爆破安全规程》，库存量及平面布置经过当地公安机关批准。

爆破物品的管理和使用，符合《爆破安全规程》的有关规定和要求。爆破用品在使用前根据规定要求，严格进行质量检验。每炮使用的引线长度根据燃烧速度、安全撤离时间决定。燃烧速度分批、分卷进行试验，引线与雷管的连接，根据当时所需数量在加工房或指定地点进行。连接必须使用雷管钳[17]。

9. 施工机械安全技术措施

各种机械设备的操作人员经过相应部门组织的安全技术操作规程培训，考试合格后，持有效证件上岗。

实行岗位责任制度，使用机械必须坚持"两定三包"即定人、定机、包使用、包保管、包保养；操作人员做到"三懂四会"即懂构造、懂原理、懂性能、会使用、会保养、会检查、会排除故障。

机械操作手上岗前，进行身体健康状况检查，有禁忌证的人员，不准从事机械操作工作。机械操作人员工作前，对所使用的机械设备进行安全检查，严禁带病使用，严禁酒后作业。

机械操作人员离开机械设备时，按规定将机械平稳停放于安全位置，并将驾驶室锁好，或把电气设备的控制箱拉闸上锁。

严禁在行走机械的前后方休息（包括乘凉、午睡），行走前检查周围情况，确认无障碍时鸣笛操作[18]。

单位领导及设备主管、设备主管与操作司机分别签订责任状，奖优罚劣；实行交接班制度，交接班时对机械运转记录、完成任务和生产情况、设备技术状况、维修保养情况、备件、附件、工具情况等进行交接。

10. 高空作业安全保证措施

凡是从事高处作业人员均在接受高处作业安全知识的教育，经体检合格后再上岗。在进行高处作业施工时，使用脚手架、平台、梯子、挡脚板、安全带、安全网等，作业前认真检查所用的安全设施是否牢固、可靠，个人安全防护用具按规定正确佩戴和使用。高处作业使用工具、材料严禁投掷，上下立体交叉作业确有需要时，中间设隔离设施。施工中发现安全措施有隐患时，立即采取措施，消除隐患，必要时停止作业[19]。

桥梁高空作业注意安装避雷设施。在大风季节，注意监控，适时停止施工作业。在脚手架与墩身空隙间，挂安全网，在大风、大雨过后，进行安全检查，发现倾斜、下沉、松扣现象，及时修复。

起重设备起吊时，严禁起吊超过规定重量的构件，起吊过程中设专人负责指挥，塔吊机械与桥墩联结，确保抗风能力。

上下爬梯按照设计图纸焊接牢固，经常出入的通道搭设顶棚。

11. 施工用电安全保证措施

施工用电必须符合中国国家铁路集团有限公司颁布标准和当地供电局的相关安全运行规程，严格按照《施工现场临时用电安全技术规范》的规定，并建立健全各项规章制度，认真执行。

临时电力及照明：临时电力及照明严格按照安全规定执行和设置，禁止变通；在施工作业区、施工道路、临时设施、办公区和生活区设置足够的照明。

电气设备安全操作保障措施：编制现场临时用电的施工组织设计，按《施工现场临时用电安全技术规范》的要求进行设计、验收和检查，进行安全技术交底，建立、健全安全用电管理制度，严格落实"防止误触带电体、防止漏电、实行安全电压"三项技术措施。

现场用电必须由专职电工负责，并填写临电记录和维护记录。

电工、电焊工必须熟悉用电安全规范、规程，经考试合格，持证上岗；严禁非专业人员操作、维修电气设备，严禁私搭乱接。

变压器要由专人负责管理，安装接地保护装置，接地电阻不大于 4Ω，设防护护栏、设门加锁，并设置"高压危险、请勿靠近"的警示牌。

电力电缆和低压电力电缆必须做好明显的标识，用电线路采用"三相五线"接线方式。

配电系统采用 TN-S 系统，所有用电设备的外壳必须与专用的 PE 线相连通，总接地电阻不大于 4Ω[12]；配电室内配电盘、配电柜要有绝缘垫，并安装漏电保护装置；配电箱要坚固、严密、有门、有锁、有防雨装置。

用电设备实行一机一闸一漏（漏电保护器）一箱，同一配电箱超过 3 个开关时，设总开关；电气设备和电气线路必须绝缘良好；各种型号的电动设备按使用说明书规定接地或接零，传动部位按设计要求安装防护装置。

手持电动工具和单机回路的照明开关箱内必须装设漏电保护器；照明灯具的金属壳必须做接零保护；维修、组装和拆卸电动设备时，断电挂牌。

施工现场要配备灭火工具、器材，确保现场电气设备及其他设备的安全。

电力设施要定期检查，移动式电动设备、潮湿环境和水下电气设备每天检查一次，固定用电场所每月检查一次，包括线路的绝缘测试，接地电阻测试，设备绝缘测试及线路设备的检查等。

防雷保护、接地保护、变压器及绝缘强度每季测定一次，对检查不合格的线路、设备及时予以维修或更换，严禁带故障运行。

12. 防火安全保障措施

认真执行国家和当地政府消防防范责任条例。成立各业务部门和作业队负责人参加的防火领导小组。建立现场消防保卫机构，负责施工现场的消防保卫工作。建立各级责任制和消防检查制度，签订消防保卫协议，定期进行检查和培训；建立消防保卫档案。组建职工消防队，定期进行消防演习，对施工人员进行消防保卫知识教育，提高消防保卫意识。

严格执行《建设工程施工现场消防安全管理办法》的规定，尤其做好节日的安全保卫工作。建立电工、电焊工、木工、危险品管理工、物资仓库管理工防火责任制，明确重点防火部位，落实安全防火措施，配备足够灭火器材。

施工现场材料的堆放、保管符合防火要求，工地明确重点防火部位，有严格防范措施，每月定期检查一次，做到有隐患及时整改，并有书面记录。

施工现场消防器材有专人负责保养，定期检查，并记录检查日期和责任人。油库及危险物品库重点配置。

严格遵守本地区防火的各项规章制度。

建立防火安全逐级责任制，职责明确，落实到人。

制定详细的防火安全措施，落实三级动火审批手续，动用明火做到"二证一器一监护"。

对施工人员进行定期培训，加强对消防知识及消防技能的学习，增强对突发事件的处置能力。

安排具体人员对施工及生活区域进行防火巡查，规划施工布置，消除火灾隐患。

狠抓宣传教育，利用各种会议、标语、板报宣传防火法律、法规和火灾知识，提高全体人员的防火意识。

积极与防火主管部门和气象部门沟通，了解气象情况，在高温、干旱、大风等天气出现时，加强防火措施，进行实时检查。

对氧气、乙炔等易燃易爆物品按防火规定放置，不靠近热源，不在阳光下暴晒，防火装置、减压皿、压力表、安全帽等安全防护装置齐全有效，皮管用夹头紧固不漏气，气瓶存放距离不小于 5 m，使用距离不小于 5 m，距明火距离大于 10 m。宿舍、工棚、油库、仓库、办公室等重点部位配备足够数量灭火器材。

必须严格执行动火审批制度，节假日动火作业要升级审批。

组织工地义务消防队，对职工进行消防安全训练，生活区及施工现场配备足够的灭火器材。

重点抓好材料库、油库、变电所、木工房等部位防火防爆工作。

13. 保证人身安全的具体措施

（1）安全技术和意识教育。

上岗人员通过安全技术培训和教育，针对不同的工种进行专项培训，使工人掌握安全生产技术基本知识，提高安全意识，真正认识到安全生产的重要性和必要性。

（2）严格遵守操作规程。

根据工种的特点，组织编制操作规程，并在施工中针对危险点进行专门安全交底，提高自我防护能力，保证职工的人身安全。

（3）牢固树立"安全第一，从我做起"观念。

通过培训学习、安全事故教育、安全检查、工程例会和开展安全月等活动，提高职工对安全的重视，树立"安全第一，从我做起"的观念。

（4）危险源识别和监督检查。

认真划分危险源，通过危险源辨识与风险评价，对危险源进行有效控制，通过监督检查，采取降低危险风险、安全防护、利用技术进步、制订可行的应急方案等措施，确保人身安全。

（5）遵守国家劳保政策。

按国家劳保政策，尊重职工法定作业时间与节假日休息权，配备劳动防护用品（如安全帽、安全带、绝缘护品、防毒面具、防尘口罩等），选购时审核其产品的生产许可证、产品合格证和安全鉴定证书，确保防护用品安全可靠。

（6）做好日常生活管理，确保人人健康。

加强日常生活管理，保证生活饮用水和食品符合卫生标准；合理安排作业时间，注意均衡饮食、适度运动、充分休息，增强身体的抵抗力。

（7）加强项目部人员管理，确保维稳大局。

严禁私招乱雇零散劳务人员，严防破坏分子混入劳务队伍之中；加强项目上已有劳务人员的安全教育工作，加强施工工地劳务人员夜间外出的监督检查，督促人员加强自身安全意识，做好安全预防工作。

（8）安全奖惩具体措施。

项目经理部与各作业队签订安全包保责任状，每月全面检查一次安全生产管理情况，每季度检查一次安全生产管理情况，半年综合考核评定，根据项目《安全生产管理办法》进行奖罚兑现。

奖励：实现安全生产目标，考核期内未发生因工死亡事故，无交通责任死亡事故，重伤率 0.3‰ 以下的作业队将进行奖励。

处罚：发生重伤二人以上事故，将进行处罚。对因玩忽职守、失职等造成重大伤亡事故的，从重加倍处罚；触犯法律的，追究当事人的法律责任。

14. 防洪度汛安全保证措施

成立防洪度汛领导小组，安排以主管安全生产副经理为首的专人负责防洪度汛工作，在雨季期间定期检查防洪度汛工作，确保施工安全和生活区的住宅安全。

与当地气象部门加强联系，了解近期气象预报，掌握雨汛信息，一旦遇有灾害性天气和水情，及时做出部署[20]。

开展抗洪防汛大检查，重点检查抗洪防汛方案是否可行，职工住房环境、设备停放地点、材料储存场所等是否安全可靠，排水、防水设施是否齐备等，并认真执行雨前、雨中、雨后三检查制度。

施工中注意保护好防汛设施，不损坏沿线排水系统，不因施工而削弱河流、堰塘、堤坝的抗洪能力，不因施工引起雨水冲刷路基或引起既有排水设施的淤塞，并注意疏通河道沟渠，不削减过水断面，确保水流畅通。

备齐一定数量的防洪抢险器材，疏通河道和渠道，确保排水畅通。

当接到可能发生暴雨、洪水警报后，由调度立即通知作业队队长、工地值班人员，迅速对有地质灾害的危险地段进行普查，当出现险情时值班人员立即通知作业队队长，并采取措施保护施工便道畅通，疏通道路的侧沟、管涵工作；并对是否疏散下游居民和施工设备、撤离施工人员等做出判断，向项目经理汇报，并向监理、建设单位汇报。必要时向下游地方政府通报。

防汛期间，领导干部 24 h 轮流值班。防汛重点施工项目设专用通信工具，以便及时了解现场情况。汛期准备充足的器材、运输工具及劳力等，以备应急抢险。

顾全大局，服从当地防汛部门和建设单位的统一调配，不论何地发生险情，项目部将按照命令全力投入抢险。

15. 安全风险预防措施

安全风险预防措施见表 10-9。

表 10-9 安全风险预防措施

措施	具体措施
组织保证	建立安全风险突发事故应急工作领导小组，由项目经理任组长，负责处理一切突发事件。 组建安全风险应急救援队，根据不同突发事故，组建 20~30 人的安全风险应急救援队。队员从各作业队中选取，正常情况下随作业队施工，对突发事故的应急措施进行演练，在突发事故时快速组建。应急救援队的工作包括实施抢险预案、抢救人员、抢救财物、维护秩序等，应急救援队的人员有明确分工。 组建应急医疗队，主要任务是医疗救护，由工地医疗卫生室的医生和有关人员组成，配备医疗器械和药品
设备保证	在工作车间、生活营区备足与突发事故救援相适应的各种应急工具和器材，经常对工具与器材进行保养与更新，保证完好与使用。 在突发事故时，保证通信设备的完好与畅通

续表

措施	具体措施
设备保证	应急事故的救援物资提前足量储备，单独储存保管，不能移作他用。应急救援物资进场前有出厂合格证或材料品质证明，其性能与材质经试验室检验合格，满足工程需要。材料不合格、不能满足工程需要或不能满足设计要求的，不能进场。 应急救援的设备和机械提前落实，实行"定人定岗定设备"责任制度，经常对机械设备进行维护与保养，使其始终处于完好无故障状态。救援指挥车辆、救援工程车辆、医疗卫生车与司机，保持良好状态，确保应急救援工作需要
协调配合工作	一旦发生人为不可抗拒的特殊事故，由应急工作领导小组统一指挥，协调行动，快速组建突发事故应急救援队，各有关部门和人员通力合作，相互配合，协同作战，各尽其责，按突发事故的紧急预案措施，尽快控制事故态势的发展，缩小事故的扩散范围，最终消除事故。把突发事故的危害降低到最小限度，努力减少突发事件带来的损失。与此同时，立即向建设单位、监理单位、地方政府有关部门报告。 发生突发事故后，密切注意现场周围的动态，非救援和无关人员禁止进入或随意出入现场，尽力保持通往现场与外界道路的畅通。 突发事故应急处理的原则是把人身安全放在第一位，应急医疗队利用现场医疗卫生条件对伤员进行急救处理，减少其痛苦，尽快送往附近医院进行检查和治疗

10.3 工期保证措施

遵循"统筹规划、科学组织，重点先行、分段展开，均衡生产、有序推进"的指导思想合理安排，高度重视、优先处理对工程影响大的征地拆迁、重大迁改等外在因素，创造工期保证的良好外部环境；抓住实施性施组动态调控、施工合同硬化监管、工程进度信息化管理和进度管理激励制度四项保障措施，确保工期节点可控；同时，在工程中，将依靠科技进步，大力推广"四新"技术应用，提高施工效率，为全线工期的实现提供保障。制订切实有效的施工方案和施工方法，抓住重点、攻克难点、落实节点。

依靠科技进步，在本标段施工中大力推广新技术、新装备、新工艺、新材料应用，做好消化吸收、转化应用。开展首段首件示范，快速形成成果，积极推广，保证科技生产力效益、效率最大化。及时总结经验，不断优化施工方案。向技术要效率，向科学要工期，以"四新"技术为工期保驾护航。

选择优秀的项目经理，组建优秀和谐的领导班子，选择实力强、作风硬、管理严的作业队伍，配备先进的施工机械，不懈怠，加大投入，攻坚克难，依靠先进可靠的技术投入和科学管理，保证工程顺利进行。

加强工程信息的交流，确保工程进展处于可控状态。开工前制订严格、细致的施工组织设计，工期安排、进度计划、组织措施确保落实、细化到影响标段主控工序的工点或工序，在实施中对照计划逐项落实，及时发现问题，分析原因，制定措施。

10.3.1 保证工期的四项保障措施

（1）分解编制标段工程和重点工程实施性施组，贯彻重点先行的原则，强化关键线路的专业管理和过程控制，落实节点工期，在实施中及时优化调整，保证总工期目标的有序实现。

借鉴相关铁路的建设经验，选取先进的工效指标，合理考虑沿线自然条件因素，科学编制实施性施工组织设计，使实施性施组工期科学合理、工效先进、适度弹性，依据实施性施组，分解、细化、落实工期节点要求；实施中，根据工程进展，实行施组动态管理，及时调整施组以适应施工情况发生的变化。

（2）以遵循合同管理为前提，确保各种生产资源的有效投入，为保证工期提供物质基础。

根据合同，上场后按照投标文件投入承诺的设备、人力和资金。施工中以合同为依据，硬化管理，保证各种生产资源的有效投入，为工程进度按期开展提供保障。

（3）采用网络化计算机技术，实现工程进度信息化管理。

根据总体网络计划，采用工程计划管理软件，通过关键线路网络监控法、形象进度监控法、单项进度指标监控法等方法，对工程实施动态、实时监控，在各个阶段结束后，保持经常性对比分析，评定项目进度状况，尤其是关键线路上的工程进度，对下期工作做出安排，建立新的网络计划。根据形象进度拟定出单项进度指标，确保总工期目标的实现。

在过程控制中，实行施工进度报告（日报、周报）制度，掌控工程进展情况，及时比对重点工程的实际进度和计划进度的偏差，分析成因，采取相应的对策措施。

通过各方面施工信息和科研数据的汇总，对施工的科学性、安全性、快捷性和不可预见因素产生的后果及时做出科学诊断和施工建议，并迅速修正施工参数和资源配置，以科学、安全的方法和工艺，最佳的效率完成施工组织的修正，确保工期目标。

（4）建立进度管理激励制度，奖优罚劣，促进本标段进度平衡。

建设伊始，在本标段组织开展建设铁路重要意义的宣传教育，增强所有参建人员的荣誉感、责任感、使命感、成就感，凝聚合力，为保证工期目标夯实思想基础。

施工中，适时组织多种形式的劳动生产竞赛，将行政监督检查和思想动员工作有机结合，加强相互观摩评比，结合奖罚措施，确保参建全体人员始终保持旺盛的活力，达到掀起施工高潮、加快施工进度的效果。

10.3.2 保证工期的组织措施

（1）成立进度管理组织机构，落实各层次的进度控制人员、具体任务和工作责任。建立进度控制的组织系统，按照工程的特点、工作流程等进行工程的分解，确定其进度目标，建立控制目标体系。确定控制进度的工作制度，如检查时间、方法、协调会议时间、参加人员等。

（2）抽调富有实践经验又年富力强的干部以及有施工经验、战斗力强的专业作业队伍，迅速成立项目经理部。根据本工程施工现场的环境特点和工程特点，组建各作业队伍，配齐专业施工人员和机械设备，承担本工程的施工。

（3）加强现场施工组织指挥，做到指挥正确、指挥得力、效率高、应变能力强。以项目经理、总工程师为首的管理体系，决策重大施工问题，确定重大施工方案，切实确保施工进度。当实际进度落后于施工组织设计要求时，及时提出加快施工进度措施。

（4）建立、健全岗位责任制，施工人员定岗定责，严格技术标准、工艺措施，严明施工纪律，按设计要求施工。

（5）完善项目管理模式，完善竞争机制和激励机制，实行全员风险承包，任务层层落实。把工期效率和员工个人经济利益挂钩，兑现奖罚，充分调动全体员工的生产积极性。

10.3.3 保证工期的管理措施

（1）以施工准备的充分性保证工期：本投标人若中标，立即进场做好开工前的各项准备工作，争取当地政府各部门的理解、支持、配合，在协调中有超前意识，同时对施工方案等重大问题提前考虑，解决技术难题，确保施工顺利实施。

（2）以技术装备的先进性保证工期：超前组织技术攻关和技术咨询，在施工机械设备的选型配置上提前摸底、提前掌握、提前研究、提前培训、提前落实，以装备的先进性，确保工程按时完工。

（3）以施工组织的严密性保证工期：组建精干高效的项目经理部，组织相关人员提前进行岗前技术培训与现场调查，充分做好开工前的准备工作，快速组织进场；精心编制实施性施工组织设计，并按需要计划配齐生产要素；弄准、吃透技术标准和工程项目数量，依靠科技进步，精心安排工序，保证均衡生产，以保证每个关键环节和阶段工期目标为前提来保证总体工期。

（4）以安全质量的平稳性保证工期：在场地安全、设备安全、交通安全、施工安全技术方案的科学可靠性等方面制定严密管理措施，确保安全优质施工。

（5）协调周边关系促进工期的措施：施工前，调查当地政府、居民、企业分布状况及作息时间、生活习惯和交通情况。施工时做好安排，对交通、居民、机关减少干扰，得到他们的支持，确保工程顺利进行。施工中积极主动同当地政府、有关部门和企业单位取得联系，在开工前办理好申请、审批或签订合同、协议等手续，避免不必要的停工，造成工期损失。

（6）以最优的技术方案、成熟的施工工艺保证工期：组织专家组常驻现场进行方案优化、技术服务和课题攻关，施工中采用成熟的新工艺并不断总结提高。

（7）做好后勤保障，确保材料供应：工程所需材料做到有组织有计划采购与供应，并做好材料的储备工作，保证施工用料充足。在施工现场配备发电机组，满足停电时施工用电需求，保证重点工程施工的连续性。

（8）营造良好的施工氛围，调动生产人员的积极性：充分利用板报、工地剪辑等多种形式宣传本工程建设的重要意义，强化荣誉感、责任感和使命感。对施工中的先进事迹进行积极宣传、表彰，并大力开展各种劳动竞赛、技术比武，奖优惩劣，调动生产人员积极性。

（9）施工营区统一布置，工地现场和生活区设置足够的卫生设施，每天清扫，在生活区周围醒目位置书写激励健康的标语。

（10）组织开展建岗、建家活动，在工地设文体娱乐场所，使员工及时了解国家大事，保持身心愉悦，促进施工生产。

（11）健全完备的医疗保障体系，配备完善的医疗设施和高素质的医护人员，定期检查身体，随时医治疾病。采取严格的卫生防疫措施，配备有效的劳动保护用品，确保全体施工人员以健康的身体和安定的心情从事施工作业。

10.3.4 保证工期的资源保障措施

保证工期的资源保障措施见表10-10。

表10-10 保证工期的资源保障措施

序号	控制项目名称	措施说明
1	人力资源供应	按照投标承诺组织精干、高效、富有创造力及充满活力的实力强、作风硬、管理严的专业化管理机构及专业化作业队伍，按照项目法组织实施本工程的施工。在本工程任职的主要管理人员和施工人员具有丰富的类似工程施工经验
2	材料供应	项目经理部分别成立物资设备部，强化材料和机械配件的调查、采购、管理、发放及监控工作。 材料采购计划具有超前性，并经工程技术人员确认，防止材料采购的种类、型号出现错误或采购的时间不对，避免出现采购不及时或库存时间过长等现象。 提前做好节假日期间的材料计划，此期间的材料采购提前进行，并做好充足的准备，材料库存量满足节假日施工的正常需要。加强对材料供应单位放假制度的了解，确定他们在节假日期间的业务管理制度，在节假日期间随时保持联系，并做好应急准备工作，确保在非常规情况下保证材料的正常供应
3	设备保障	合理配置先进精良的设备是保证施工的重要条件之一，根据工程需要，隧道工程按A型机械化配套，其他工程也按照尽量减少人工作业的原则配备设备。投标人将配备充足的、先进的、完好的机械设备和检测仪器投入施工。配备足够的备用电源，防止因电网暂停而造成事故和时间延误
4	资金保障	设立专项资金用于材料的采购工作，确保材料的供应，建立资金监管机制，接收业主的资金监管，任何个人或部门严禁擅自挪用该资金

10.3.5 保证工期的技术措施

（1）精心安排，强化管理，在深入调查、吃透设计意图的基础上，编制实施性施工组织设计，分级负责，认真实施，并在实践中不断优化，施组的实现关键在于强化管理，做到高起点、高质量、严要求。

（2）施工准备期抓"两短一快"即进场时间短、准备时间短、尽快形成生产能力。施工过程中狠抓施工的程序化、标准化作业，通过合理的组织与正确的施工方法，尽快形成生产能力，加快施工进度，保持稳产高产。

（3）充分应用网络技术，科学组织施工，根据施工情况的变化，及时分析控制工期的关键线路，全面调整工、料、机、财的配置，确保分项、作业队工程按计划完成。

（4）根据施工总进度的要求，分别编制年、季、月、旬施工生产计划，实施并对照检查，找差距，找原因，完善管理，促进施工。

（5）认真做好工程的统筹、网络计划工作，科学组织、合理安排、均衡生产，对工程进行动态控制。牢牢抓住关键工序的管理与施工，合理安排施工时间，控制循环作业时间，减少工序搭接时间，提高施工效率，优化施工方案，加快施工进度。

（6）抓好标准化施工，认真贯彻执行 ISO 标准，通过合理的施工组织和正确的施工方法来加快施工进度，做到稳产高产，防止大起大落。

（7）注重依靠科学和技术进步。采用新技术，在关键工序上采用施工效率高的机械。对影响施工进度和质量的施工技术难题，开展 QC（质量控制）小组活动，组织攻关，充分听取各方面的合理化建议，加快施工进度。

（8）按投标要求选派参与本工程投标的技术人员，提前进入角色，熟悉本工程特点和业主要求，并且对施工前的准备工作达成共识。

（9）全面提高人员整体素质，加强技术培训，提高施工人员的操作技术熟练程度，所有参建员工经技术培训后再行上岗。项目经理部的人员深入学习项目管理知识，规范操作行为。

（10）在雨季或遇到雷电、洪水等恶劣气候条件时，采取措施（调整分项工程施工计划等）将天气条件对工期的影响减小到最低程度，工期安排考虑冬雨季的影响时间。

10.3.6 保证工期的协调措施

（1）内部协调措施：项目经理部内部加强协调，资源调配有序合理，施工现场加强调度，合理安排施工，平行作业，加强工序衔接，提前做好工序转换前的准备工作。对工序交叉和施工干扰加强指挥与协调，对于重大问题提前研究对策，制定措施，保证施工均衡连续进行；坚持早班会制度，及时沟通信息；坚持每周工程例会制度，解决施工中存在的重大问题。

（2）外部协调措施：加强与采购方、监理工程师、设计院和相邻标段施工单位的联系沟通，特别注重与地方政府和当地居民搞好关系，配合做好征地拆迁工作。争取良好的外部施工环境，减少施工干扰。

10.3.7 保证工期的经济措施

保证工期的经济措施见表 10-11。

表 10-11　保证工期的经济措施

序号	控制项目	措施说明
1	抓好资金管理，确保资金投入	项目经理及财务部认真管理利用好工程资金，作出具体的资金用款计划，严格按照资金计划使用，在一般情况下做到专款专用，如有特殊情况在项目大会上做报告，全员参与批准，并按合同规定向业主通报，保证各项施工生产按计划进行
2	加大奖励力度，保证出勤率	积极开展劳动竞赛，对好的单位、个人采取奖励措施，鼓励先进、督促后进，鼓舞士气、确保目标。 保证施工人员工资按时发放，在工程大干期加大奖金额度。 在劳动法允许的范围内减少不正常休假，采用加薪、高薪鼓励职工多出勤，少休假。节假日保证正常的出勤率，对在位人员实行多倍奖金制
3	投入资金，加大节假日储备	在节假日到来之前安排好材料的储备，节假日主要安排机械化作业工序。节假日备足发电机，解决因地方用电量增大而造成施工用电紧张的状况

10.3.8　意外情况下保证工期的措施

（1）合理安排工期，充分考虑意外情况对工期的影响。建立自发电站，满足停电时施工用电需求，保证重点工程施工连续。

（2）做好方案论证，通过可靠的技术措施、技术方案确保工期。充分做好防范意外情况发生的各种准备，并制定预防措施。

（3）当发生自然灾害、恐怖袭击等社会事件时，除受影响施工部位或区域采取必要的应急措施，必须停工外，其他部位尽量保持正常施工，以便将工期损失控制在最小范围之内，事件处理或平息之后，通过合理的资源调配和补充，将损失的工期逐步弥补回来。

10.3.9　各主要专业工程工期保证措施

1. 路基工程工期保证措施

调遣精兵强将，组织专业路基队伍。针对本标段路基工程软弱地基较多，需快速处理以保证正常路基施工工作面及重点桥隧工程施工的特点，工程上场后，优先组织专业路基作业队伍快速进场，特别是地基处理专业设备及人员，完善施工准备；路基施工机械提前保养、安装、调试、按时进场，尽早全面展开施工。

针对本标段路基填料需要隧道弃渣的实际情况，采取隧道施工和路基填料加工均衡开展的方案，在保证隧道开挖的同时，适时进行路基填料的加工，保证路基土石方工程的顺利进行。自加工材料保证提前 5 d 进场，坚决杜绝因材料采购不及时而影响工程进度。

确保承诺的施工机械设备按期进场，加强保养，提高使用率，并根据工程进展情况及时补充机械设备力量，确保工程进度。

统筹规划，确保施工计划的严肃性。抓好施工季节的施工，计划安排紧凑，对控制工期的项目，要从人力、财力、物力各方面优先保证，各种配套计划一定要落实。做到施工好季节多安排，冬雨季节灵活安排。

合理安排特殊季节（雨季、大风季节和农忙季节）的施工，确保工期不受季节的影响。

2. 桥涵工程工期保证措施

开工之前优化各分项工程的施工方案，使各分项工程在确保质量的情况下，最省时省力。

现场办公室贴施工总进度计划，明确施工管理人员各自分管的分项工程施工时间要求。

以施工总进度计划为依据，编制各桥梁作业队、工班的季度、月度生产计划，各期计划必须逐级保证，月度计划保证季度计划的实现，季度计划保证总进度计划的实现。

现场项目经理部同建设单位、监理单位紧密配合，统一协调各单位的关系，对工程进度、质量、安全全面负责，从组织上保证总进度实现。

采用先进的支模方法，加快模板周转，提高功效。

配备足够的桥梁机械设备，保证使用需要。

计划工期以旬为单位控制，每旬检查工期情况：以计划工期为依据，每旬检查本旬工程进度情况，应确保计划的实施。如发现本旬期未达到计划要求，应立即制定切实可行的措施，确保在下旬赶上，做到按计划目标旬旬兑现，并力争提前。

桩基进度是影响总体进度的主要因素，计划采用多台钻机同时进场施工，合理布置各桩架之间的施工顺序，做到灌注混凝土时间连续不断。

钢筋加工配备先进的钢筋加工机械，钢筋加工机械配备足够的工作人员。优化钢筋施工方案，使钢筋工程和其他施工工序顺利搭接。

混凝土采用拌和站集中拌制，保证混凝土的供应能力。

在结构施工中，运用新工艺、新技术，施工前认真做好模板的翻样、配制工作。施工时采用快速脱模等技术，加快施工速度。

3. 连续箱梁工期保证措施

建立强有力的高效运转指挥系统，统筹安排机械设备、材料供应、劳力调配、进度控制和资金使用，取得有关部门的支持，创造良好的外部施工环境，保证施工能紧张有序地进行。

完善细化实施性施工组织设计，优先采用新技术、新工艺、新材料、新方法，成立 QC 攻关小组，并按施工组织，工期安排组织施工，出现问题及时采取有效措施进行调整，确保工程进度处于有效控制状态。

在施工过程中根据工程的实际进度，对劳动力组织、物资供应、机械设备资源配置、形象进度等进行综合跟踪检查，对施工进度及时进行调整，以使工期更加合理。

加强与气象部门合作。在这期间加强与气象部门的联系，提前掌握当地气象资料，尤其是近期预报的降雨时间和降雨量，结合施工工期，考虑不利天气对工期的负面影响，做到统筹计划，合理安排工期。

加强机械设备保养与维修。对重点的施工机械要建立专人负责，定期检查维修制度，保证重点工程项目机械的正常运转，提高机械使用率。

加强对控制工期的关键工序的管理，如混凝土养生、预应力张拉、压浆、挂篮前移等，由作业队队长进行专项管理，对其劳动力组织、物资供应、机械设备、形象进度等跟踪检查，发现问题及时处理，确保关键工序计划落实。

建立工地例会制度，每周由项目经理组织、作业队队长和技术负责人参加，检查施工计划的落实情况和存在问题，提出处理意见，指定专人负责解决，保证施工计划顺利完成。

加强内部管理，实行施工进度奖惩制，调动一切积极因素，保质保量完成任务。

提前做好预计施工作业的各项准备工作，制定相应的措施，配置夜间作业设施和必要的防雨设施和器材，尽量减少歇工，避免损失。

4. 隧道工程工期保证措施

合理布置隧道掘进工期，在保证总工期的前提下，尽量多开工作面，做到宁超前，不拖延。

采用机械化作业，特别是存在不良地质的地段，采用 A 型机械化配套方案，在保证人员和设备安全的前提下，顺利通过。

加强超前地质预报工作，将不可预见的因素尽量减到最少，做到提前准备，提前安排，保证施工连续。

做好现场监控，主要管理人员跟班作业，发现不稳定和异常情况后及时处理，避免出现大的质量和安全问题，造成停工，影响工期进度。

10.3.10 重点控制工程的工期保证措施

（1）严格按本投标人所确定的进场人员、机械、设备的数量和进场时间组织进场，以保证各分项工程按期开工。

（2）做好各分项工程的资源保障工作，对重点项目进行重点保障，确保重点项目的资源配置。

（3）实行施工计划交底制度，做到各级施工人员对各项施工安排心中有数，以确保各工程项目的施工进度。在施工组织上，各工程项目采取平行分段流水作业以缩短工期。

（4）现场负责人员及时反馈各个项目的实际进展情况，施工计划管理人员及时调整、修正和完善施工计划，并按调整、修正和完善后的施工计划组织施工，以确保各项工程按计划完工。

（5）在施工过程中，一旦发现个别项目实际进度落后于计划进度，及时采取各种有效措施，对该项目实施重点突破，以追回迟滞的工期，保证其后序项目施工不受影响。

10.4 环境保护措施

10.4.1 环保、水保目标

符合国家、中国国家铁路集团有限公司及地方有关环保、水保的要求，在施工过程中严格按照国家有关部委批复的环保、水保方案实施，确保工程所处的环境不受污染。

10.4.2 建立健全环保水保管理组织机构和保证体系

1. 建立健全环保水保管理组织机构

认真贯彻"预防为主、防治结合、综合治理"为原则，减少或防止对自然环境的破坏和污染，保护和改善环境，满足环境保护方面法律法规的要求。

以建设优质、绿色工程，造福当地为目标。贯彻"三同时"的原则：环保与水保工程和主体工程同时设计、同时施工、同时投入使用，力争各项环境指标达到规范要求。

根据工程沿线的环境特点，本着预防为主，保护优先，开发和保护并重的原则，项目经理部成立环保水保领导小组，设立安全环保部，配专职环保管理干部，各作业队分级管理，并配专职管理人员，负责检查、监督各项环保工作的落实。分级管理，负责检查、监督各项环保、水土、文物保护保持工作的落实。项目部环保水保组织机构如图10-4所示。

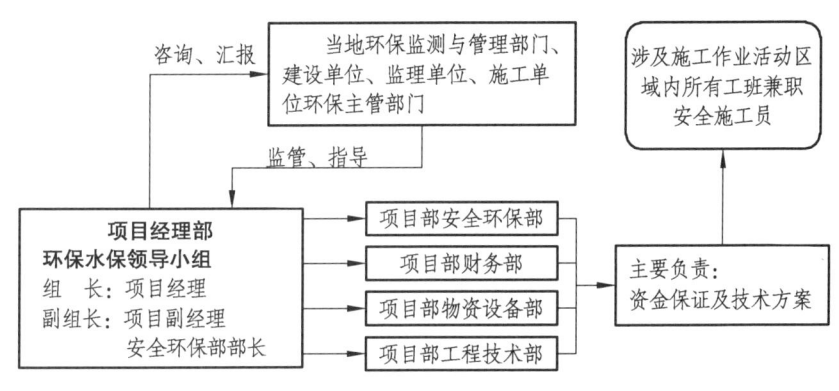

图 10-4 项目部环保水保组织机构

项目经理部环保水保领导小组的职责是在施工过程中，有计划地保护和改善环境，预防环境质量的恶化，制定环保、水土保持措施，控制环境污染，减少和消除有害物质进入环境，创造适宜的劳动和生活环境，保护自然生态和人身健康。

加强对施工人员的教育与管理，使人人心中都明确环保工作的重大意义，积极主动地参与环保水保工作，自觉遵守环保水保的各项规章制度，提高全员的环境保护和水土保持意识，加强监督管理。

2. 建立健全环保水保保证体系

按 GB/T 24001—2016/ISO 14001：2004 建立环保水保管理体系，制订管理程序，明确各职能部门的职责，制定完善的保证措施。领导挂帅，全员参加，坚持预防为主，加强宣传，全面规划，合理布局，防止环境污染、水土流失事故发生。项目经理为施工环境保护的第一责任人，项目副经理、作业队长直接管施工环保。把施工环保水保作为文明施工的一项重要工作来抓，抓措施、抓设施、抓落实，制定施工环保、水土保持的目标责任书，定岗定责，责任到人。

3. 严格落实"六个百分之百"要求

为配合环保督查工作，落实施工现场环保相关要求，严格落实"六个百分之百"要求。
（1）施工工地周边100%围挡。
（2）物料堆放100%覆盖。
（3）出入车辆100%冲洗。
（4）施工现场地面100%硬化。
（5）拆迁工地100%湿法作业。
（6）渣土车辆100%密闭运输。

4. 污染天气应急措施

为配合环保督查工作，落实施工现场环保相关要求，严格落实"六个百分之百"要求。
（1）现场污染处置。

涉事企业事业单位或其他生产经营者要立即采取关闭、停产、封堵、围挡、喷淋、转移等措施，切断和控制污染源，防止污染蔓延扩散。做好有毒有害物质和消防废水、废液等的收集、清理和安全处置工作。当涉事企业事业单位或其他生产经营者不明时，由当地环境保护主管部门组织对污染来源开展调查，查明涉事单位，确定污染物种类和污染范围，切断污染源。

事发地人民政府应组织制订综合治污方案，采用监测和模拟等手段追踪污染气体扩散途径和范围；采取拦截、导流、疏浚等形式防止水体污染扩大；采取隔离、吸附、打捞、氧化还原、中和、沉淀、消毒、去污洗消、临时收贮、微生物消解、调水稀释、转移异地处置、临时改造污染处置工艺或临时建设污染处置工程等方法处置污染物。必要时，要求其他排污单位停产、限产、限排，减轻环境污染负荷。

（2）转移安置人员。

根据突发环境事件影响及事发当地的气象、地理环境、人员密集度等，建立现场警戒区、交通管制区域和重点防护区域，确定受威胁人员疏散的方式和途径，有组织、有秩序地及时疏散转移受威胁人员和可能受影响地区居民，确保生命安全。妥善做好转移人员安置工作，确保有饭吃、有水喝、有衣穿、有住处和必要医疗条件。

10.5 冬期施工保证措施

10.5.1 冬期施工安排

根据《铁路混凝土工程施工质量验收标准》（TB 10424—2018）规定要求，当工地昼夜平均气温连续3 d低于+5 ℃或最低气温低于0 ℃时，应采取冬期施工措施。进入冬期施工我们将采取以下措施，确保工程质量和施工进度：

（1）收集工地历年气象资料，设置工地气象观测点，建立观测制度，及时掌握气象变化情况。落实有关工程材料、防寒物资、能源和机具设备。高度重视冬期施工的组织管理。

根据各单项工程特点制订具体实施方案，进行施工工艺设计。切实落实各项冬期施工方案和措施，保证施工安全和工程质量[21]。

（2）根据总体施工安排，提前组织相关机具设备进场，备足混凝土圬工等所需外加剂和保温材料。

（3）提前进行冬期施工砂浆、混凝土配合比设计，按规定进行热工计算，确保冬期施工项目质量。

（4）做好冬季防火灾、煤气中毒、触电等工作，配备必要的灭火用具、通风换气设备，及时检查更换老化线路，杜绝安全事故发生。

（5）高度重视冬期施工的组织管理。应根据各单项工程特点制订具体实施方案，进行施工工艺设计。切实落实各项冬期施工方案和措施，保证施工安全和工程质量[21]。

（6）雨、雪、大风等恶劣气候期间，派专人进行施工范围内施工项目的巡检，出现异常情况立即通报，以便采取措施。

10.5.2 路基工程冬期施工措施

（1）冻结前完成表层处理，挖好台阶，采取覆盖30 cm厚的松土防冻。

（2）填筑前将填筑范围内的积雪和冰块清除干净。

（3）对需要换填土地段或洼坑处需补土的基底应选用适宜的填料回填，并及时进行整平压实。

（4）路堤填料应严格控制含水率，严禁用冻土填筑路堤，以免影响压实质量和解冻后造成路基沉陷。填方表面应平整，中间不得有凹陷，以免积水。

（5）路堤填筑应按横断面全宽平铺，当天填的土必须当天完成碾压，并在压好的路基上铺30 cm厚松土，以防路基受冻。路基填料冬期施工养护禁止洒水，采用覆盖松土的方式保温保湿养护，成型以前应采用警示防护措施，严禁重型机械碾压损坏。

（6）填土高度低于1 m的路堤不宜在冬期施工。

（7）已完成的路基越冬时，在其上覆盖30 cm素土，用平地机整平，覆盖土顶面横坡与路基横坡保持一致。

10.5.3 桥梁工程冬期施工措施

（1）冬季开挖基槽时，应周密计划，做到连续施工，以防基槽底层原土冻结。气温低于0 ℃时，应预留30 cm厚的原土或覆盖防冻物。

（2）重视预应力张拉灌浆材料、配合比和工艺的选择，严格控制泌水，优先选用早强型灌浆材料。冬期施工不应采用水冲洗预应力管道，应在灌浆前将孔道内积水（冰）冲洗干净。

（3）为反映结构实体混凝土温度、强度及弹性模量的发展，采用实体温度测量与匹配养护试件相结合的方式，为合理确定养护方式、拆模时间、预应力张拉工艺以及为合龙前应力计算提供参数。对各阶段养护的温度情况，安排专人负责进行详细的记录，做到全过程监控。

（4）承台或扩大基础混凝土浇筑前，应将仓面内的积雪清扫开净后对承台侧面及顶面用棉篷布进行覆盖，棉篷布采用临时搭设脚手架挂设的方法进行封闭，墩身预埋钢筋内外分别覆盖棉布，墩身钢筋处用棉被压入钢筋间距内搭接严密。混凝土浇筑时，在基坑边布设溜槽下灰；浇筑后，立即将承台顶面混凝土覆盖养护，当混凝土强度达到设计30%以上方可拆除覆盖。混凝土灌注尽量选在晴天的10:00—17:00这一时间段内进行。

（5）冬期施工后，墩身采用棉被在模板外侧全部封闭，混凝土浇筑前，覆盖用的棉被需提前安装好，并认真清理仓面内的杂物或积雪，当仓面内温度低于 −10 °C 时，必须将老混凝土、钢筋及预埋件加热至正温后方可进行新混凝土浇筑。混凝土灌注尽量选在晴天的 10:00—17:00 这一时间段内进行。

（6）灌注完成后对墩身内混凝土进行测温监控。当混凝土强度达到设计强度的30%，且混凝土内部与混凝土表面温差小于 15 °C 时，拆除模板。模板拆除后及时用塑料布及棉被对墩身及顶面进行包裹覆盖，并用铁丝将棚布绑扎固定，防止棚布刮开。

（7）为保证现浇连续梁体混凝土施工质量，此部分在冬季只进行支架搭建及预压工作。

10.5.4 隧道工程冬期施工措施

（1）根据本项目隧道工程特点，进入冬期施工后，在冠梁顶平台搭设暖棚，吊棉帘至仰拱填充顶面，暖棚内采用热风机制热。

（2）暗挖段在洞口处搭设双排脚手架管，脚手架管间距为 150 cm；运输通道处采用双根脚手架管，确保其上层脚手架管的稳定性；运输通道设活动式双开门，或可揭开的门帘子，在车通过时将其打开，平时关闭，确保洞内施工温度，洞内采用热风机制热。

10.5.5 混凝土工程冬期施工保证措施

（1）当昼夜平均气温低于 +5 °C 或最低气温低于 -3 °C 时，采取冬季措施进行混凝土施工。

（2）加强混凝土原材料控制，保证砂石料中无冰块。砂石料运至现场后采用工棚全封闭的保温方法，避免受冻。为保证砂石料的温度，考虑使用地火龙的方式对砂石骨料进行加热处理，在砂石料场下部修建加热结构，使用煤燃烧产生的热量加热骨料，达到正常使用的目的。拌和站设立棚盖及热源，拌和棚温度不低于 15 °C，设预热水箱，使拌和水水温达 60 °C。搅拌混凝土时，确保骨料不带有冰雪和冻结团块，混凝土搅拌时间比常温时延长 50%。

（3）尽可能缩短混凝土的运输时间，且在运输机具上采取保温措施。混凝土采用混凝土运输车运输，输送泵入模。运输车罐体外部包裹棉被进行保温，混凝土输送泵管采取防火草帘外缠塑料布的保温措施，并尽量缩短混凝土运输时间。

（4）混凝土在浇灌前，清除模板和钢筋的冰雪和污垢，现场检测每车混凝土的入模温度，并且保证入模温度不低于 5 °C。

（5）浇筑完毕的混凝土面清除泌水，及时用塑料薄膜遮罩表面后，再用麻袋覆盖，进行蓄热养护,模板的保温采用模板外挂一层棉被,外脚手架沿四周挂上一层挡风的编织布,编织布内采用火炉保温。大体积混凝土按要求设测温孔,定时进行测温,以观察混凝土的温度变化,根据实际情况来控制混凝土的内外温差不大于 25 ℃,以确保工程质量。

(6)拆模时,混凝土与环境的温差不大于 15 ℃。当温差在 10 ℃ 以上,但低于 15 ℃ 时,拆除模板后的混凝土表面采取临时覆盖措施。

(7)采用外部热源加热养护的混凝土,当养护完毕后的环境气温仍在 0 ℃ 以下时,待混凝土冷却至 5 ℃ 以下且混凝土与环境之间的温差不大于 15 ℃ 后,再拆除模板。

(8)安排在冬期施工的混凝土项目,混凝土添加防冻复合早强剂,掺量为水泥用量的 1%~2%,溶成 30%~35% 的溶液同拌和水一起加入搅拌机内,拌和时间不少于 3 min,确保混凝土出仓温度大于 15 ℃,混凝土入仓温度大于 5 ℃。

(9)鉴于现行混凝土同条件养护试件不能很好地反映结构实体混凝土温度、强度及弹性模量的发展,施工中采用实体温度测量与匹配养护试件相结合的方式,为合理确定养护方式、拆模时间、预应力张拉工艺以及为合龙前应力计算提供参数。

10.5.6 钢筋工程冬期施工保证措施

(1)冬期钢筋加工搭设施工棚,棚内采用暖风机取暖,尽量避免棚外钢筋施工。在施工棚外施工时,使焊缝和热影响区缓慢冷却。焊后的接头采用炉渣进行保温;风力超过四级(5.4 m/s)时,采取挡风措施。严禁在 -20 ℃ 以下进行任何焊接作业。

(2)对于加工好的钢筋尽量进行室内保存,若置于室外,则架空后覆盖棚布进行保存,防止表面结冰瘤。绑扎好的钢筋,尽快进行安装、就位,并在混凝土灌注前,清除掉钢筋上的积雪、冰屑。

(3)钢筋端面比较平整时,采用预热闪光焊;端面不平整时,采用闪光—预热—闪光焊。

(4)为防止接头热影响区的温度梯度突然增大,进行帮条电弧焊或搭接电弧焊时,第一层焊缝先从中间引弧,再向两端运弧;立焊时,先从中间向上方运弧,再从下端向中间运弧;使接头端部的钢筋达到预热效果。各层焊缝焊接采用分层控温施焊。帮条焊时帮条与主筋之间用四点定位焊固定,搭接焊时用两点固定。

(5)钢筋的焊接、冷拉根据实际使用的环境温度选用,并在使用时和环境温度条件下进行配套检验,以满足规范要求的使用标准。

10.5.7 机械设备冬期施工保证措施

(1)所有施工机械在入冬前进行保养,按要求更换冬季机油。每日工作前对所用机械进行预热,并做详细检查,确认无问题后正式作业。

(2)施工机械、车辆采用低标号柴油,每日施工完毕后排空水箱余水,防止冻结,对有特别要求的机械开进车库保温。在冰雪天气作业的车辆安装防滑链。机械加强保养,勤检查,多观察,防止设备冻裂。

(3)水源及消火栓提前做好保温工作,防止受冻。

10.6 雨季施工保证措施

10.6.1 技术保证措施

（1）由项目经理部专人负责防洪度汛工作，在雨季来临前组织一次全面大检查，重点检查临建、施工道路、排水系统、临时供电等方面的防洪、防涝、防漏电、防雷击等，详细调查并掌握洪水资料，检查易于发生水害地段的路基和开挖后基坑的施工安全，做好施工中的临时防护措施。

（2）对职工进行雨季施工和防洪抢险的教育，对施工人员配备必要的劳动保护用品。增建必要的避雨棚，设置有关的卫生设施等。

（3）对影响路基施工的运输道路，进行必要的改善、整修和加固。

（4）对主要材料工具估计在雨季期间的储备量，并增建必要的防雨防洪设施。

（5）机电设备及其电闸箱采取防雨、防潮等措施，并安装接地保护装置。对钢材、木材、粉煤灰、水泥等原材料及半成品采取防雨措施，放入棚内或屋内，垫高码放并保证通风良好，尤其是水泥库做好防雨、防潮保护。

（6）雨季来临前，加固、疏通施工现场附近的沟渠及河道等排洪设施，保证其畅通，防止洪水对施工产生影响。

（7）雨季时派专人在危险地段值班，重点加强对深基坑、深路堑边坡观测及邻近公路施工的安全巡视，并派专人对施工区排水系统进行检查和清理，确保排水系统排水通畅。

（8）编制雨季施工作业指导书，制订防洪抗汛预案，作为雨季施工中的强制性执行文件，严格执行。

（9）在雨季施工时，施工现场及时排除积水，加强对支架、脚手架和土方工程的检查，防止倾倒和坍塌。对处于洪水可能淹没地带的机械设备、材料等做好防范措施，施工人员做好安全撤离的准备。长时间在雨季中作业的工程，根据条件搭设防雨棚，施工中遇有暴风雨暂停施工[22]。

（10）加强对临时施工便道维护与整修，确保其路面平整、无坑洼、无积水。

10.6.2 组织管理保证措施

（1）项目经理部成立雨季施工领导小组，组长由项目经理兼任，各职能部门负责人为小组成员。建立雨季值班制度。在雨季来临之前，建立雨季施工领导小组，责任到人，分片包保。在雨季施工期间定期检查，严格雨季施工"雨前、雨中、雨后"三检制，对发现的问题及时整改。

（2）成立防洪抢险突击队，平时施工作业，雨时防汛抢险。每个施工现场均备足防汛器材、物资，包括雨衣、雨鞋、铁锹、草袋、水泵等，做到人员设备齐整、措施有力、落实到位，防洪抢险专用物资任何人不能随意调用。

（3）雨季及洪水期间，与当地气象水文部门取得联系，及时获得气象预报，掌握汛情，合理安排和指导施工，做好施工期间的防洪排涝工作。建立雨季值班制度[22]，专人负责协调与周边部门、企事业单位的防汛事宜。

（4）实行岗位工作责任制，建立健全各岗位、工种施工操作责任制，实行包保结合，包保到人。

（5）实行两检制，各值班人员根据气象部门提供的天气情况，及时通知有关人员在雨中、雨后进行检查，并填写"两检"报告，对雨中的工作情况做出详细描述。

（6）跨越江、河道施工，施工栈桥设计要征得有关部门同意，满足泄洪能力。水中墩台施工要避开雨季汛期，洪水到来前，完成栈桥和墩位平台等大临设施的施工，同时施工完成大部分主桥桩基，以便安全渡洪，洪水期过后，迅速完成主桥承台和墩身施工。

（7）雨季进行混凝土及圬工作业严格执行施工规范，拌和站及砂石料仓均设遮雨棚，墩台混凝土施工设避水棚，随时掌握天气预报，尽量避开雨天浇筑混凝土。

（8）现场中、小型设备必须按规定加防雨罩或搭防雨棚，机电设备要安装好接地安全装置，机动电闸箱的漏电保护装置安全可靠；施工电缆、电线尽量埋入地下，外露的电杆、电线采取可靠的固定措施；雨季前对现场设备作绝缘检测。

10.6.3　分项工程技术保证措施

1. 基坑施工技术保证措施

在雨季前做好雨季施工防范，为防止雨水浸泡基坑，在顺线路方向挖排水沟，对全线的截、排水沟和既有排水设施等进行一次全面的疏通工作，并且经常进行清理，以便大雨或暴雨造成的地面水能迅速排走，保证地面水不流入基坑和现场道路的畅通。

在基坑开挖前，多听气象报告，若有雨，且下雨之前不能完成基坑内结构物的施工，则不进行基坑开挖。

基坑底两侧的排水沟和集水坑加大、加深，以适应大体积抽水的需要，做到雨停基坑内无积水。

为隔离地面水，保护钻孔桩孔口，在钻孔前埋设护筒。

基坑回填时，各环节紧密衔接，且不填筑非透水性土壤。混凝土浇筑前了解气象情况，尽量避开雨季浇筑，并备有一定数量的塑料薄膜，防止混凝土突遇大雨冲袭。

2. 钢筋施工技术保证措施

雨天施工时，加工钢筋在钢筋棚内进行，正在进行施工的钢筋骨架或已绑扎完准备浇筑混凝土的，用棚布、雨布加以覆盖，并把中间垫高，以利于排水，防止雨水腐蚀钢筋。

做好施工场地排水工作，确保沟槽正常排水能力。排水机具和设备齐全，同时计划好机械的存放和材料的堆放位置。

雨天施工时，电力线可靠接地，防止雷击造成危险。

3. 混凝土施工技术保证措施

在雨季之前，制定必要的防雨、防洪措施，备足水泥、砂、碎石等主要材料，为施工人员配备必要的劳动保护用品，以达到连续施工，不间断生产。

如遇暴雨或大雨则停止混凝土施工。雨后进行混凝土施工时，测定砂、石含水量并据此调整水灰比，保证混凝土质量。

雨天施工时，增加检测次数。混凝土搅拌过程中始终注意坍落度，如与原定的不符，立即纠正。

4. 路基工程雨季施工措施

进入雨季前做好雨季施工的各项施工准备，编制雨季施工项目的施工组织计划，提交监理工程师批准后实施。

在地基处理及本体正式施工前，做好路基两侧排水系统，保证路基施工期间雨水排除畅通，地基处理工作面或路基填筑表面不被雨水浸泡。

高标准修建施工便道，确保便道排水顺畅[23]。检查场内外的排水设施，及时清理施工现场的排水沟，保证排水畅通。

施工期间，派专人进行排水系统维护，确保雨水排除畅通。如排水不畅，应停止路基施工，管理人员应及时制止。每次雨水过后，及时修整排水系统，确保路基施工临时排水系统始终处于正常状态。

雨季施工前，做好施工准备工作，区分路段，进行适合于雨季施工项目的安排。

路堑开挖面内积水应及时排除。施工场地积水应组织力量疏导排除[23]。

土石方开挖过程中，如因突然降雨而中途停止，复工前应派专人到挖方体上详细检查。如发现边坡上方有裂缝，或发现边坡开裂，土石有塌落的可能，应慎重处理后方可继续施工。

机具停放地、生活区域，都必须选在地势较高不易被水淹的地点，并有可靠的排水防洪设施，预防洪水造成的危害[24]。

雨季施工，根据机械设备的性能和数量，每天订好计划作业量，合理安排工作面进行轮流作业，组织快速施工，随运随填及时完成压实，不宜全面铺开。

路基填筑做到随挖、随运、随填、随压，以确保路堤质量。雨季路堤分层填筑，每一压实层面均须做成 2%~4%的横向排水坡，并要求表面的平整度较好。路堤边坡应随时保持平整，每次作业收工前将铺填的松土层压实完毕，并应采用防雨布进行覆盖。雨后的路基面必须晾晒、刮除表面浮土和复压处理后才能继续施工。

为防止雨水冲刷，路基在雨季施工时，应在路肩设临时挡水埂，在路基边坡设临时排水沟等防、排雨水的措施。

路基填筑时，采用分块分条填筑法，即先填筑中间条块，再沿外侧分层填筑，形成从中间向两侧坡脚的分层台阶，确保雨水沿路基填层面横向排入新建排水沟中。

多开土石方填筑作业面，采用平行作业方式，加大作业面各种资源的投入，确保机械、人员、材料供应满足进度计划需要，确保雨季前完成土石方填筑工作。

路基填筑现场准备彩条布等防水设施，对已填筑合格的区段在雨季到来时进行封盖防止雨淋，保证路基的干燥。

5. 桥涵工程雨季施工措施

桥涵基础工程雨季施工，在坑顶外侧预设一道土埂，防止雨水倒灌；已开挖的基坑槽及时进行封闭，并配备抽水机排水防止基坑被水浸泡。桥梁基础施工完成后，对桥址处施工场地进行平整，基坑回填后及时做好天然水流的导流措施，确保基坑附近不积水，避免地基沉陷。施工时注意防洪措施，备足防洪物资，防止钢筋锈蚀和模板、支架变形、下沉，做好工程材料的管理工作。

在拌和场地对拌和设备搭设避雨棚。砂石料在这个时期含水量变化较大，经常测定，以调整拌和时的加水量。雨季空气潮湿，水泥设库贮存，并防止漏雨和受潮。完善施工现场周围排水沟系统，防止雨（洪）水冲毁设备及农田。

雨季进行混凝土施工时，及时测量砂、石含水量并加以调整配合比，对刚浇筑的混凝土用塑料布覆盖。

对已绑扎的钢筋及时灌注混凝土，防止锈蚀。大风、大雨时停止高空作业。经常对用电设备及线路检查，做好防雨护罩，防止漏电事故发生。

6. 隧道工程雨季施工措施

做好道路维修和材料储备，保障混凝土等材料的供应及渣料的外运。

加工场备足防雨工具，下雨时及时覆盖。

加强对洞口点段检查，防止雨水倒灌进洞内。对处于洪水可能淹没地带的机械设备、材料等应做好防范措施，施工人员要做好安全撤离的准备。

雨季时派专人在危险地段值班，重点加强对隧道洞口及隧道边仰坡、邻近公路等施工的安全巡视，并派专人对施工区排水系统进行检查和清理，确保排水系统排水通畅。

10.6.4　雷雨季节施工措施

（1）雷雨时工人不要走近钢架、架空电线周围10 m以内区域，人若遭受雷击触电后，应立即采用人工呼吸急救并请医生采取抢救措施。

（2）现场的最高机械起重机上加装避雷针，施工现场的低压配电室应将进出线绝缘子铁脚与配电室的接地装置相连接，作防雷接地，以防雷电波侵入。

（3）雨天尽量避免搭设脚手架，高空支模等作业，若因工作需要作业，操作人员应穿防滑鞋、戴布手套。

（4）雨天作业应作好班前安全交底，注意防滑、防跌、防坠落。

（5）对于变压器，避雷器的接地电阻值进行复测（电阻值不大于4 Ω），不符合要求的及时处理。

（6）雷雨天气时，作业人员在施工现场应注意防雷，现场施工人员应远离高大设备和设施。

10.7　突发事件应急准备措施

工程施工过程中存在的风险类型多样，不确定性很强，从而导致安全质量管理难度大，易发生生产安全事故。确有必要做好相应的应急准备。应急准备是应急管理过程中的重要环节，是有利处置风险的必要条件。在2022年全国应急管理工作会议上，应急管理部要求全系统始终把"应急准备好了没有"作为履职尽责的检验标尺，强化应急准备和救援，有力处置风险[25]。针对可能发生的突发风险，提前做好一系列准备工作，包括具有实用性的应急预案准备、层次分明且高效运转的应急机制准备、针对灾害特点的专业救援力量准备、契合实际需求的应急物资准备。

10.7.1 应急预案准备

为贯彻落实安全发展理念，坚持安全第一、预防为主、综合治理原则，强化安全底线思维，提高工程施工过程中突发事故应急处置能力，做到发生事故时能快速、有效地组织应急救援，最大限度地降低和减少事故造成的人员伤亡、财产损失和社会影响，必须要有相应的应急预案。

应急预案通常包括总则、组织指挥体系、运行机制、准备与支持、预案管理、宣传和培训、责任与奖励、附则、附件等几个方面。

目前，虽然国家已经编制了1个《国家突发公共事件总体应急预案》和18个国家专项应急预案，专项预案包括自然灾害、地震、防汛抗旱、森林火灾、安全生产等；但针对铁路工程，尤其是城际铁路施工，国内暂时还没有相应的应急预案，现有应急预案在城际铁路施工过程中的实用性有限。宜结合现有国家、省、市、县、部门预案体系，结合公路隧道施工过程中突发事件特点，针对性分析公路隧道施工过程中突发事件预案准备相关的几个问题，主要包括事件分类分级、预案体系和应急组织机构等。相关应急机制准备中的监测预警机制、应急响应机制、应急力量准备以及装备物资准备将在后续章节进行阐述。

1. 工程施工过程中突发事件分类分级

（1）事故分类。

突发事件根据发生的过程、性质和机理大致分为两类：一类是自然灾害，如地震、山洪、泥石流、滑坡等；二类是工程事故灾难，如安全质量事故、环境污染和生态破坏事件、火灾爆炸、机械伤害、触电、溺水、高空坠落、涉及既有铁路和公路的交通事故等。

（2）事故分级。

各类突发事故按照其性质、严重程度、可控性和影响范围等因素，将事故分为两级，具体情况如下：

一级事故：造成1人以上死亡或失踪；或者3人以上重伤（急性中毒）；或者100万元以上直接经济损失或较大社会影响的事故；超出项目部应急处置能力的事故，项目部在启动项目部应急预案的同时立即上报京安城际铁路有限公司和公司安全质量监督部，请求外部应急救援。

二级事故：造成3人以下重伤（急性中毒）或轻伤；或者100万元以下直接经济损失的事故，在项目部应急能力范围内的事故，立即启动项目部相关应急预案。

2. 工程施工过程中突发事件应急预案体系

工程施工过程中突发事件应急预案体系由综合应急预案、专项应急预案和现场处置方案构成，如图10-5所示。

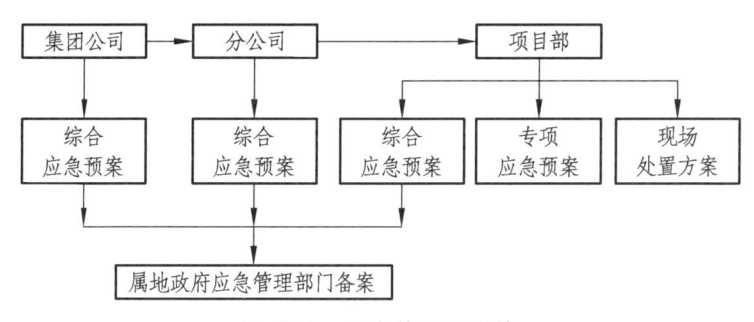

图 10-5 预案体系及衔接

综合预案是从总体上阐述处理事故的应急方针、政策、应急组织结构及相关应急职责、应急行动、措施和保障等基本要求和程序，是应对各类事故的综合性文件，是应急救援工作的基础。

专项预案是针对具体的事故类别或危险源而制订的应急计划或方案，有明确的救援程序和具体的应急救援措施，是综合预案的组成部分。

现场处置方案是针对施工过程中的机械设备或设施、场地、岗位所制定的现场应急处置措施。

不同的预案，其作用不一样，加强应急预案的衔接是提高应急响应能力的关键。应急预案的衔接涉及多个层面，包括政府与政府之间、政府与企业之间、企业与企业之间、企业内部之间等。在这些层面中，信息的沟通、资源的调配、行动的协调等都是至关重要的。同时，应急预案的衔接必须注重时效性，要能在第一时间做出反应，以减少损失。在施工过程中，集团公司编制的综合预案将做好企业和政府颁布的预案之间的衔接，而集团编制的综合预案作为施工过程中的总体预案，是指导分公司或者项目部预案编制的关键。在集团和分公司综合预案中，应结合工程施工特点，以及施工过程中分部分项工程内容，做好专项应急预案和现场处置方案，具体如图10-5所示。

3. 工程施工过程中突发事件应急组织机构及职责

为预防和减少生产安全事故造成人员伤亡和财产损失，施工项目部应成立应急组织机构，统一领导安全生产事故的应急处置工作，如图10-6所示。应急组织机构由应急指挥部、应急办公室、通信联络组、抢险疏散组、后勤保障组、医疗救护组、治安警戒组、善后处理组组成。同时，成立4支应急抢险救援队。

应急组织机构成员应该包括总指挥（项目经理）、副指挥（常务副经理、总工程师）、安全负责人、工程部部长、安全质量监察部部长、财务部部长、办公室主任等人员。应急指挥部下设办公室，办公室设在安全质量监察部。

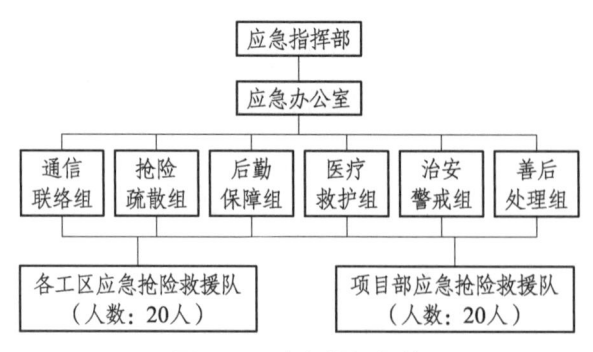

图 10-6 应急组织机构

各应急成员职责如下：

总指挥职责：对项目安全生产事故应急总体指挥，对事故应急总体把握，发布应急抢险命令，协调应急抢险资源，向业主、监理汇报抢险救援情况。

副总指挥职责：常务副经理负责现场抢险救援工作的安排和落实，调集抢险救援队伍及设备着手抢险。总工负责应急抢险的技术支持，根据现场实际情况制定抢险救援方案及措施，现场指导抢险救援。

通信联络组：组织开展应急值班，应急期间保持 24 h 信息畅通，做好上情下达、下情上报信息的接收、分析、报送工作；及时为领导决策提供依据。

抢险疏散组：制定相应的逃生方案、疏散方案、避险躲灾措施、疏散程序、疏散方式、注意事项，并协助办公室组织教育、演练；根据安全生产事故的性质、类别、影响范围等基本情况制定抢救与救援方案、技术措施，解决灾害抢救过程中遇到的技术难题；负责组织突发情况下的施工人员的疏散、撤离；负责调动、指导应急抢险队伍抢险、救灾工作。

后勤保障组：负责制订应急物资的储备计划，积极筹集、调集应急救援物资、设备，并检查、监督、落实情况，有效地组织抢险救灾中物资和设备的及时供应，并建立台账，做好收发登记，同时提供后勤服务。

医疗救护组：负责组建救护队伍，准备必需的防护、救护、生活用品，具备随时赶赴现场参与临时救治的能力，积极配合社会救援组织继续进行抢救。

治安警戒组：一旦出现突发事件，立即安排进行交通疏导，必要时实施交通管制，保证应急救援人员、应急救援车辆能够第一时间进入现场；保证应急救援物资及时准确地运输至事故地点；组织人员对现场进行警戒和维持秩序，指挥疏散受灾影响区域的人员。

善后处理组：负责事故中遇险人员的妥善安置，伤亡人员的安抚接待、抚恤等善后工作。

4. 工程施工各类应急预案简述

（1）安全事故应急预案。

施工场地采用标准围栏进行封闭，严禁非施工人员进入。

醒目位置设置安全警示牌，提醒过往车辆或行人注意安全。

施工负责人、安全员等工作选派责任心强、具有相关施工经验的职工担任，必要时请相关单位进行培训、考试合格后持证上岗[26]。

如施工中出现异常情况，立即启动应急预案，及时组织人力、物力迅速行动处理，并立即报告相关单位共同处理[26]。

（2）火灾事故应急救援预案。

灾情发生后，应急领导小组成员立即奔赴现场，迅速判明起火位置，立即收集相关灾情细节，分析火势发展变化情况，按预定方案正确投入和调配人力、物力，指挥各责任分工小组，有效展开工作。

警戒现场，进入应急状态，采取有效的灭火措施，控制事故蔓延发展，同时防止无关人员误入受伤。

根据先救人、再疏散物资和灭火的原则，适时准确地向火场调集灭火力量。联络组及时联络救援人员，车辆和物资。

火情严重时迅速拨打119报警，说明火灾地点和单位，火灾燃烧类型，火势大小，报警人的姓名、单位及电话号码。报警后迅速到路口等候消防车，指引火场道路。消防队伍到达火场后，参加灭火的单位和个人必须服从消防指挥员统一调动。

灭火行动组则迅速拿上预先准备的消防设施、器材到达火警地点，在自身做好防护的情况下，按应急预案，并结合平时的演练，针对不同的物资分别采用窒息法、冷却法、隔离法、抑制法有效扑灭火灾。

（3）机械事故应急救援预案

一旦发生机械碰撞、机械翻倒、倾覆、坠落等险情，立即向现场相关部门、领导报告。

应急行动小组立即行动，先救人，同时封锁现场，停止事故周围的施工活动，并防止无关人员接近，防止二次伤害。

采取必要的措施稳定或遏制危险的进一步发展。

应急领导小组现场调研险情，根据险情选择预定抢险方案，在应急领导小组的指挥下，各责任部门按预定方案实施。

（4）伤亡事故应急救援预案

出现触电、物体打击、淹溺、灼烫、高处坠落、有害气体窒息、交通事故等，立即抢救伤员，并向领导报告。

应急领导小组立即赶赴现场，组织抢险队伍，控制事故蔓延发展。必要时责成办公室迅速拨打120、122报警。

及时联络救援人员，车辆和物资，稳妥地疏散现场人员，正确快速地引导救援、救护车辆。救护队对伤员正确施救。

保护事故现场。

死亡事故发生，必须及时报告公司安全管理部和公司领导并按照规定向当地有关部门报告。

（5）自然灾害应急救援预案

项目经理下达发出警报令，进入抢险救灾状态，抢险队及全体人员投入抢险工作。必要时迅速拨打报警请求支援。

在项目经理的统一指挥下，及时、有序地将人员疏散到安全区，重要物资撤离危险区。

对危险区进行隔离，标出警示标志。

根据分析判断的结果，制订抢险的方案，调动必要的机具、设备、材料等资源。

各抢险组长根据抢险方案，将具体任务下达给各小组成员，各小组成员按要求完成。

及时接收媒体或气象部门有关事态后续发展的预测报告，密切跟踪灾害变化，以采取相应的措施。

（6）突发传染病应急救援预案

发现疫情及时向应急领导小组报告，确定情况后，办公室负责拨打120报警，并向所在地区卫生防疫部门报告。

应急领导小组召集救护组进入应急状态。对救援人员进行分工与调配。

调查发病原因，查明发病人数。

控制传染源，立即对病人采取隔离措施，并派专人管理，及时通知就近医院救治。

切断传播途径，卫生管理员对病人接触过的物品，要用84消毒液进行消毒。操作时要戴一次性的口罩和手套，避免接触传染。

保护易感染人群，发生传染病暴发流行时，生活区要采取封闭措施，禁止人员随便流动，防止疾病蔓延。

10.7.2 应急机制准备

应急管理部发布的《全面强化"四项应急准备"》指出，要着力健全应急响应机制，探索红色和橙色预警信息统一由地方政府或应急响应指挥机构发布，量化灾害预警和应急响应启动标准，细化实化各有关部门单位行动措施，确保发布预警后各方面进入状态、高效运作[25]。

建立预防和预警机制，包括信息监测与报告、预防预警行动、预防预警系统、预警支持系统、事故应急响应处理（根据事故等级分Ⅰ级、Ⅱ级、Ⅲ级、Ⅳ级响应）。

本节结合工程施工的特点，对一个项目而言，施工工期、施工质量、物资供应是安全高效施工的基础保障。在此基础上，以隧道工程为例，重点分析隧道工程地质灾害监测预警和应急响应。

1. 工期预警机制

加强事先控制，审批并落实进度计划安排及相应的资源配置；施工中根据对施工节点进度分析结果，针对各作业队及具体工点的进度偏差，按其对总工期的影响程度，分级设黄色预警和红色预警。

工期黄色预警：工期已滞后，必须采取加强或整改措施，限期追回已损失的工期。

工期红色预警：工期已显著落后，将影响总工期，责成作业队采取非常措施解决影响进度的有关问题，避免对总工期产生实际影响。

预警均书面发出，项目部对作业队的预警报业主公司备案[27]。执行进度报告制度，分级建立进度控制台账。通过加强或整改，工期恢复正常，已符合总工期或工期节点要求，由发出预警单位书面撤销预警[27]。

2. 质量安全预警机制

事先控制：按标准化管理要求审查并落实质量保证体系和安全保证体系，落实质量和安全保证措施；针对工程实际，下达安全和技术交底，制定预案；加强日常检查和专项检查，监督控制现场进行规范化作业。

一般警告：项目经理部对作业队施工中存在的一般质量和安全问题，以整改通知书、质量安全问题通知单等形式，书面要求作业队限期整改。

对存在或出现的可能造成质量隐患或安全隐患的问题，事先对作业队发出警告通知，要求立即采取预防或整改措施，消除隐患。

对已发生的严重质量安全问题或质量安全事故，建设单位或监理单位组织投标人进行分析，并进行整改。

投标人建立质量安全问题跟踪台账，各项问题的解决必须闭环。

3. 物资供应预警机制

完善甲供物资和自采物资的分期供应计划。

根据工程进度，对供应计划和实际供应情况实行动态管理。

选择资质满足、信用度好、资金实力雄厚、保障供应能力强的供应商，必要时选择备用供应商以备突发状况。

预测紧缺物资供应情况，建立可靠的供应链条，掌控不确定因素，及时协调，以保证供给。

及时补充库存材料数量，必须保证满足1个月的储存量。当存量不足时采取有效措施进行补充。

4. 隧道施工过程中突发事件监测预警

隧道突发事件监测预警首先要归纳总结各类突发事件的特点、前兆信息、发生发展规律。其次，要结合现有检测和检测技术获得的隧道灾害事件特征研究响应的预警标准值，最好要确定相关预警流程或机制。结合突发事件事前-事发-事中-事后过程，要建立"事前有效探测-事发密切监测"适时预警的隧道工程应急预警机制。

（1）事前有效探测。

"事前"是指突发事件发生前的阶段，主要任务是做好预防与应急准备工作，目标是"尽量别出事"，做好基础性的日常工作，从根源上避免或减少突发事件的发生。事前采用有效的探测手段对隧道掘进区域进行风险、隐患排查，对危险源进行持续的、动态的监测，并开展有效的风险评估，在风险评估的基础上进行风险处置。对于即将演变为突发事件的风险、隐患及时预警，使社会公众在突发事件发生前采取避险行动，尽量减少突发事件所带来的损失。显然隧道超前地质预报能有效满足事前探测的要求。

在隧道存在较高或高风险不良地质情况时，通过超前地质预报能较好地揭示隧道前方地质体情况。超前地质预报是在分析既有地质资料的基础上，采用地质调查、物探、超前地质钻探、超前导坑等手段，对隧道开挖工作面前方的工程地质与水文地质条件及不良地质体的工程性质、位置、产状、规模等进行探测、分析判释及预报,并提出措施建议。山区公路隧道施工应重视超前地质预报工作,有机结合各超前地质预报方式的优缺点,查明地质隐患在隧道内的出露位置、隧道内不良地质体的前兆等,为应急准备做好准备。如图10-7所示展示了超前地质预报探测前方破碎带不良地质体的情况。

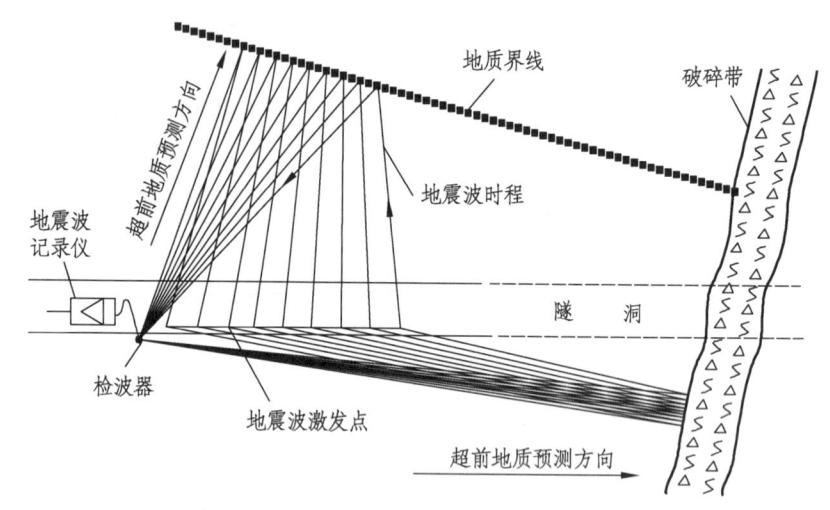

图10-7 超前地质预报探测隧道前方不良地质体(破碎带)

以隧道过断层带为例(图10-8),在一般探测段,主要是根据前期勘察设计资料,明确了在前方有断层带,但是断层带的具体位置并不一定在设计文件所给出的部位。要根据隧道掘进的过程划分一般探测段、重点探测段和详细探测段,并结合探测结果进行综合分析与评判,同时编制对应的应急对策。

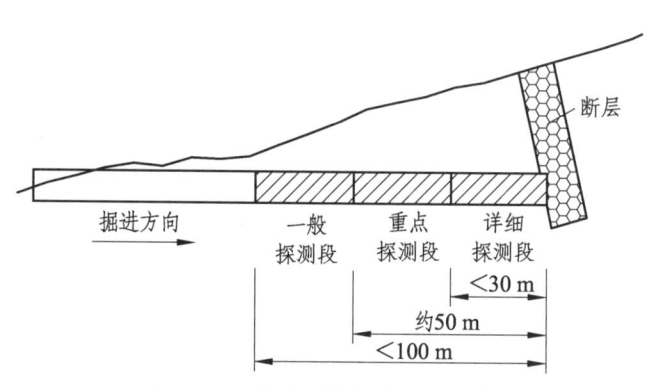

图10-8 隧道过断层带探测方案

超前地质预报可有效揭示隧道前方不良地质体,这些不良地质体是隧道工程突发事件的根本因素。若能提前获取这些不良地质体的位置、结构等信息,并制定有效的应对策略,对防范隧道工程施工过程中突发事件具有显著意义。所以超前地质预报就要求具有时效性、准确性以及指导性,通常会针对不同的灾害类型进行有目的性的探测方案选择与配套,如图10-9所示。

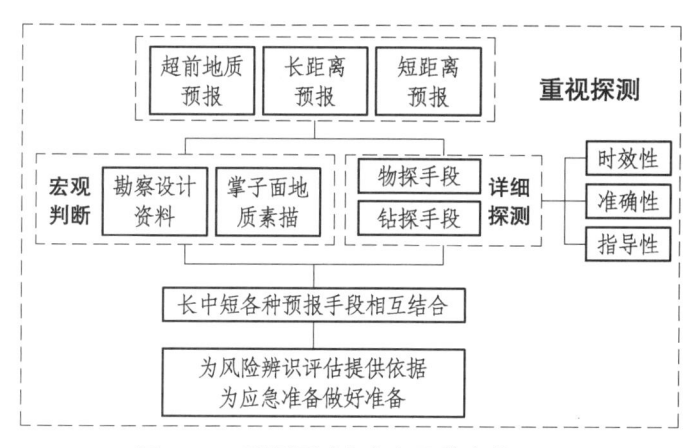

图 10-9 重视探测在应急预警中的运用

（2）事发密切监测。

"事发"是指突发事件从潜在状态转化为苗头隐患的阶段，主要是做好监测与预警工作，目标是"尽量出小事"，做到"大事化小、小事化了"，防止"易事拖难、小事拖大、大事拖炸"。在该阶段应急管理者判断并研究事件信息，启动应急预案，动员协调各方面力量开展应急处置工作。对信息的判断与研究是至关重要的，一定要快速、准确，以避免应急响应失当。

事发密切监测是指在隧道施工过程中使用各种类型的仪表和工具，对围岩和支护衬砌变形、受力状态的监测。通过事发密切监测要达到如下目的：一是确保安全，根据监测信息，预警险情，以便及时采取措施，避免事故。二是了解隧道围岩级及支护变形发展趋势，对围岩稳定性作出判断、预测隧道围岩最终稳定时间，以安排合理的施工顺序。

具体而言就是要充分利用隧道监控量测（图 10-10）和测微震监测数据（图 10-11），密切关注隧道工程施工过程中诸如涌突水、塌方、岩爆等突发事件的发生、发展动态，适时预警，为后续应急处置提供有力支撑[28, 29]。

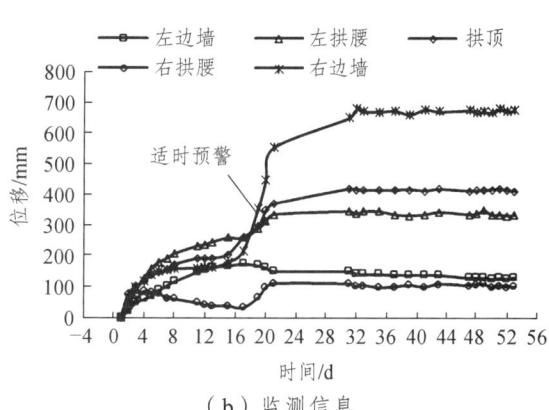

（a）灾害体　　（b）监测信息

图 10-10 隧道监控量测适时预警

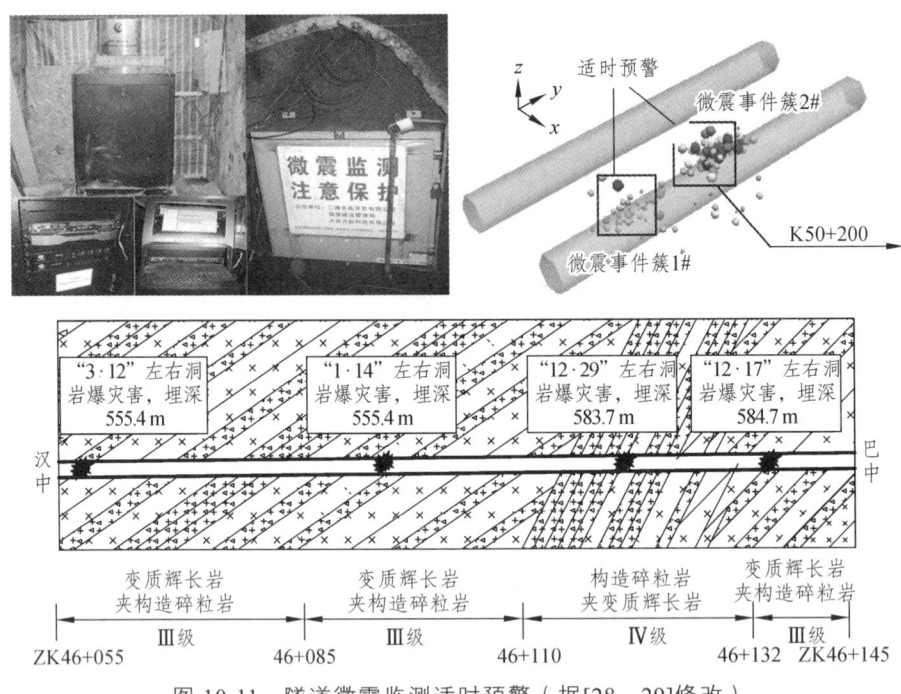

图 10-11 隧道微震监测适时预警（据[28，29]修改）

（3）适时预警。

按照早发现、早报告、早处置的原则，及时对得到的信息进行分析，确定预警的条件符合哪级。确定预警信息后，预警信息的发布包括突发事件的类别、预警级别、起始时间、可能影响范围、警示事项、应采取的措施和发布单位等。

隧道施工过程中的地质灾害类突发事件大部分是开挖后瞬时或延时发生的，基于监测与预报数据对施工过程的管理，创建施工过程的层级分明的过程风险应急预警机制，同时借助现有无线监测设备、计算机技术等实现及时的监测管控。

对于诸如大变形、塌方等灾害，在监控量测方面，借鉴国内相关工程的基础上，结合现场相关监测数据。根据《公路隧道施工技术规范》（JTG/T 3660—2020）制定了如表10-12的隧道施工阶段围岩变形风险预警基准，共有4种判断类型：累计变形量、变形速率、变形趋势、应力比。将这4种标准用于大变形以及塌方风险的应急预测中，划分的目的是有层次地开展应急准备工作。

表 10-12 施工阶段围岩变形风险预警基准

子类型	累计变形量（L）			变形速率（Bs）			变形趋势（Bq）			应力比（Y）		
预警值	L_1	L_2	L_3	Bs_1	Bs_2	Bs_3	Bq_1	Bq_2	Bq_3	Y_1	Y_2	Y_3
预警说明	四者中选最高等级											

注：子类型中（L）为相应类型简写。

对于4种指标综合得出的综合判断等级（图10-12），划分了4种应急准备级别，将预警预报与应急准备相互融合。图中实线框表示充分必要条件，虚线表示充分非必要条件。

即：在蓝色等级（第四象限）中，预留变形量处于预警值的 1 级，其余 3 项中某一项为 2 级预警状态；在黄色等级（第一象限）中，预留变形量处于预警值的 1 级，至少变形速率和变形趋势处于 2 级预警状态；在橙色等级（第二象限）中，预留变形量处于预警值的 2 级；在红色等级（第三象限）中，至少有一种处于 3 级预警状态。

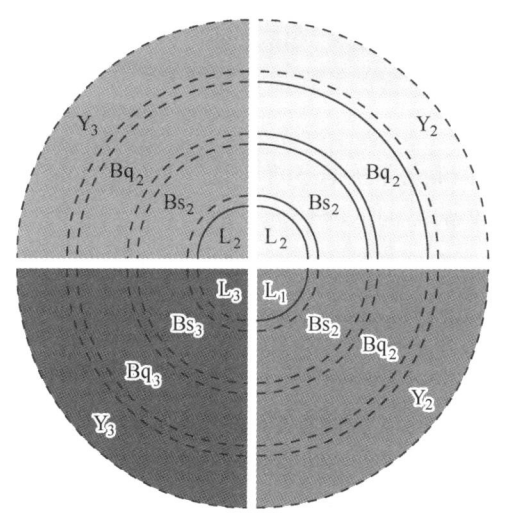

图 10-12　分级处置措施图

表 10-13 给出了对应的处理措施，明确各个组别的参与范畴与参与深度。指挥组要求重大安全隐患段全程参与，事前负责以预防事故和控制事故为出发点建立制订完善的组织施工技术方案，事后负责组织人员抢救及事故的调查处理。组织清理现场，恢复正常施工。抢险组主要是协助指挥体系完成现场抢险救治一线任务，事后负责清理现场恢复施工。通信联络组主要负责重要信息的及时传达，对外联络沟通医护人员，对内向上传达现场灾害信息，向下传达领导指令。救护组主要是在事前准备，事后及时赶达事故现场救助。

表 10-13　施工过程风险等级的应急准备

等级	应急准备	参与组织	备注
蓝色	① 加密监测	—	加密监测是为了有备无患
黄色	① 加密监测 ② 组织查看施工情况	—	
橙色	① 加密监测 ② 组织查看施工情况 ③ 准备应急设备及物资	指挥组 通信联络组	主要是根据灾害类型有针对性地准备物资
红色	① 加密监测 ② 组织查看施工情况 ③ 制定加强或处治措施 ④ 准备应急设备及物资	指挥组 通信联络组 抢险组 救护组	主要是根据灾害类型有针对性地制定补救措施

5. 隧道施工过程中突发事件应急响应

（1）信息报告。

① 信息报告与通报。

现场发生事故后，事故现场任何人员需立即向应急指挥部办公室报告，不得迟报、谎报、瞒报和漏报。同时，应急办公室接到信息后将信息报告到项目部应急指挥部，应急指挥部根据事故的严重程度逐级上报，并在应急处置过程中，及时续报有关情况。

② 信息上报。

事故发生后，应急指挥部立即根据事故等级向业主、监理和公司安全质量监察部报告事故情况，向政府部门报告的时间不得超过 1 h，并在 24 h 内填写事故应急报告。应急救援工作结束后，按照响应由项目部对应急救援工作进行总结，并报公司备案。事故调查组应当自事故发生之日起 60 d 内提交事故调查报告，特殊情况下，经负责事故调查的人民政府同意可延至 120 d。由政府部门组织调查的事故上报时限从其规定，但在接到地方政府批复事故结案后 7 d 内逐级上报集团公司。

该报告内容包括：

a. 事故发生单位概况。

b. 事故发生的时间、地点（线路里程及地名）以及事故现场情况。

c. 事故的简要经过（包括已经救援情况）。

d. 事故已经造成或者可能造成的伤亡人数（包括下落不明的人数）和初步估计的直接经济损失。

e. 已经采取的措施及其他应当报告的情况[30]。

（2）应急响应。

① 响应启动。

按照隧道施工现场可能发生的事故类型及大小以及项目部的应急救援能力，将突发事故应急响应分为两级：Ⅰ级、Ⅱ级。

Ⅰ级响应（一级事故）：造成 1 人以上死亡或失踪；或者 3 人以上重伤（急性中毒）；或者 100 万元以上直接经济损失或较大社会影响的事故[30]；超出现场项目部应急处置能力的事故，在启动公司应急预案的同时立即上报业主、监理、公司安全质量监察部、监管部门和属地政府，请求外部应急救援。

Ⅱ级响应（二级事故）：造成 3 人以下重伤（急性中毒）或轻伤；或者 100 万元以下直接经济损失的事故，在项目部应急能力范围内的事故，立即启动项目部相关应急预案。

② 分级响应。

当事故达到Ⅱ级（二级事故）应急响应标准时，现场施工人员立即上报应急办公室并启动应急预案，同时按如下程序和内容响应：

应急办公室接到事故报告后，立即向应急救援指挥部报告，接到预警后，应急救援指挥部成员必须立即到位，按照应急报告程序向业主、监理及公司上报，报告内容包括：事故发生单位概况；事故发生的时间、地点以及事故现场情况；事故的简要经过；事故已经造成或者可能造成的伤亡人数（包括下落不明的人数）和初步估计的直接经济损失；已经采取的措施；其他应当报告的情况[30]。

由应急救援指挥部组织研究制定决策应急救援方案，统一指挥和调配本工程项目一切有效资源进行事故的应急处理；同时请求业主协调其他单位采取应急行动，防止事故的进一步扩大。

当突发事件达到Ⅰ级响应（一级事故）应急响应标准时，启动上级单位和部门的应急预案，同时按如下程序和内容响应：

项目部应急指挥中心接到事故报告后，按照应急报告程序及时向业主、监理上报事故情况，同时将事故报告集团公司和地方政府，并及时续报事故发展势态。

成立现场应急指挥部，及时进行事故的先期处置；调集所有可用资源进行抢救，同时报告业主和地方政府请求立即支援。

③ 扩大响应。

本工程事故灾难应急救援指挥部应及时掌握事故应急处置情况，当事故灾难或险情的严重程度以及发展趋势，超出其应急救援能力时，应及时报请上一级应急指挥机构启动高一等级的应急预案。

具体应急响应流程如图 10-13 所示。

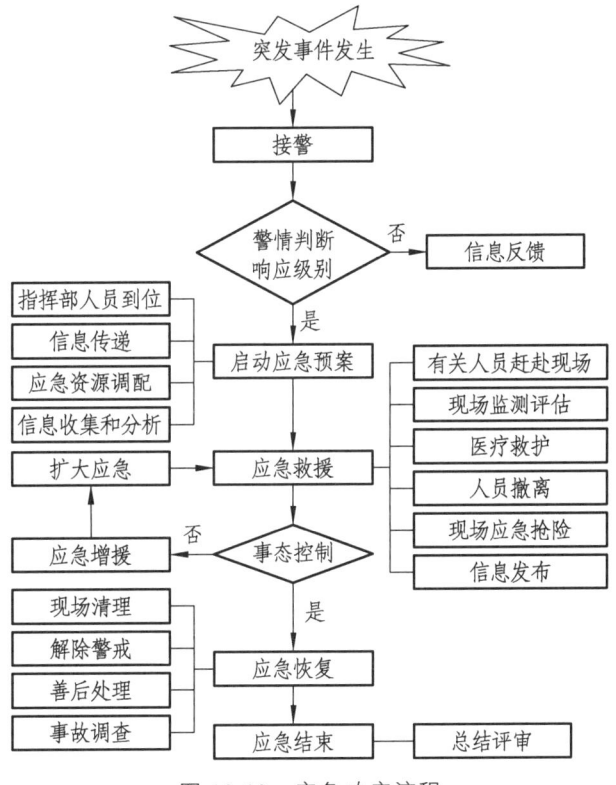

图 10-13　应急响应流程

10.7.3 应急设备及物资准备

按照突发事件的发生、发展规律，完整的应急管理过程应包括预防、响应、处置与恢复重建4个阶段，分别发生在突发事件的事前、事发、事中和事后，形成一个闭合的循环过程[31]。每一个阶段都涉及相关应急设备及物资准备。

1. 突发事件基本物资储备

不同的突发事件要储备的物资不同，根据各类突发事件应急救援的特点，应急物资储备的品类主要如下：

防护用品类：防护服（衣、帽、鞋、手套、眼镜）、防毒面具、防火服、头盔、手套、面具、消防靴、潜水服（衣）、水下呼吸器、防爆服、安全帽（头盔）、安全鞋、水靴、呼吸面具。

生命救助类：止血绷带、骨折固定托架（板）、救生圈、救生衣、救生缆索、减压舱、保护气垫、防护网、充气滑梯、云梯。

生命支持类：便携呼吸器、急救药品、防疫药品。

临时食宿类：炊具、过滤净化机（器）、压缩食品、罐头、真空包装食品、帐篷（普通、保温）、棉衣、棉被、简易厕所（移动、固定）、简易淋浴设备（车）。

通信广播类：移动电话、对讲机、有线广播器材、扩音器（喇叭）。

污染清理类：喷雾器、垃圾焚烧炉、杀菌灯、消毒杀菌药品、凝油剂、吸油毡、隔油浮漂。

动力燃料类：防爆防水电缆、配电箱（开关）、电线杆、工业氧气瓶、煤油、柴油、汽油、液化气、干电池、蓄电池（配充电设备）。

器材工具类：葫芦、绞盘、滚杠、千斤顶、手锤、钢钎、电钻、电锯、油锯、张紧器、液压剪、灭火器、灭火弹、风力灭火机、防水望远镜、工业内窥镜、潜水镜。

应急物资储备应根据突发事件的应急需要确定。施工项目部可根据实际施工需要，参照上述各类应急物资配备。要重点建设重要应急储备，优化现有应急抢险类、公共卫生类储备物资。

职能部门要统筹各级各类应急物资储备，综合实物储备资源，物资部要负责落实应急物资储备的日常保管工作，指定专人保管，科学合理地确定物资储备资源，整合实物储备种类、方式和数量，加强实物储备、技术储备。

2. 物资管理

项目部各部室及架子队要根据应急物资管理办法，坚持"分工负责、归口管理"和"谁主管、谁负责"的原则，做到"专业管理、保障急需、专物专用"。

项目部各部室及架子队要根据信息上报程序，定期向安全监察部报告应急物资储备、使用情况，每季度报告一次。安全监察部每季度对应急救援物资进行检查，如需更换或增加，应及时补充。

3. 物资调用

应急物资的调用，项目部实行"一把手"负责制，自主调动应急物资；经领导授权，方可统筹调配应急物资。

情况紧急时，经领导同意可直接调用至使用地点。

应急物资调拨运输应选择安全、快捷的运输方式，紧急调用时，项目部各成员应积极响应，通力合作，密切配合，建立"快速通道"，确保运输通畅。

10.7.4 应急队伍准备

全面强化"四项应急准备"指出，各地要结合灾害风险特点，布局建设一批"一专多能"的综合救援基地和专业救援队伍，形成互为补充的救援力量体系。要加快国家航空救援关键力量建设。国家综合性消防救援队伍和安全生产、医疗应急等专业救援队伍要时刻保持应急状态。加强与解放军、武警、工程力量等联训联演联战，切实提高救援处置能力。结合城际铁路施工特点、项目部驻地情况，组建驻地应急队伍，队伍由工程技术、应急管理、应急技术、应急救援、医务人员等组成。

1. 应急队伍保障

项目各工区分别组建20人的应急救援队伍，由项目部本级组建一个20人的应急救援队伍。工区的应急救援队伍主要负责施工区的抢险救灾工作，项目部应急救援队伍主要负责项目部营区的应急救援抢险工作。各抢险队伍由指挥部统一协调、指挥，接到抢险命令后，由队长带领抢险队员第一时间赶到事发地点，并积极开展抢险救援工作。

2. 医疗卫生保障

项目部将与本地医院签订协议，定期组织人员进行健康检查和医学观察，或邀请相关医疗专家定期给项目部人员进行现场急救知识培训。对事故中受伤的人员，项目部立即采取应急救援和控制措施，并视具体情况将伤者送至距事发地最近的医院，进行医疗救治，或转至专业性强的医院继续治疗。

参考文献

[1] 钱大桐. 严寒地区高速铁路路基设计与施工[J]. 辽宁建材，2010（11）：54-55.

[2] 齐富涛. 大体积混凝土施工方面的问题研究[J]. 建材与装饰，2016（35）：27-28.

[3] 何慧荣. 高性能混凝土分析与质量控制[J]. 公路交通科技（应用技术版），2008（7）：54-55.

[4] 刘志杰，韩国建，边振江. 钢纤维高强混凝土在抗爆工程中的应用研究[C]//中国土木工程学会混凝土及预应力混凝土分会纤维混凝土委员会. 第十二届全国纤维混凝土学术会议论文集. 空军工程设计研究局，2008：5.

[5] 鲍慧娟. 浅谈高性能混凝土施工技术[J]. 价值工程，2013，32（8）：119-120.

[6] 杨继明. 主跨416 m劲性骨架外包混凝土拱桥高墩爬模施工技术[J]. 铁道建筑技术，2013（12）：15-20.

[7] 支春梅. 混凝土中钢筋锈蚀的预防措施研究[J]. 交通标准化，2012（16）：105-107.

[8] 田洪. 泵房潮湿问题的探讨[J]. 四川水泥，2016（7）：318.

[9] 王青宇，申铁军. 钢箱梁桥施工难点研究与安全控制措施分析[J]. 四川建材，2023，49（2）：164-165.

[10] 安丰金. 浅析桥梁施工中的安全管理措施[J]. 科技资讯，2012（5）：155.

[11] 陈建胜，朱存清. 刍议公路工程施工过程中桥涵墩台安全技术控制[J]. 科技信息. 2011（9）：697.

[12] 马正强. 张家口市崇礼滑雪场引水工程隧洞施工安全技术措施心得[J]. 企业导报，2016（1）：155；177.

[13] 刘金山. 隧道工程施工技术管理要点[J]. 铁道建筑技术，2012（11）：20-25.

[14] 方鹏，雒少轩，张克年. 软弱围岩隧道施工技术及安全管控措施[J]. 公路交通科技（应用技术版），2019，15（12）：65-67；71.

[15] 关少航. 铁路隧道施工安全管理及控制措施探讨[J]. 价值工程，2013，32（10）：44-46.

[16] 蔡永磊. 浅析跨高速公路施工安全措施[J]. 国防交通工程与技术，2011，9（S1）：104-106.

[17] 云建平. 公路隧道斜井参数研究与施工技术[D]. 西安：长安大学，2010.

[18] 张海鹏. 浅谈公路施工的安全管理[J]. 黑龙江交通科技，2013，36（3）：189.

[19] 李郝胜. 由工程实例浅谈跨线桥架梁施工的安全保证措施[J]. 科技信息，2011（1）：741；665.

[20] 施可珍. 钢箱梁架设及应急工作的组织和人力调配研究[J]. 四川建筑，2015，35（6）：244-248.

[21] 沙涛. 哈尔滨地铁2号线土建工程项目施工质量控制研究[D]. 哈尔滨：哈尔滨理工大学，2019.

[22] 吴川花，翟景科，赵江学. 广东中开高速福荫大道分离式立交桥承台、系梁施工安全技术措施研究[J]. 价值工程，2022，41（35）：13-15.

[23] 王定宝，聂仁平，查卫良. 浅谈市政道路质量管理及投资控制[J]. 智能城市，2016，2（4）：144；147.

[24] 孙建峰，张瑞萍. 浅谈高等级公路路基路面雨季施工[J]. 科技信息（学术研究），2007（30）：278-279.

[25] 张楠，邵卫卫. 应急管理部：全面强化"四项应急准备"[N]. 中国应急管理报，2022-01-06（003）.

[26] 梁忠. 浅谈跨既有铁路架梁安全管理[J]. 价值工程，2017，36（9）：24-25.

[27] 张煦宁. 银西三标施工进度风险评价研究[D]. 兰州：兰州交通大学，2018.

[28] 马春驰. 深埋隧道围岩脆性破裂的微震监测及岩爆解译与预警研究[D]. 成都：成都理工大学，2017.

[29] 马春驰，李天斌，张航，等. 岩爆微震特征的支护体系刚度效应初探[J]. 岩石力学与工程学报，2019，38（S1）：2976-2987.

[30] 龙自军. 山岭隧道新奥法施工坍塌事故预防及应急管理[J]. 铁道建筑技术，2012（9）：67-71.

[31] 徐小连. 地质灾害的政府应急管理研究[D]. 昆明：云南财经大学，2017.